Windows 7 Tipps & Tricks

D1925974

Windows 7 Tipps & Tricks

Sehen und Können

Ignatz Schels

Markt+Technik

Bibliografische Information der Deutschen Nationalbibliothek
Die Deutsche Nationalbibliothek verzeichnet diese Publikation in der Deutschen Nationalbibliografie; detaillierte bibliografische Daten sind im Internet über http://dnb.dnb.de abrufbar.

Die Informationen in diesem Produkt werden ohne Rücksicht auf einen eventuellen Patentschutz veröffentlicht. Warennamen werden ohne Gewährleistung der freien Verwendbarkeit benutzt. Bei der Zusammenstellung von Text und Abbildungen wurde mit größter Sorgfalt vorgegangen. Trotzdem können Fehler nicht vollständig ausgeschlossen werden. Verlag, Herausgeber und Autoren können für fehlerhafte Angaben und deren Folgen weder eine juristische Verantwortung noch irgendeine Haftung übernehmen. Für Verbesserungsvorschläge und Hinweise auf Fehler sind Verlag und Herausgeber dankbar.

Alle Rechte vorbehalten, auch die der fotomechanischen Wiedergabe und der Speicherung in elektronischen Medien. Die gewerbliche Nutzung der in diesem Produkt gezeigten Modelle und Arbeiten ist nicht zulässig.

Fast alle Hardware- und Softwarebezeichnungen und weitere Stichworte und sonstige Angaben, die in diesem Buch verwendet werden, sind als eingetragene Marken geschützt. Da es nicht möglich ist, in allen Fällen zeitnah zu ermitteln, ob ein Markenschutz besteht, wird das Symbol ® in diesem Buch nicht verwendet.

10 9 8 7 6 5 4

12

ISBN 978-3-8272-4486-4

© 2010 by Markt+Technik Verlag,
ein Imprint der Pearson Deutschland GmbH,
Martin-Kollar-Straße 10–12, D-81829 München/Germany
Alle Rechte vorbehalten
Umschlaggestaltung: Marco Lindenbeck, webwo GmbH, mlindenbeck@webwo.de
Lektorat: Birgit Ellissen, bellissen@pearson.de
Korrektorat: Petra Kienle, Fürstenfeldbruck
Herstellung: Martha Kürzl-Harrison, mkuerzl@pearson.de
Satz: text&form GbR, Fürstenfeldbruck
Druck und Verarbeitung: Firmengruppe APPL, aprinta druck, Wemding
Printed in Germany

Liebe Leserin, lieber Leser,

Ihr Betriebssystem kann mehr als Sie vermuten! In diesem Buch verrate ich Ihnen die besten Tipps und Tricks für einen optimierten Einsatz von Windows 7. Haben Sie Probleme mit der Hardware oder stimmt etwas in der Konfiguration nicht? Suchen Sie bessere Werkzeuge oder wollen Sie einfach schneller zum Ziel kommen? Schauen Sie rein, in diesem Buch finden Sie sicher eine Lösung. Ich zeige Ihnen auch versteckte Tools, Spezial-Diagnosewerkzeuge für Profis und undokumentierte Geheimnisse aus den Tiefen des Systems. Werden Sie zum Windows 7-Experten, legen Sie gleich los!

Ich wünsche Ihnen viel Spaß mit Windows 7 Tipps & Tricks.

Ihr Autor
Ignatz Schels

Inhaltsverzeichnis

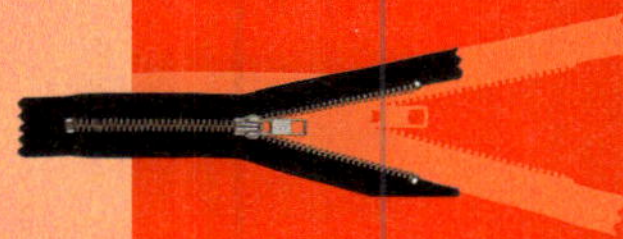

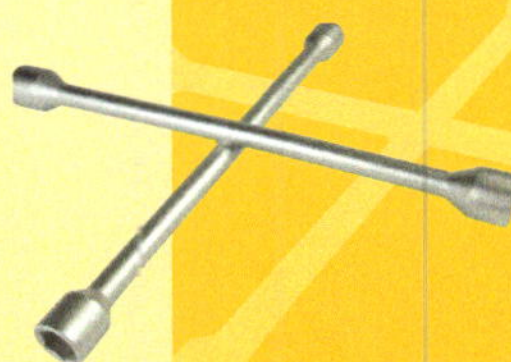

10 Tief im System 247

11 Die Windows 7-Datenbank Registry 267

12 Nützliche Links, Tools und Utilities 281

Lexikon 293

1

Tipps für den Start

Start

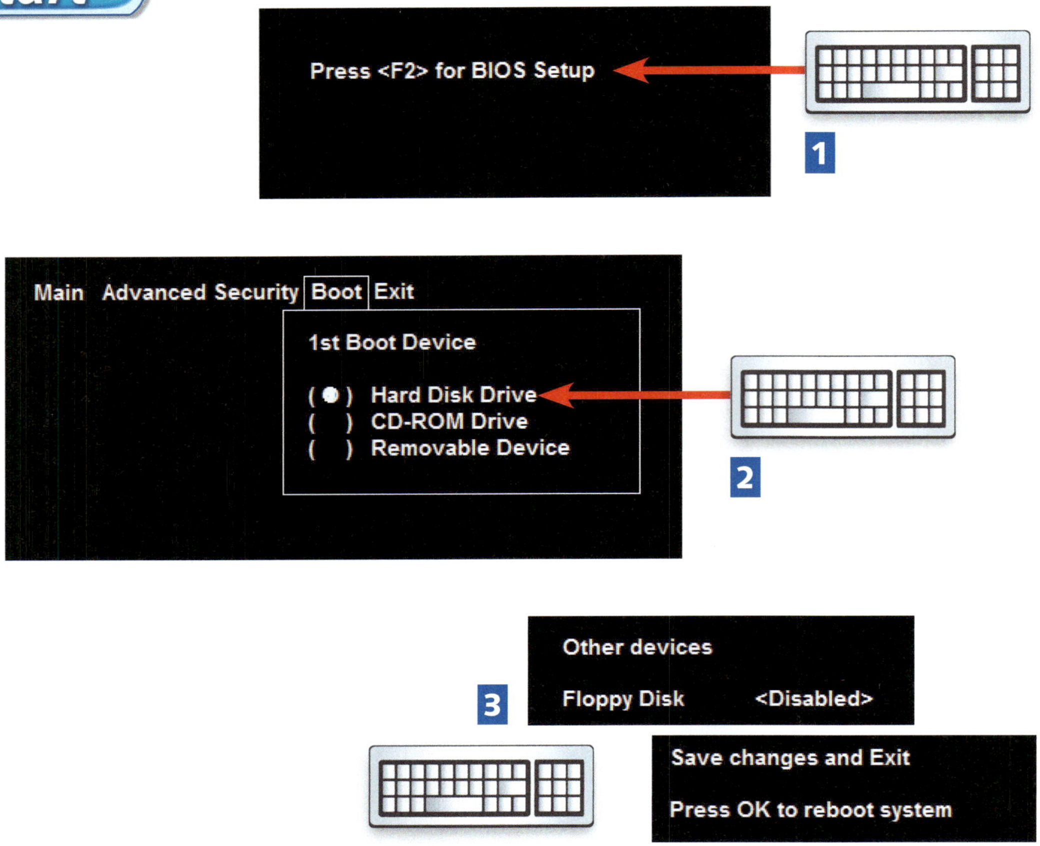

1. Drücken Sie nach dem Einschalten des Computers sofort die Taste F2, um das BIOS zu aktivieren.
2. Suchen Sie die Boot-Medien und stellen Sie das Festplattenlaufwerk mit dem Betriebssystem als Erstes in der Bootsequenz ein.
3. Deaktivieren Sie alle anderen Laufwerke (Disketten, CD/DVD) für den Bootvorgang und speichern Sie das BIOS mit F10.

Wenn Windows 7 sich beim Start zu viel Zeit lässt, kann das am BIOS liegen. Schalten Sie alle Medien ab, die das BIOS nach einem Startbetriebssystem durchsucht. Auch das Ausschalten des Startlogos bringt einige Sekunden.

WISSEN

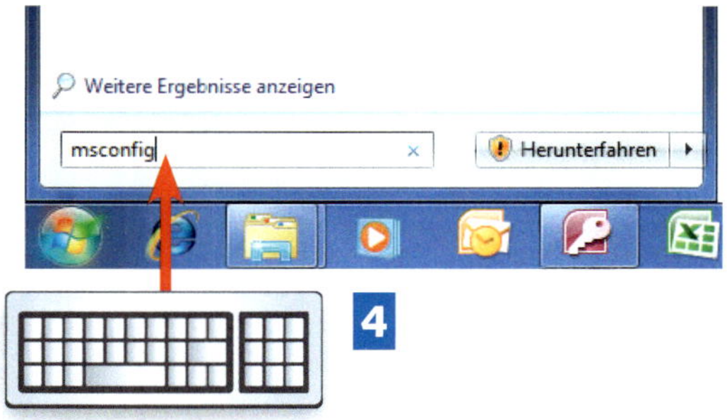

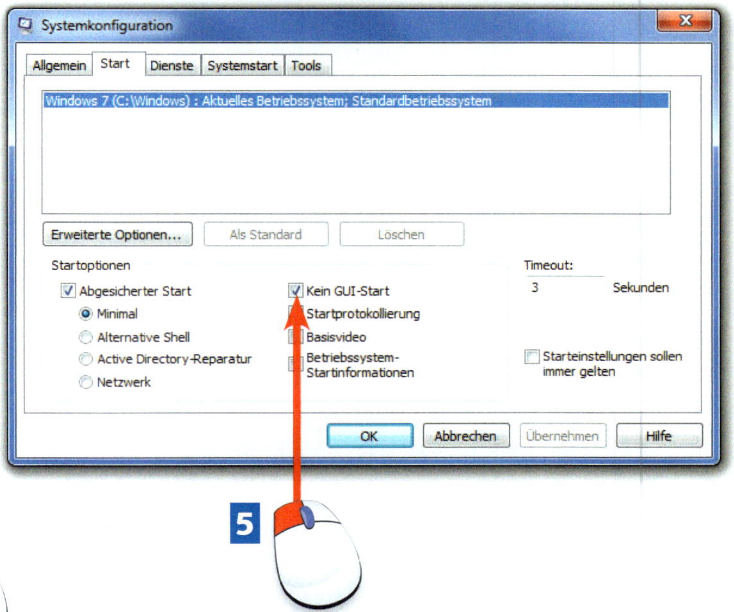

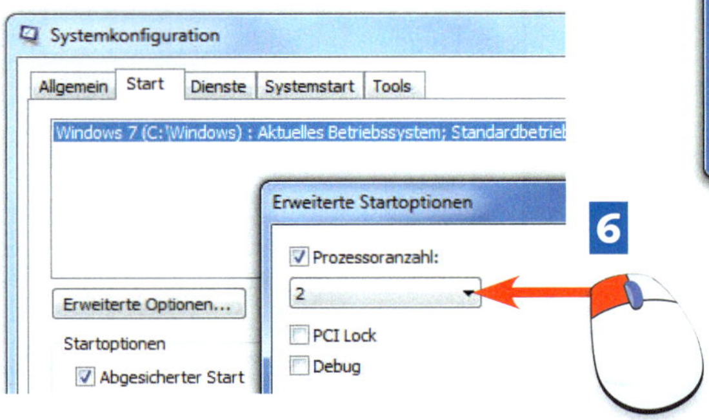

4 Geben Sie unter *Start/Ausführen* den Befehl *msconfig* ein.

5 Schalten Sie auf die Registerkarte *Start* und kreuzen Sie die Option *Kein GUI-Start* an.

6 Stellen Sie unter *Erweiterte Optionen* die Anzahl Prozessoren ein, mit denen Ihr Computer arbeitet (z.B. 2 für DualCore).

TIPP

Überprüfen Sie, ob Ihr Computer mit der neuesten BIOS-Version ausgestattet ist. Ihr Fachhändler oder die Webseite des Herstellers gibt Auskunft.

FACHWORT

BIOS: Basic Input Output System. Das Programm, mit dem das Betriebssystem von der Festplatte geladen wird.

TIPP

Beachten Sie, dass im BIOS die deutschsprachige Tastatur nicht funktioniert. Drücken Sie [Z], wenn ein Y gefordert wird, und umgekehrt.

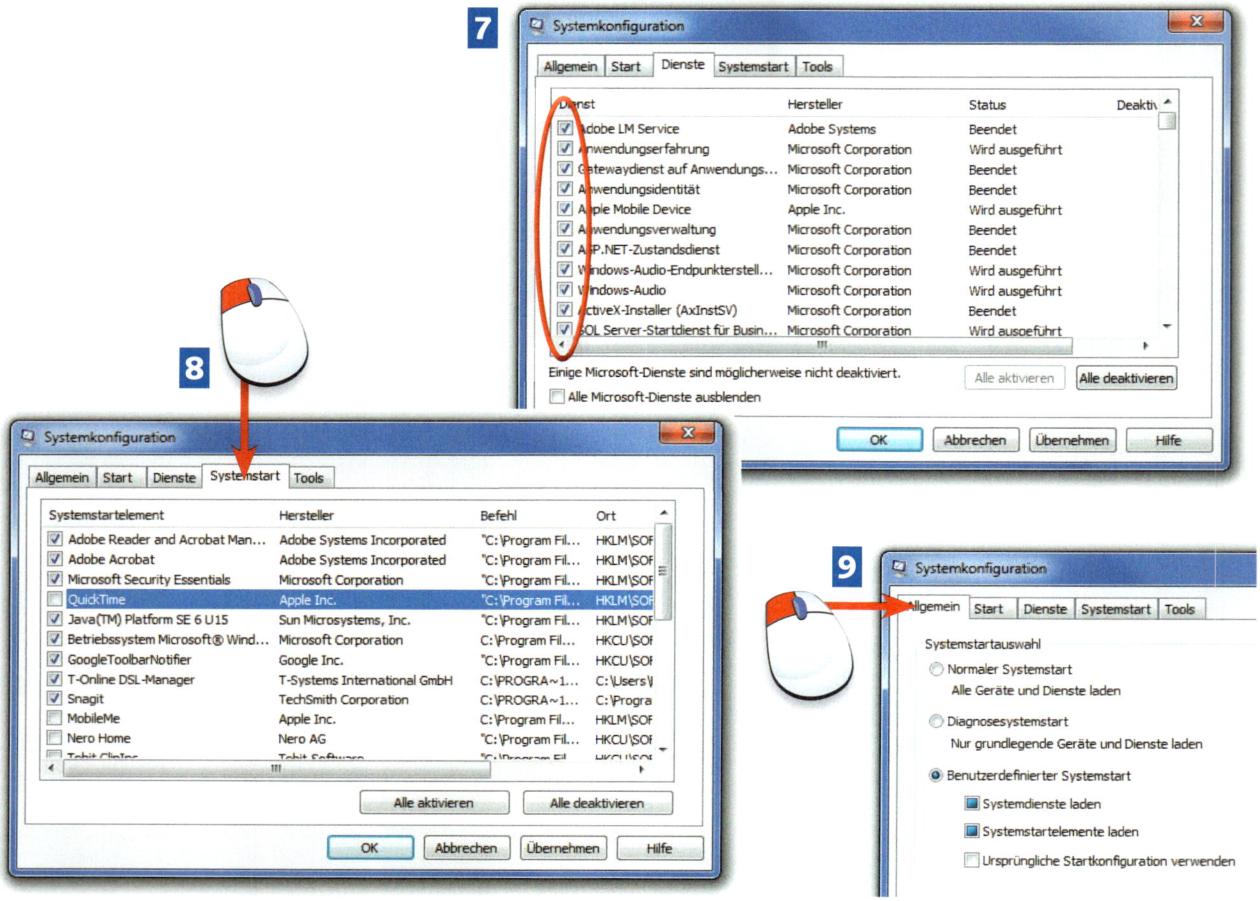

7 Auf der Registerkarte *Dienste* finden Sie alle Dienste, die für Windows 7 beim Start aktiviert werden. Deaktivieren Sie, was nicht benötigt wird.

8 Unter *Systemstart* sind alle Programme aufgelistet, die beim Start aktiv werden. Entfernen Sie auch hier alle Einträge, die Sie nicht brauchen.

9 Schalten Sie um auf *Allgemein*, hier können Sie drei verschiedene Startversionen einstellen und testen.

Windows 7 startet gleich nach dem Start eine Anzahl Programme und Dienste für externe Geräte, Netzwerke oder interne Aufgaben. Prüfen Sie, ob Sie alle benötigen, und deaktivieren Sie alles Überflüssige, damit Ihr Betriebssystem schneller startet.

WISSEN

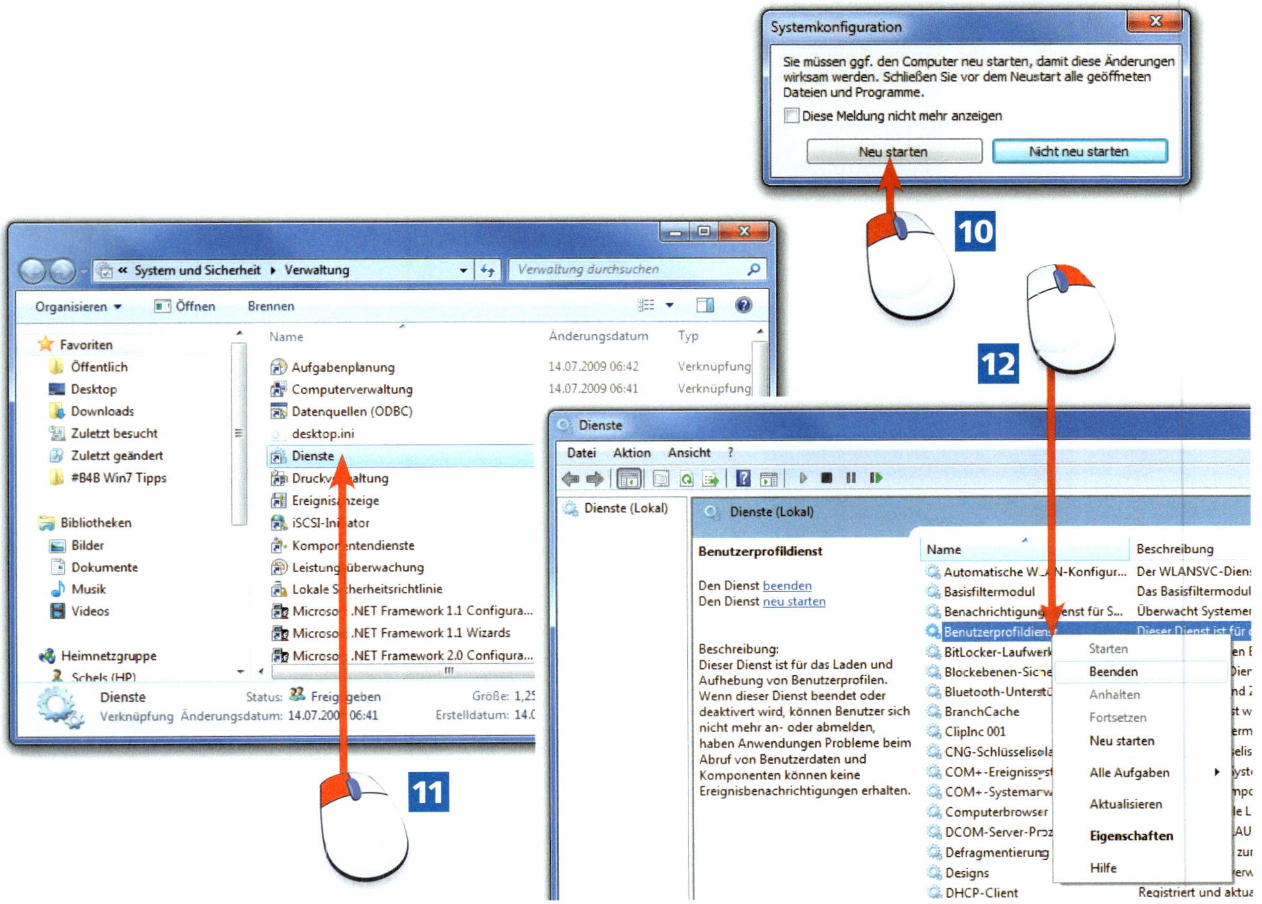

10 Schließen Sie die Änderungen mit *Ok* ab und starten Sie das Betriebssystem anschließend neu, damit diese wirksam werden.

11 Eine ausführliche Übersicht über alle Dienste mit Beschreibungen finden Sie in der Systemsteuerung unter *Verwaltung/Dienste*.

12 Im Kontextmenü finden Sie Befehle, um einzelne Dienste zu starten oder zu beenden.

Ende

Überprüfen Sie auch die Registry (siehe Kapitel 11) nach Startprogrammen: *HKEY_LOCAL_MACHINE\SOFTWARE\Microsoft\Windows\CurrentVersion\Run*

TIPP

In den Home-Versionen von Windows 7 ist die Dienste-Verwaltung nicht in der Systemsteuerung enthalten.

HINWEIS

Start

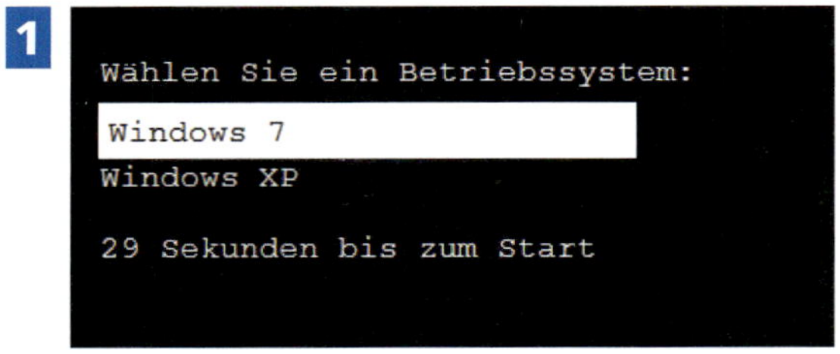

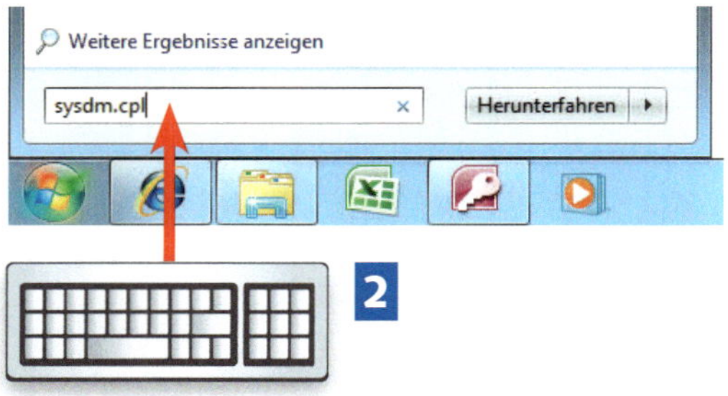

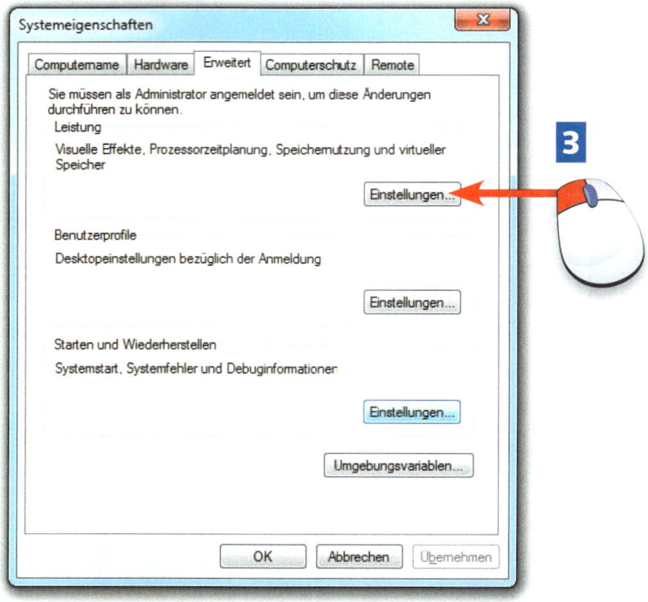

1 Wenn auf Ihrem Computer mehrere Betriebssysteme installiert sind, werden diese gleich nach dem Start in der Betriebssystemauswahl angeboten.

2 Klicken Sie nach dem Start von Windows 7 in das Ausführen-Feld und geben Sie ein: *sysdm.cpl*.

3 Schalten Sie um auf *Erweitert* und klicken Sie unter *Starten und Wiederherstellen* auf *Einstellungen*.

Die Liste mit den Betriebssystemen, die nach dem Start angezeigt wird, sollten Sie beschleunigen oder ganz ausschalten, wenn Sie nur mit Windows 7 arbeiten.

WISSEN

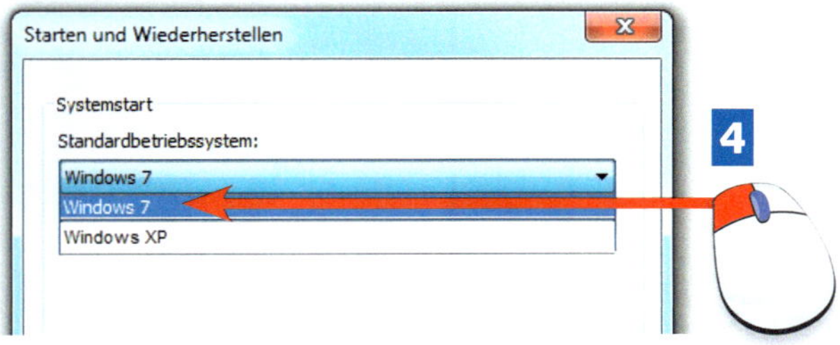

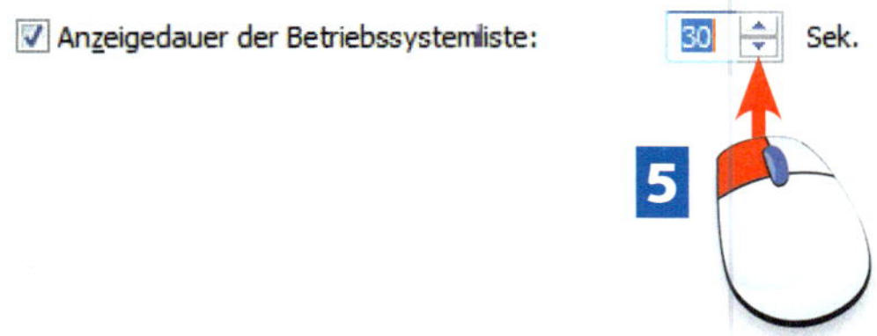

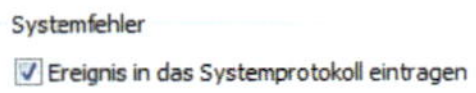

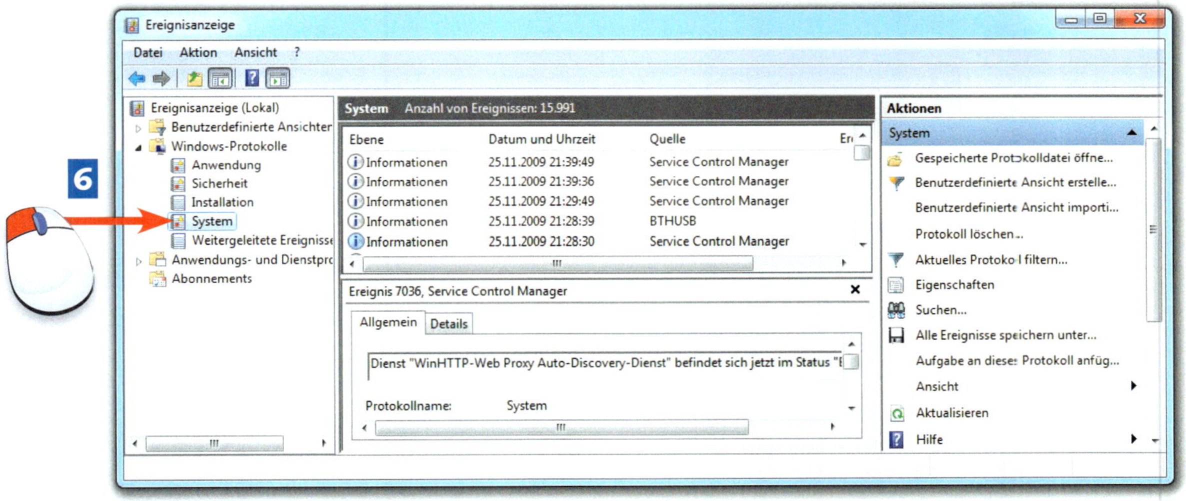

4 Wählen Sie das Betriebssystem, das automatisch gestartet wird, wenn der Benutzer keine Auswahl trifft.

5 Ändern Sie die Anzeigedauer der Betriebssystemauswahl, um den Start zu beschleunigen.

6 Systemfehlerereignisse sollten Sie in das Ereignisprotokoll eintragen, um Fehler leichter zu finden.

Ende

Wenn Sie die Option *Anzeigedauer der Betriebssystemauswahl* ausschalten, wird die Liste nicht angezeigt und das eingestellte System wird sofort gestartet.

TIPP

Das Ereignisprotokoll finden Sie in der Systemsteuerung unter *System und Sicherheit/Verwaltung*.

HINWEIS

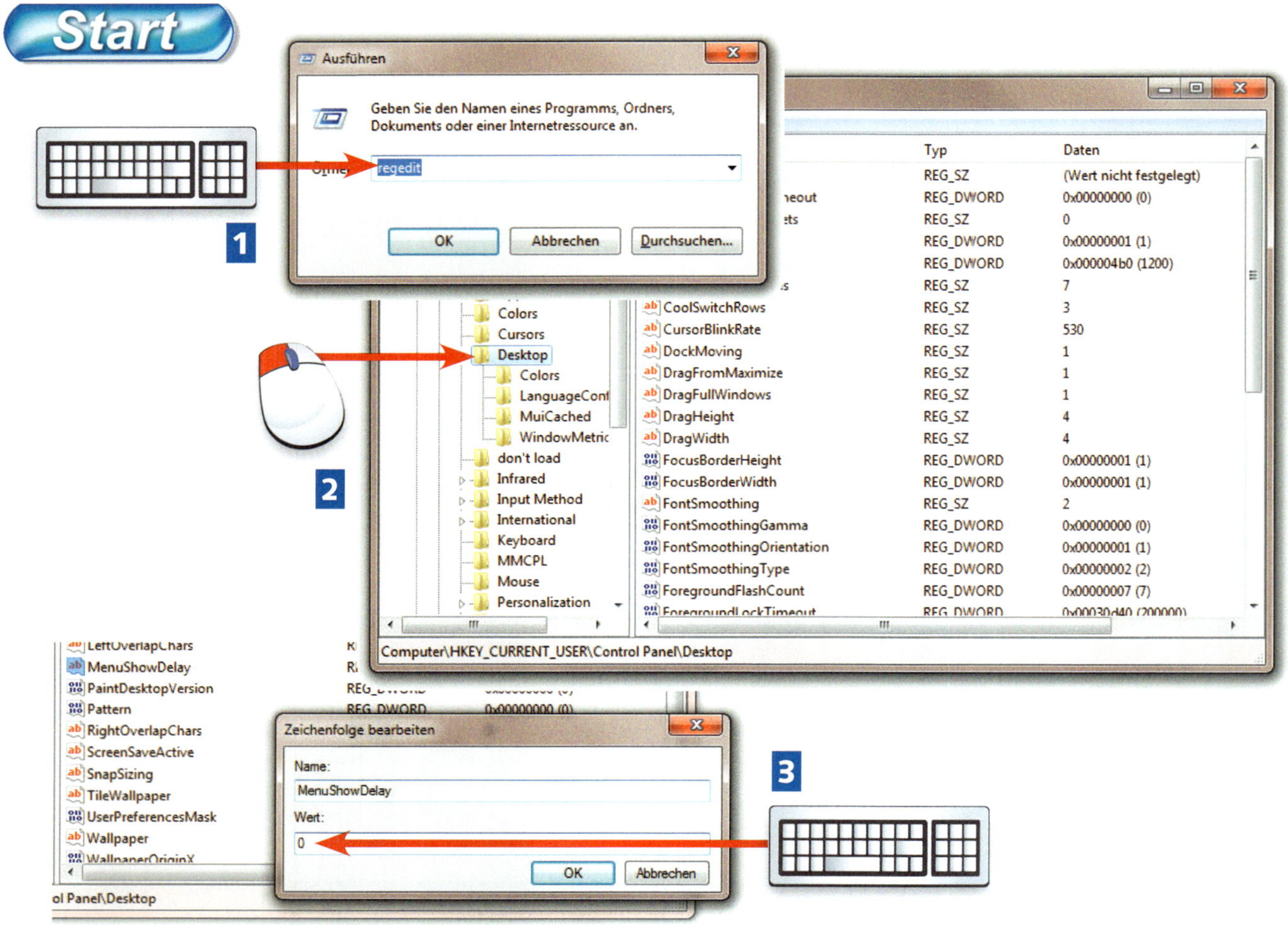

1 Starten Sie mit [⊞] + [r] den Ausführen-Dialog und geben Sie *regedit* für den Registrierungseditor ein.

2 Unter *HKEY_CURRENT_USER\ControlPanel\Desktop* finden Sie den Schlüssel *Desktop*.

3 Klicken Sie doppelt auf den Eintrag *MenuShowDelay* und ändern Sie den Wert von 400 auf 0.

Bei älteren Computern bemerkt man sie deutlich: die Verzögerung, die beim Aktivieren von Menüs auftritt. Schalten Sie diesen »delay« einfach über die Registrierung aus. Bei dieser Gelegenheit können Sie auch gleich die Desktop-Einstellungen überprüfen.

WISSEN

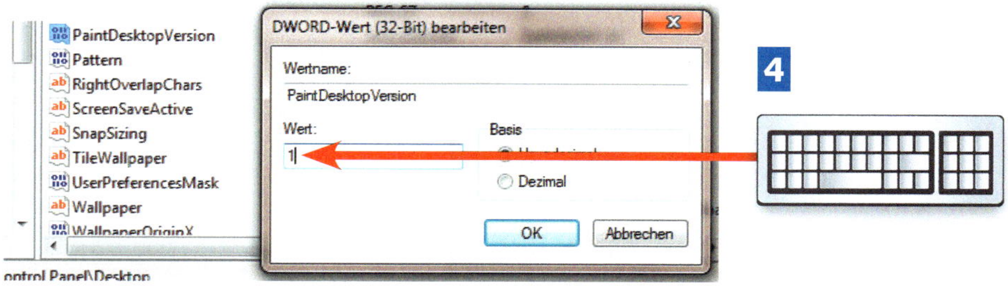

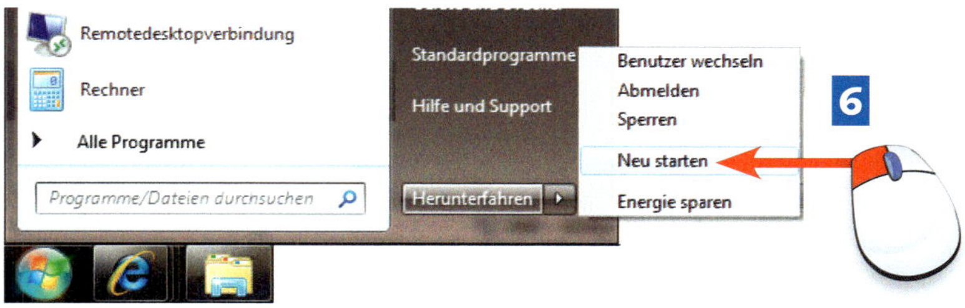

4 Der Eintrag *PaintDesktopVersion* wird auf 1 gesetzt, wenn die Versionsnummer von Windows 7 auf dem Desktop erscheinen soll.

5 Das Hintergrundbild finden Sie unter dem Eintrag *Wallpaper*.

6 Schließen Sie den Registriereditor und starten Sie Windows 7 neu, damit die Änderungen wirksam werden.

Ende

TIPP

Für das Wirksamwerden der Änderungen ist ein Neustart des Systems erforderlich.

HINWEIS

Hier finden Sie eine Übersicht über alle Desktop-Einträge in der Registry: *http://technet.microsoft.com/en-us/library/cc957208.aspx*

HINWEIS

Wenn die Änderungen nicht angenommen werden, müssen Sie den Registrierungseditor mit Administratorrechten starten (siehe Kapitel 11).

Start

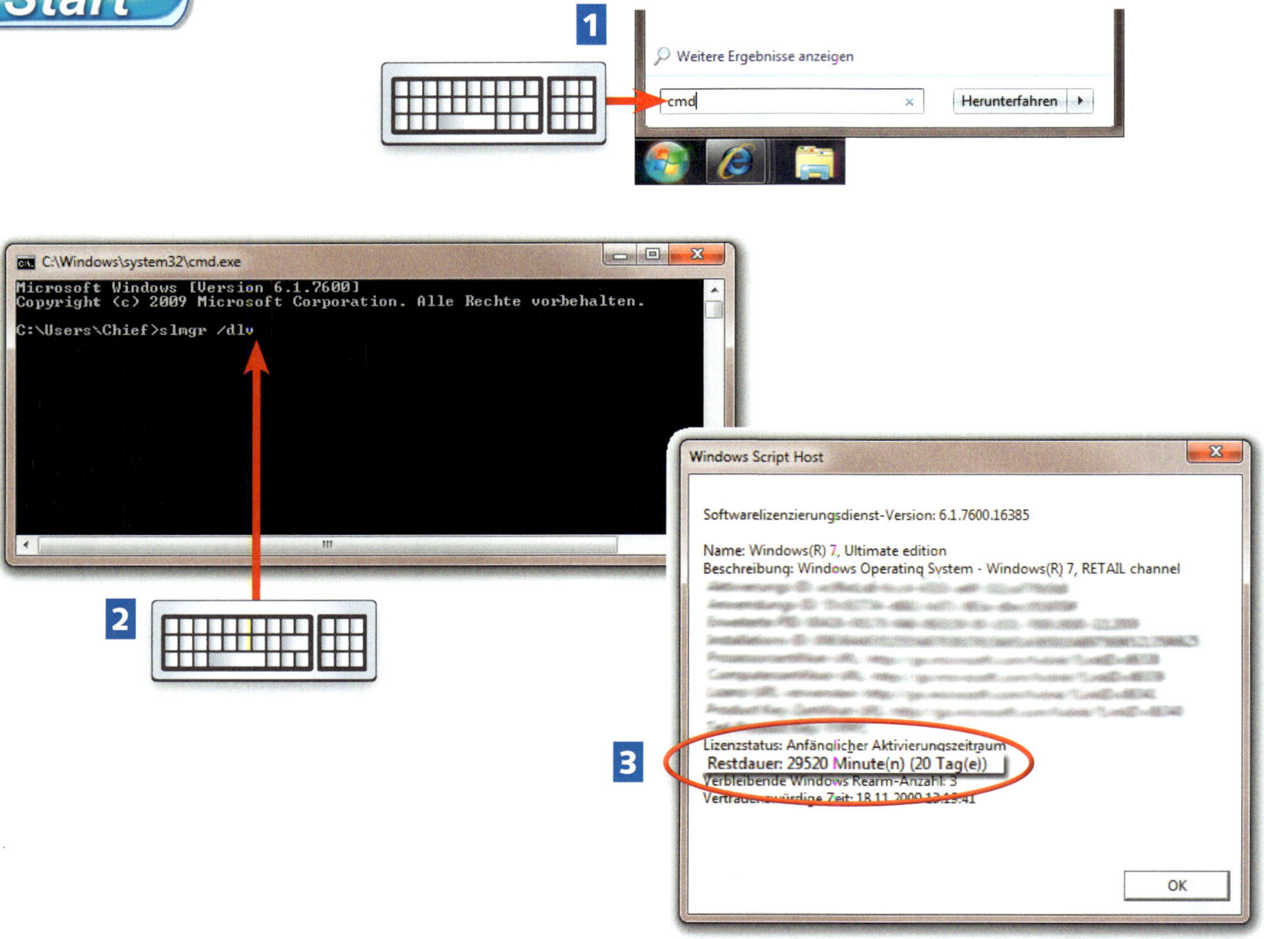

1 Starten Sie den Kommandozeileneditor mit *cmd* im Ausführen-Feld des Startmenüs.

2 Mit *slmgr /dlv* aktivieren Sie den Software License Manager. Er zeigt alle Informationen zur Lizenzierung …

3 … und die Restdauer der Lizenz, wenn Windows 7 noch nicht aktiviert ist.

Windows 7 muss wie alle Windows-Versionen bei Microsoft lizensiert werden. Wenn Sie mehr Zeit zum Testen brauchen, verlängern Sie den Testzeitraum über den Lizensierungsmanager.

WISSEN

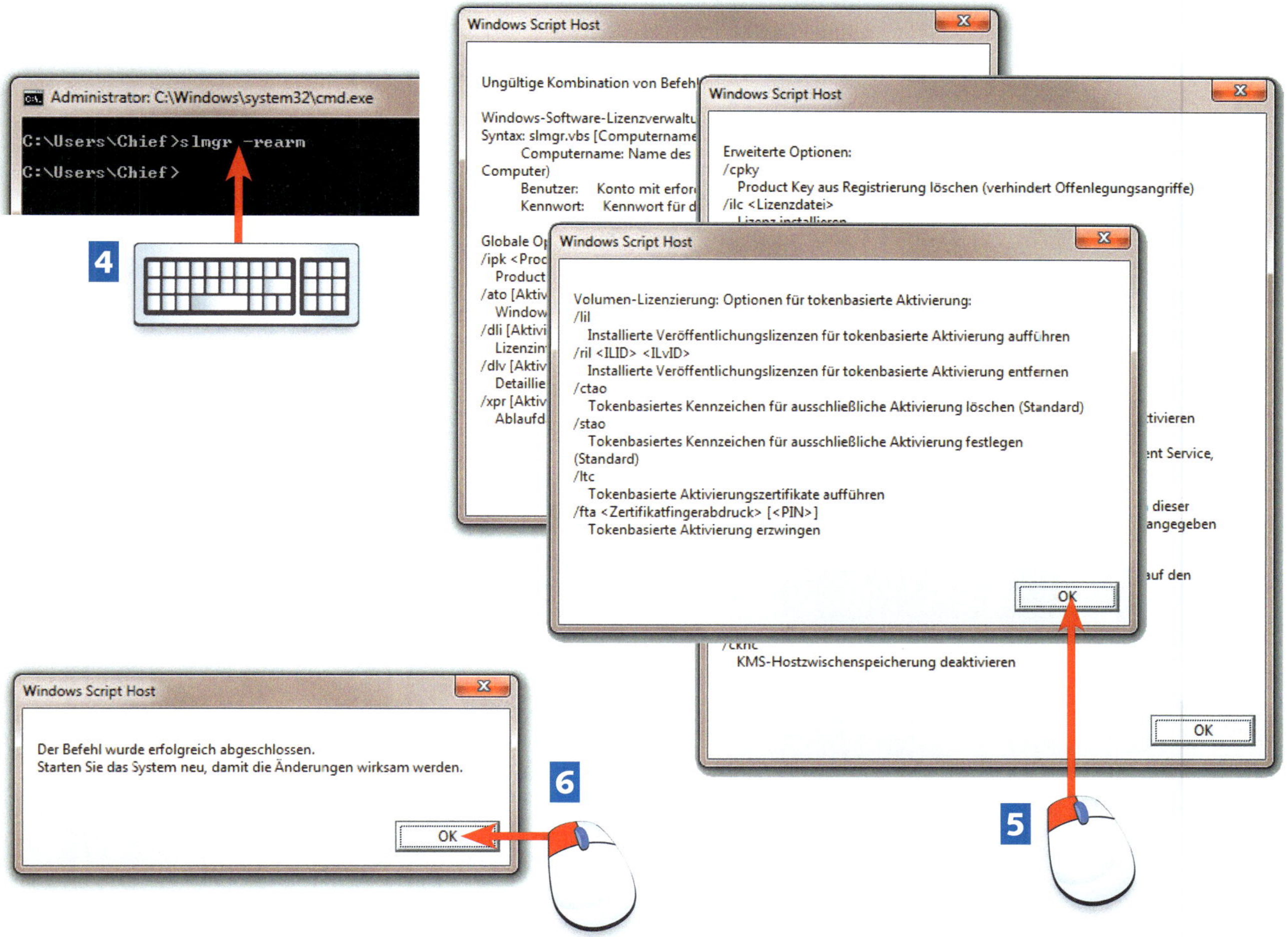

4 Geben Sie *slmgr -rearm* ein, um den Testzeitraum auf 120 Tage zu verlängern.

5 Die Eingabe *slmgr* allein zeigt, welche Optionen für Lizenzinformationen und Lizenzierungsschritte einzugeben sind.

6 Starten Sie Windows 7 neu, damit die Änderungen wirksam werden.

Ende

Der Kommandozeileneditor muss mit Administratorrechten gestartet werden, drücken Sie dazu Strg und ⇧ bei der Eingabe von *cmd*.

HINWEIS

Mit *slmgr /ato* können Sie Windows 7 gleich aktivieren. Die Option */cpky* löscht den Produktschlüssel aus der Registry.

HINWEIS

Start

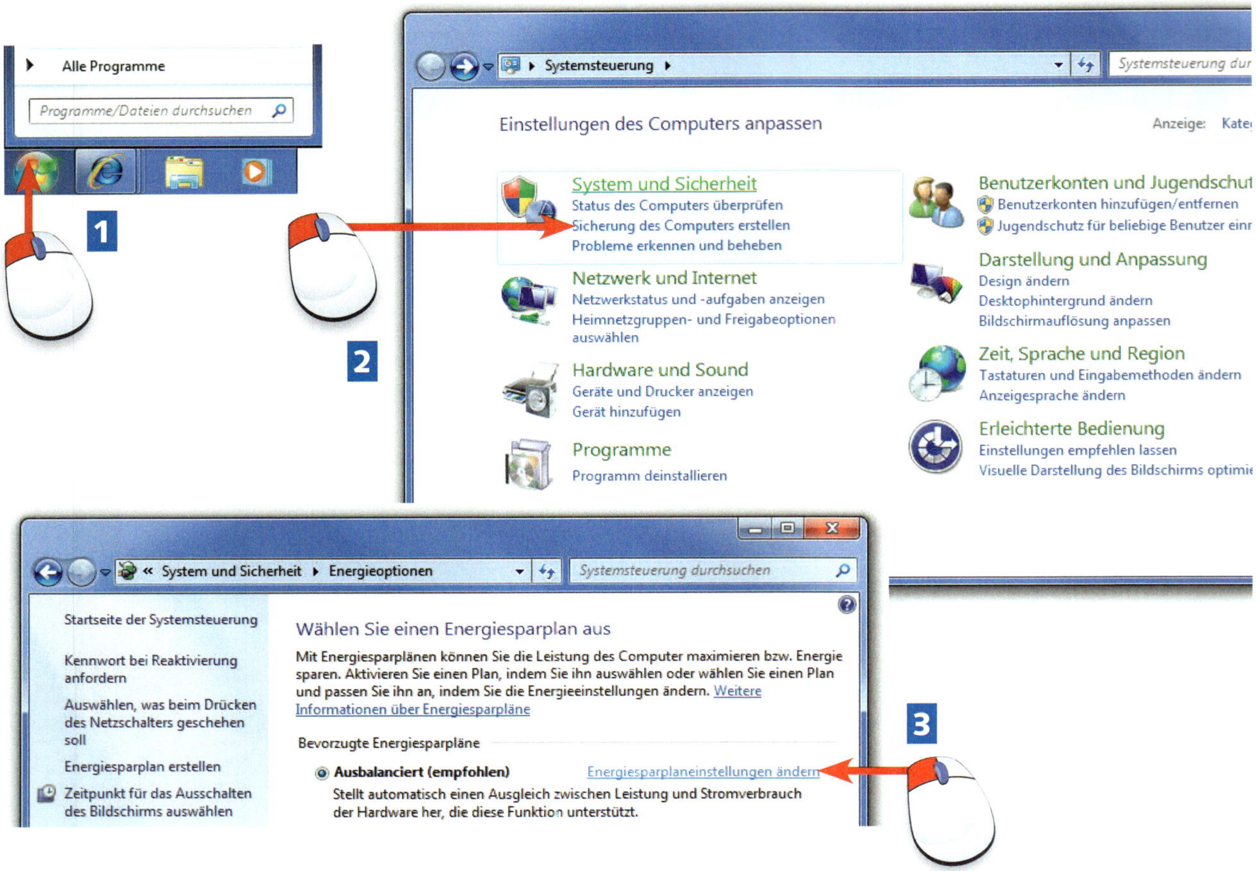

1 Klicken Sie auf das Startmenü und überprüfen Sie die Einstellungen für das Ausschaltsymbol.

2 Öffnen Sie die Systemsteuerung im Startmenü und schalten Sie zur Kategorie *System und Wartung* um.

3 Klicken Sie auf *Energieoptionen* und wählen Sie *Energiesparplaneinstellungen ändern*.

Mit dem Ausschaltsymbol im Startmenü versetzen Sie Ihren Computer in den Energiesparzustand (Stand-by-Modus). Wollen Sie Ihren PC immer vollständig ausschalten, programmieren Sie den Ausschalter einfach um.

WISSEN

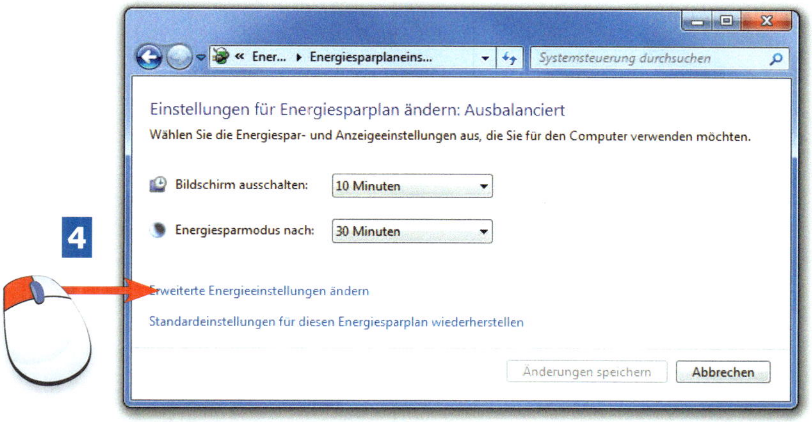

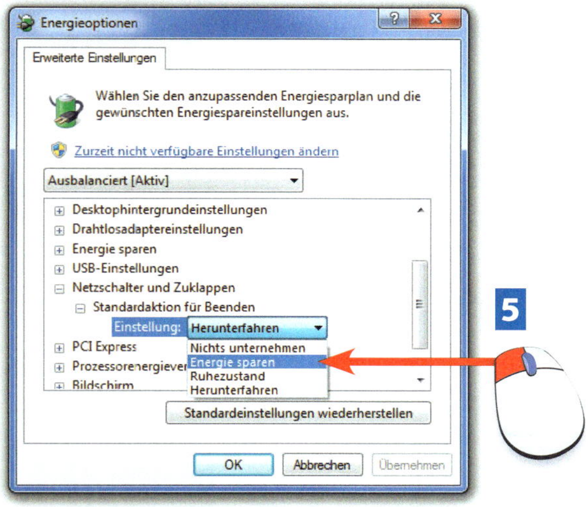

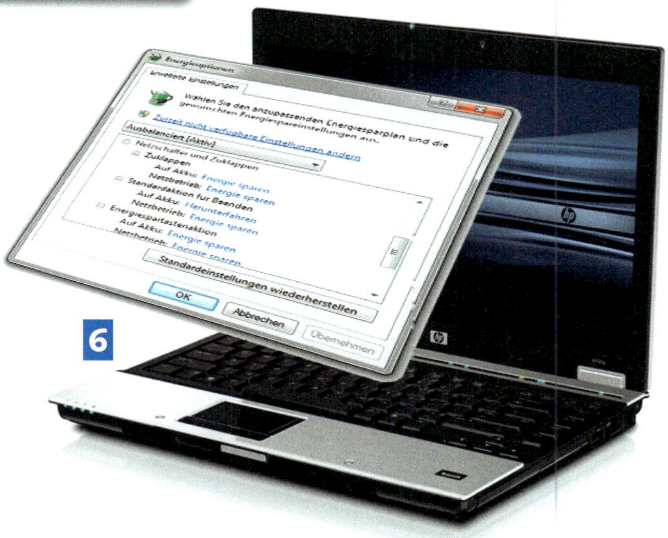

4 Klicken Sie auf *Erweiterte Energieeinstellungen ändern*.

5 Suchen Sie unter *Netzschalter und Zuklappen* die Option *Standardaktion für Beenden* und stellen Sie gewünschte Option ein.

6 Auf dem Notebook erhalten Sie auch eine Auswahl für das Zuklappen und evtl. verfügbare Energiespartasten.

Ende

TIPP

Energie sparen: Stand-by-Modus, alle Programme bleiben offen. **Ruhezustand:** Offene Programme werden gespeichert, der Computer wird ausgeschaltet. **Herunterfahren:** Programme und Betriebssystem werden geschlossen, der PC wird ausgeschaltet.

FACHWORT

Energiesparplan: Er hieß in früheren Versionen noch Energieschema und speichert alle Energieeinstellungen für den Computer.

HINWEIS

Wenn Sie Ihren Computer in kurzen Abständen regelmäßig nutzen, ist es effizienter, ihn nur in den Ruhezustand zu versetzen.

Start

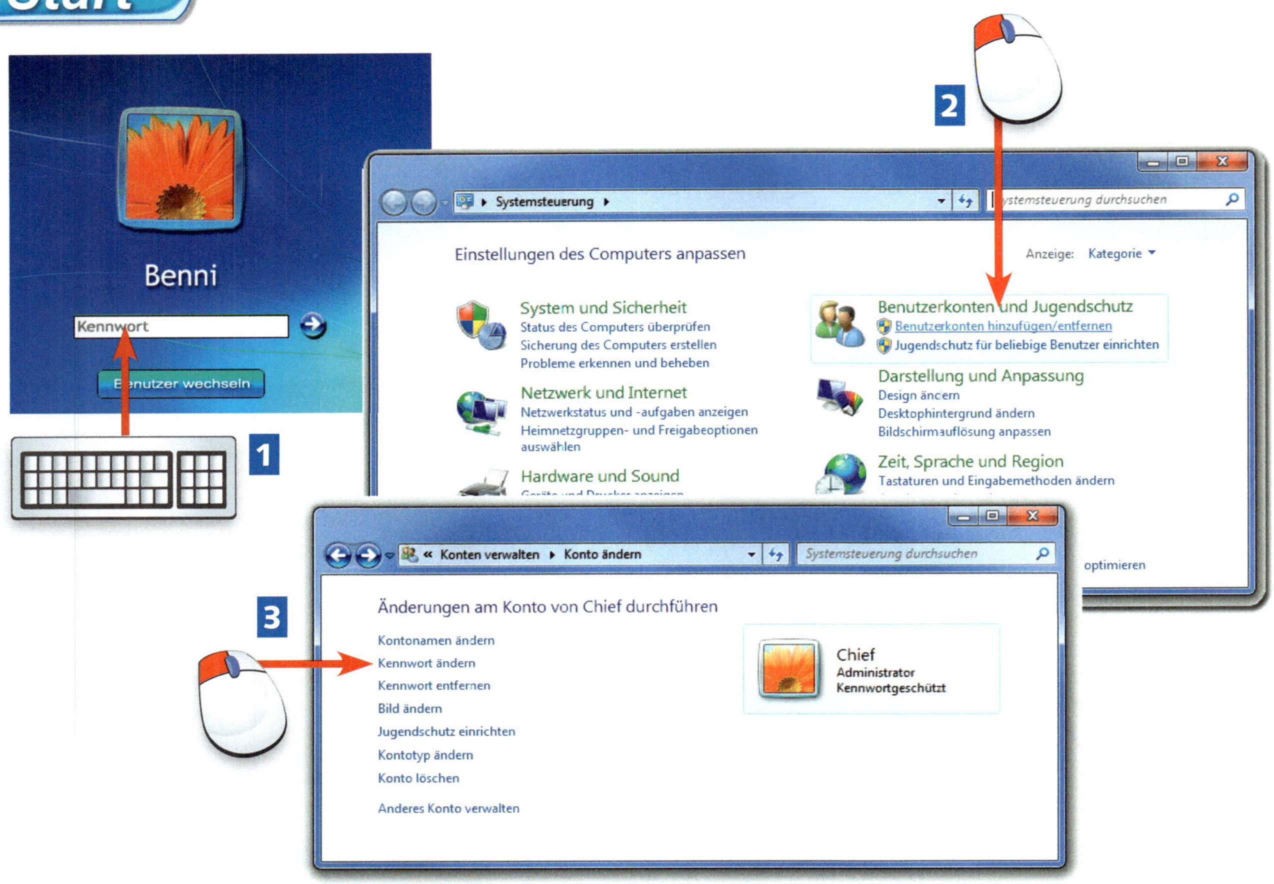

1 Wenn Sie beim Start von Windows 7 nach dem Kennwort gefragt werden, müssen Sie dieses eingeben oder zu einem anderen Konto wechseln.

2 Hat dieses Konto Administratorenrechte, melden Sie sich damit an und starten Sie unter *Start/Systemsteuerung* die Benutzerverwaltung.

3 Jetzt können Sie das andere Konto markieren und das vergessene Kennwort zurücksetzen, d.h. löschen.

Wenn Sie Ihr Kennwort für Windows 7 vergessen haben, gibt es nur die Möglichkeit, es über ein Administratorenkonto zurückzusetzen oder es über eine Kennwortrücksetzdiskette zu reaktivieren. Einen einfachen Weg, das alte Kennwort wiederherzustellen, gibt es nicht.

WISSEN

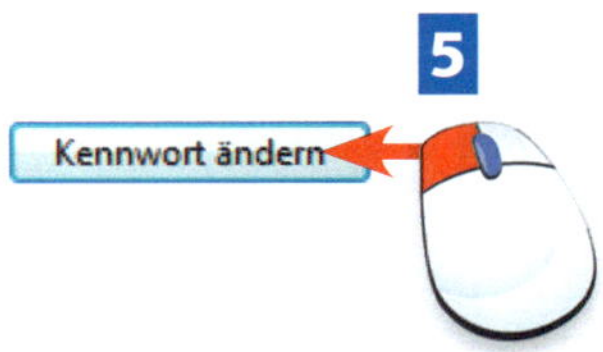

4 Geben Sie ein neues Kennwort in das erste Feld ein und anschließend zur Bestätigung ein zweites Mal in das Feld darunter.

5 Klicken Sie auf *Kennwort ändern*, um das neue Kennwort zu bestätigen.

6 Klicken Sie auf *Start* und wechseln Sie den Benutzer. Markieren Sie den Benutzernamen und geben Sie das neue Kennwort ein.

HINWEIS

Das Konto, mit dem ein Kennwort zurückgesetzt wird, muss Administratorenrechte besitzen. Bei der Rücksetzung gehen alle Sicherheitszertifikate des Benutzers verloren.

HINWEIS

Wenn nur ein einziges Konto existiert und von diesem das Kennwort nicht bekannt ist, bleibt nur der Ausweg, Windows 7 neu zu installieren. Die Daten bleiben erhalten, wenn Sie den gleichen Kontonamen verwenden.

TIPP

Erstellen Sie immer eine Kennwortrücksetzdiskette, wenn Sie ein neues Konto anlegen (siehe nächstes Kapitel).

Start

1

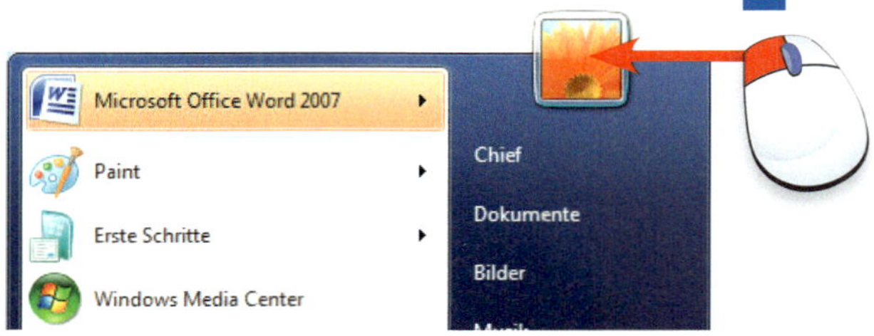

2

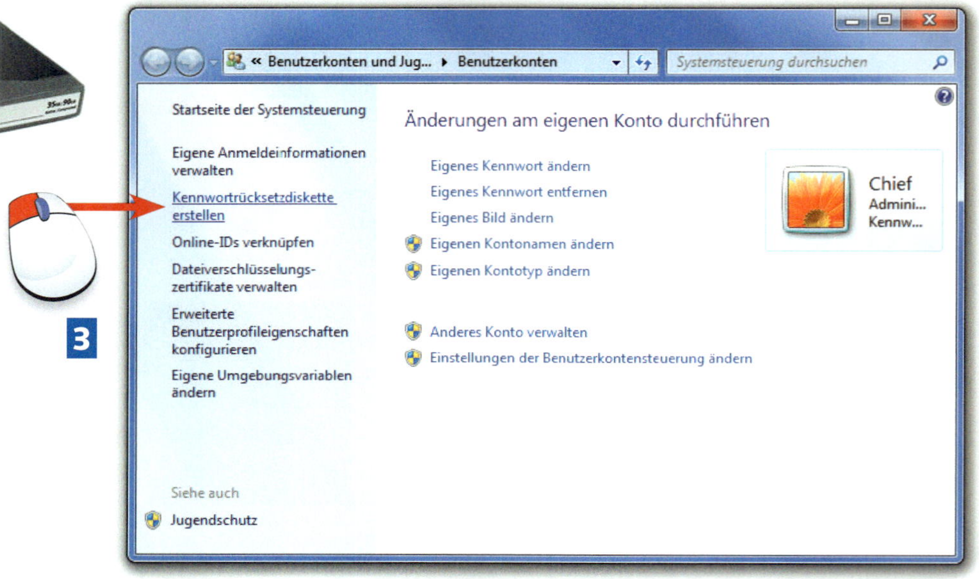

3

1 Legen Sie einen Datenträger auf einem Wechselmedium bereit (USB-Stick, CD-ROM, Wechselfestplatte o.Ä.).

2 Klicken Sie auf das Symbol des Benutzers im Startmenü, um die Benutzerverwaltung zu starten.

3 Starten Sie das Anlegen einer Kennwortrücksetzdiskette. Bestätigen Sie die erste Meldung des Assistenten mit Klick auf *Weiter*.

Sichern Sie Ihr Kennwort auf einem Wechseldatenträger, dann können Sie es einfach wiederherstellen, falls es einmal vergessen wird. Die Prozedur ist ganz einfach, ein Assistent hilft Ihnen dabei.

WISSEN

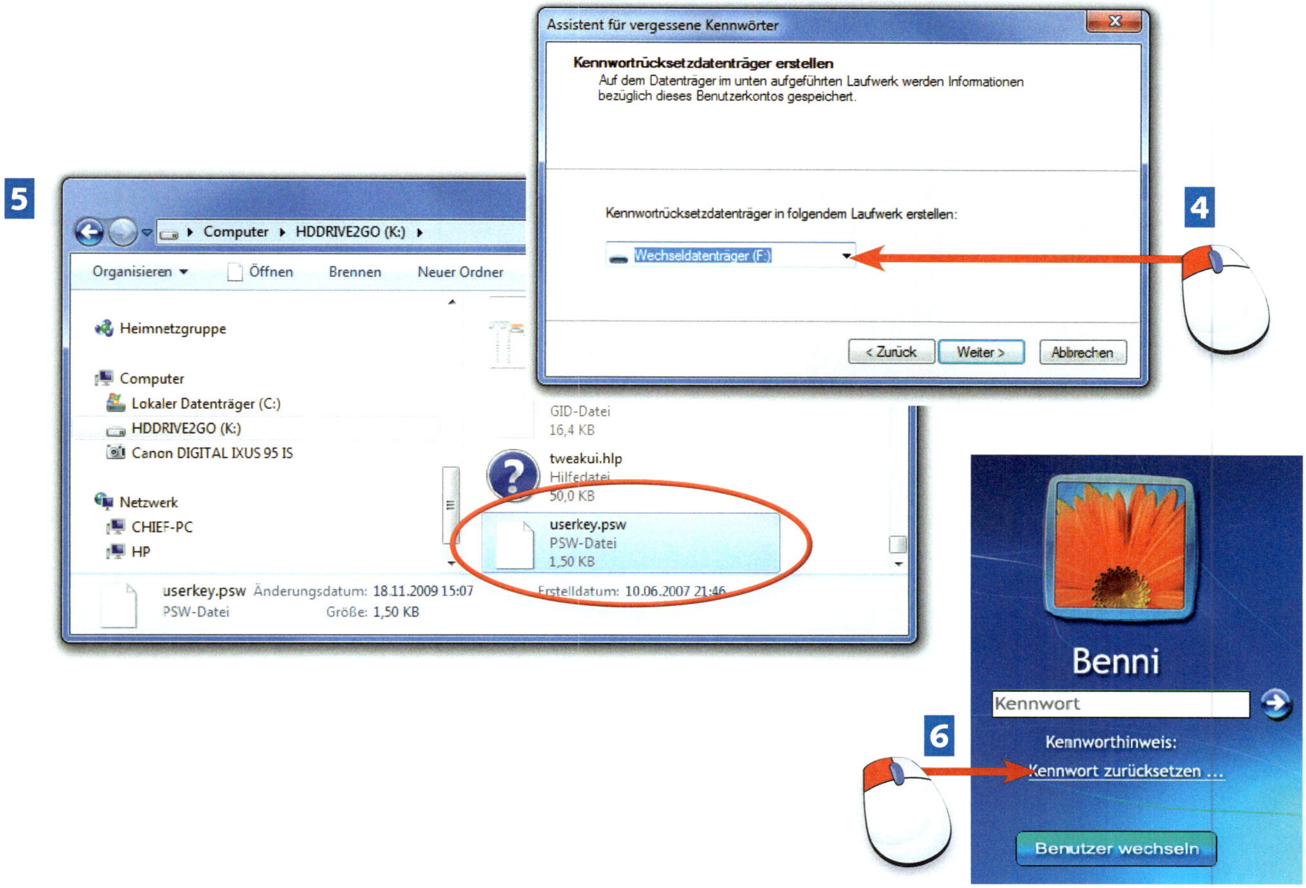

4 Geben Sie den Wechseldatenträger an, auf dem Sie das Kennwort sichern wollen, und tragen Sie das Kennwort ein.

5 Nach Abschluss des Assistenten steht auf dem Datenträger eine Datei mit der Bezeichnung *userkey.psw*. Der Inhalt ist verschlüsselt.

6 Bei der nächsten Anmeldung klicken Sie ohne Kennwort auf den Pfeil und auf *Kennwort zurücksetzen*. Folgen Sie dem Assistenten.

Ende

TIPP

Die meisten Computer haben kein Diskettenlaufwerk mehr, aber als Rücksetzdiskette kann jedes andere Wechselmedium dienen. Der Assistent speichert nur eine Datei – mit Namen *userkey.psw* – darauf.

HINWEIS

Stellen Sie sicher, dass niemand unbefugt auf diese Diskette Zugriff hat, verwahren Sie sie an einem sicheren Ort.

TIPP

Sie können die Datei auch auf einen anderen Datenträger kopieren, sie ist nicht an das Medium gebunden, auf dem sie erstellt wurde.

Start

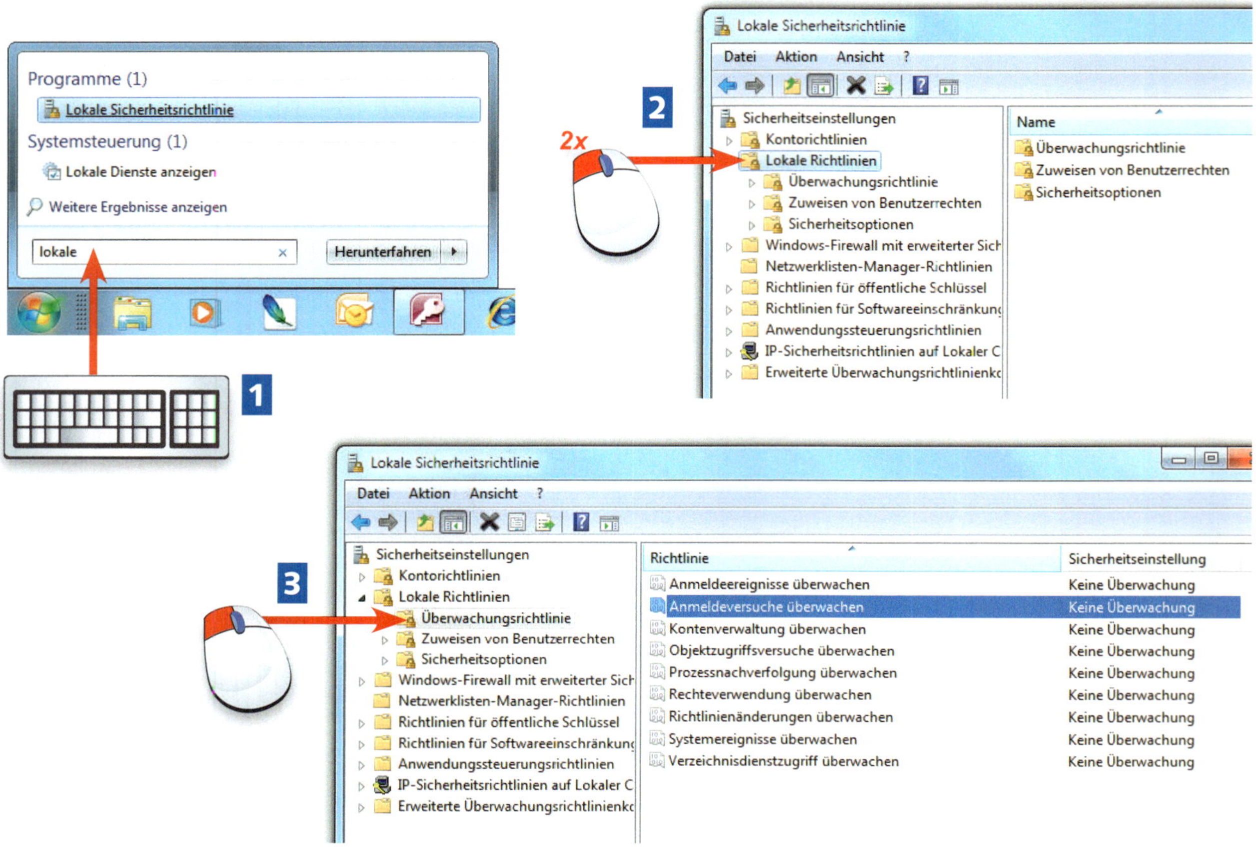

1 Klicken Sie auf das Startmenü und geben Sie *Lokale Sicherheitsrichtlinie* ein.

2 Öffnen Sie den Ordner *Lokale Richtlinien* per Doppelklick.

3 Unter *Überwachungsrichtlinie* finden Sie den Eintrag *Anmeldeversuche überwachen*. Klicken Sie ihn doppelt an.

Über die Ereignisanzeige können Sie fehlgeschlagene Login-Versuche protokollieren und damit feststellen, ob jemand versucht hat, unbefugt in Ihr System einzudringen.

WISSEN

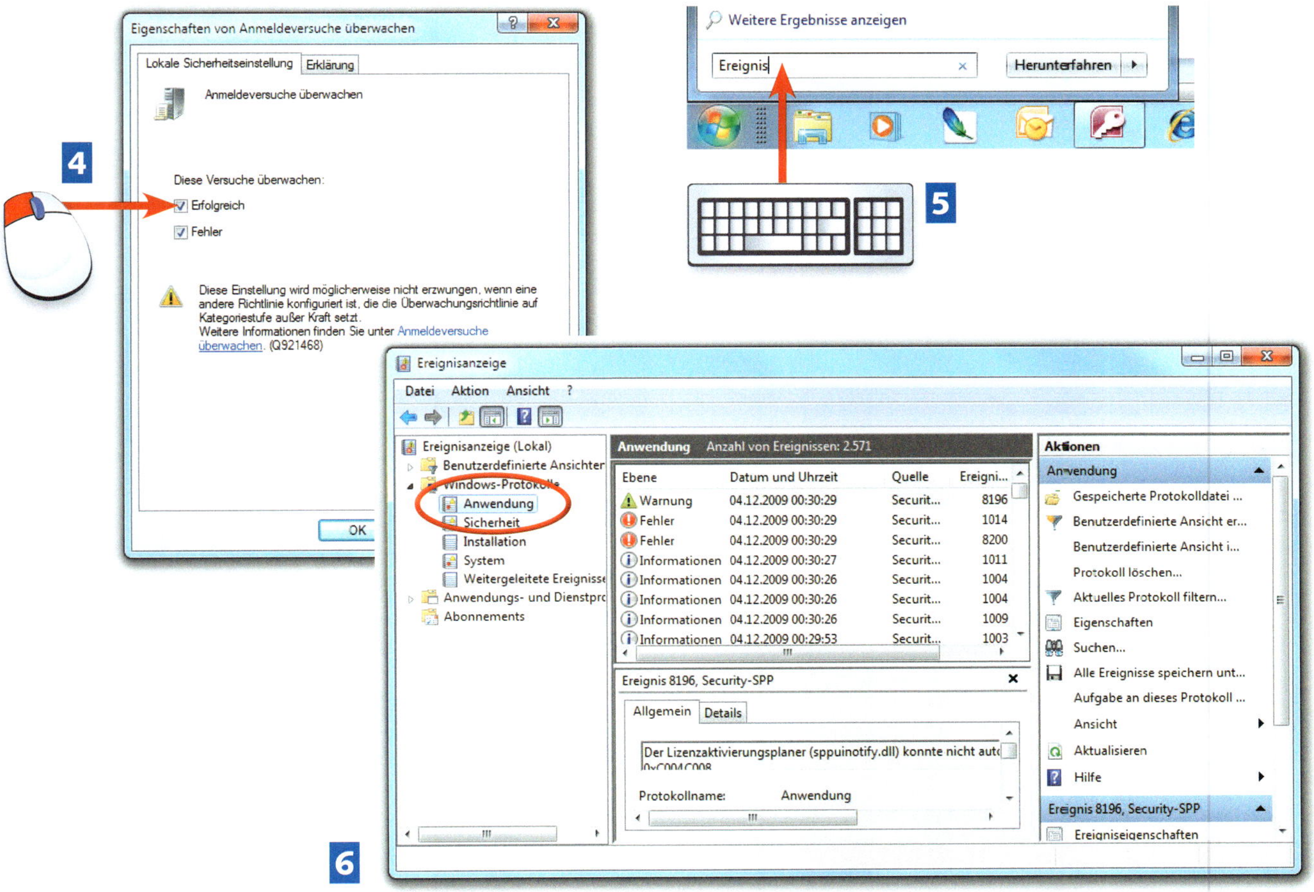

4 Kreuzen Sie die Option *Fehlgeschlagen* an, um alle erfolglosen Login-Versuche zu protokollieren.

5 Die Meldungen finden Sie in der Ereignisanzeige, schalten Sie diese mit der Eingabe *Ereignis* im Suchfenster ein.

6 Sehen Sie sich die Ereignismeldungen an. Protokolldateien können auch gespeichert und gelöscht werden.

Ende

Im Kontextmenü eines angezeigten Ereignisses (rechte Maustaste, *Eigenschaften*) finden Sie weitere Informationen.

TIPP

Die lokalen Sicherheitsrichtlinien und die Ereignisanzeige finden Sie auch in der Systemsteuerung unter *System und Wartung/Verwaltung*.

HINWEIS

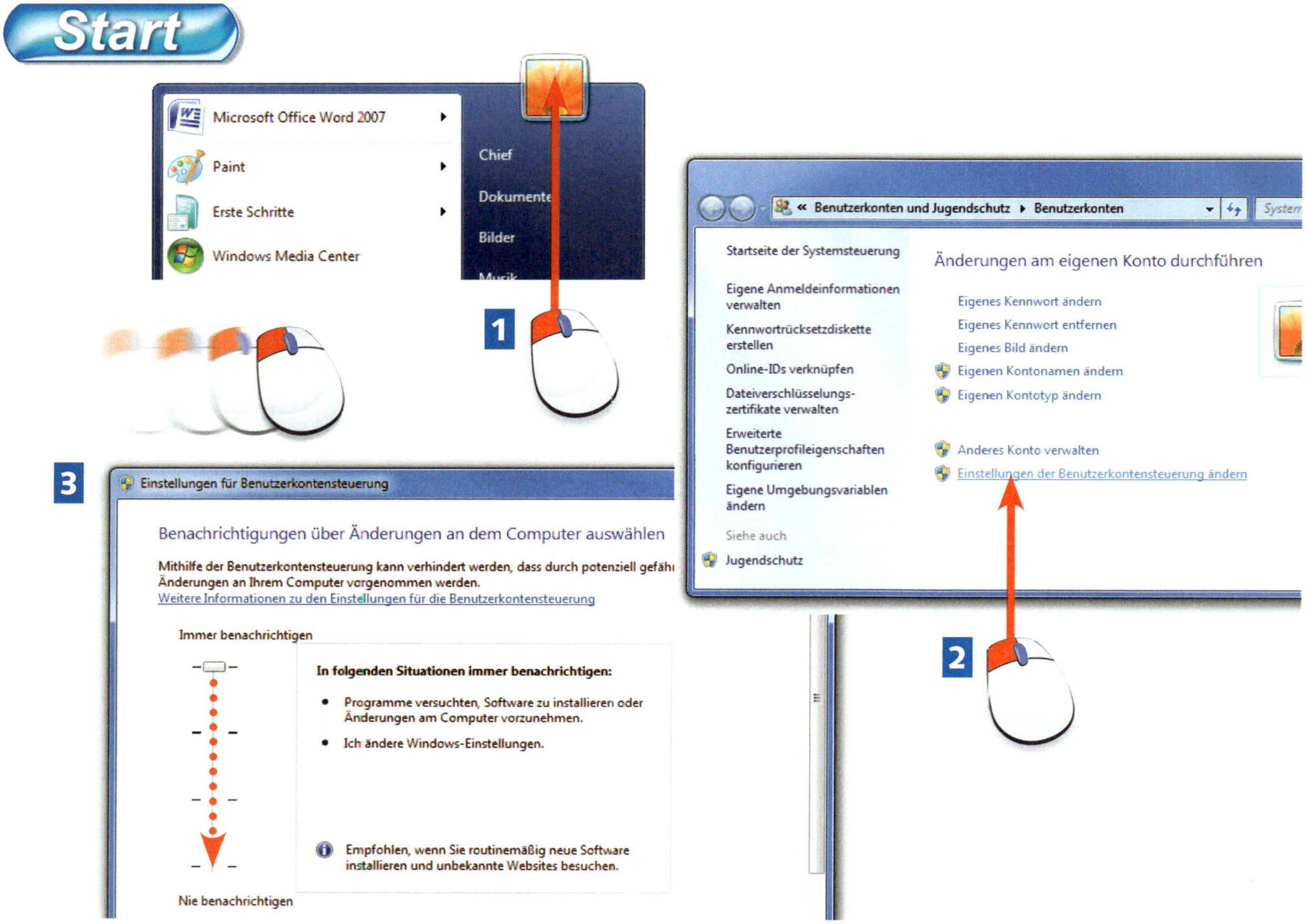

1 Die Benutzerverwaltung wird per Klick auf das Benutzerkonto-Bild im Startmenü aktiviert.

2 Klicken Sie auf *Einstellungen der Benutzerkontensteuerung ändern …*

3 … und ändern Sie den Benachrichtigungsstatus für das aktive Konto.

Die UAC (user account control) steuert die Benutzerkonten von Windows 7. Schalten Sie nervende Meldungen ab und sichern Sie sich Administratorrechte für Ihr Benutzerkonto.

WISSEN

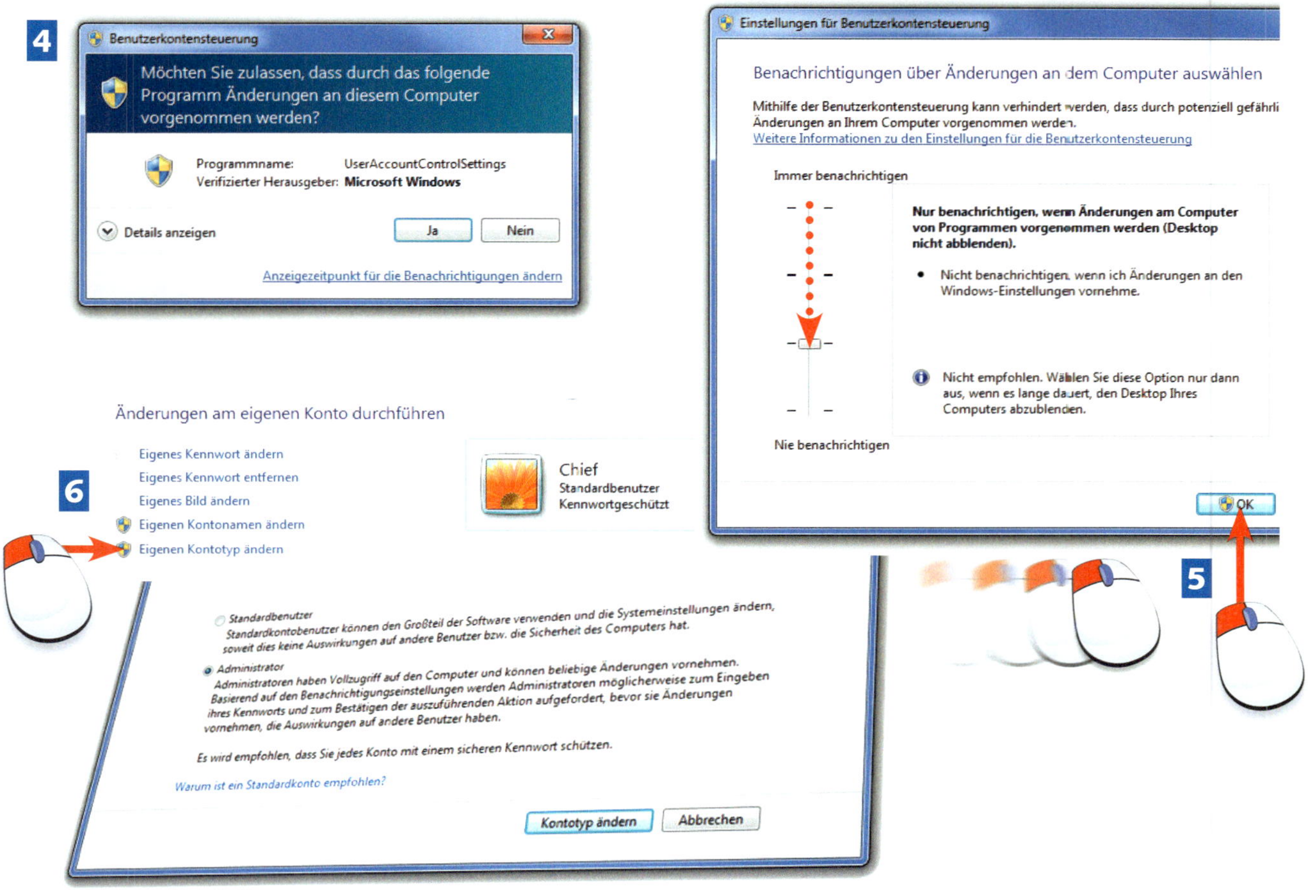

4 Meldungen dieser Art müssen Sie nicht mehr bestätigen, wenn Sie die erste (niedrigste) oder zweite Stufe einstellen.

5 Ziehen Sie den Schieberegler mit gedrückter Maustaste nach unten und bestätigen Sie mit Klick auf OK.

6 Stellen Sie mit *Eigenen Kontotyp ändern* den Administratormodus für Ihr Konto ein, damit Sie alle Rechte haben.

Änderungen am Kontotyp und an Sicherheitseinstellungen erfordern Administratorrechte am aktiven Konto.

HINWEIS

Schalten Sie die Benachrichtigungen nur für eigene Änderungen an, damit Schädlinge wie Viren oder Trojaner nicht unbemerkt aktiv werden können.

ACHTUNG

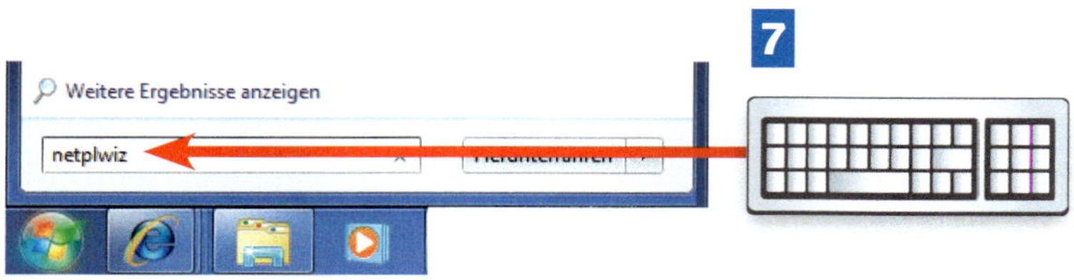

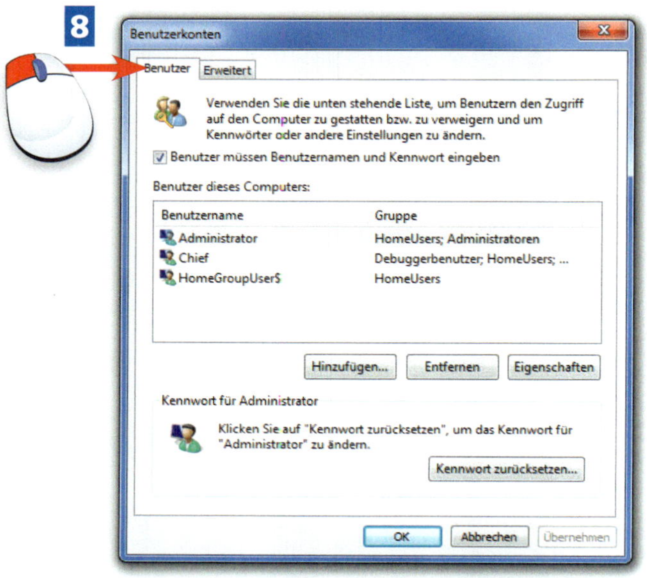

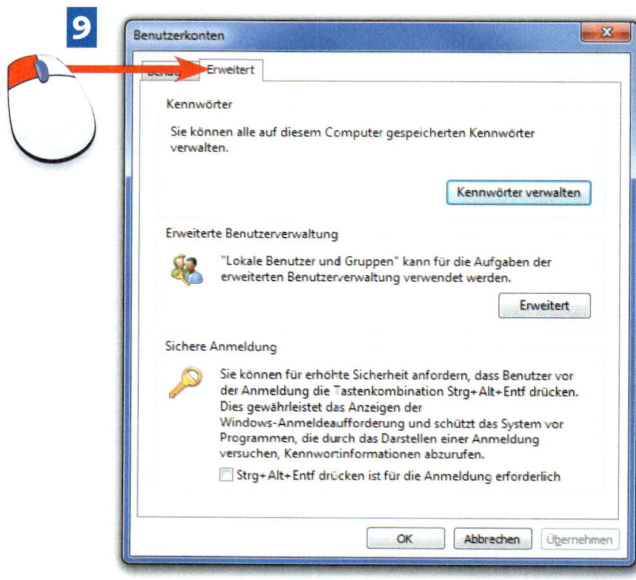

7 Für den Aufruf der erweiterten Benutzerverwaltung geben Sie *netplwiz* in das Ausführen-Feld des Startmenüs ein.

8 Auf der ersten Registerkarte sehen Sie alle Benutzer. Hier setzen Sie bei Bedarf Konten oder Kennwörter zurück.

9 Die zweite Registerkarte bietet *Kennwörterverwaltung*, *Erweiterte Benutzerverwaltung* und *Sichere Anmeldung* an.

Kennen Sie die erweiterte Benutzerverwaltung? Sie bietet weit mehr als die einfache Benutzerverwaltung aus der Systemsteuerung. Aktivieren Sie sie über einen Spezialbefehl und sehen Sie sich an, welche Möglichkeiten sie eröffnet.

WISSEN

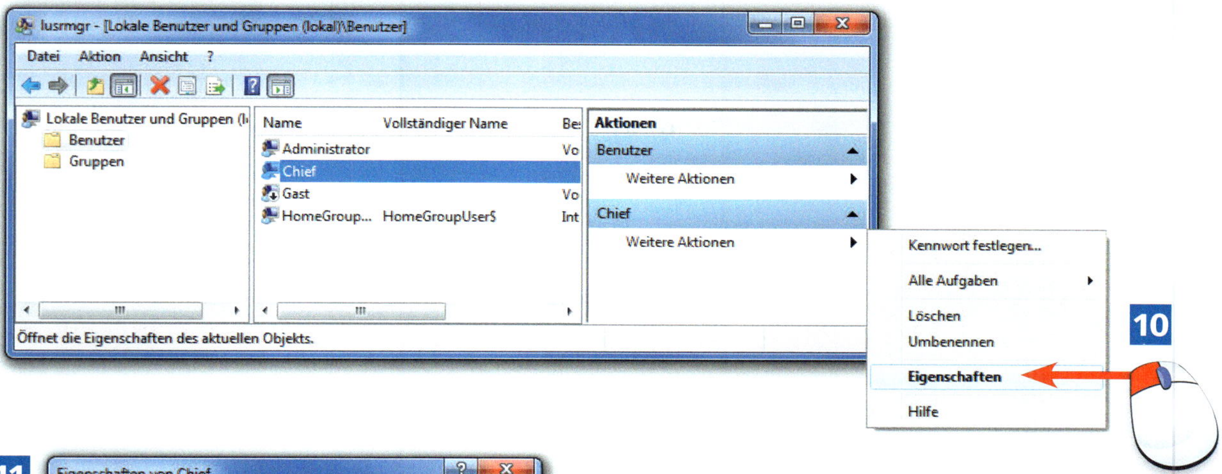

11

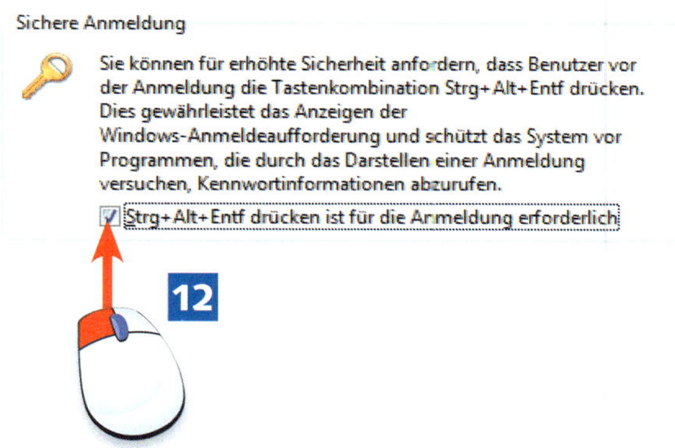

10 Aktivieren Sie in der erweiterten Benutzerverwaltung die *Eigenschaften* eines Benutzerkontos.

11 Ändern Sie hier die Kennworteigenschaften des Benutzers.

12 Unter *Sichere Anmeldung* können Sie verlangen, dass alle Benutzer vor der Anmeldung [Strg] + [Alt] + [Entf] drücken müssen.

Ende

TIPP

Die Tastenkombination [Strg] + [Alt] + [Entf] sichert das System vor schädlichen Programmen, die eine Anmeldung simulieren.

HINWEIS

Die erweiterte Benutzerverwaltung ist eine Management-Konsole, sie kann auch über die Systemsteuerung aktiviert werden.

TIPP

Weisen Sie über diese Einstellungen einzelne Benutzer in unterschiedliche Benutzergruppen ein, falls dies von Programmen gefordert wird.

Benutzerkontensteuerung ausschalten

Start

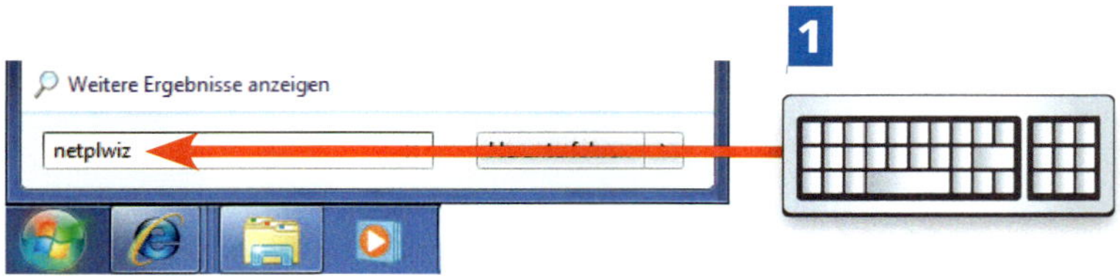

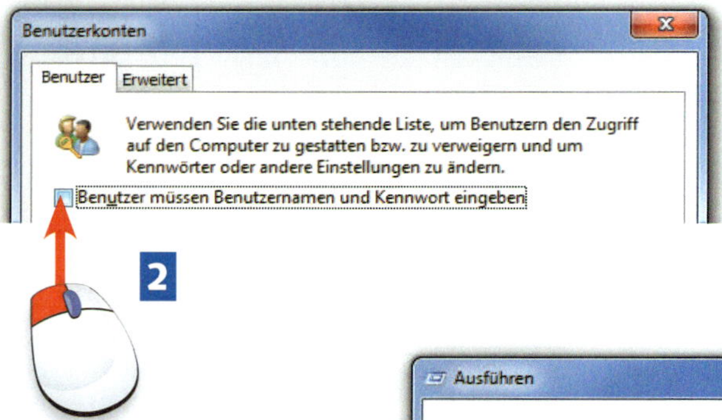

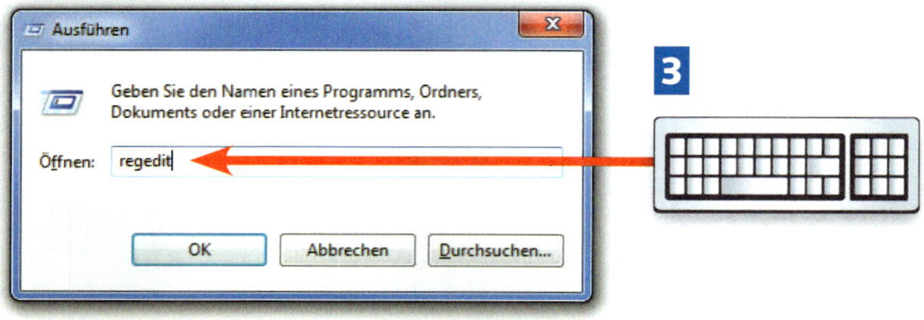

1 Starten Sie die Benutzerverwaltung mit der Eingabe *netplwiz* in das Suchfenster des Startmenüs oder über die Systemsteuerung.

2 Wenn Sie die Option *Benutzer müssen Benutzernamen und Kennwort eingeben* deaktivieren, ist die Benutzerkontensteuerung ausgeschaltet.

3 Starten Sie den Registrierungseditor mit [Windows] + [r] und der Eingabe *regedit*.

Wenn Sie nur alleine und nicht in einem Netzwerk an Ihrem Computer arbeiten, können Sie das Konto auch ausschalten, Windows 7 startet dann ohne Anmeldung. Über die Registrierung lässt sich die Anmeldung sogar im Netz abschalten.

WISSEN

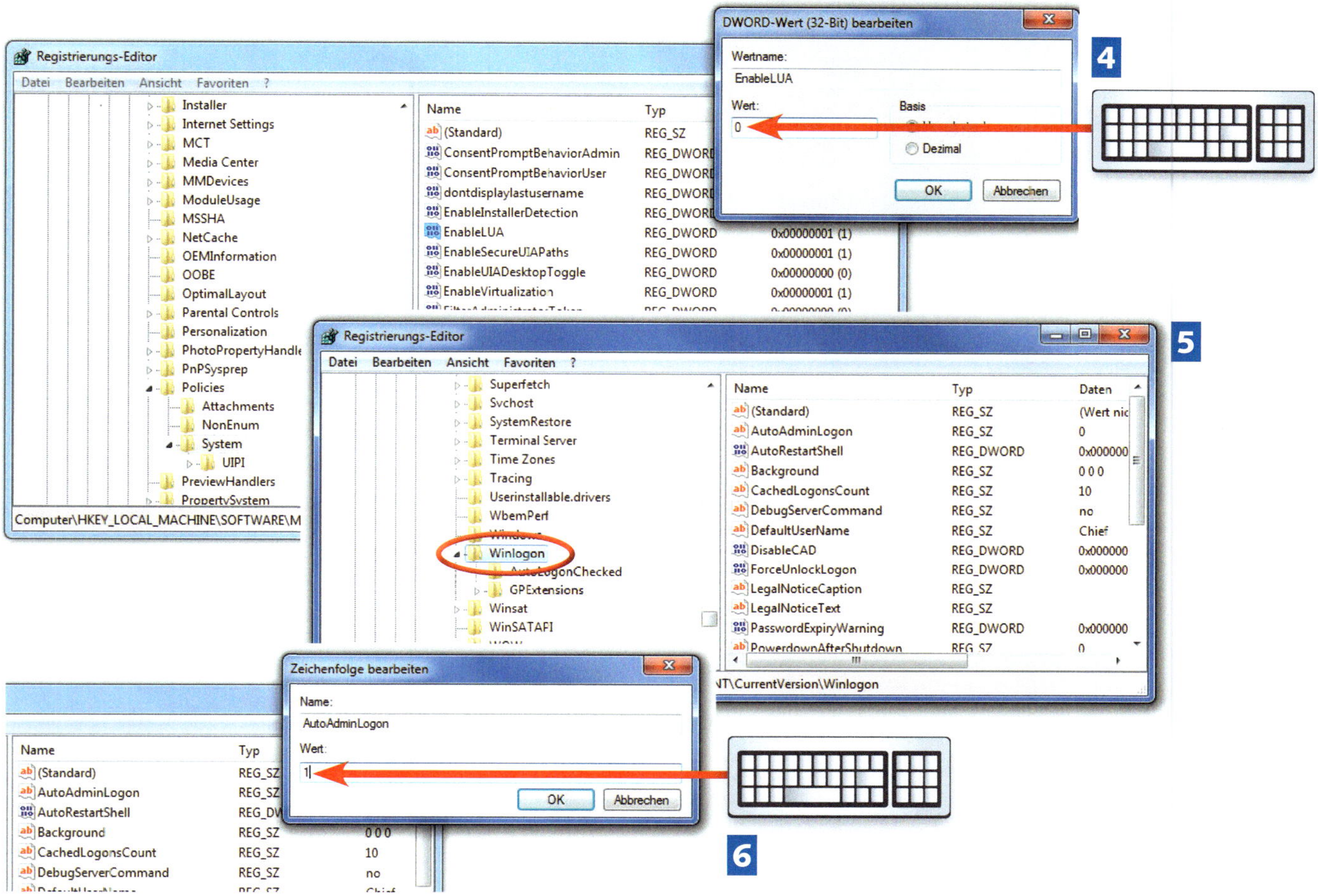

4 Die Benutzerkontensteuerung (UAC) steht unter dem Schlüssel *HKEY_LOCAL_MACHINE\SOFTWARE\Microsoft\Windows\CurrentVersion\Policies\System\EnableLUA*.

5 Unter diesem Schlüssel finden Sie den automatischen Login für den Administrator: *HKEY_LOCAL_MACHINE\Software\Microsoft\WindowsNT\CurrentVersion\Winlogon*.

6 Setzen Sie *AutoAdminLogon* auf 1, um das Administratorkonto ohne Passworteingabe zu starten.

Ende

ACHTUNG

Das Ausschalten der Benutzerkontensteuerung bedeutet ein hohes Risiko, da Viren, Trojaner, andere Schadsoftware und natürlich auch nicht berechtigte User Ihren Computer starten können!

HINWEIS

Unter diesen Schlüsseln tragen Sie Domäne (auch Arbeitsgruppe oder PC-Name), Benutzername und Passwort ein: *DefaultDomainName*, *DefaultUserName*, *DefaultPassword*.

Administratorkonto aktivieren

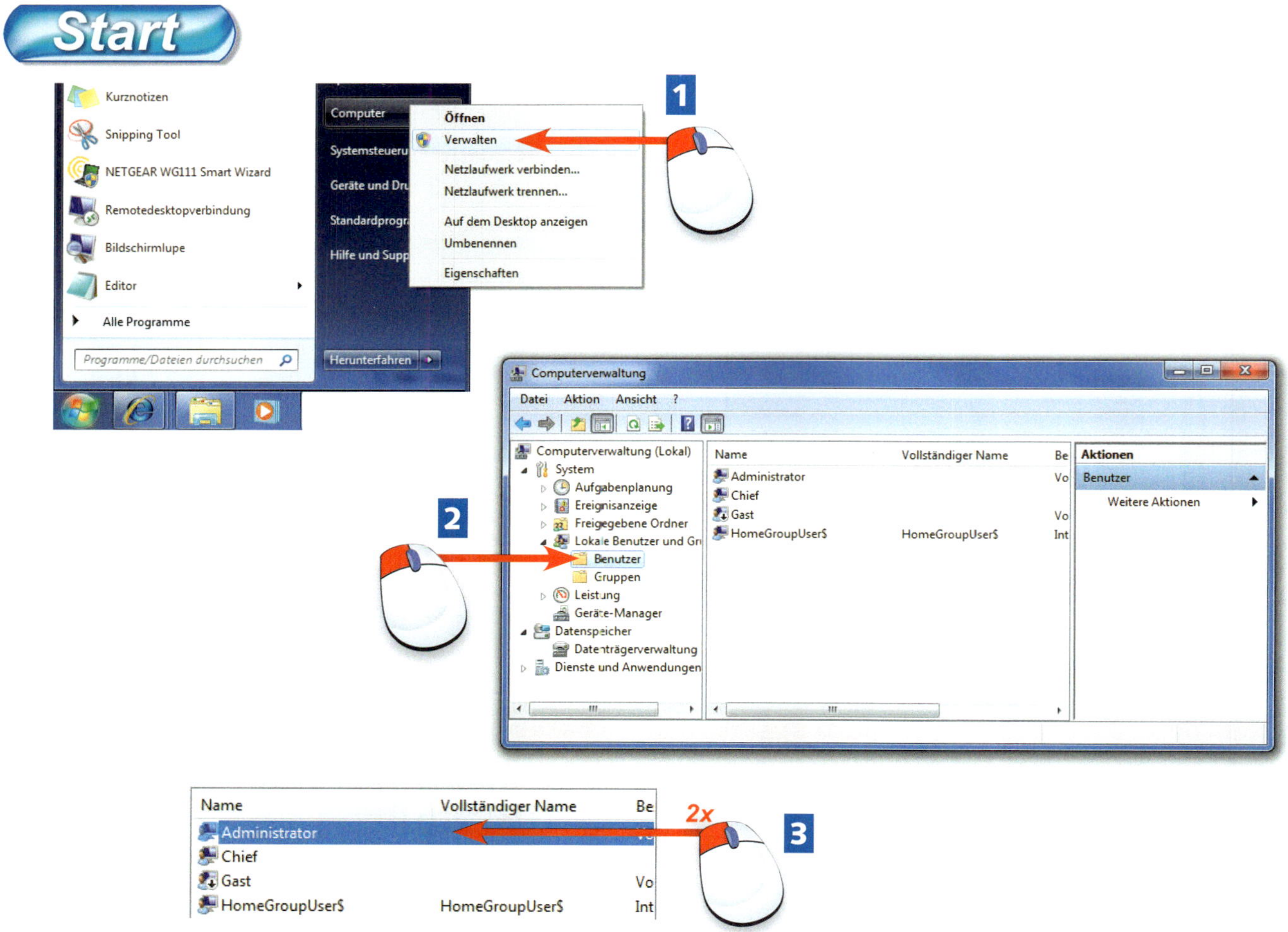

1 Öffnen Sie das Startmenü und klicken Sie mit der rechten Maustaste auf *Computer*. Wählen Sie *Verwalten*.

2 Schalten Sie in der Computerverwaltung auf *Lokale Benutzer und Gruppen/Benutzer*.

3 Klicken Sie doppelt auf den Eintrag *Administrator*.

Windows 7 legt bei der Installation zusätzlich zum Benutzerkonto ein Administratorkonto an, blendet dieses aber aus. Aktivieren Sie es, wenn Sie mit allen Admin-Rechten arbeiten wollen.

WISSEN

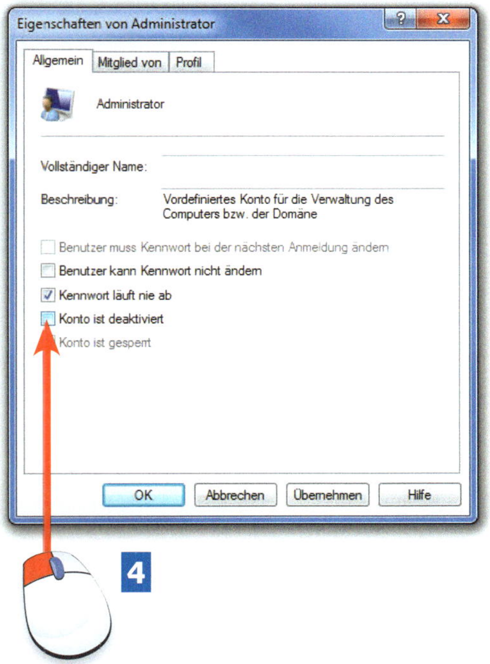

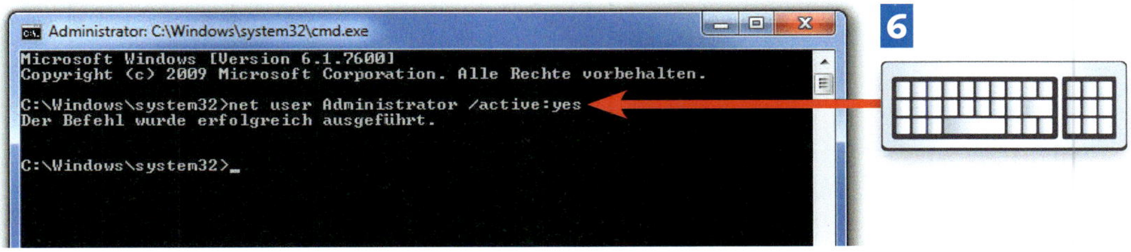

4 Entfernen Sie das Häkchen vor der Option *Konto ist deaktiviert*.

5 Jetzt ist das Administratorkonto in der Benutzerverwaltung sichtbar und Sie können es wie jedes andere Konto bearbeiten.

6 Wenn Ihre Windows 7-Version keine Computerverwaltung anbietet, aktivieren Sie das Konto über die Eingabeaufforderung.

Ende

Für alle Änderungen an Benutzerkonten müssen Sie natürlich ein Konto mit Administrationsrechten besitzen.

TIPP

Starten Sie die Eingabeaufforderung mit Strg und ⇧ im Administratormodus, wenn Sie Konten ein- oder ausschalten wollen.

HINWEIS

Das Gastkonto steht ebenfalls inaktiv in der Benutzerverwaltung zur Auswahl.

HINWEIS

Benutzerkonten steuern mit dem net-Befehl

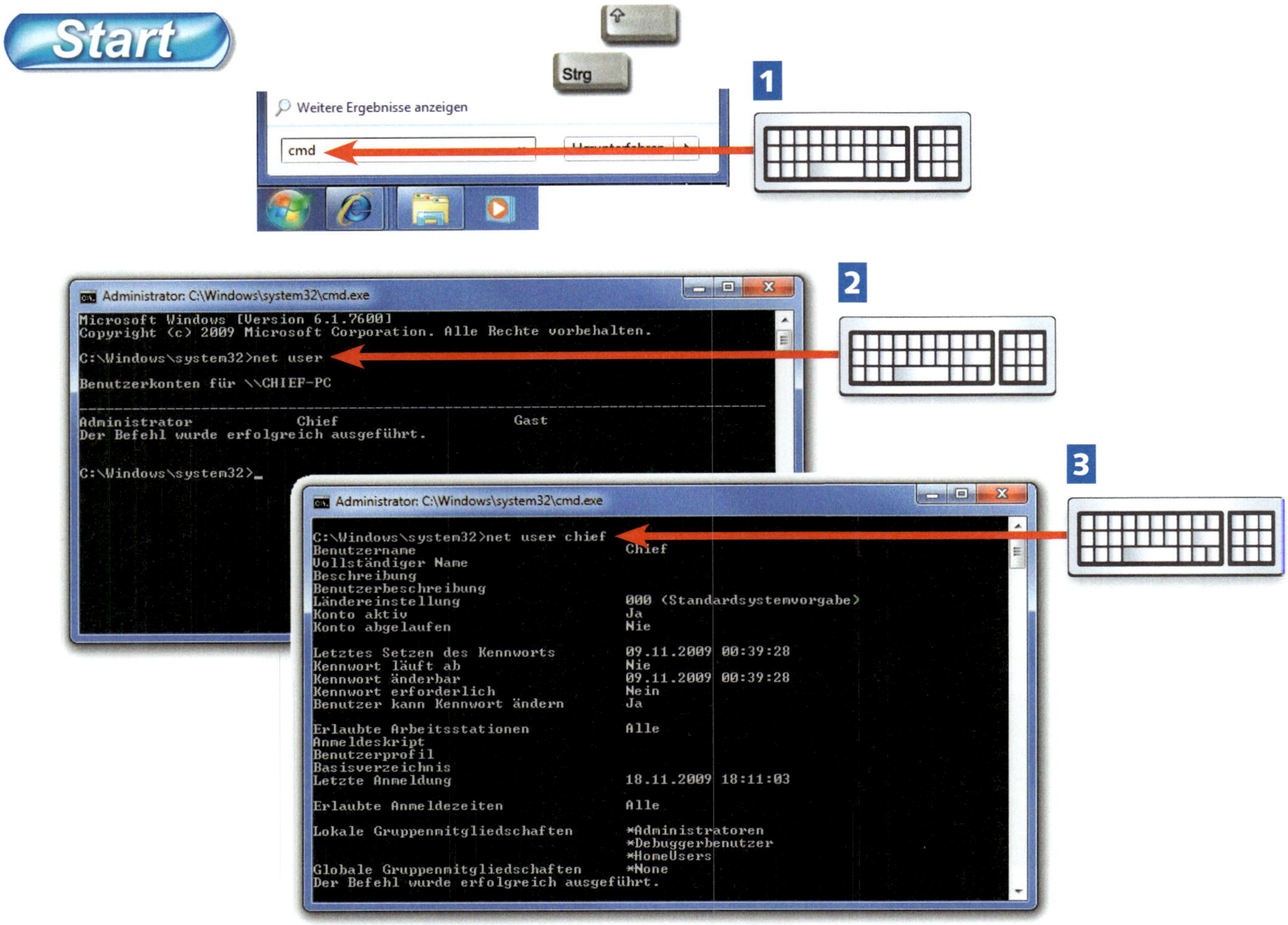

1 Starten Sie die Eingabeaufforderung mit *cmd* im Ausführen-Feld, drücken Sie [Strg] und [⇧] für den Admin-Modus.

2 Der Befehl *net user* listet alle angelegten Benutzerkonten auf.

3 Mit dem Befehl *net user kontoname* sehen Sie alle Einstellungen eines Benutzerkontos.

Der net-Befehl ist ein Profiwerkzeug, das nicht nur schnelle, sondern auch versteckte Informationen aus dem System holt. Damit schalten Sie sogar das Administratorkonto ein.

WISSEN

4

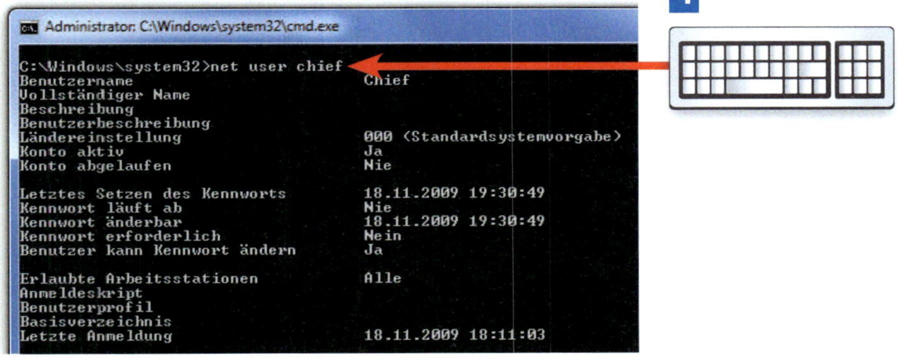

5

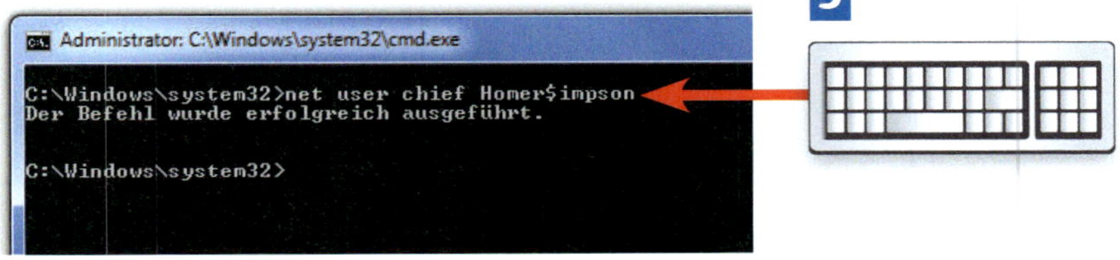

6

4 Mit *net user kontoname* können Sie alle Einstellungen eines Kontos auflisten.

5 Setzen Sie mit diesem net-Befehl das Kennwort eines Benutzerkontos neu fest: *net user kontoname kennwort*.

6 Sehen Sie sich die Hilfe für *net user* an, hier finden Sie alle Optionen für die Benutzersteuerung.

Ende

Das Administratorkonto wird bei der Installation von Windows 7 automatisch ausgeblendet, sobald ein erstes Konto mit Administratorrechten angelegt wird.

HINWEIS

Weitere net-Befehle:
net user username /PasswordChg:No: Passwordänderung verhindern
net user username /active:no: Konto deaktivieren
net user username /active:yes: Konto aktivieren

TIPP

2

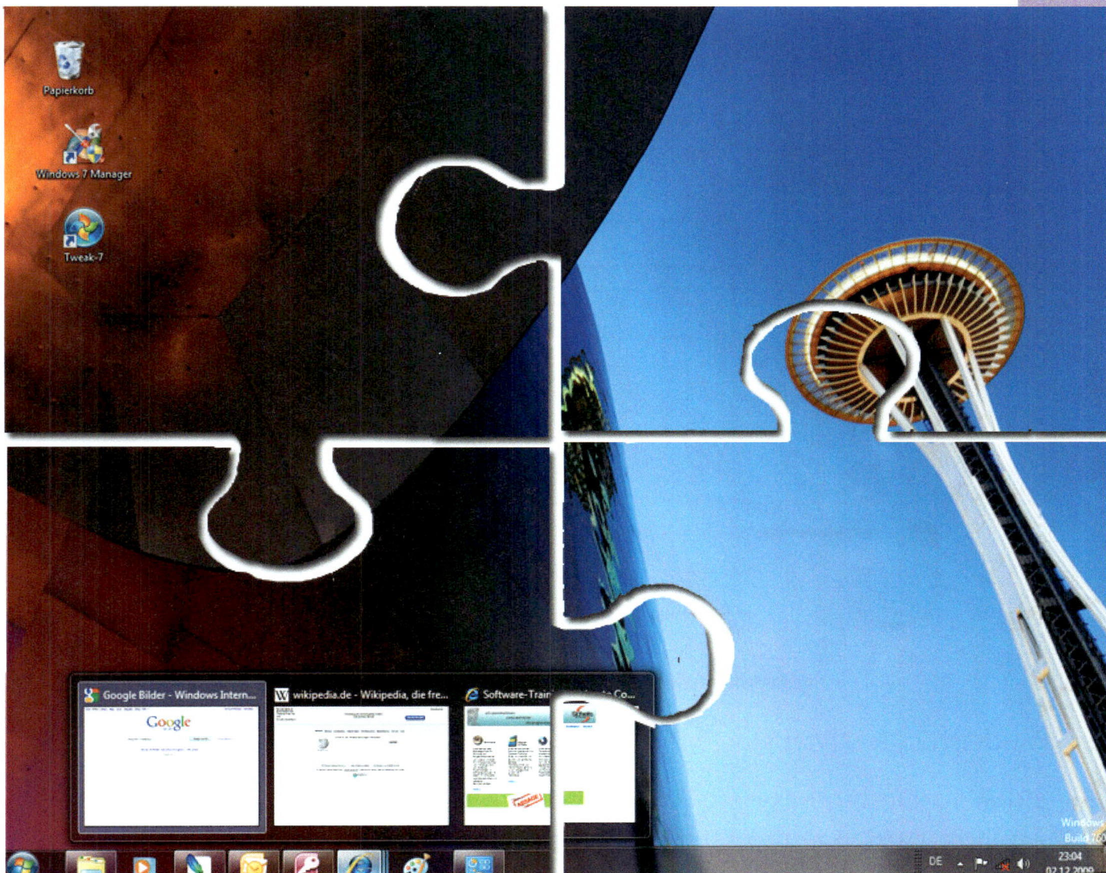

Arbeiten mit Windows 7

Start

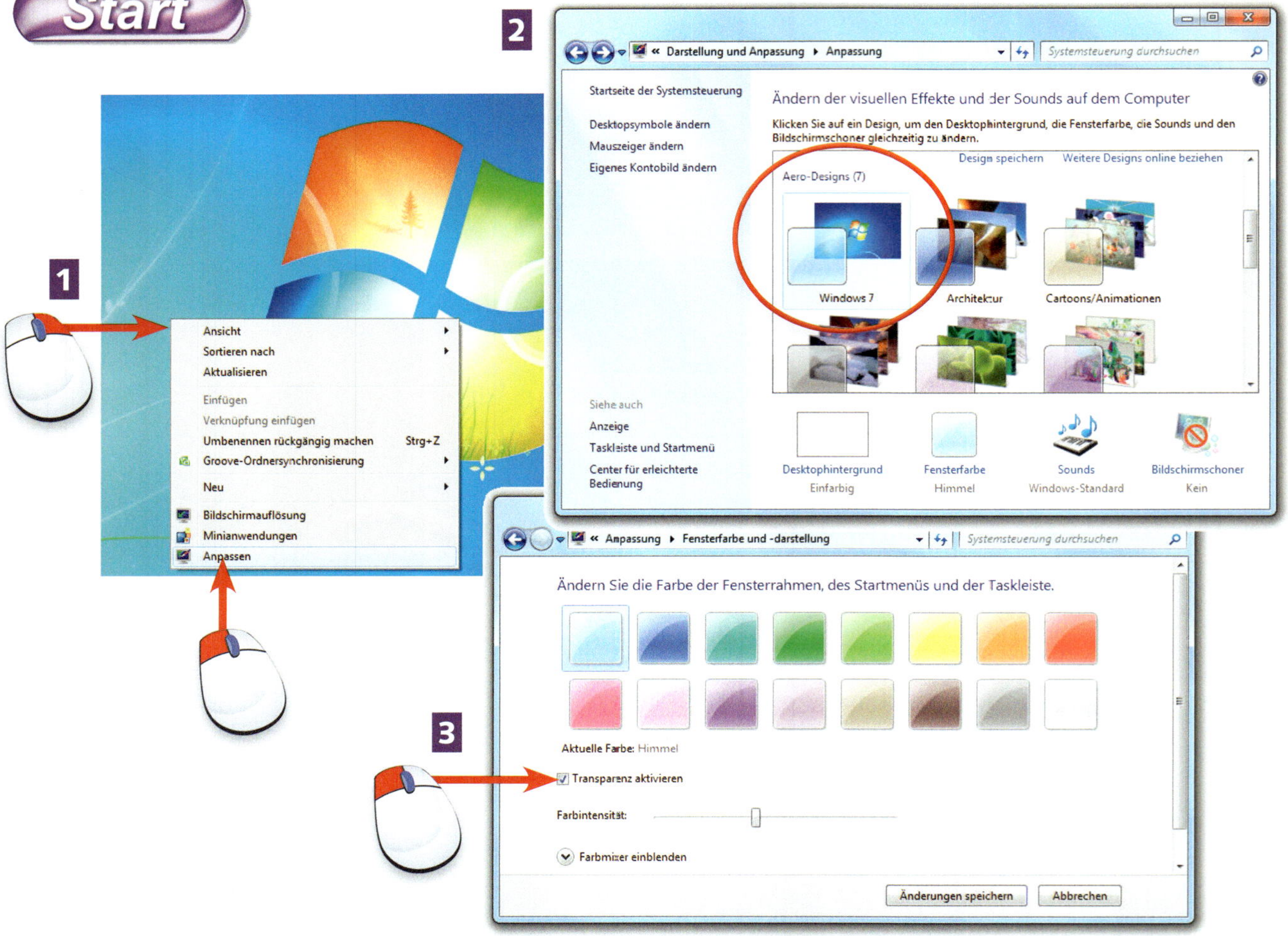

1 Klicken Sie mit der rechten Maustaste in den Desktop und wählen Sie *Anpassen*.

2 Wählen Sie ein Aero-Design aus dem Angebot der Desktop-Designs. Hintergrund, Farben und Sounds werden automatisch eingestellt.

3 Wenn die Grafikkarte beim Verschieben der Fenster »zögert«, schalten Sie die Transparenz der Fenster aus. Das spart Rechenbedarf.

Aero heißt die neue Bildschirmoberfläche mit Schatten, transparenten Fensterelementen und Spezialeffekten. Suchen Sie ein passendes Design und richten Sie Bildschirm und Grafikkarte auf Aero ein.

WISSEN

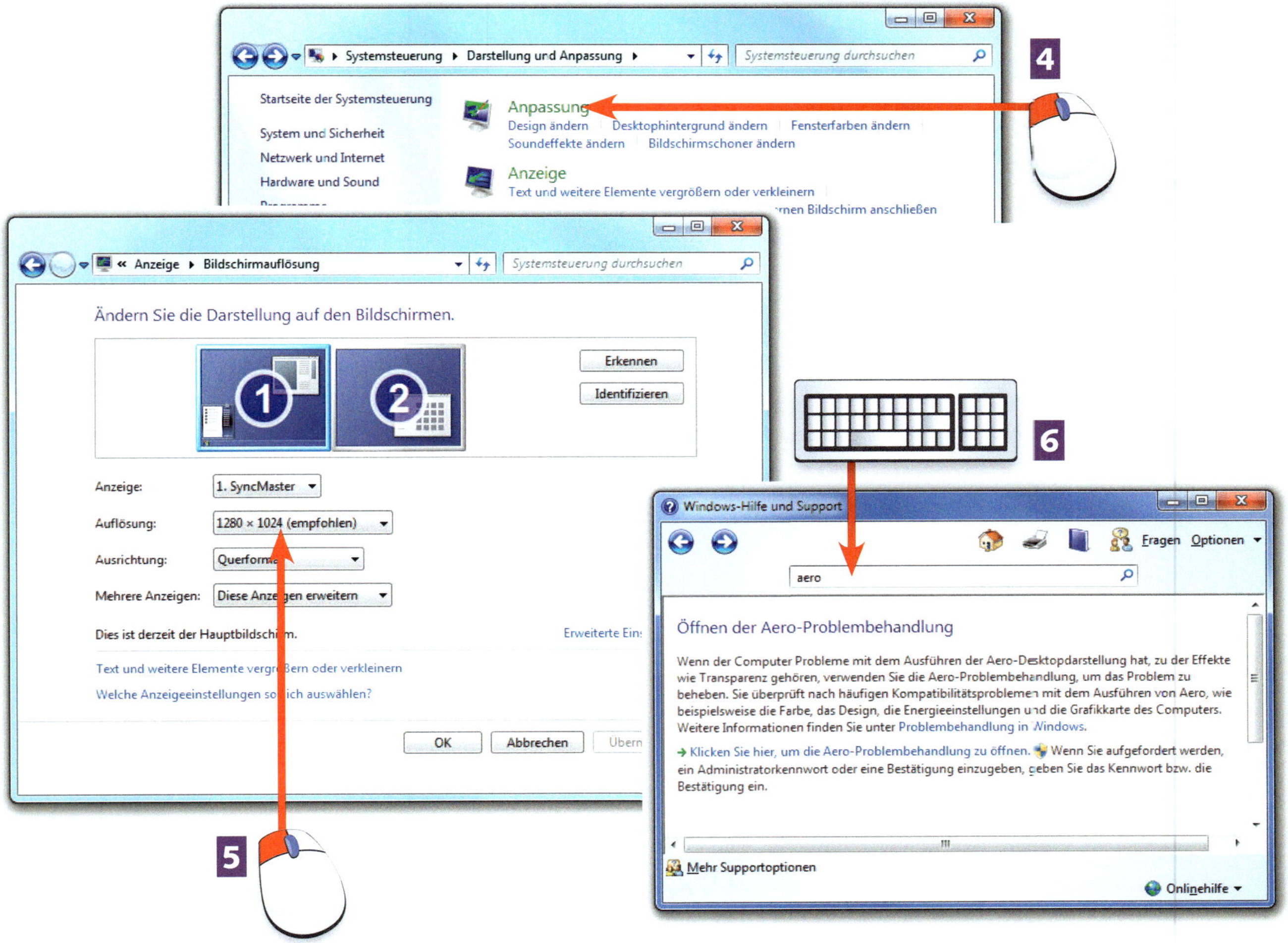

4 Unter *Darstellung und Anpassung* werden Bildschirm und Bildschirmauflösung eingestellt.

5 Ändern Sie die Auflösung und die Textanzeige für alle angeschlossenen Monitore.

6 Die Aero-Problembehandlung analysiert die Grafikeinstellungen bei Problemen mit Aero. Geben Sie *Aero* in das Suchfenster der Hilfe ein.

Ende

Die Aero-Oberfläche kann nur mit Grafikkarten betrieben werden, die DirectX ab Version 9 unterstützen.

HINWEIS

In Kapitel 6 finden Sie einen Tipp für die Leistungssteigerung der Aero-Oberfläche. In Kapitel 9 steht, wie Aero auch bei älteren Grafikkarten funktioniert.

TIPP

Start

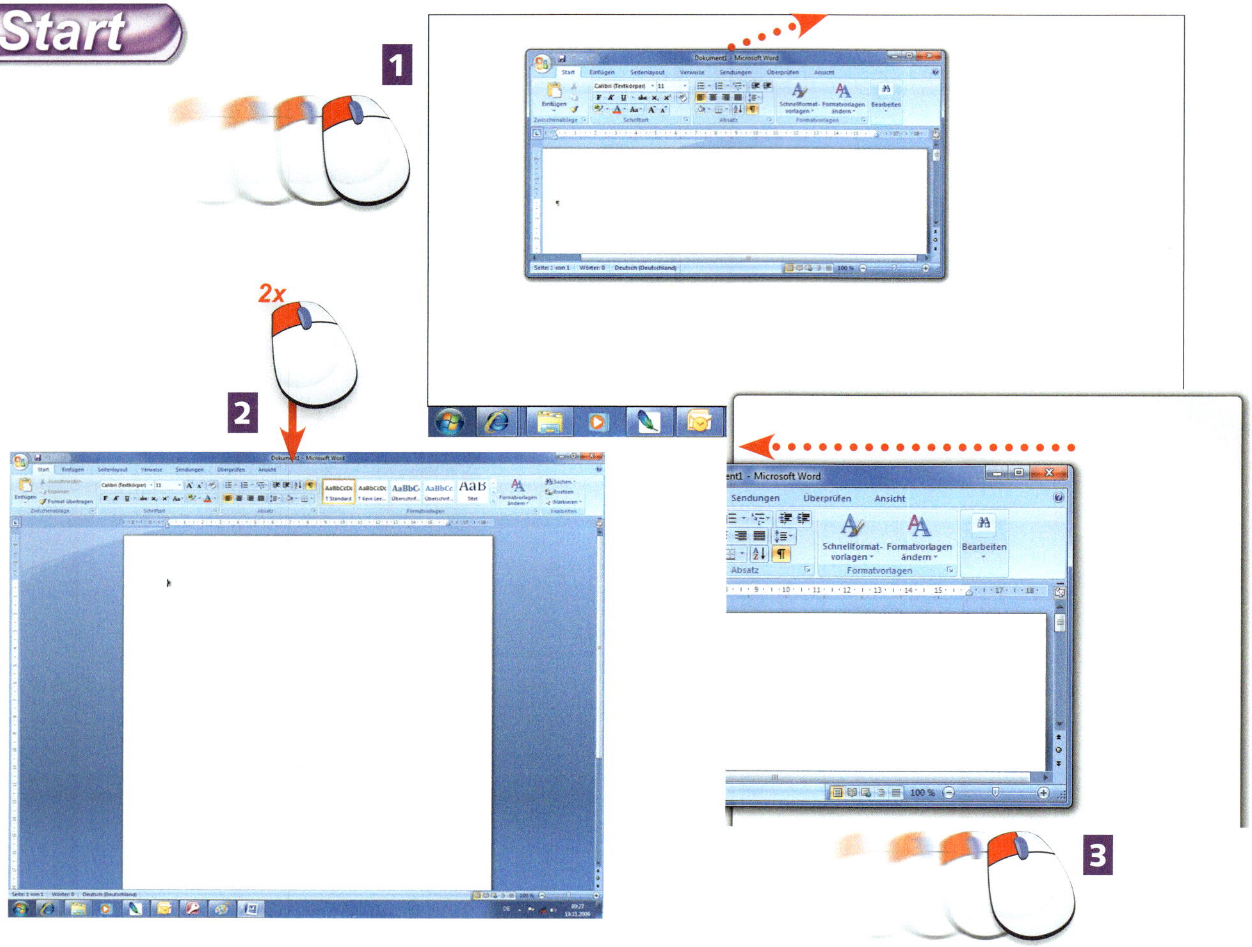

1 Um ein aktives Fenster im Vollbild darzustellen, ziehen Sie es mit gedrückter Maustaste an den oberen Fensterrand.

2 Lassen Sie die Maustaste los, nimmt das Fenster den gesamten Desktop ein. Klicken Sie doppelt auf die Titelleiste für die Fensteransicht.

3 Ziehen Sie das Fenster an den linken oder rechten Rand, wird es nach dem Loslassen der Maustaste die Hälfte des Desktops einnehmen.

Aero Peek, Aero Snap und Aero Shake – mit den neuen Maustechniken von Windows 7 ordnen Sie Ihre Fenster schneller auf dem Desktop an.

WISSEN

4

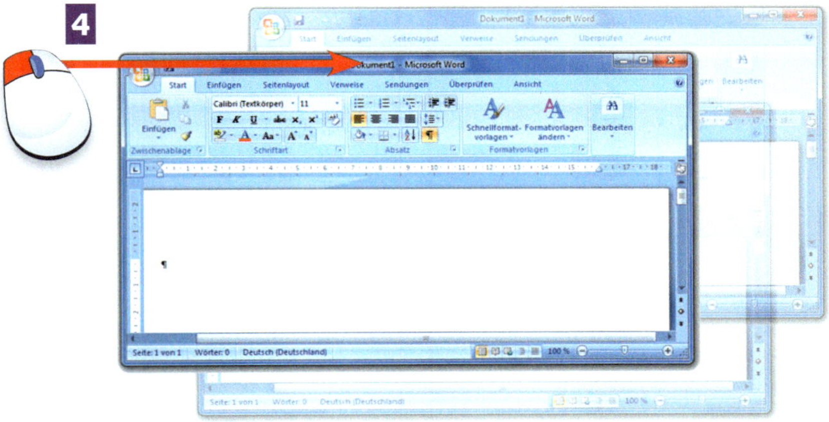

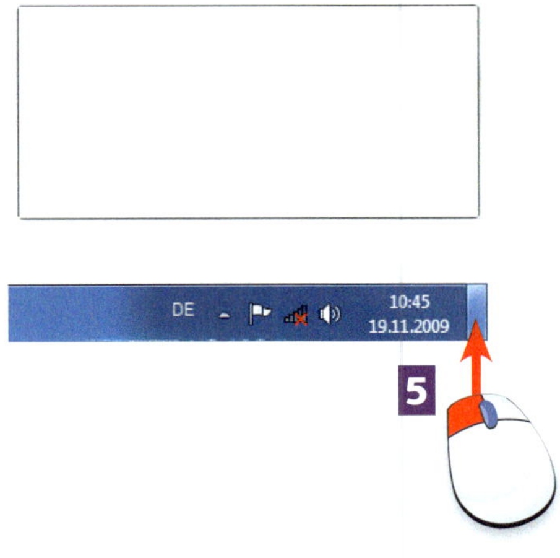

5

6

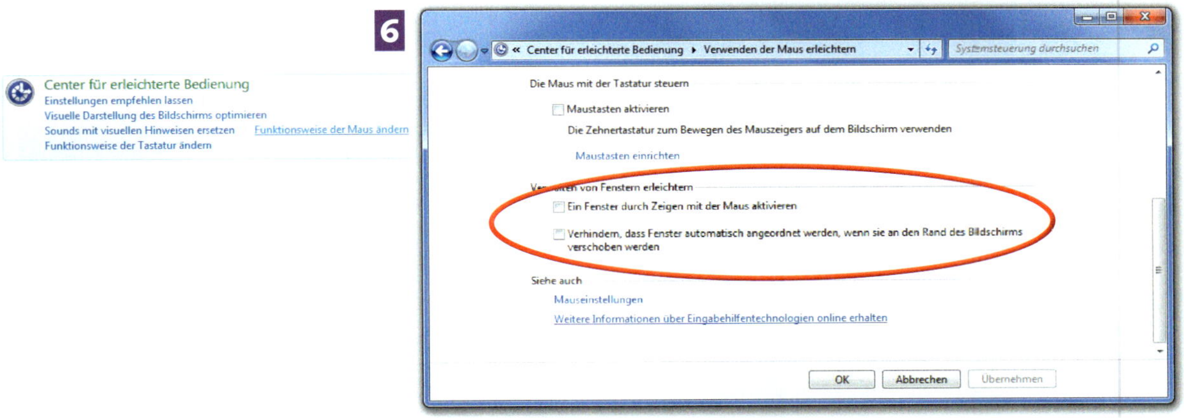

4 Schütteln Sie das Fenster mit gedrückter Maustaste im Titelbereich, werden alle anderen Fenster vom Desktop entfernt.

5 Mit einem Klick auf das Feld rechts unten in der Taskleiste entfernen Sie alle aktiven Fenster vom Desktop.

6 Im *Center für erleichterte Bedienung* in der Systemsteuerung können diese Fenstertechniken aktiviert oder deaktiviert werden.

Ende

Für alle Aero-Techniken gibt es auch jeweils ein Tastaturkürzel (shortcut).

TIPP

Diese Aero-Techniken funktionieren nur, wenn Aero aktiv ist. Sehen Sie in der Bildschirmanpassung der Systemsteuerung nach.

HINWEIS

Schnelle Tastenkürzel (shortcuts)

Start

1
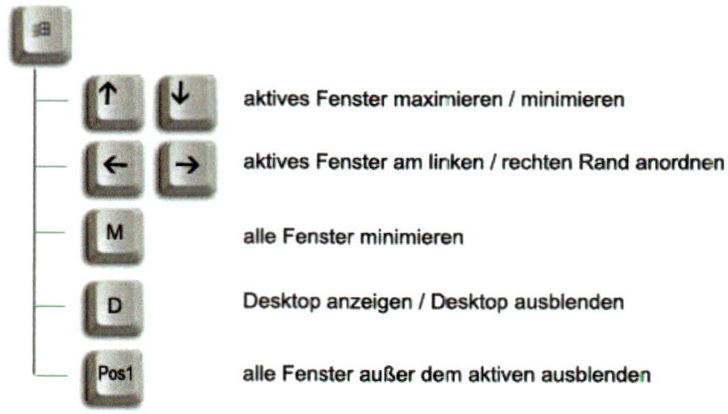

2

3
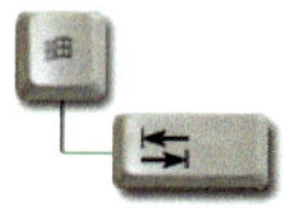

1 Drücken Sie die ⊞-Taste, halten Sie sie gedrückt und drücken Sie eine weitere Taste für einen Shortcut.

2 ⊞ + T blendet die Taskleistenfenster ein. Drücken Sie die Kombination weiter für einzelne Tasks.

3 Mit der ⊞-Taste und der ⇆-Taste aktivieren Sie den 3D-Flip-Modus. Halten Sie die ⊞-Taste gedrückt und drücken Sie die ⇆-Taste zum Blättern.

Shortcuts oder Tastenkombinationen sind für fortgeschrittene Anwender unverzichtbar. Sie machen das Leben leichter, die Arbeit schneller und entlasten Kopf und Maushand.

WISSEN

4 

5 

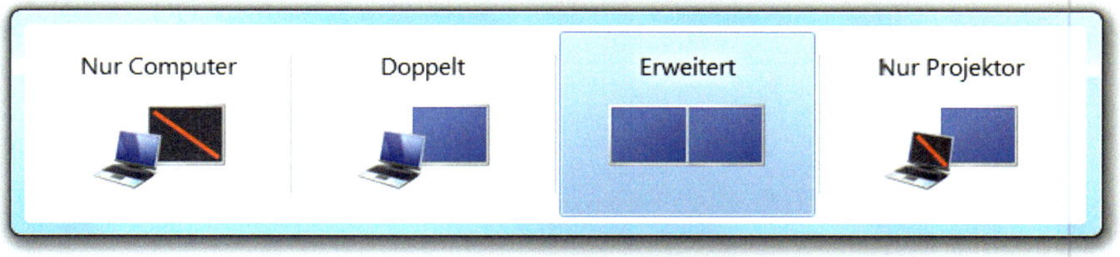

6 

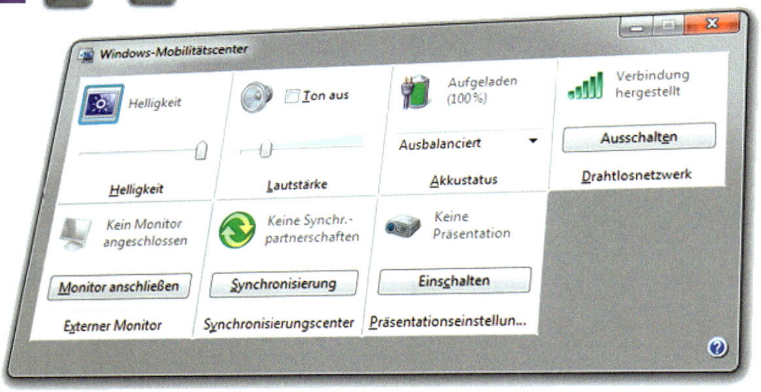

4 Mit [Windows] + [L] (lock) wird der Computer gesperrt.

5 Drücken Sie [Windows] + [P], um zwischen mehreren Monitoren oder auf einer Projektor umzuschalten.

6 Mit [Windows] + [X] schalten Sie auf dem Notebook das Mobilitätscenter ein.

Ende

Wenn Sie die [Alt]-Taste festhalten und eine Zahlentaste drücken, wird die jeweilige Anwendung in der Taskleiste aktiviert (1 = erste von links, 2 = zweite von links usw.).

TIPP

Für Windows-Programme gibt es ebenfalls viele Shortcuts:
[Strg] + [P]: Drucken
[Alt]-Taste: Menübefehle

HINWEIS

Start

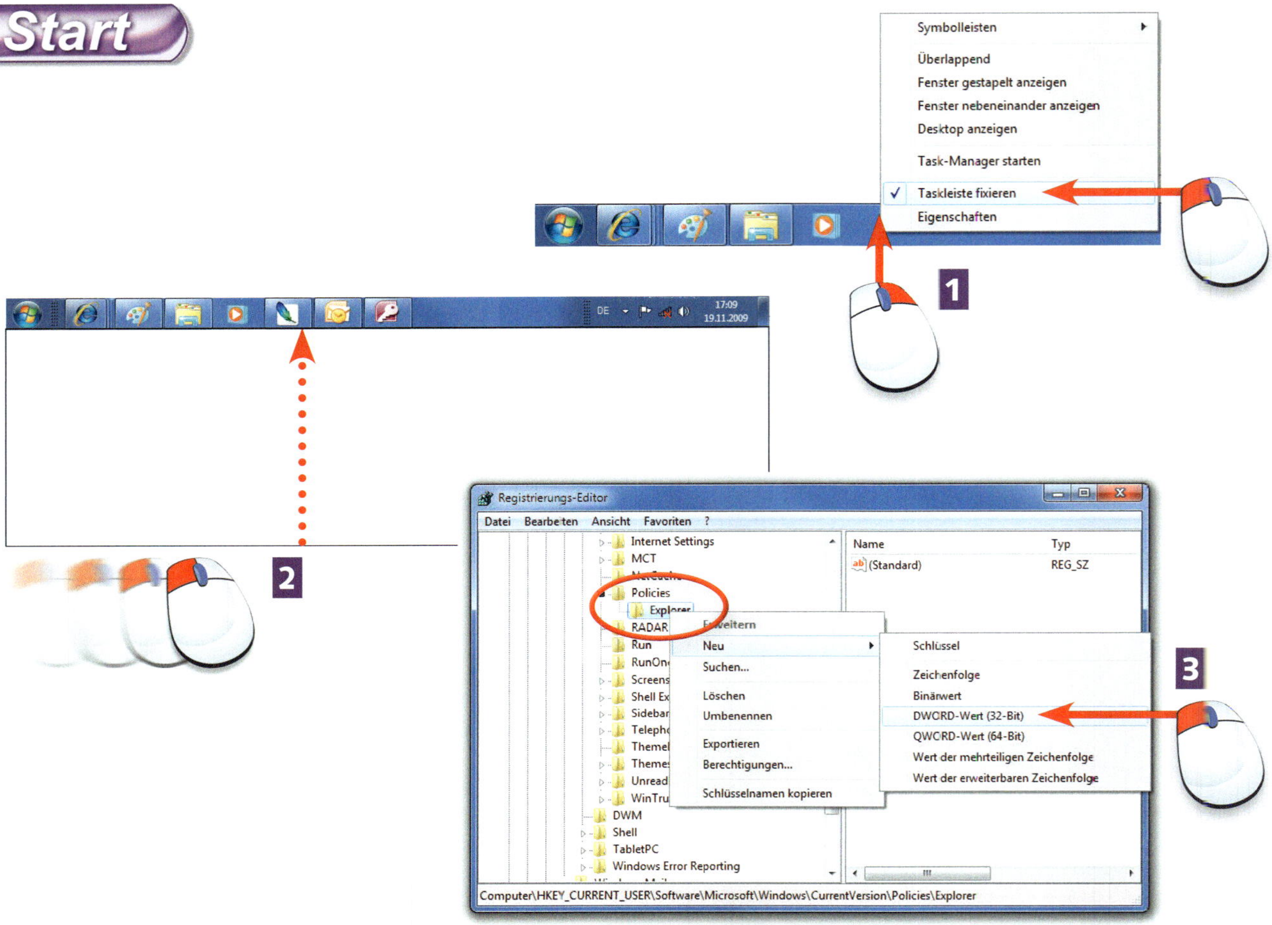

1 Klicken Sie mit der rechten Maustaste in die Taskleiste und überprüfen Sie, ob diese fixiert ist. Deaktivieren Sie die Option.

2 Zeigen Sie an den oberen Rand der Taskleiste und ziehen Sie diese mit gedrückter Maustaste an eine neue Position oben, links oder rechts am Bildschirmrand.

3 In der Registry können Sie die Fixierung abschalten. Aktivieren Sie sie mit *regedit* und erstellen Sie den abgebildeten Schlüssel unter HKEY_CURRENT_USER.

Die Taskleiste lässt sich, sofern sie nicht fixiert ist, auch zeilenweise vergrößern und am oberen linken oder rechten Bildschirmrand positionieren. Wenn Sie das verhindern wollen, sperren Sie diese Aktion in der Registrierung.

WISSEN

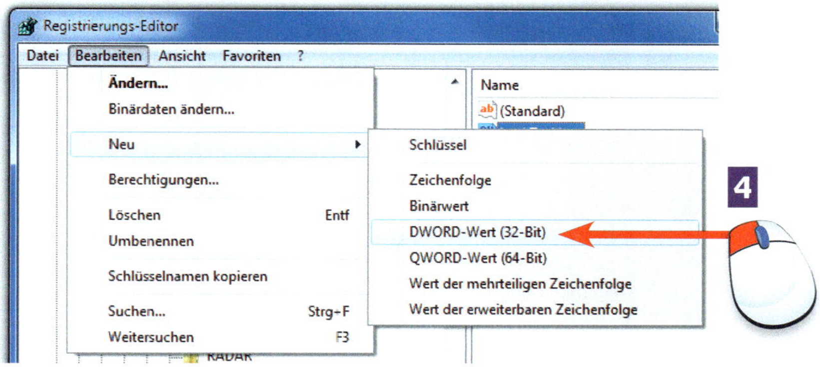

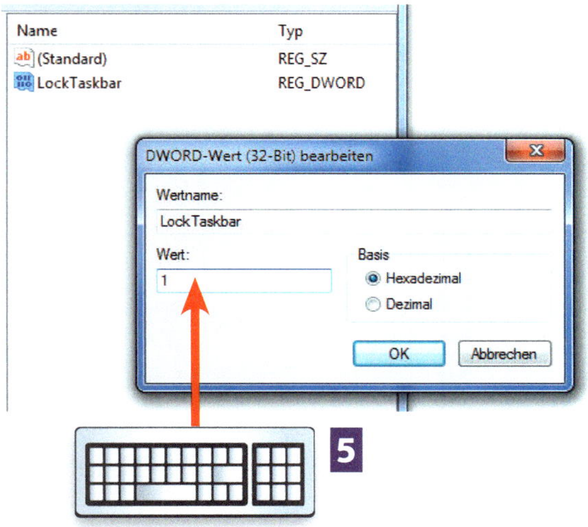

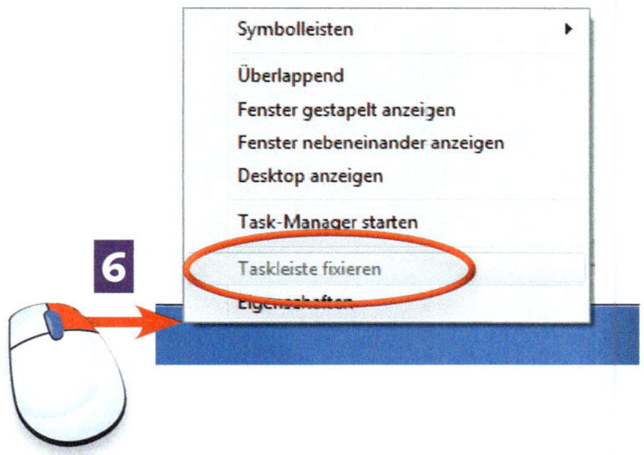

4 Legen Sie mit *Bearbeiten/Neu* einen neuen DWORD-Wert an, nennen Sie ihn *Lock-Taskbar*.

5 Per Doppelklick auf den neuen Wert öffnen Sie die Zuweisung. Tragen Sie nun eine 1 ein, wenn Sie die Option sperren wollen.

6 Solange die Option gesperrt ist, kann die Fixierung der Taskleiste nicht mehr geändert werden.

Ende

Weitere DWORD-Werte für die Taskleiste:
TaskBarNoResize (1 = keine Größenänderung)
TaskBarLockAll (1 = alles sperren)
TaskbarNoRedock (1 = kein Verschieben)
TaskbarNoDragToolbar (1 = Symbolleisten-anordnung sperren)

HINWEIS

Starten Sie den Registrierungs-editor mit ⊞ + r und der Eingabe *regedit* (siehe Kapitel 11).

HINWEIS

Der Schlüssel für Task-leisteneinträge lautet *HKEY_CURRENT_USER\Software\Microsoft\Windows\CurrentVersion\Policies\Explorer*.

HINWEIS

Schnellstartleiste zurückholen

Start

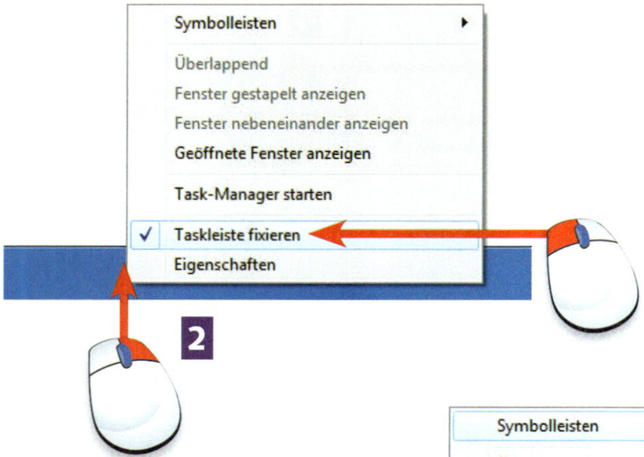

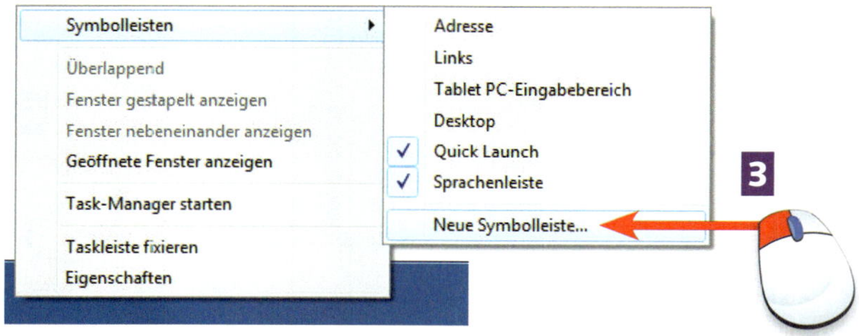

1 Die Schnellstartleiste befand sich in den Vorgängerversionen rechts neben dem Startmenü.

2 Klicken Sie mit der rechten Maustaste in die Taskleiste und heben Sie die Fixierung auf.

3 Wählen Sie im Kontextmenü *Symbolleisten/Neue Symbolleiste*.

Die Schnellstartleiste war in der Vorgängerversion ein nützlicher Teil der Symbolleiste. In Windows 7 ist sie nicht mehr vorhanden, aber mit einem Trick können Sie die Leiste wieder neben das Startmenü setzen.

WISSEN

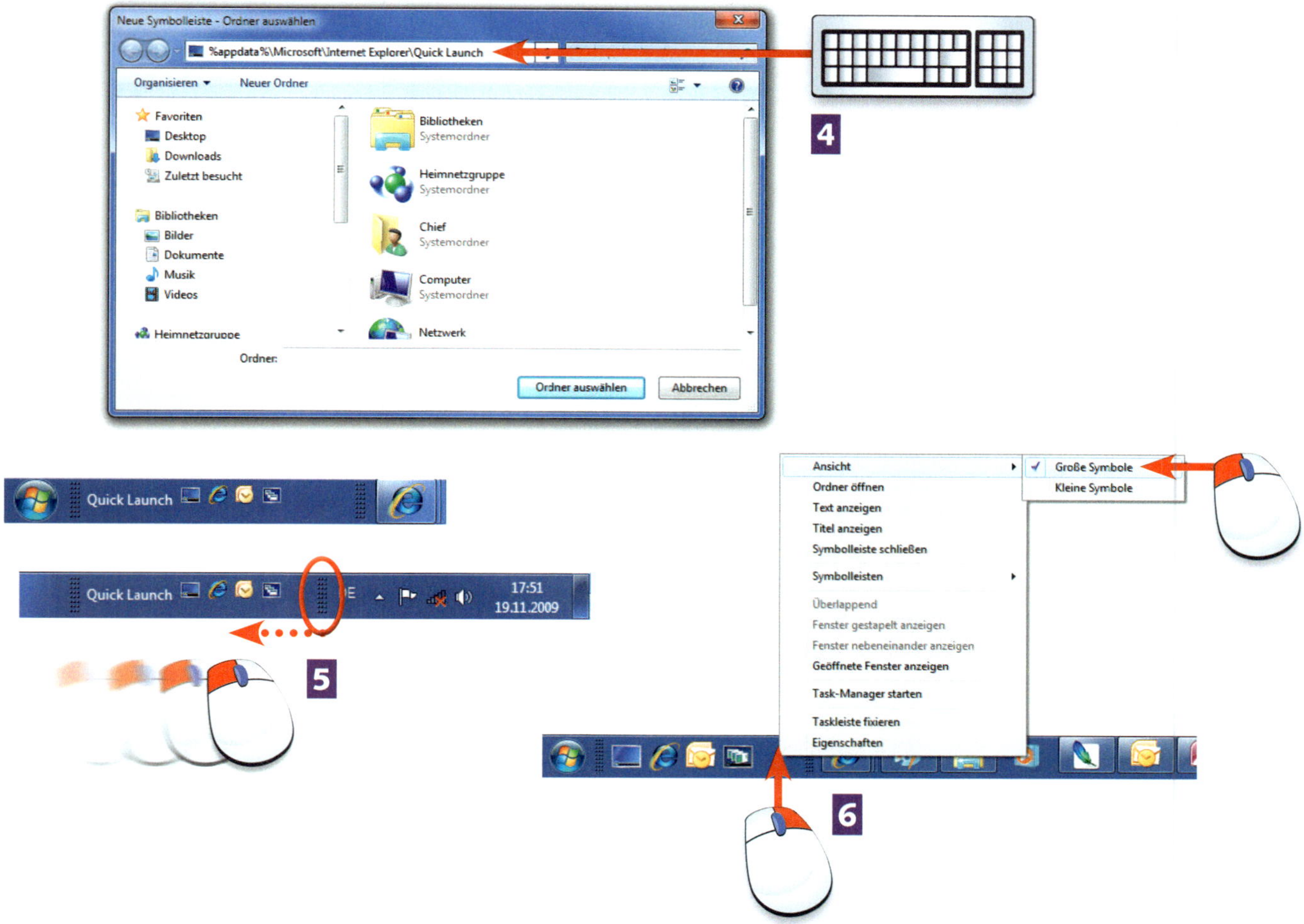

4 Tragen Sie diesen Pfad für die Symbolleiste *Quick Launch* ein: *%appdata%\Microsoft\Internet Explorer\Quick Launch*

5 Klicken Sie auf *Ordner auswählen*, um die Leiste zu erstellen. Ziehen Sie die neue Leiste am Randsymbol nach links.

6 Schalten Sie über das Kontextmenü die Anzeige der Texte und Titel aus und stellen Sie die großen Symbole ein.

Ende

Ziehen Sie Programmsymbole, Dateien oder Ordner mit gedrückter Maustaste in die Schnellstartleiste. Um ein Symbol zu löschen, wählen Sie *Löschen* im Kontextmenü.

HINWEIS

Der Unterordner *UserPinned* enthält die Symbole der Taskleiste.

HINWEIS

Start

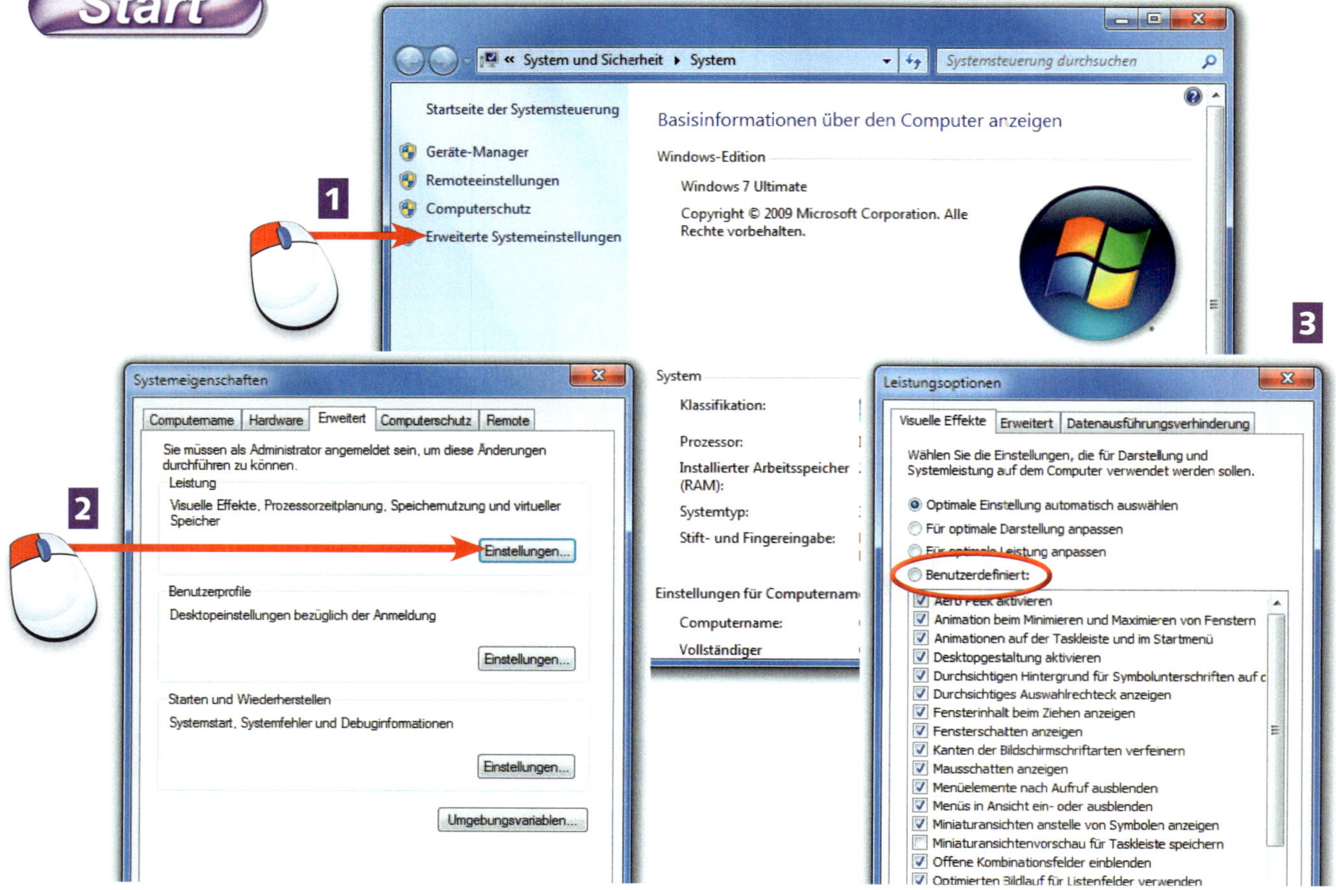

1 Drücken Sie die Tastenkombination [⊞] + [Pause], um die Systeminformation zu aktivieren, und klicken Sie auf *Erweiterte Systemeinstellungen*.

2 Klicken Sie in der Registerkarte *Erweitert* auf die obere Schaltfläche *Einstellungen*.

3 Hier finden Sie alle visuellen Effekte, die sich anpassen lassen. Wählen Sie *Benutzerdefiniert* und ändern Sie einzelne Optionen.

Wenn Sie merken, dass Ihr System nicht »rund« läuft, oder wenn Sie einfach auf überflüssigen optischen Schnickschnack verzichten wollen, aktivieren Sie die erweiterten Systemeinstellungen. Hier finden Sie das »Feintuning« für Ihr Betriebssystem.

WISSEN

4

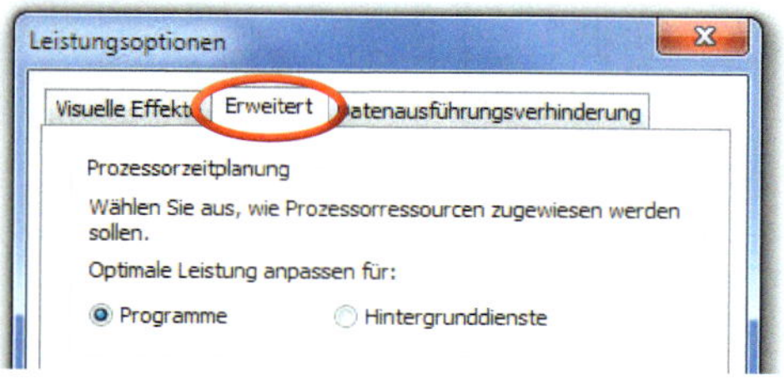

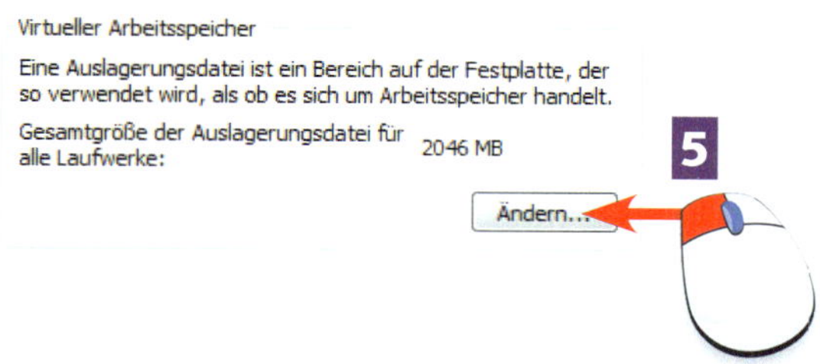

5

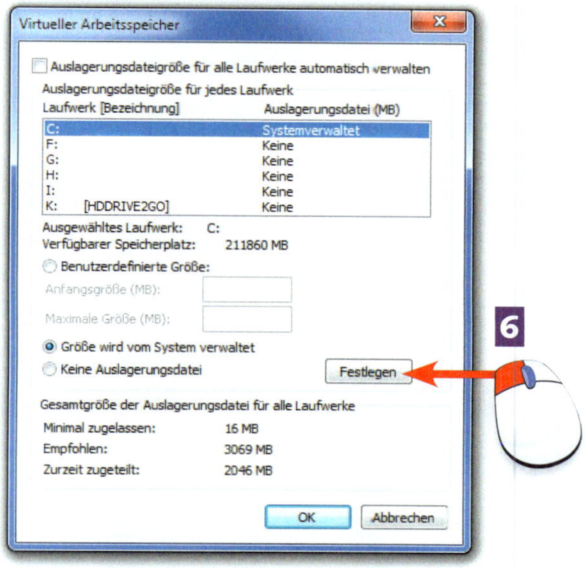

6

4 Auf der Registerkarte *Erweitert* entscheiden Sie, ob Ihre Programme oder Dienste bevorzugt Prozessorleistung erhalten.

5 Passen Sie den virtuellen Arbeitsspeicher an, wenn Sie feststellen, dass das System zu viele oder zu wenige Daten auf die Festplatte auslagert.

6 Deaktivieren Sie die erste Option, wenn Sie die Zuweisungen ändern wollen. Markieren Sie das Laufwerk und klicken Sie auf *Festlegen*.

Ende

Die Systeminformation lässt sich auch durch Klick mit der rechten Maustaste auf *Computer* unter *Eigenschaften* aktivieren.

TIPP

In der Datenausführungsverhinderung tragen Sie Programme ein, die Windows 7 automatisch blocken bzw. nicht blocken soll.

HINWEIS

Den virtuellen Arbeitsspeicher setzt Windows 7 ein, um zeitweise nicht benötigte Daten in den Hauptspeicher auszulagern. Wenn das Auslagern spürbar zu viel Zeit kostet, schaffen Sie sich lieber mehr RAM an.

TIPP

Zwei Uhren im Systemfeld

Start

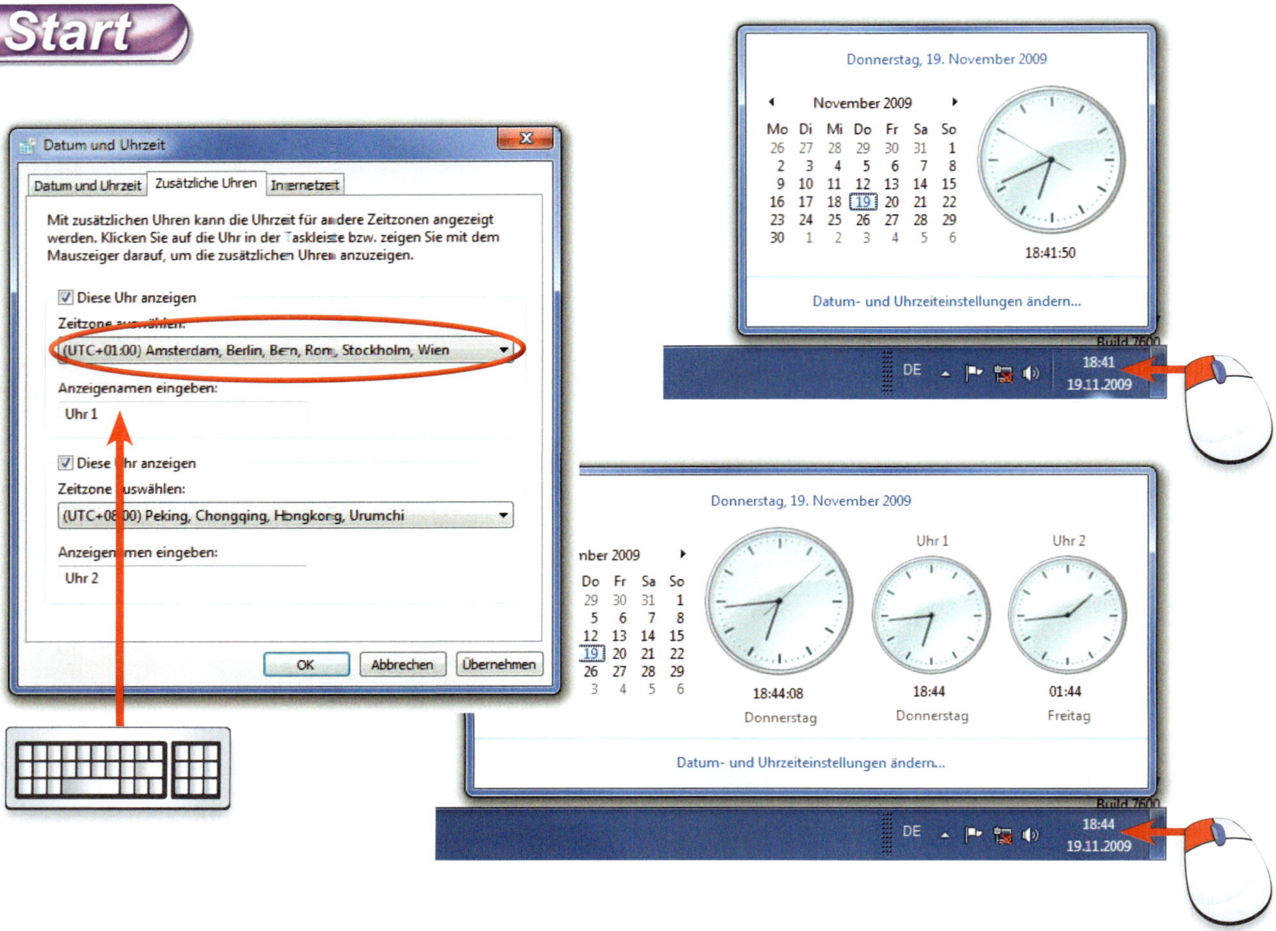

1 Ein Klick auf die Uhrzeit rechts unten im Systembereich öffnet die Kalender- und Uhrzeitanzeige.

2 In den Datums- und Uhrzeiteinstellungen können Sie zwei zusätzliche Uhren aktivieren. Geben Sie eine Bezeichnung Ihrer Wahl ein und wählen Sie eine Zeitzone.

3 Beim nächsten Klick auf die Uhrzeit werden alle eingestellten Uhren angezeigt.

Windows 7 zeigt nicht nur Datum und Ortszeit an, das System bietet sogar bis zu drei Uhren in unterschiedlichen Zeitzonen an. Die korrekte Zeit holt sich das System aus dem Internet.

WISSEN

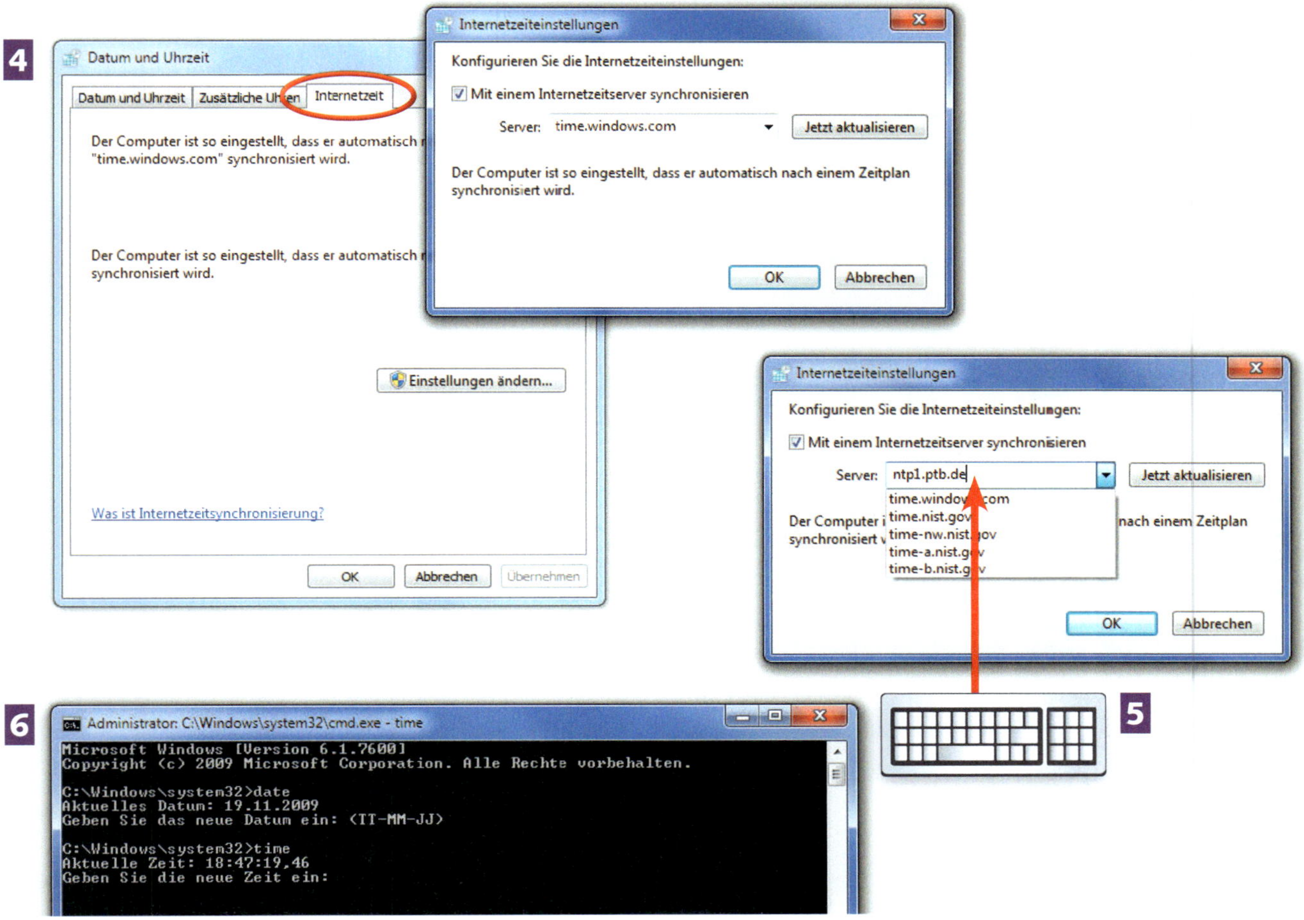

4 Auf der Registerkarte *Internetzeit* finden Sie den Server, von dem sich Windows 7 regelmäßig online die Zeit abholt.

5 Suchen Sie einen Zeitgeber aus oder tragen Sie zum Beispiel einen deutschen Zeitserver ein: *ntp1.ptb.de* oder *ntp2.ptb.de*.

6 Datum und Zeit können auch manuell über den Kommandozeileneditor mit den Befehlen *date* und *time* gesetzt werden.

Ende

TIPP

Schalten Sie auf einen anderen Zeitserver um, wenn der von Microsoft nicht funktioniert. Hier finden Sie eine Liste: *http://detlef-pietsch.de/pdf/Deutsche%20Time-%20Server.pdf*

HINWEIS

Im Netzwerk sollten die Clients die Zeit von einem Server beziehen. Hier der Net-Befehl: *net time /setsntp: "ptbtime1.ptb.de"*

HINWEIS

Eine Uhr mit vielen Anzeigevarianten finden Sie auch in der Sidebar. Drücken Sie [Windows-Taste] + [Leertaste], klicken Sie mit der rechten Maustaste in die Sidebar und wählen Sie *Minianwendung hinzufügen*.

Start

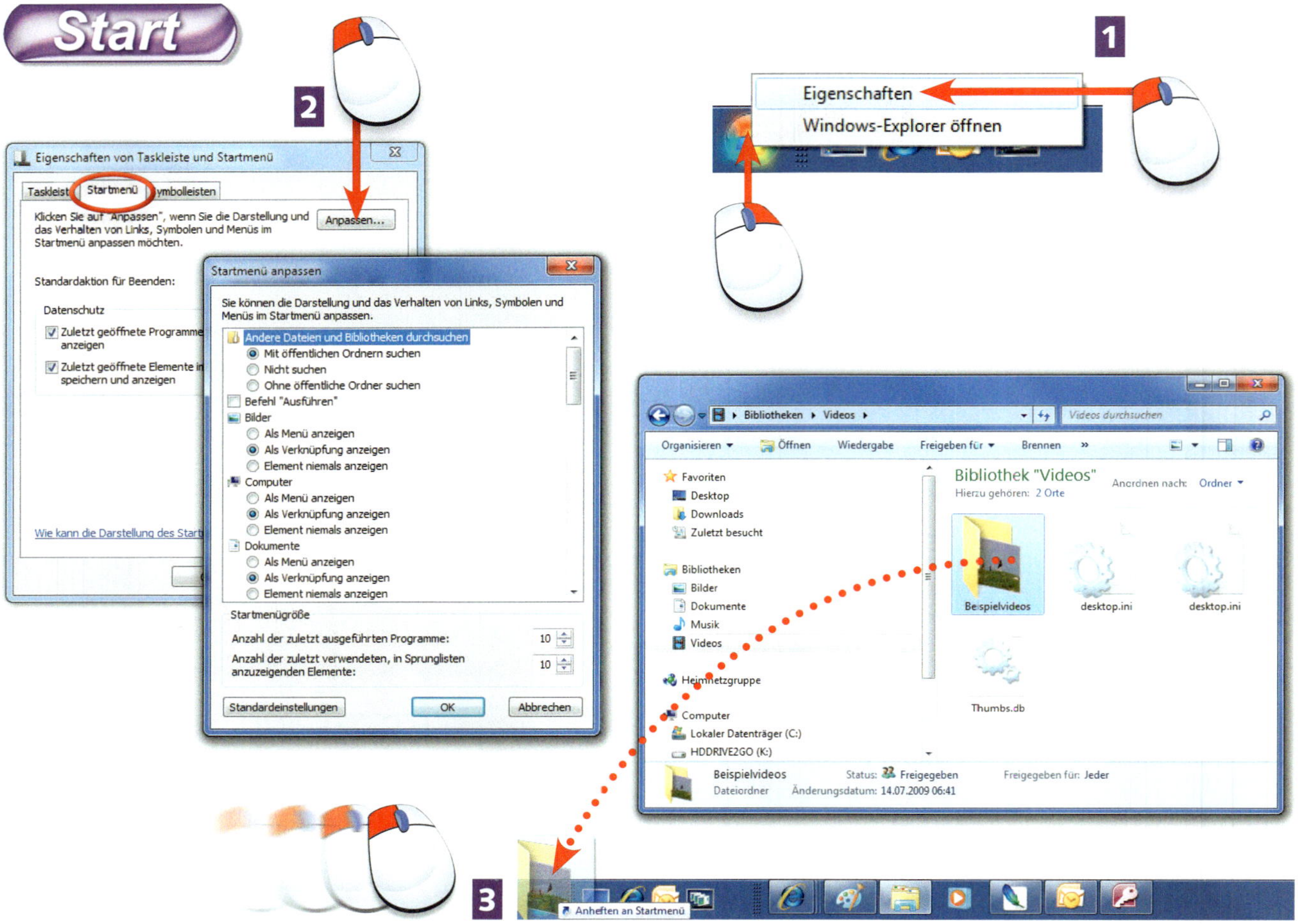

1 Klicken Sie mit der rechten Maustaste in das Startmenü und wählen Sie *Eigenschaften* im Kontextmenü.

2 Klicken Sie in der Registerkarte *Startmenü* auf *Anpassen* und aktivieren Sie die Programme und Symbole, die Sie im Startmenü sehen wollen.

3 Um ein Programmsymbol in den linken Teil aufzunehmen, ziehen Sie es auf das Startmenü. Halten Sie die linke Maustaste gedrückt …

Das Startmenü ist die Schaltzentrale für Programme und Dienste aller Art. Windows 7 setzt die Symbole häufig benutzter Programme automatisch im linken Teil ab. Sie können diese Auswahl aber jederzeit selbst definieren.

WISSEN

4

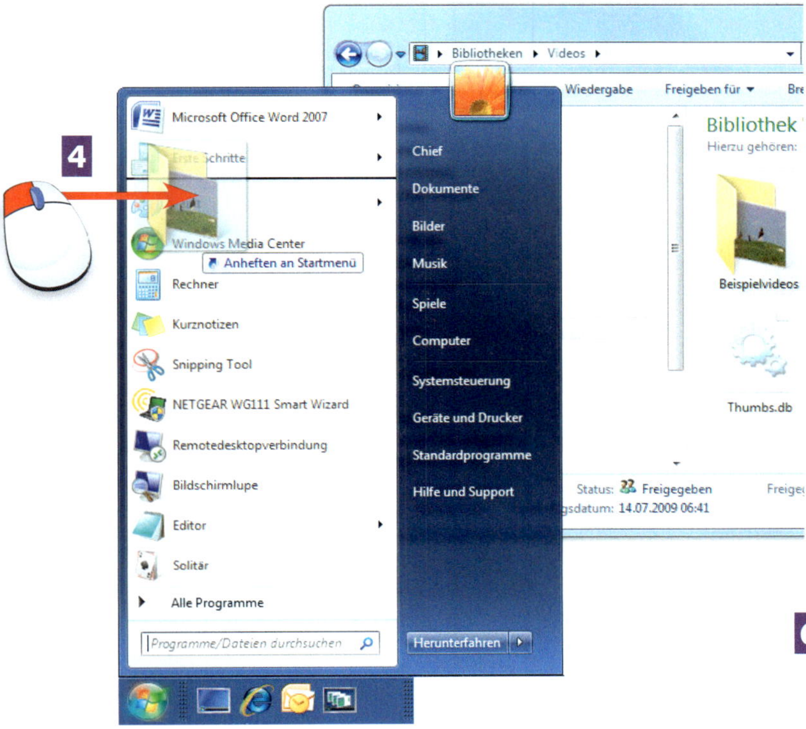

5

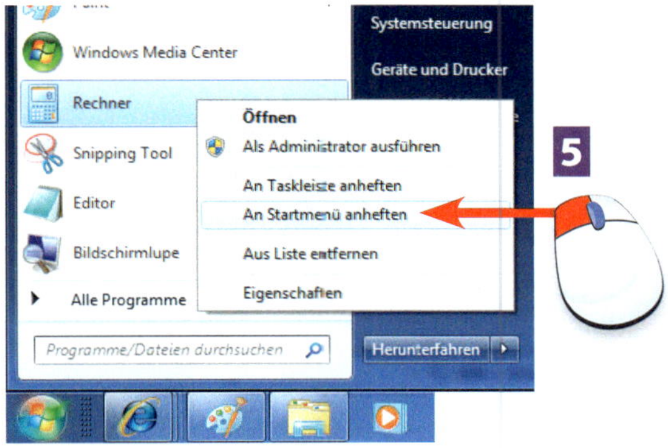

6

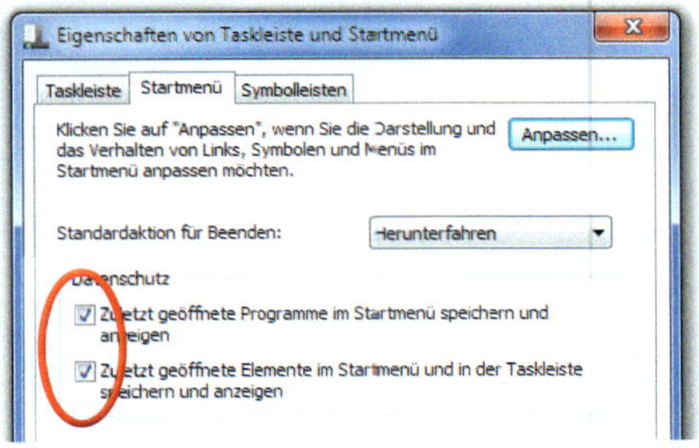

4 … und lassen Sie die Maustaste los, wenn das Startmenü erscheint.

5 Im Kontextmenü der rechten Maustaste finden Sie Befehle zum Anheften der Symbole an das Startmenü oder die Taskleiste.

6 Mit diesen Optionen in den Eigenschaften werden einmal aktivierte Programme automatisch im Startmenü abgelegt.

Ende

Mit gedrückter ⇧-Taste erhalten Sie ein erweitertes Kontextmenü für alle Symbole.

TIPP

Um die Symbole im Startmenü neu zu ordnen, verschieben Sie diese einfach mit gedrückter Maustaste.

HINWEIS

Start

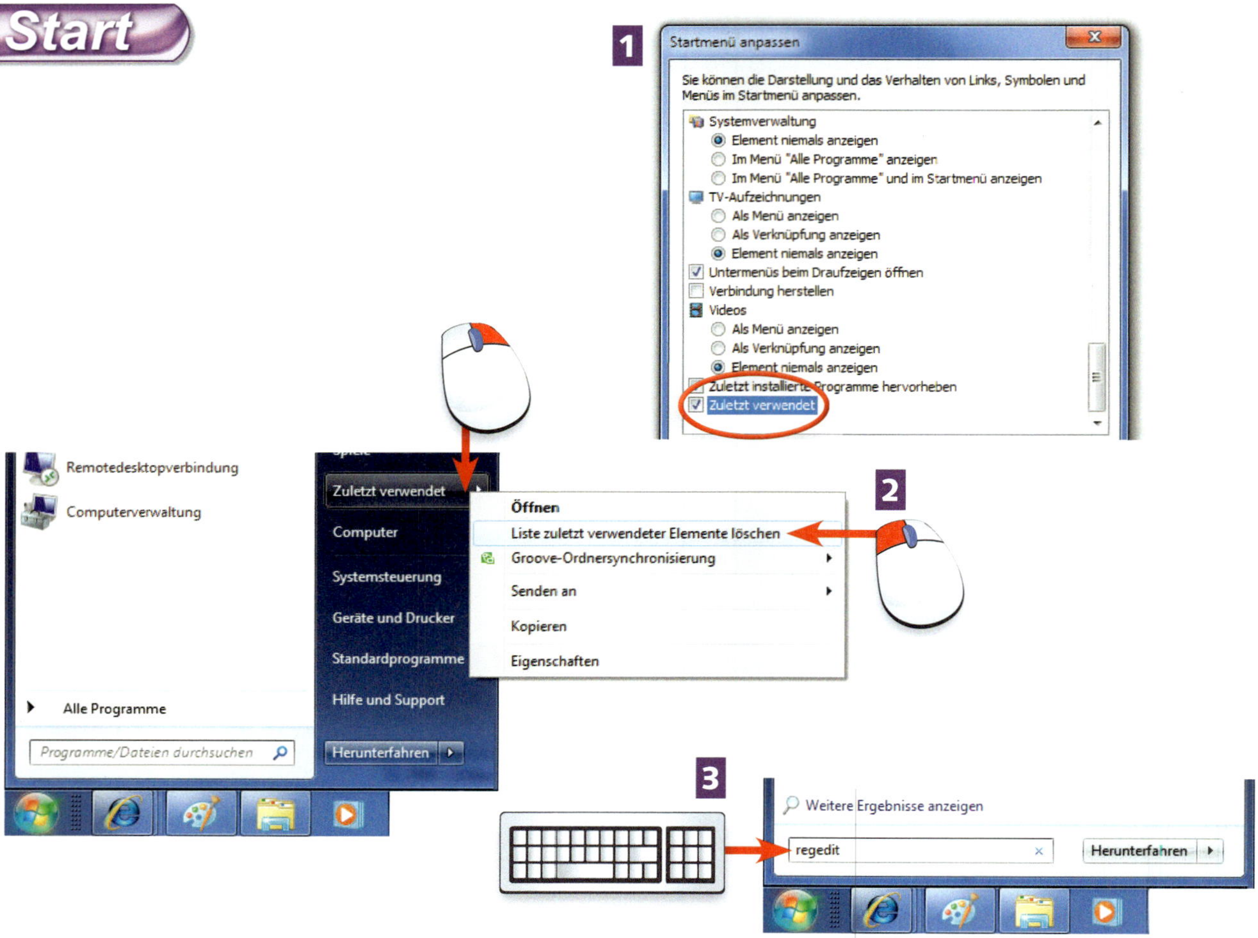

1 Unter *Zuletzt verwendet* finden Sie eine Liste mit den Dateien, die zuletzt unter Ihrem Benutzerkonto aktiviert wurden.

2 Klicken Sie den Eintrag mit der rechten Maustaste an und wählen Sie *Liste zuletzt verwendeter Elemente löschen*, um diese Liste zu leeren.

3 In der Registrierung finden Sie weitere Einstellungen für das Startmenü, starten Sie den Editor mit *regedit*.

Die Liste der zuletzt verwendeten Dokumente zeigt, womit Sie zuletzt gearbeitet haben. Diese Liste können Sie ausblenden, löschen und über die Registrierung in der Länge verändern.

WISSEN

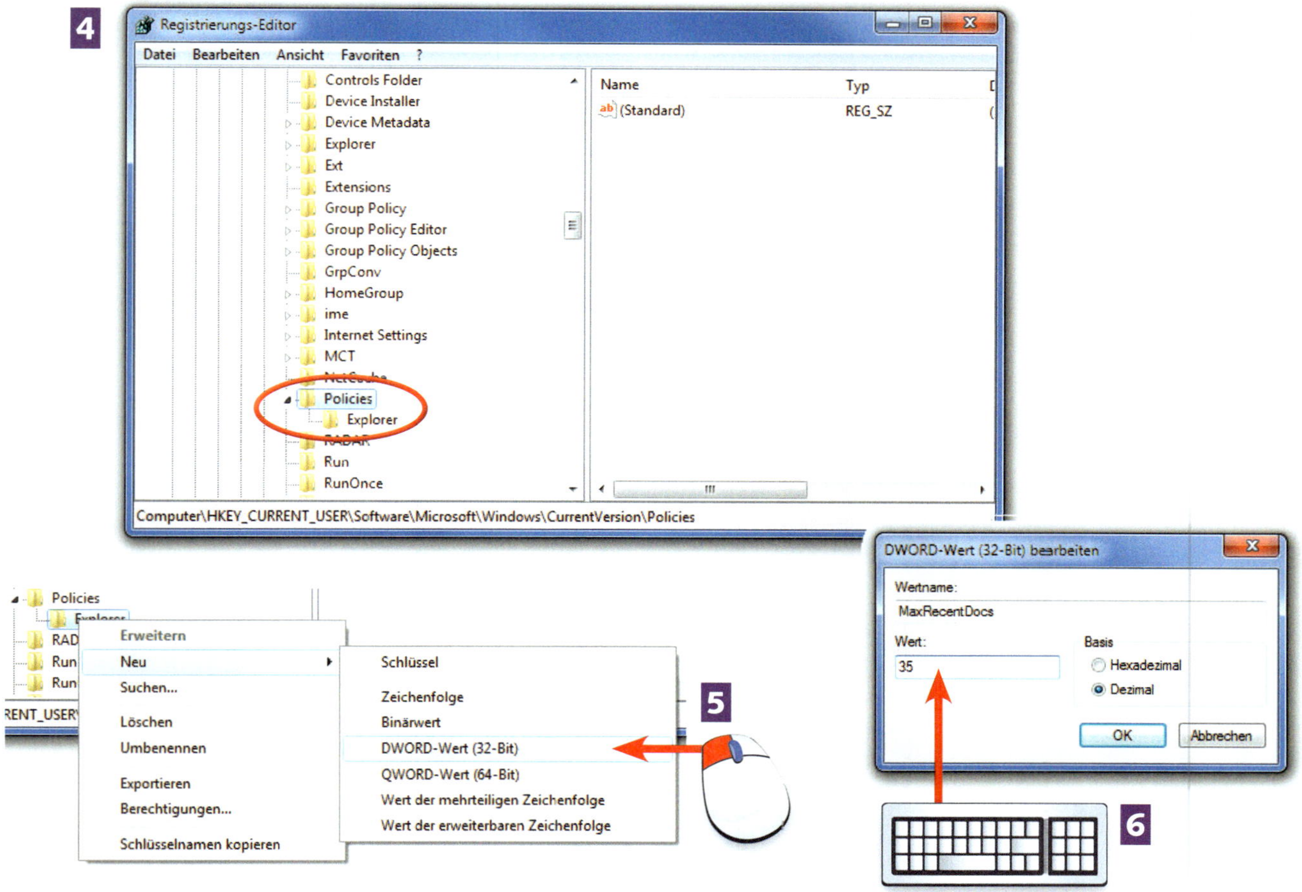

4 Suchen Sie unter *HKEY_CURRENT_USER\Software\Microsoft\Windows\CurrentVersion\Policies* den Schlüssel *Explorer*.

5 Legen Sie einen neuen DWORT-Wert an, nennen Sie diesen *MaxRecentDocs*.

6 Stellen Sie die Basis auf *Dezimal* und tragen Sie die Anzahl der Dokumente ein, die Sie in dieser Liste sehen wollen.

Ende

Um die zuletzt benutzten Dokumente beim Herunterfahren von Windows 7 zu löschen, erstellen Sie einen DWORD-Wert *ClearRecentDocsOnExit* und setzen diesen auf den Wert 1.

HINWEIS

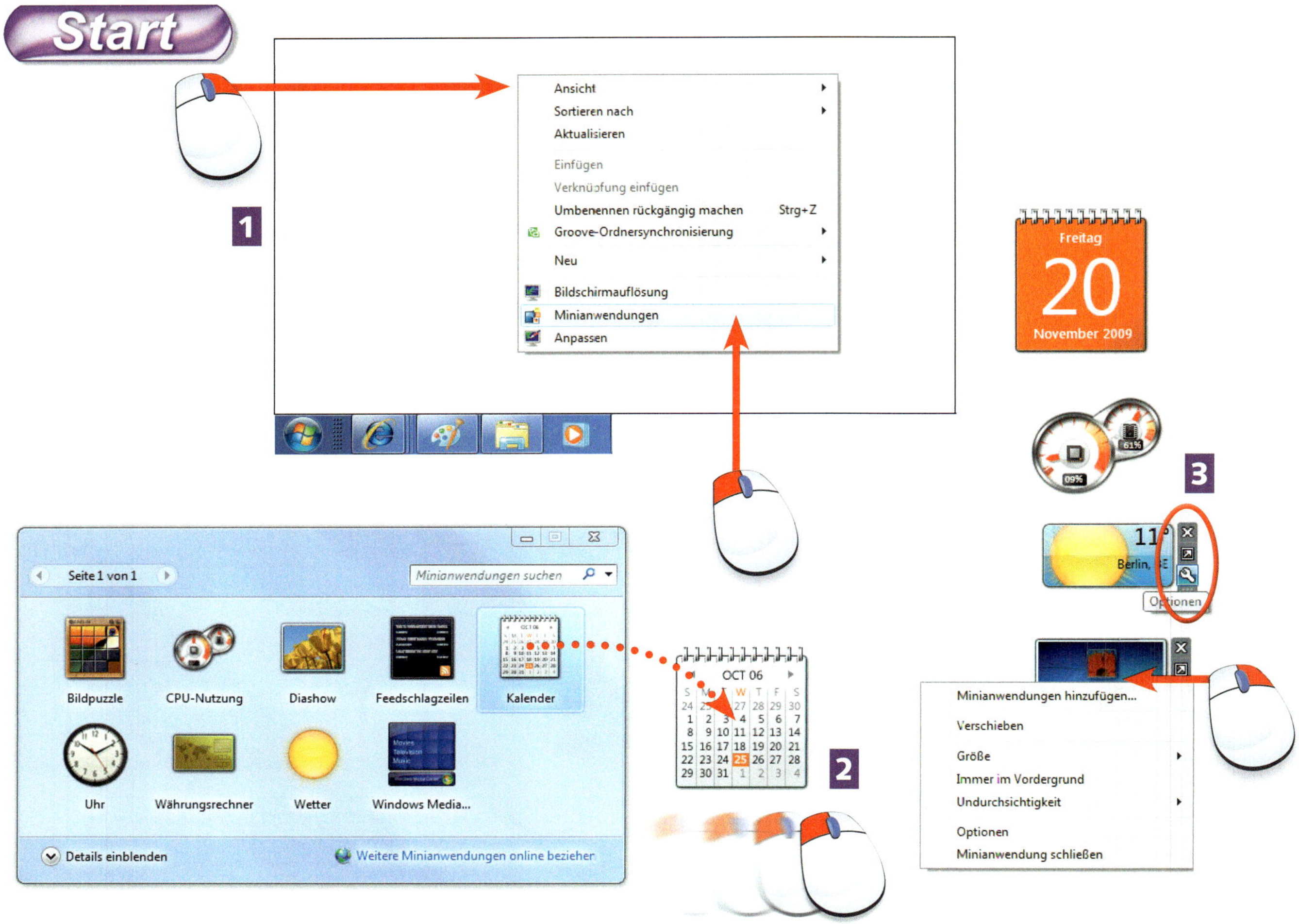

1 Minianwendungen (Gadgets) aktivieren Sie über das Kontextmenü des Desktops.

2 Ziehen Sie die gewünschte Anwendung mit gedrückter Maustaste auf den Desktop.

3 Bearbeiten Sie die Minianwendung mit der Symbolleiste am rechten Rand oder über ihr Kontextmenü.

Minianwendungen (Gadgets) sind eine feine Sache. Sie übernehmen kleine Hilfsdienste, informieren über Wetter, CPU-Auslastung oder Batterieladung. Und das Internet hält noch viele weitere »gadgets« bereit.

WISSEN

4

5

6

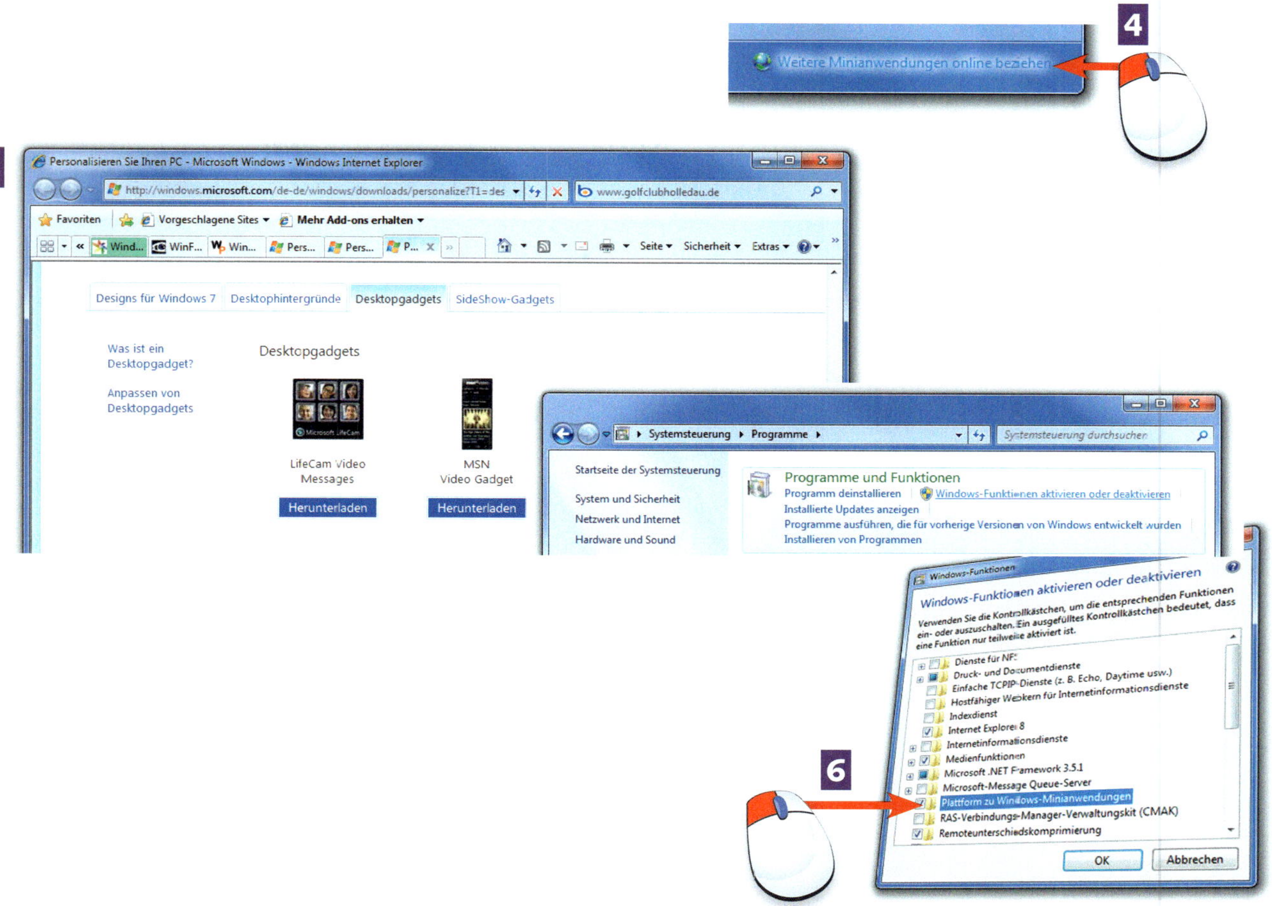

4 Klicken Sie auf *Weitere Minianwendungen online beziehen*, um die Internetseite von Microsoft aufzurufen.

5 Hier finden Sie zusätzliche Minianwendungen zum Downloaden.

6 Um die Minianwendungen aus dem Desktop zu verbannen, deaktivieren Sie die Optionen in den Windows-Funktionen der Systemsteuerung.

Ende

Die Sicherheitsmeldungen beim Download dürfen Sie ruhig bestätigen, die meisten Gadgets stammen zwar von »nicht vertrauenswürdigen« Herausgebern, was jedoch nur bedeutet, dass diese kein Sicherheitszertifikat bei Microsoft gekauft haben.

HINWEIS

Windows 7 bietet im Unterschied zum Vorgänger Vista keine Sidebar-Leiste am rechten Rand mehr an, die Minianwendungen können frei auf dem Desktop positioniert werden.

HINWEIS

Der Spiele-Explorer

Start

1

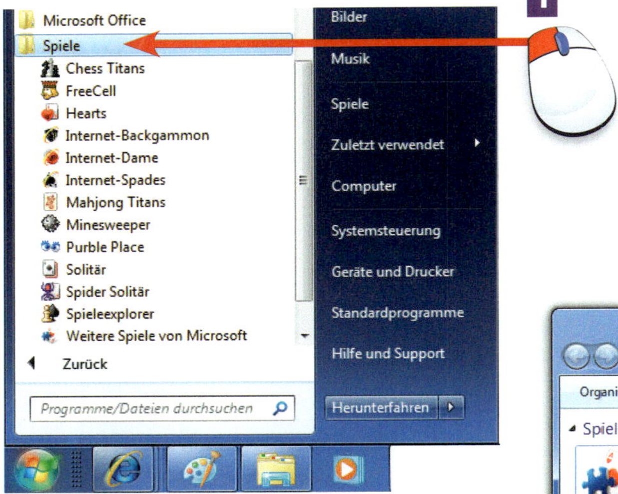

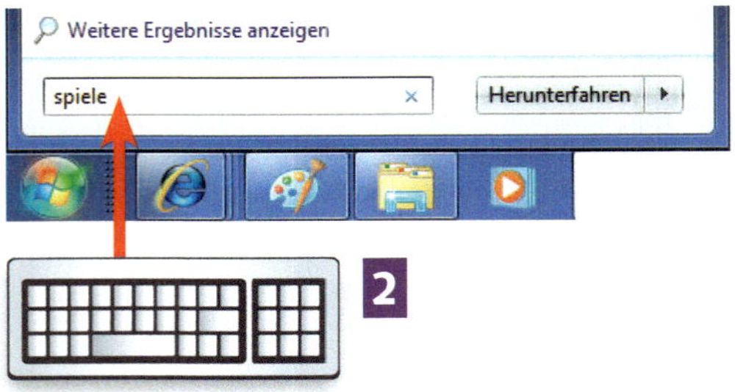

2

3

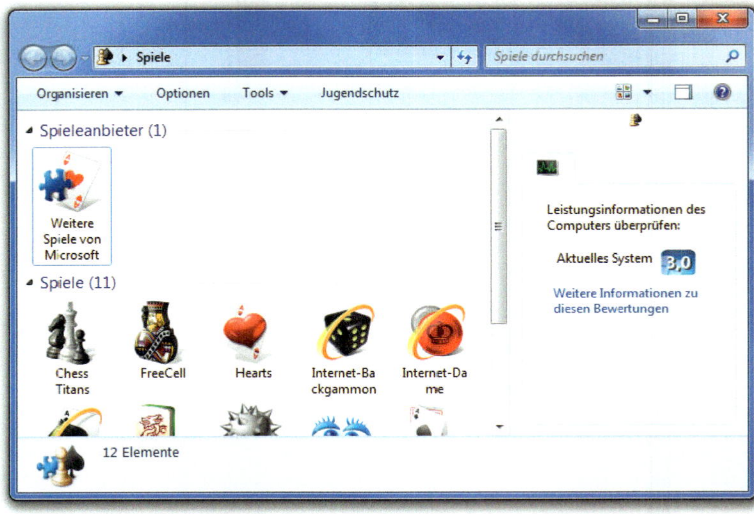

1 Der Ordner mit den Windows 7-Spielen ist unter *Start/Alle Programme* zu finden.

2 Geben Sie in das Suchfenster den Begriff *Spiele* ein und drücken Sie die ↵-Taste.

3 Jetzt werden alle Spiele übersichtlich im Spiele-Explorer angeboten.

Spielen Sie gerne? Dann ist der Spiele-Explorer das Richtige für Sie. Aktivieren Sie ihn an Stelle einzelner Spiele, er enthält alle Windows 7-Spiele und Links zu Online-Spielen.

WISSEN

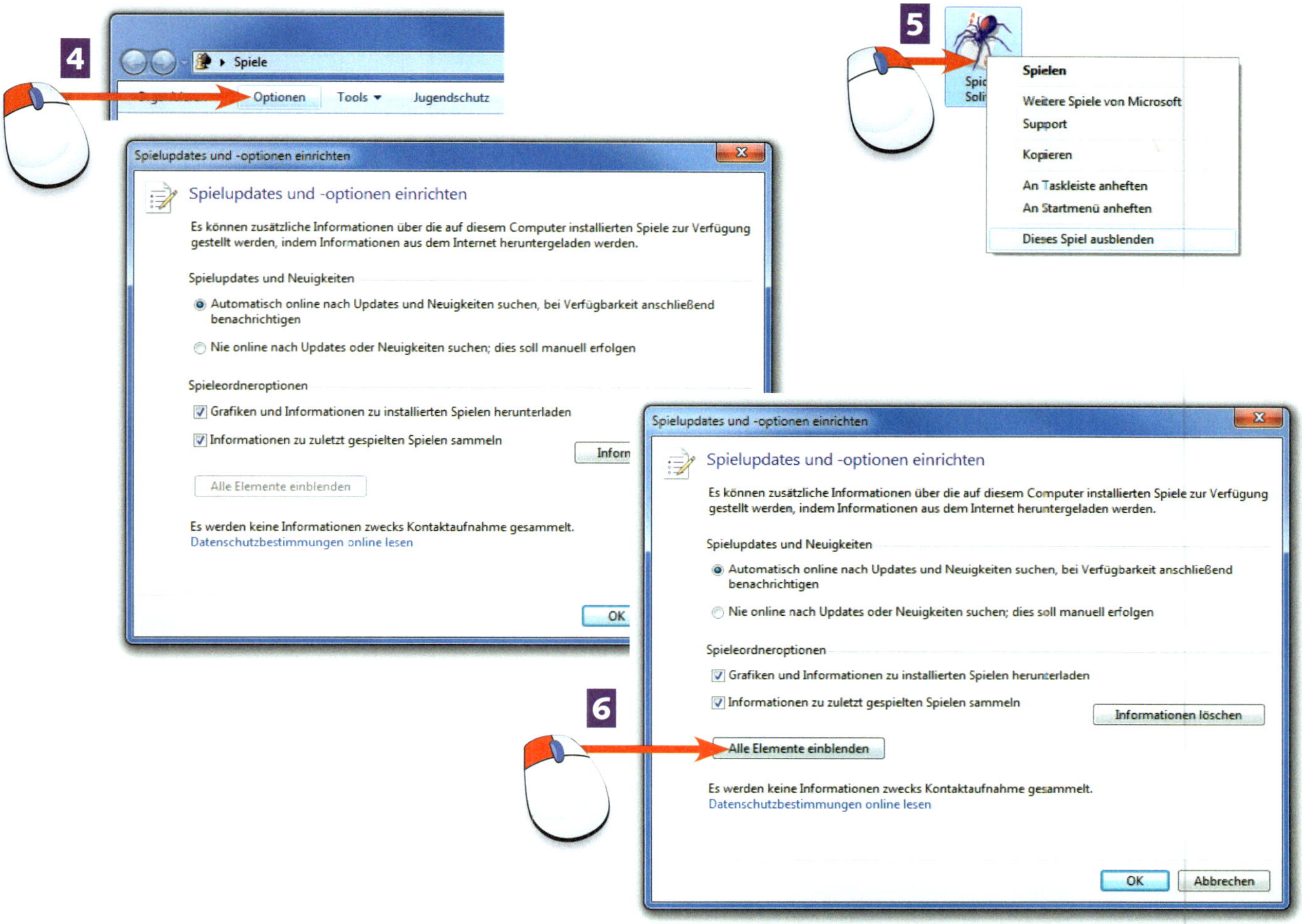

4 Klicken Sie auf *Optionen* und stellen Sie sicher, dass Informationen über die Spiele online geladen werden.

5 Einzelne Spiele können über das Kontextmenü ausgeblendet werden.

6 Klicken Sie auf *Optionen/Alle Elemente einblenden*, um ausgeblendete Spiele wieder sichtbar zu machen.

Ende

Der Spiele-Explorer enthält automatisch neben den standardmäßig installierten Spielen auch die Spiele, die zusätzlich installiert wurden.

HINWEIS

Im Spiele-Explorer können Sie Zusatzinformationen zu Ihren Spielen abrufen, Spielstände einsehen und löschen und überprüfen, ob ein Spiel den Leistungsanforderungen entspricht.

HINWEIS

3

Programme, Dateien, Ordner im Griff

Start

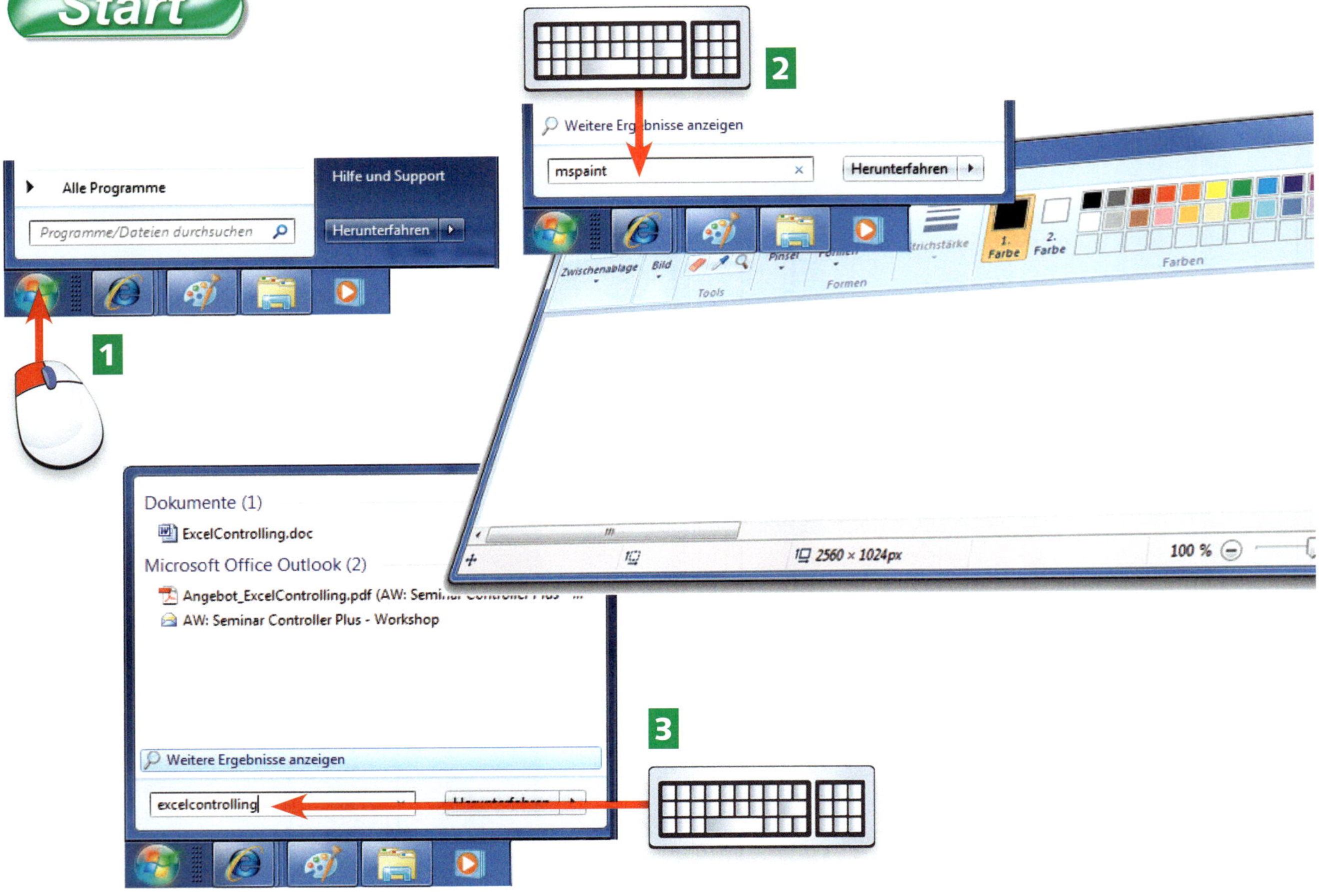

1 Für einen schnellen Programmstart klicken Sie auf das Startmenü …

2 … und tragen den Namen der Programmdatei in das Ausführen-Feld ein. Schließen Sie mit der Eingabetaste ab und das Programm wird gestartet.

3 Geben Sie auch Dateinamen oder Teilbegriffe ein, das Startmenü listet sofort alle passenden Dokumente, Mails, Notizen etc.

Das Starten von Programmen gehört zu den Hauptaufgaben des Betriebssystems und Windows 7 meistert diese Aufgabe in zahlreichen Varianten.

WISSEN

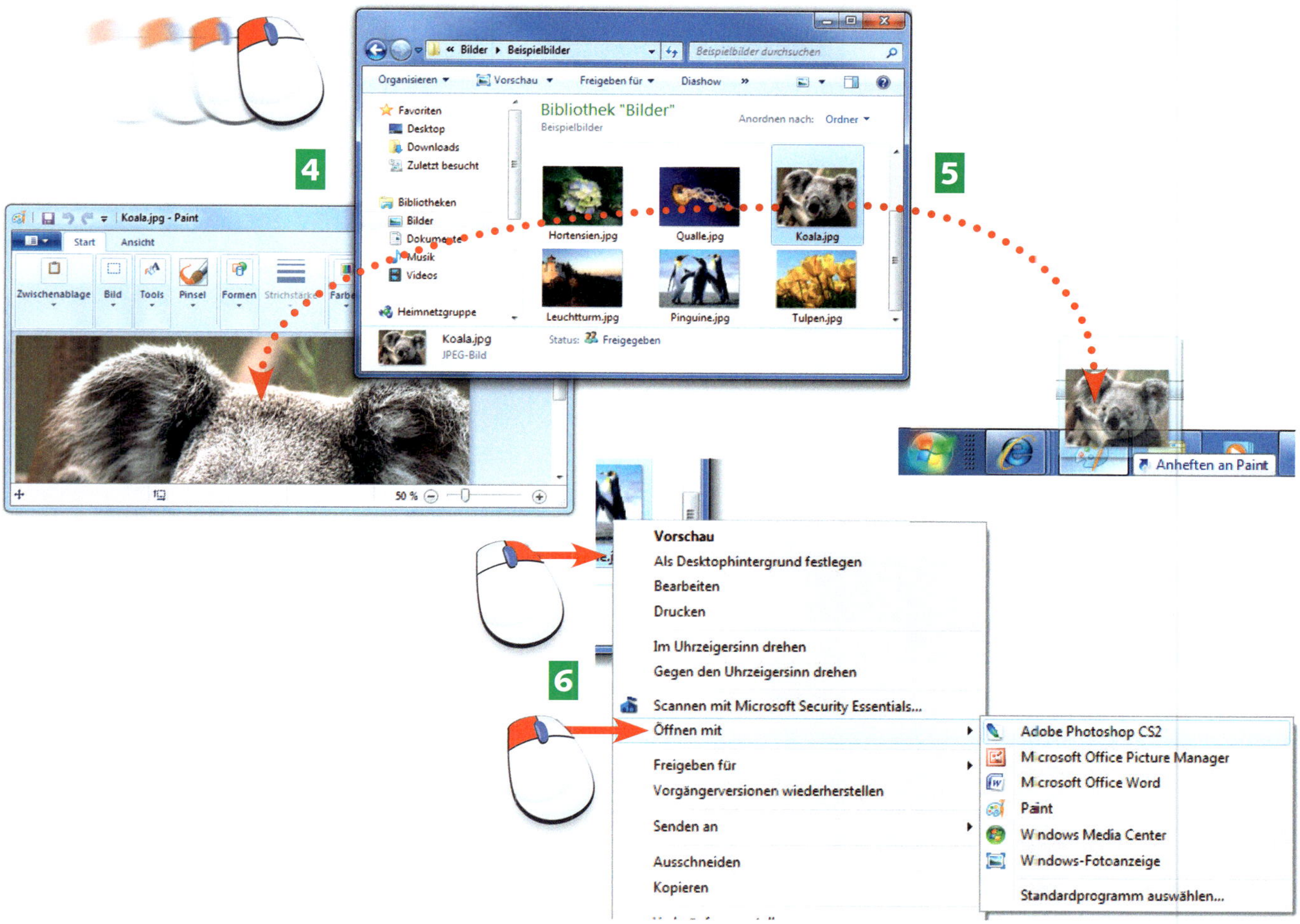

4 Dateien werden in dem ihnen zugewiesenen Programm aktiviert. Sie können sie aber auch in ein Programmfenster ziehen …

5 … oder auf ein Symbol in der Taskleiste, um es anzuheften. Warten Sie, bis die Task aktiv ist, und ziehen Sie das Symbol in das Fenster.

6 Eine Auswahl an Programmen bietet *Öffnen mit* im Kontextmenü des Dateisymbols.

Ende

Auch das Startmenü öffnet sich mit allen Ordnern, wenn Sie ein Symbol mit gedrückter Maustaste daraufziehen.

TIPP

Die Zuordnung der Dateitypen zu den Programmen finden Sie unter *Start/Standardprogramme*.

HINWEIS

Start

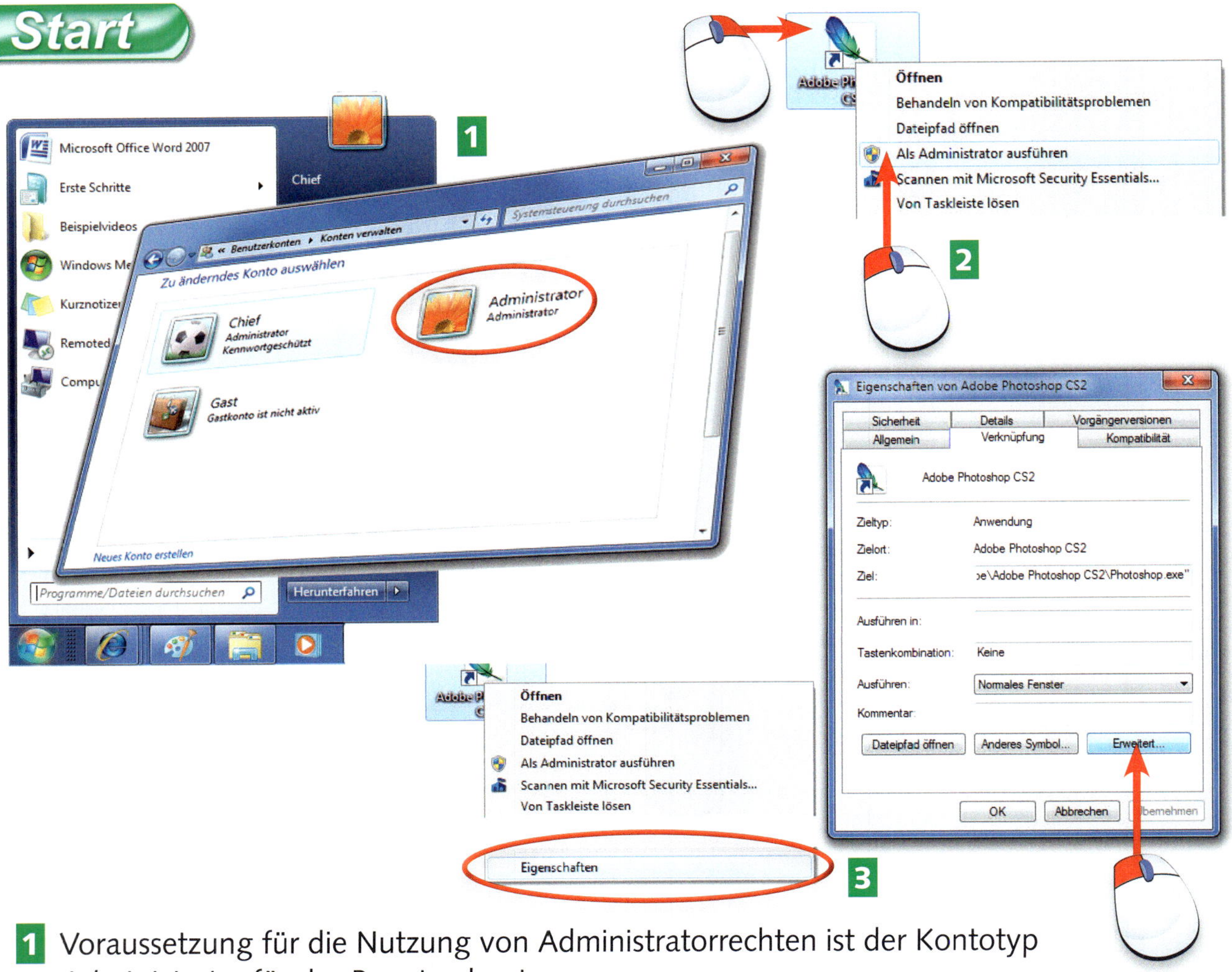

1 Voraussetzung für die Nutzung von Administratorrechten ist der Kontotyp *Administrator* für das Benutzerkonto.

2 Wählen Sie im Kontextmenü des Programmsymbols *Als Administrator ausführen*.

3 Schalten Sie in den Eigenschaften des Symbols auf *Verknüpfung/Erweitert ...*

Benutzerkonten haben immer eingeschränkte Administratorenrechte, nur das Konto »Administrator« darf alles. Mit einigen Tricks sichern Sie sich auch als normaler »user« alle Rechte.

WISSEN

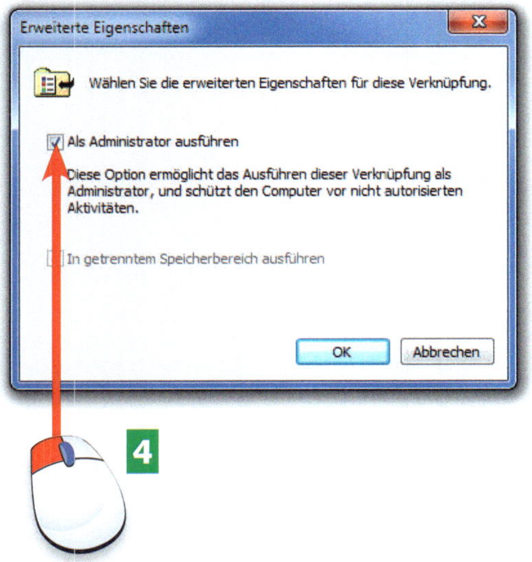

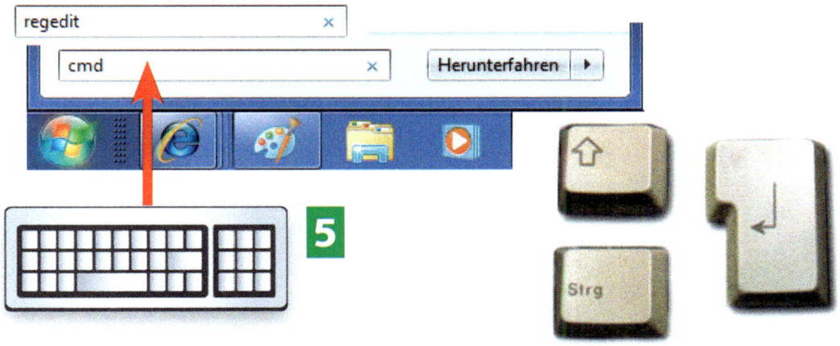

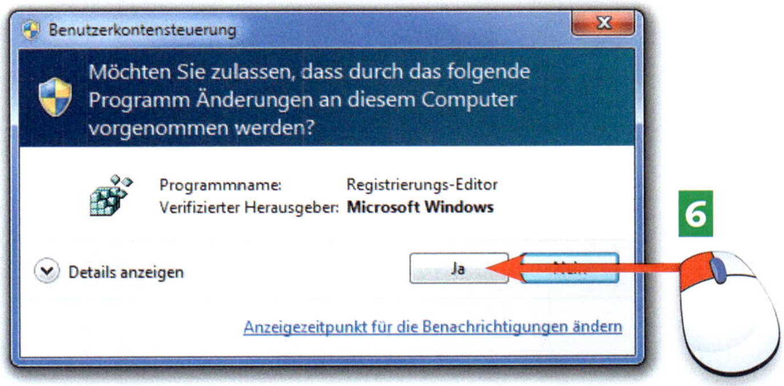

4 … und kreuzen Sie die Option *Als Administrator ausführen* an, damit das Programm immer in diesem Modus startet.

5 Um Programme über das Ausführen-Feld im Administratormodus zu starten, geben Sie den Namen ein. Halten Sie [Strg] und [⇧] gedrückt.

6 Drücken Sie die [↵]-Taste, startet das Programm im Admin-Modus. Die Meldung aus der Benutzerkontensteuerung muss bestätigt werden.

Das Administratorkonto wird unter *Systemsteuerung/Verwaltung/Computerverwaltung/Lokale Benutzer und Gruppen/Benutzer* aktiviert.

TIPP

Programme, die Administratorenrechte erfordern, sind meist mit einem Sicherheitssymbol gekennzeichnet.

HINWEIS

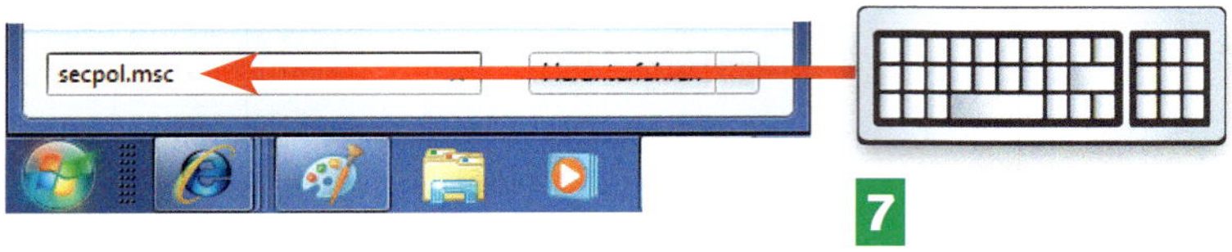

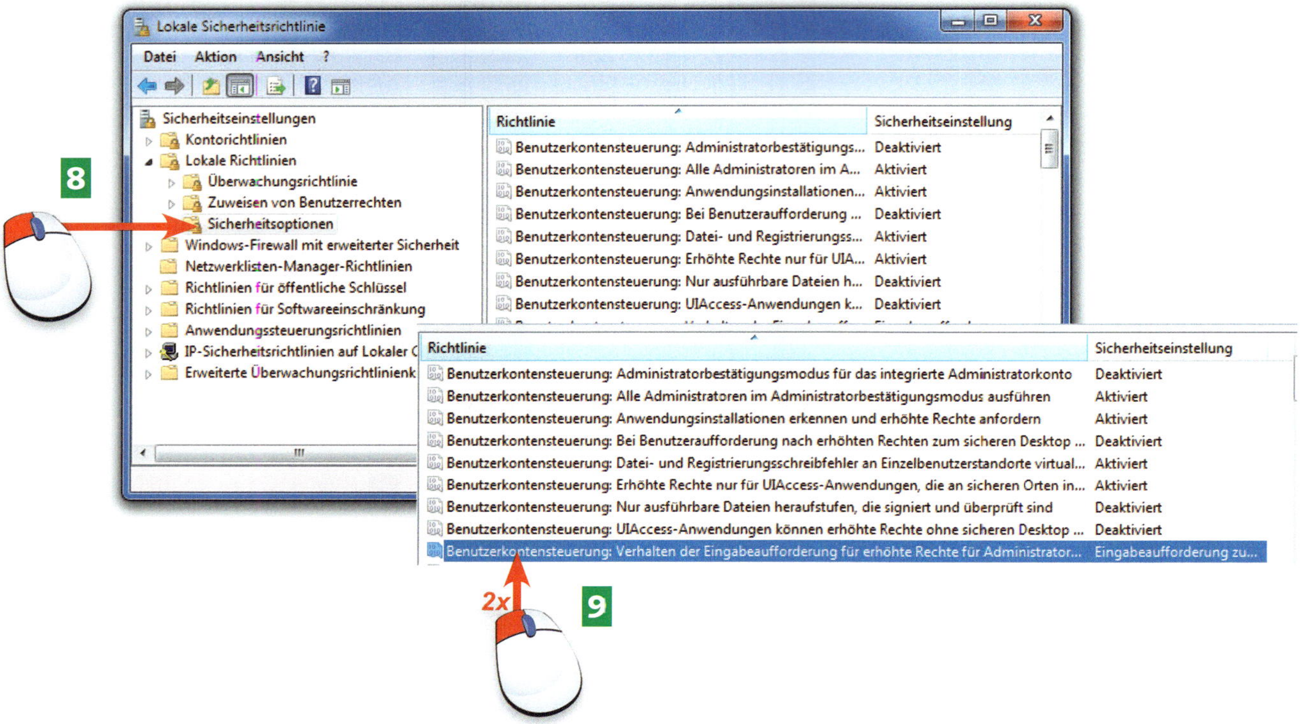

7 Starten Sie mit der Eingabe *secpol.msc* das Verwaltungsprogramm für die lokalen Sicherheitsrichtlinien im Admin-Modus.

8 Öffnen Sie den Ordner *Lokale Richtlinien/Sicherheitsoptionen.*

9 Klicken Sie doppelt auf den Eintrag für das Verhalten der Eingabeaufforderung für Administratoren.

Das Dienstprogramm *secpol.msc* ist eine Konsole aus der Systemsteuerung (Verwaltung). Damit können Sie die Benachrichtigung für erhöhte Rechte ausschalten.

WISSEN

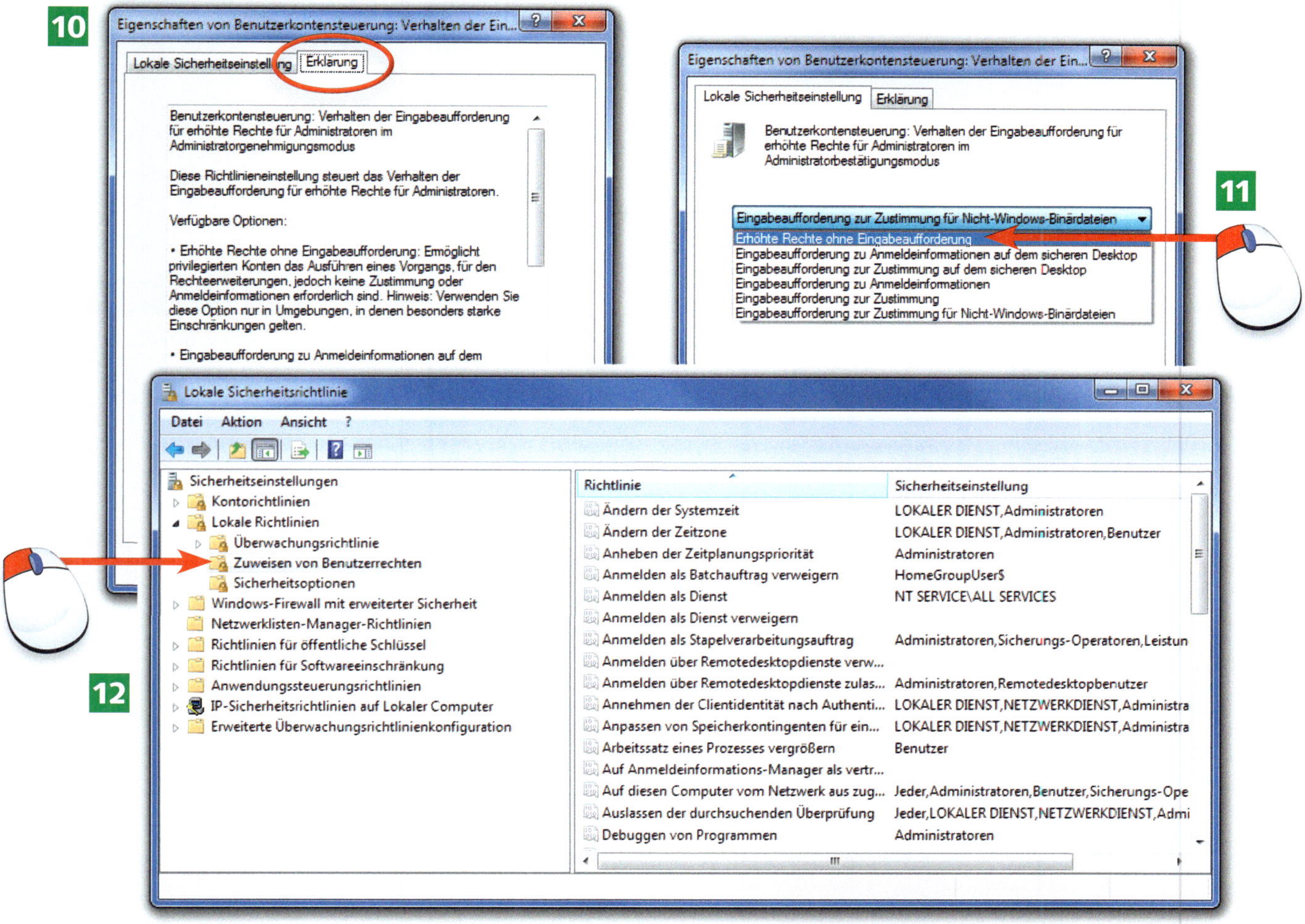

10 Auf der Registerkarte *Erklärung* finden Sie die Beschreibung zu den einzelnen Einstellungen.

11 Schalten Sie unter *Lokale Sicherheitseinstellungen* die Eingabeaufforderung aus.

12 Unter *Zuweisen von Benutzerrechten* kontrollieren Sie die Rechte der einzelnen Benutzergruppen.

Ende

Das Verwaltungsprogramm *Lokale Sicherheitsrichtlinie* ist in den Windows 7-Versionen Home und Home Premium nicht verfügbar.

HINWEIS

Start

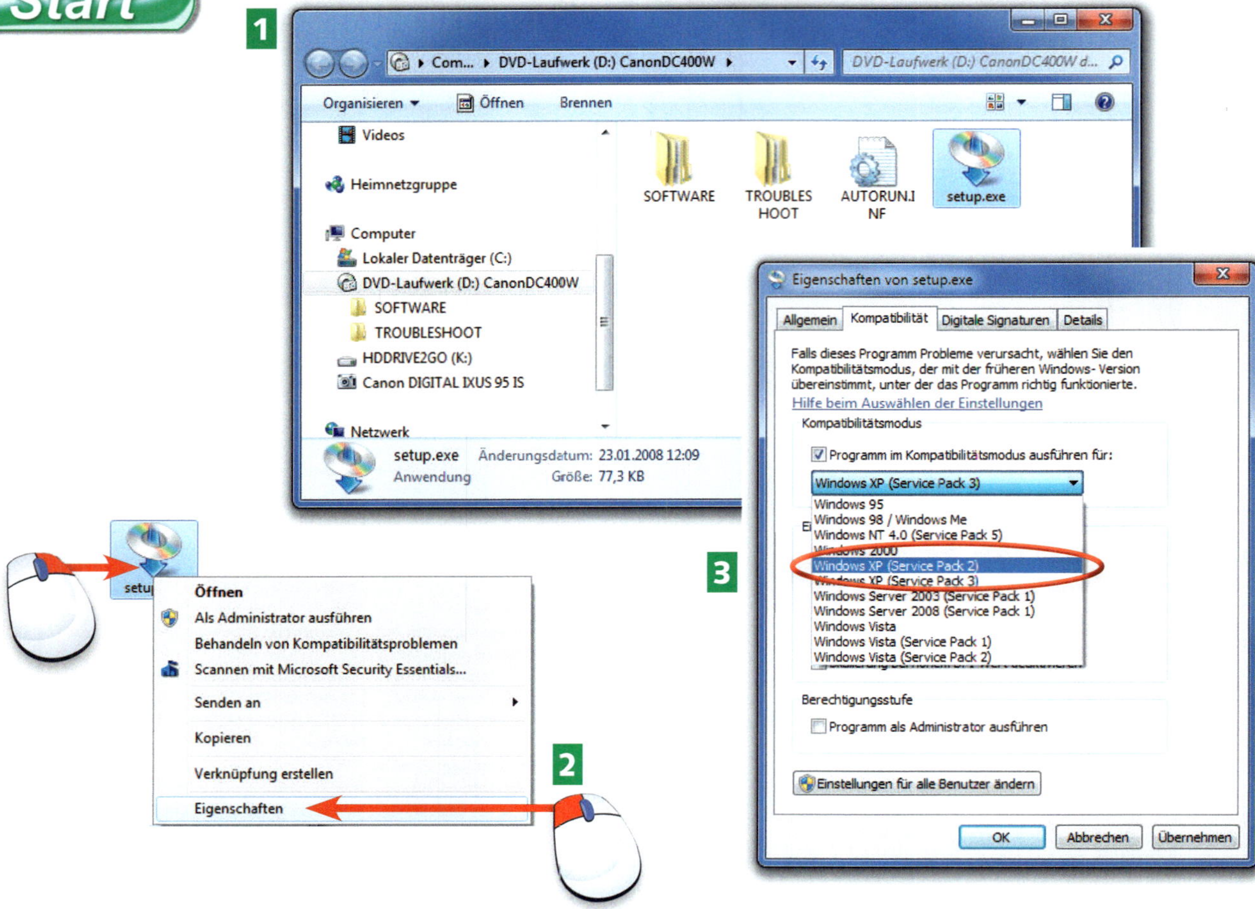

1 Installieren Sie das Programm auf jeden Fall neu, legen Sie die Installations-CD oder -DVD ein.

2 Aktivieren Sie die Eigenschaften des Setup-Programms aus dem Kontextmenü.

3 Schalten Sie auf die Registerkarte *Kompatibilität*, kreuzen Sie die Option an und bestimmen Sie das alte Betriebssystem.

Ältere Programme, die nicht für Windows 7 erstellt wurden, lassen sich im Kompatibilitätsmodus installieren. Windows 7 unterstützt alle Betriebssystemversionen ab Windows 95.

WISSEN

4

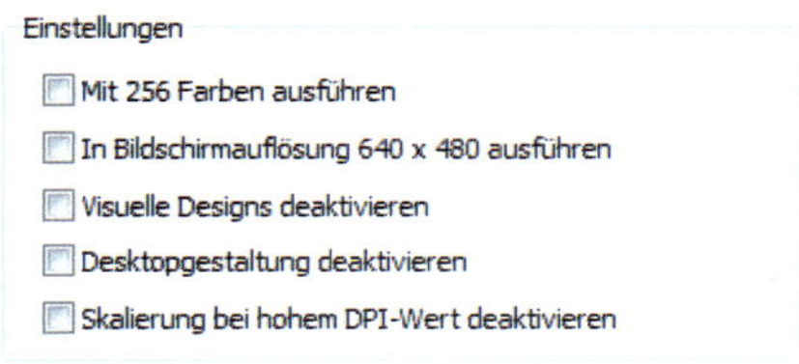

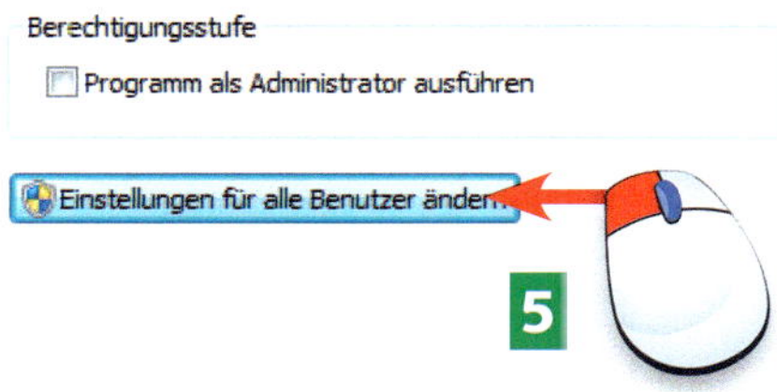

6

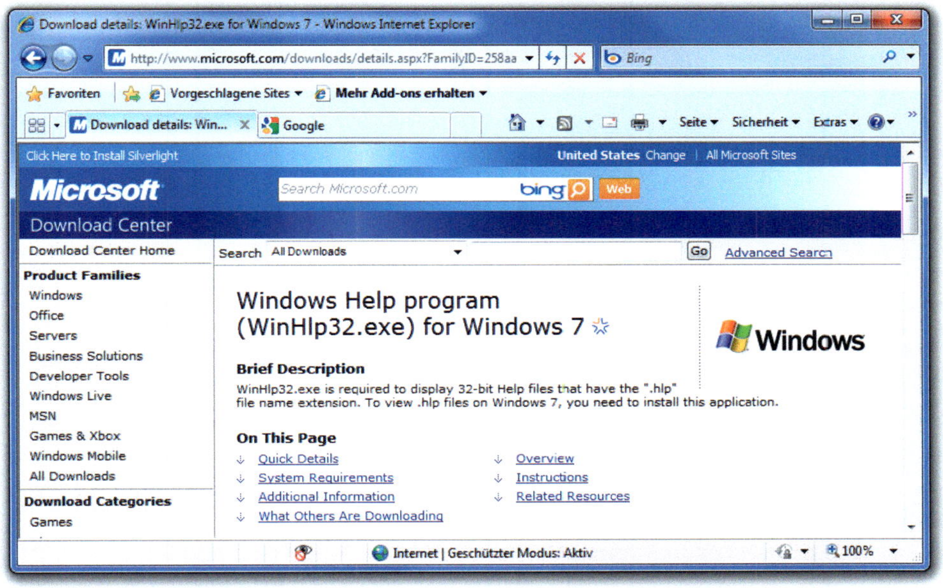

4 In den *Einstellungen* finden Sie Details, die für die Ausführung der Software nötig sein könnten.

5 Schalten Sie die *Berechtigungsstufe* ein, wenn Sie das Programm grundsätzlich mit Administratorrechten ausführen wollen.

6 Für die Anzeige der Hilfedateien laden und installieren Sie die Datei *WinHlp32.exe*.

Ende

TIPP

Suchen Sie auf der Internetseite des Programmherstellers nach einer Windows 7-Version oder einem entsprechenden Update Ihres Programms.

HINWEIS

WinHlp32.exe ist das Programm, mit dem ältere Software die Hilfedatei anzeigt. Hier können Sie es downloaden: *http://go.microsoft.com/fwlink/?LinkId=166421.*

Start

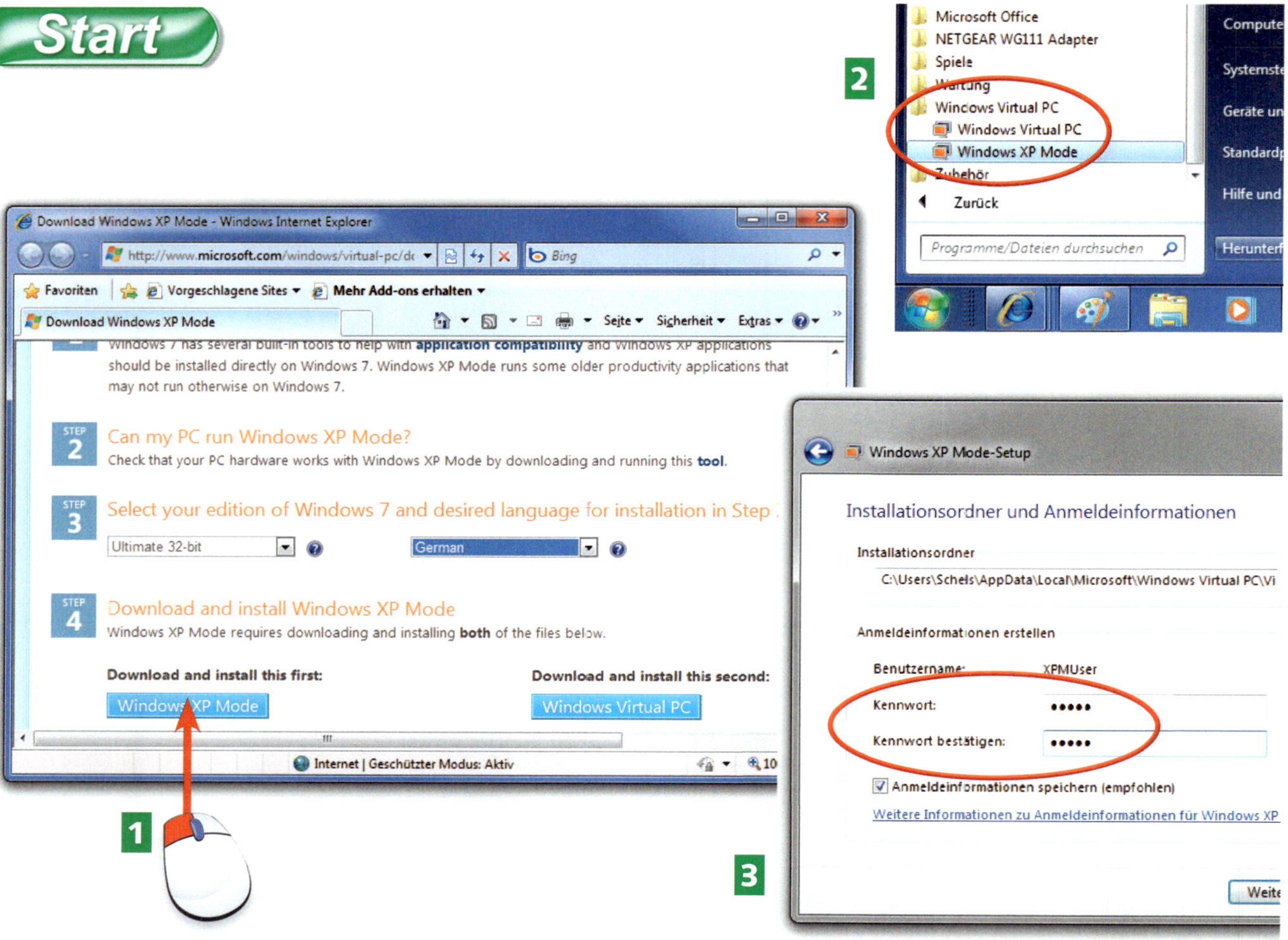

1 Aktivieren Sie die Microsoft-Internetseite und laden Sie die beiden virtuellen PC-Dateien herunter.

2 Installieren Sie zuerst den Windows-XP-Modus und anschließend Windows Virtual PC.

3 Geben Sie bei der Installation ein Kennwort für den neuen virtuellen PC ein.

Für Programme, die unter Windows XP entwickelt, in Windows 7 aber nicht lauffähig sind, gibt es eine Lösung: Installieren Sie Windows XP-Modus, ein virtueller PC mit Windows XP als Betriebssystem.

WISSEN

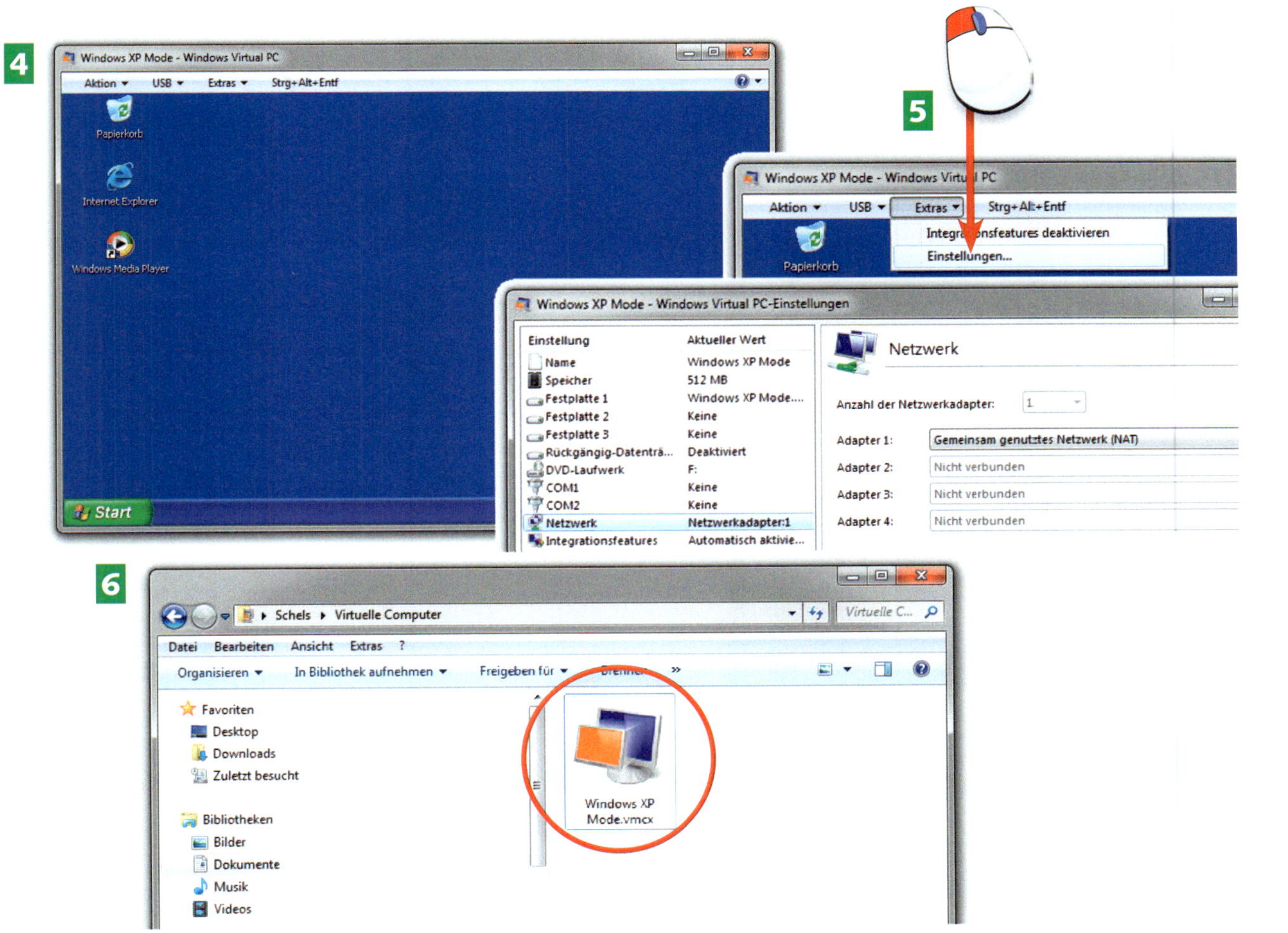

4 Nach Abschluss der Installation wird der Windows-XP-Modus in einem neuen Fenster gestartet.

5 Unter *Extras/Einstellungen* bestimmen Sie u.a. Speichergröße, Netzwerk und Anschlüsse für den virtuellen PC.

6 Der Windows-XP-Modus steht anschließend im neuen Benutzerordner *Virtuelle Computer*.

Ende

Voraussetzungen für Virtual PC: CPU mit mindestens 1 GHz Taktfrequenz, 2 GB Arbeitsspeicher, 15 GB Festplattenspeicher frei

HINWEIS

Hier finden Sie die Downloads: http://www.microsoft.com/windows/virtual-pc/download.aspx

HINWEIS

Der XP-Modus ist nur für die Versionen Professional, Enterprise und Ultimate verfügbar.

HINWEIS

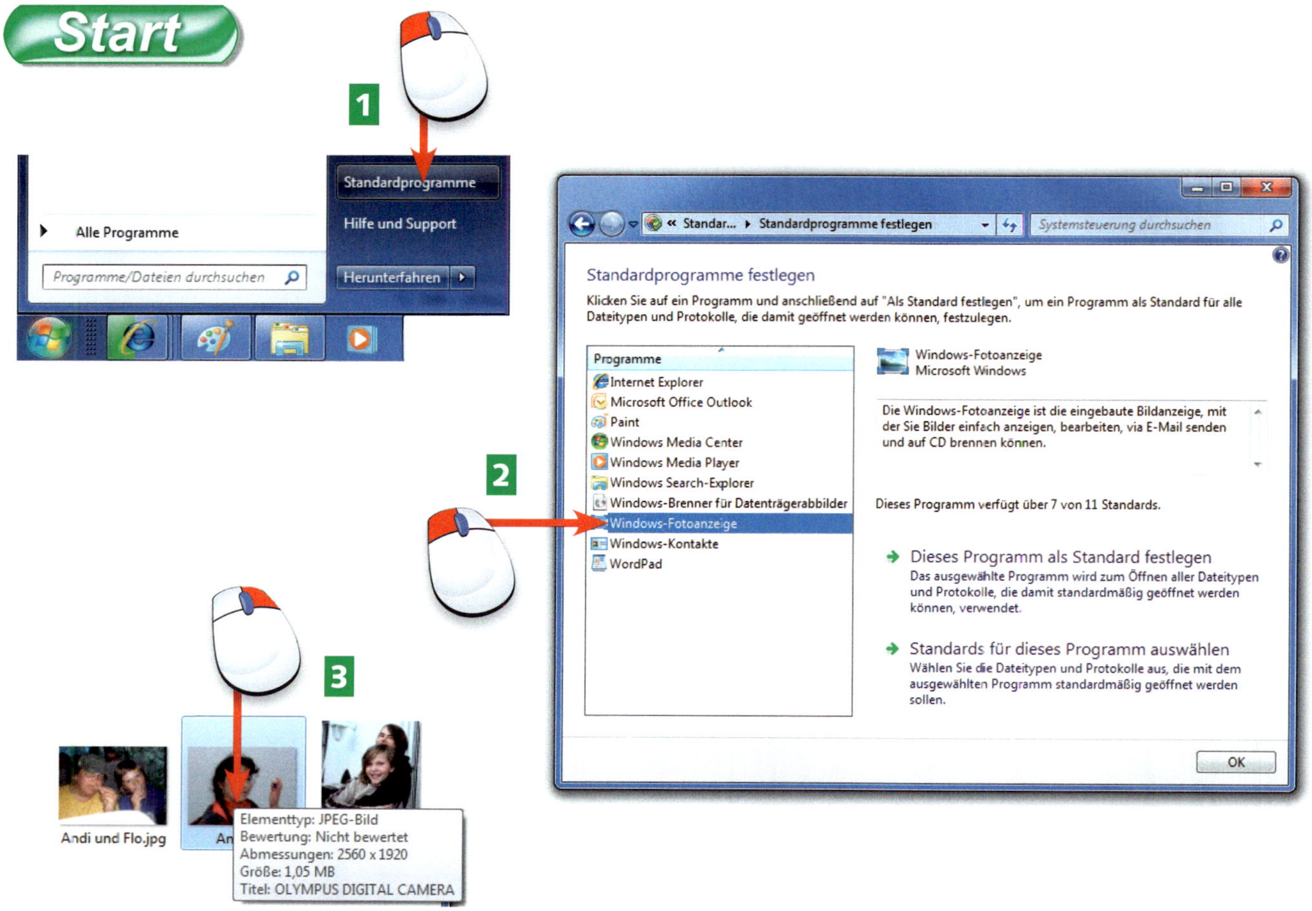

1 Wählen Sie *Standardprogramme* im Startmenü, um einzelne Programme mit Dateitypen zu verbinden.

2 Markieren Sie ein installiertes Programm und weisen Sie ihm die Dateistandards zu.

3 Wenn ein Dateityp dem falschen Programm zugewiesen ist, können Sie eine Datei auch im Explorer-Fenster markieren, …

Viele Programme schnappen sich bei der Installation bestimmte Dateitypen. Die Fotoverwaltung übernimmt alle .JPG-Dateien, das Brennprogramm öffnet auf einmal die Videos. Mit wenigen Handgriffen ist diese Zuweisung wieder zurück- und auf ein anderes Programm gesetzt.

WISSEN

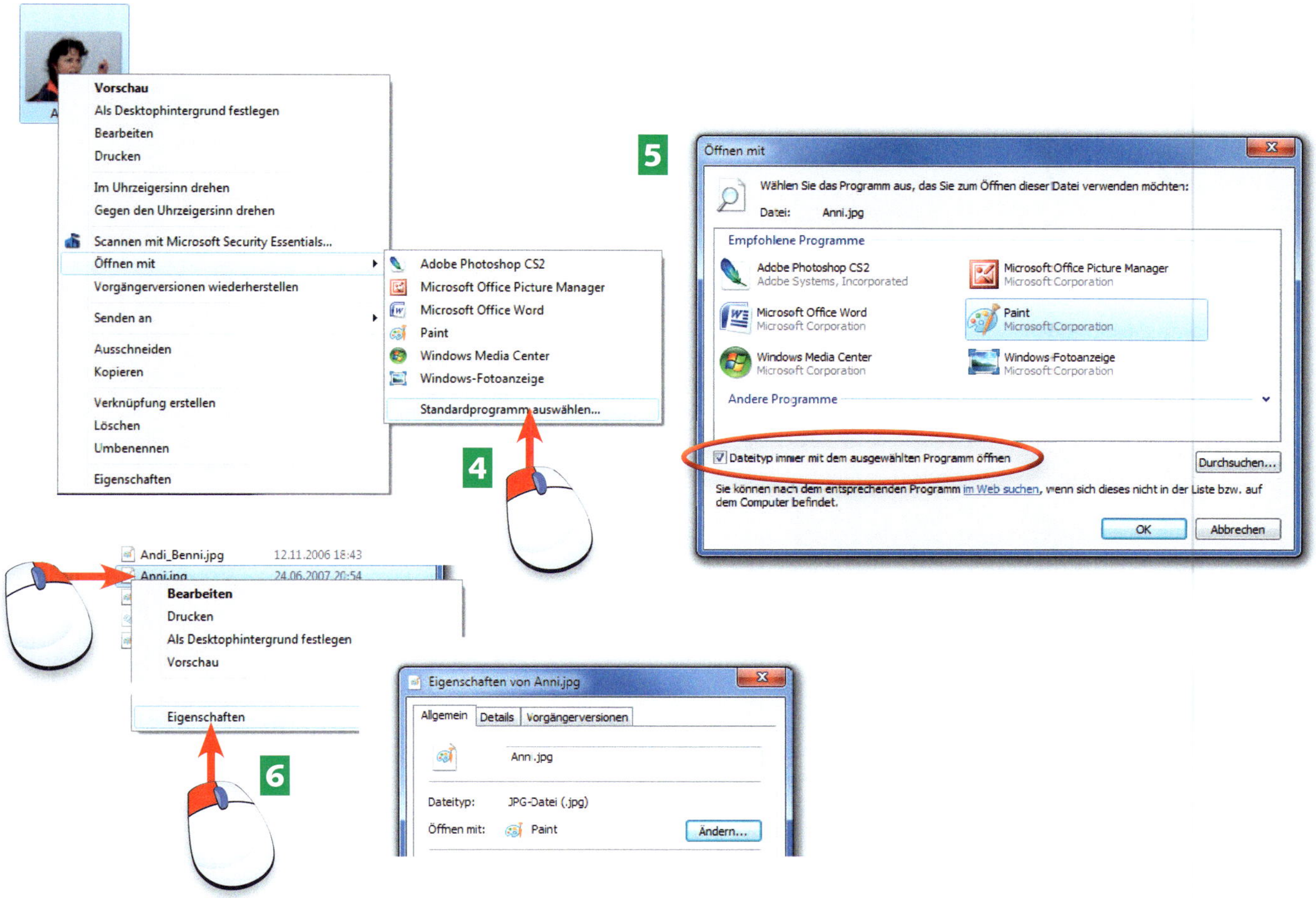

4 … mit der rechten Maustaste anklicken und im Kontextmenü *Standardprogramm auswählen* aktivieren.

5 Markieren Sie das ausführende Programm, vergessen Sie nicht, *Dateityp immer mit diesem Programm ausführen* anzukreuzen.

6 Die Zuweisung finden Sie auch im Eigenschaftenfenster aus dem Kontextmenü der Datei.

Ende

Achten Sie auf das Programmsymbol der Datei, es weist auf die ausführende Software hin.

TIPP

Unter *Standardprogramme* im Startmenü legen Sie auch fest, welches Programm bei eingelegten CDs oder DVDs startet.

HINWEIS

Start

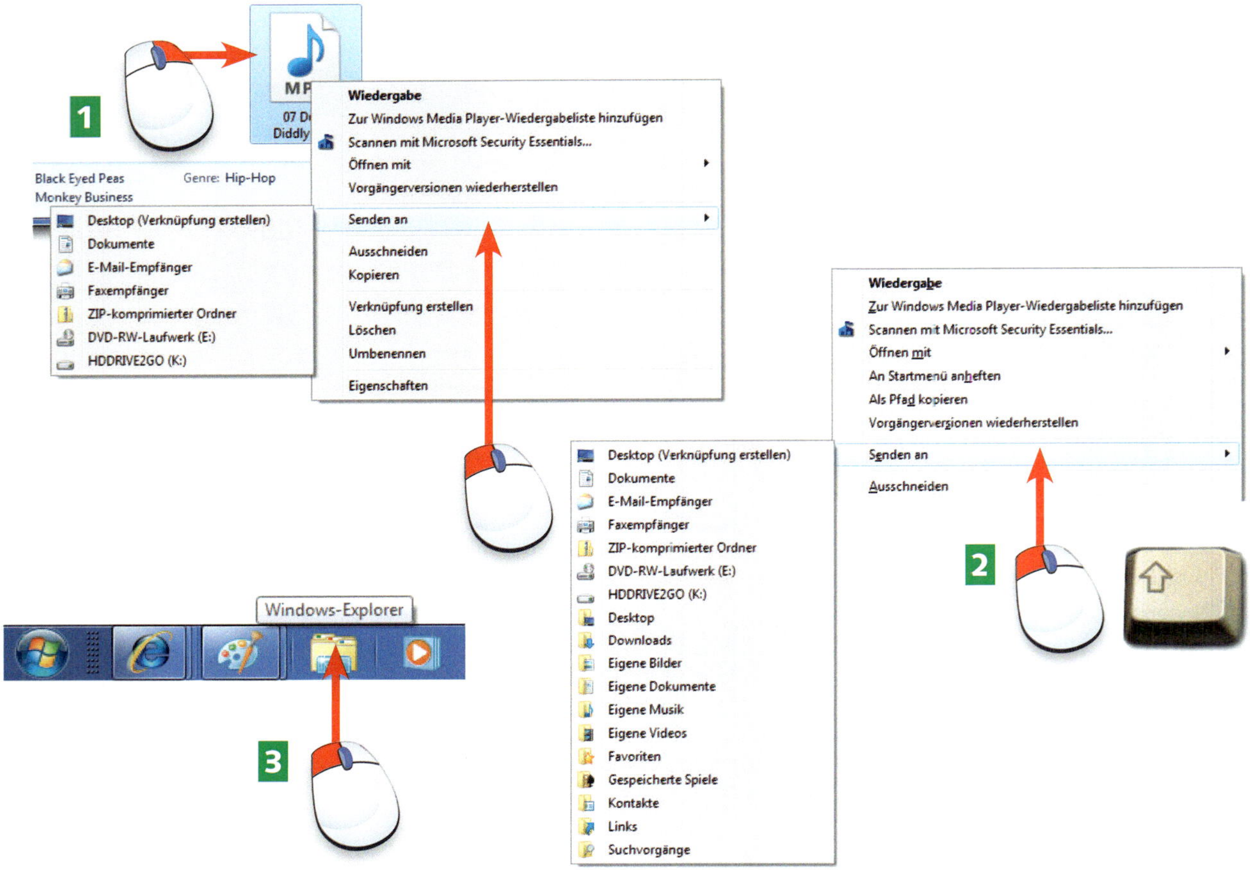

1 Klicken Sie mit der rechten Maustaste auf ein Symbol einer gespeicherten Datei. Unter *Senden an* finden Sie Laufwerke, ZIP-Ordner u.a.

2 Drücken Sie die [⇧]-Taste, bevor Sie das Kontextmenü öffnen, um zusätzliche Ordner und Programme im Senden-an-Menü zu bekommen.

3 Starten Sie den Windows-Explorer über das Symbol in der Taskleiste.

Der SendTo-Ordner (Senden an) ist ein schnelles und flexibles Werkzeug zum Kopieren oder Verschieben von Daten, aber auch für einen schnellen Programmstart aus der Datei heraus. Nutzen Sie ihn für Ihre eigenen Programme und Verknüpfungen.

WISSEN

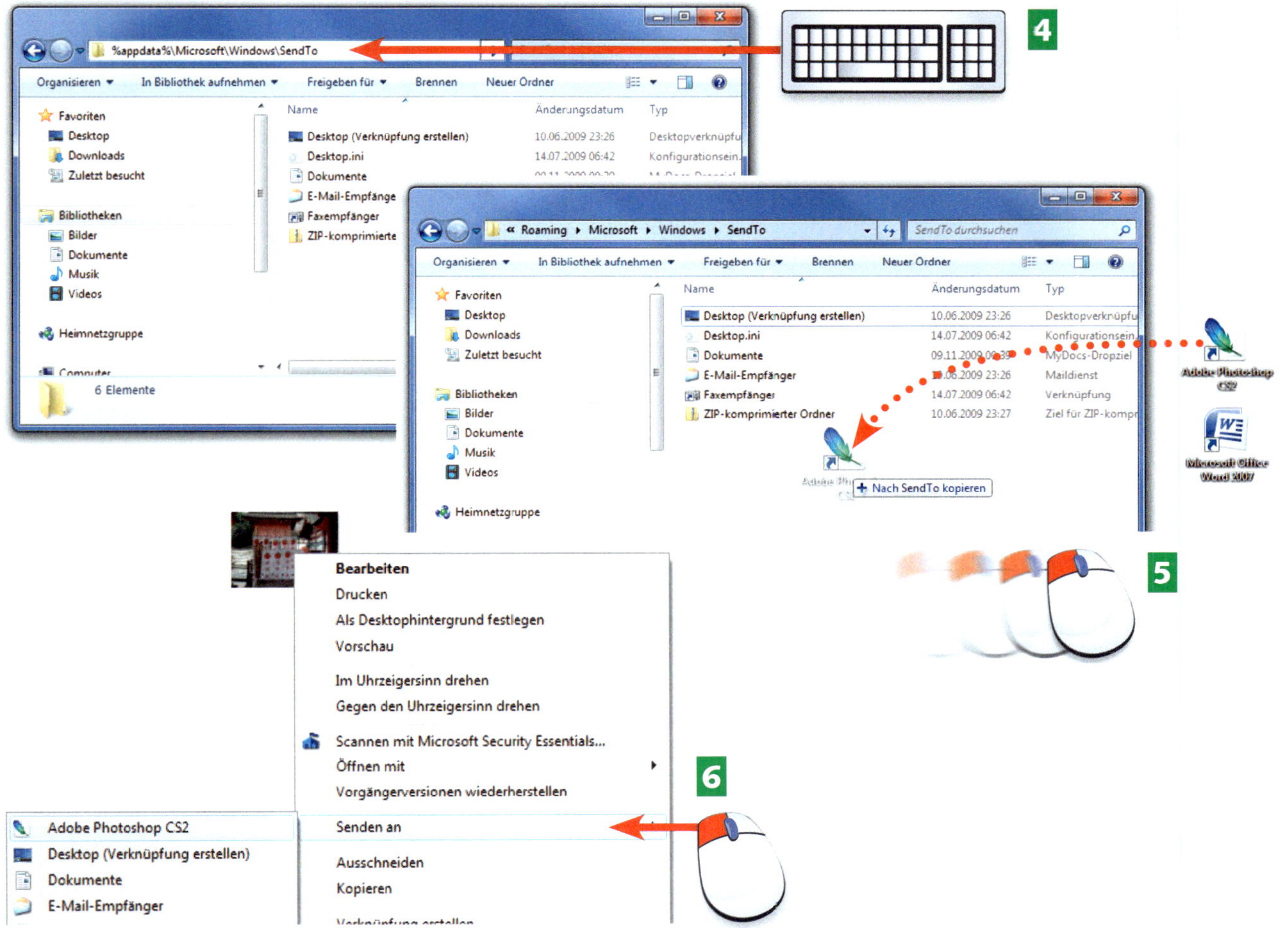

4 Schalten Sie in den Senden-an-Ordner Ihres Benutzerprofils.

5 Ziehen Sie das Symbol eines Programms, das Sie in die Liste aufnehmen wollen, vom Desktop oder aus einem Explorer-Fenster in diesen Ordner.

6 Beim nächsten Klicken mit der rechten Maustaste auf ein Symbol bietet *Senden an* die neue Verknüpfung als zusätzliches Ziel an.

Ende

Die Verknüpfungen unter *Senden an* befinden sich in einem Ordner des Benutzerprofils.

HINWEIS

So finden Sie den Senden an-Ordner des angemeldeten Benutzers am schnellsten: Geben Sie in die Adresszeile *%APPDATA%\Microsoft\Windows\SendTo* ein.

TIPP

Dateien löschen mit und ohne Papierkorb

Start

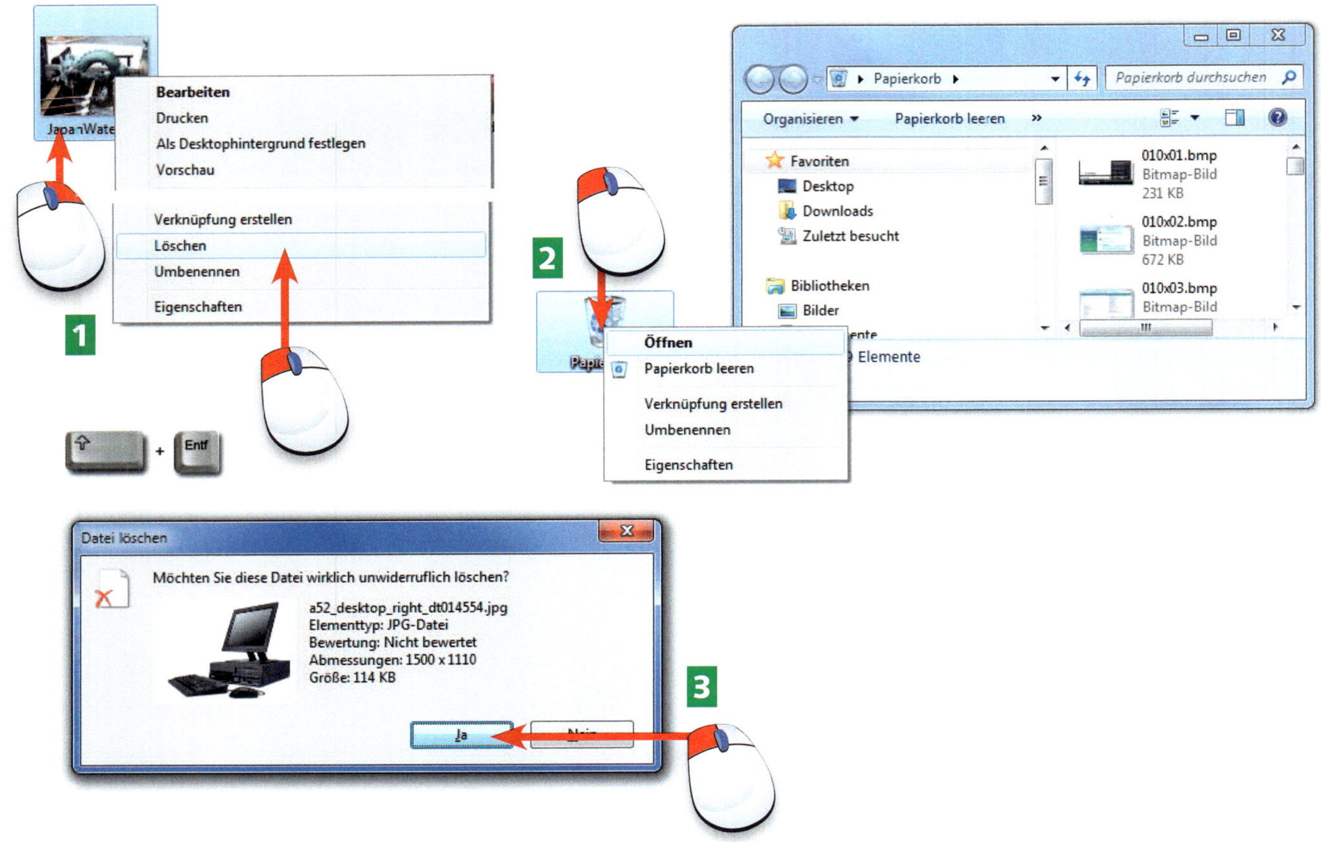

1 Um eine Datei zu löschen, klicken Sie das Symbol an und wählen *Löschen* im Kontextmenü oder Sie drücken einfach die [Entf]-Taste.

2 Die Datei wird nicht gelöscht, sondern in den Papierkorb verschoben. Aus diesem können Sie gelöschte Dateien wiederherstellen.

3 Um eine Datei wirklich zu löschen, drücken Sie [⇧] + [Entf].

Dateien sind nicht sofort verschwunden, wenn sie gelöscht werden, der Papierkorb fängt die Daten auf. Sie können Dateien aber auch sofort löschen und mit einem Eingriff in die Registrierung den Papierkorb ganz abschalten.

WISSEN

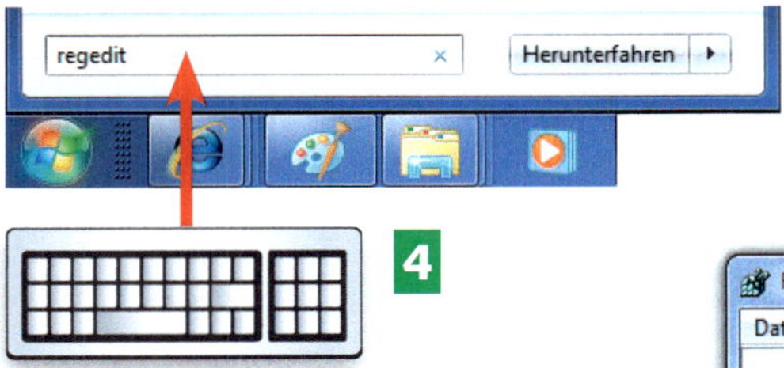

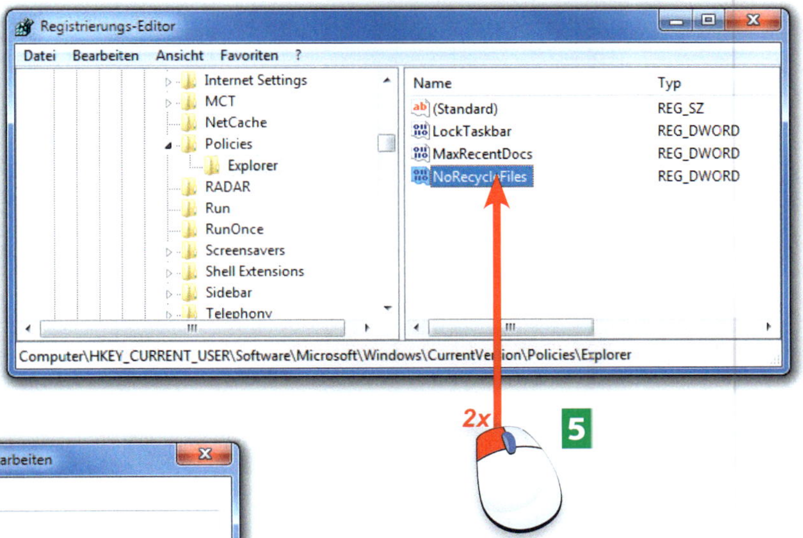

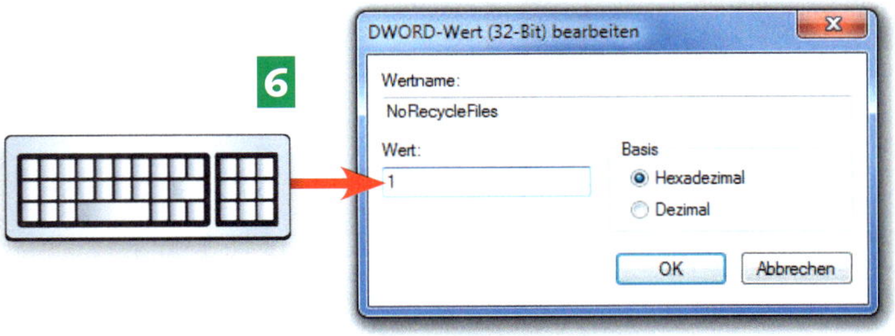

4 Starten Sie mit [Windows-Taste] + [r] den Ausführen-Dialog und geben Sie *regedit* ein, um den Registrierungseditor zu aktivieren.

5 Suchen Sie *HKEY_CURRENT_USER/Software/Microsoft/Windows/CurrentVersion/Policies/Explorer* und erstellen Sie den neuen DWORD-Wert *NoRecycleFiles*.

6 Wird der Wert auf 1 gesetzt, werden alle Dateien ohne Umweg über den Papierkorb gelöscht.

Ende

HINWEIS

Nach dem Eintrag des DWORD-Werts schließen Sie den Registrierungseditor und starten Windows 7 neu, damit die Änderung wirksam wird.

TIPP

Sehen Sie sich in den Eigenschaften des Papierkorbs (rechte Maustaste) an, wie viel Speicherplatz für diesen reserviert ist.

Start

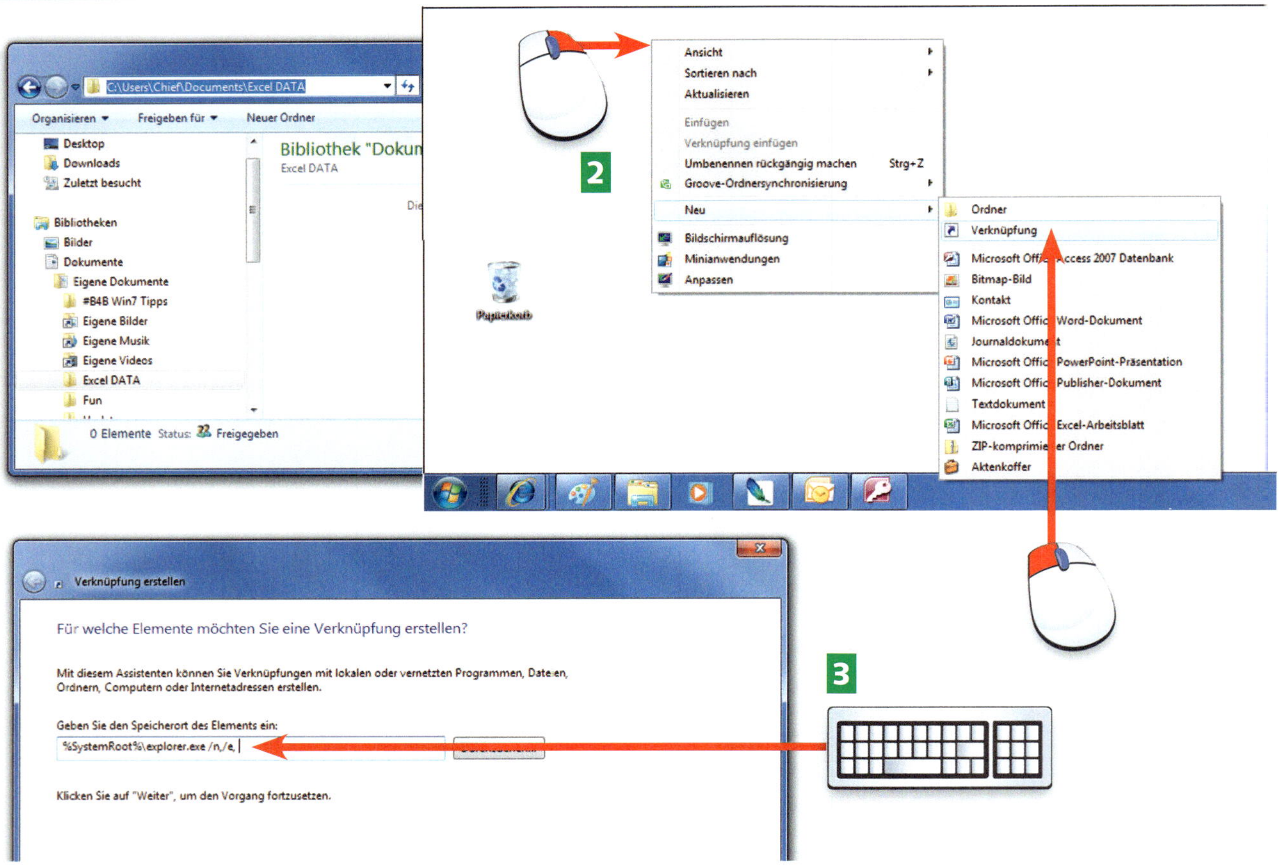

1 Aktivieren Sie den Ordner, für den Sie eine Verknüpfung erstellen wollen, und kopieren Sie mit Strg + c den Pfad aus der Adresszeile.

2 Klicken Sie mit der rechten Maustaste in den Desktop und wählen Sie *Neu/ Verknüpfung*.

3 Geben Sie den Pfad zum Explorer in dieser Schreibweise ein: *%SystemRoot%\explorer.exe /n,/e,*

Legen Sie alternativ zu Ordnerverknüpfungen echte Explorer-Verknüpfungen auf dem Desktop oder im Startmenü an. Sie enthalten nicht nur das Explorer-Symbol, sondern auch einen ausführlicheren Pfad.

WISSEN

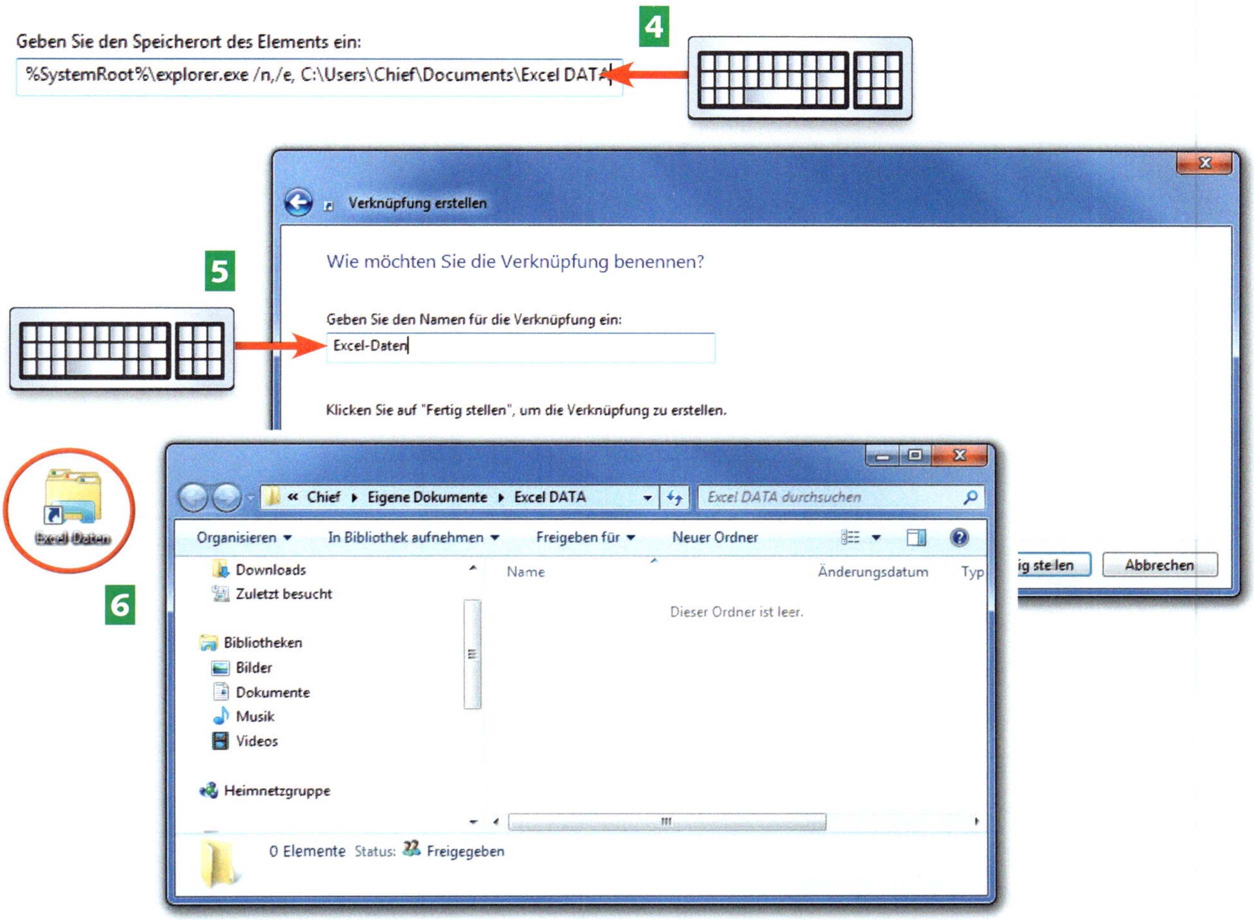

4 Holen Sie den Ordnerpfad mit [Strg] + [v] aus der Zwischenablage an die Cursorposition.

5 Klicken Sie auf *Weiter* und geben Sie der Verknüpfung eine passende Bezeichnung.

6 Damit ist die Verknüpfung erstellt, Sie können das Symbol auch in das Startmenü setzen.

Ende

Um im Explorer-Fenster den Pfad in der Schreibweise *Laufwerk:\Ordner* anzuzeigen, klicken Sie einmal kurz rechts außen in die Adresszeile.

TIPP

Die Befehlszeilenschalter für explorer.exe verweisen auf die Unterordner:
/e: Computer
/n: Eigene Dokumente

HINWEIS

Start

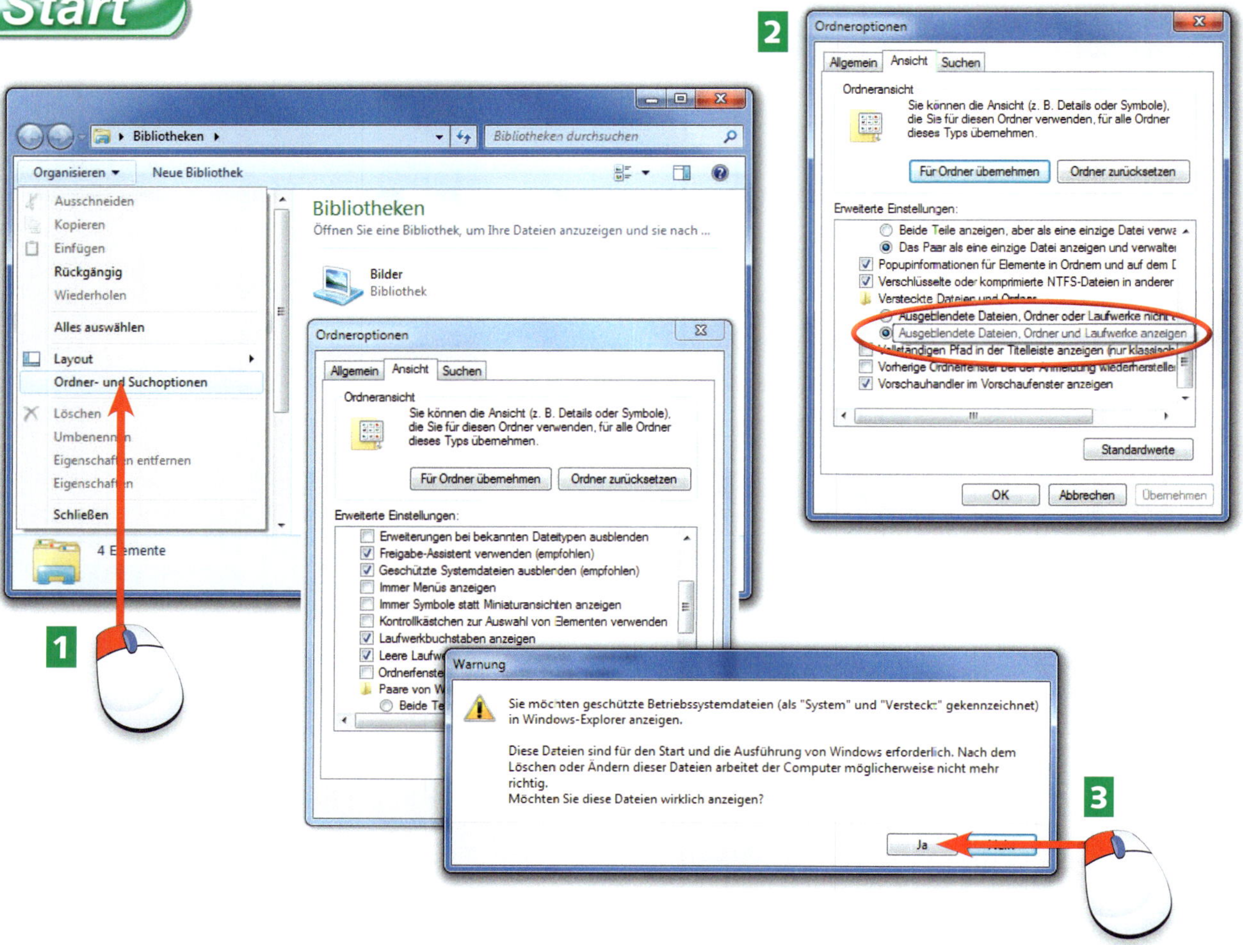

1 Starten Sie den Windows-Explorer mit [⊞] + [e] und wählen Sie *Organisieren/Ordner- und Suchoptionen*.

2 Schalten Sie auf der Registerkarte *Ansicht* die versteckten Dateien und Ordner ein.

3 Blenden Sie die geschützten Systemdateien ein, wenn Sie Daten aus dem Windows-Ordner anzeigen lassen wollen.

Windows 7 versteckt viele Dateien und Ordner, um dem Benutzer nicht die Gelegenheit zu geben, wichtige Systemdaten versehentlich zu löschen. Oft werden aber gerade diese benötigt. Deshalb müssen Sie die versteckten und die sehr versteckten (SuperHidden) Dateien und Ordner einblenden.

WISSEN

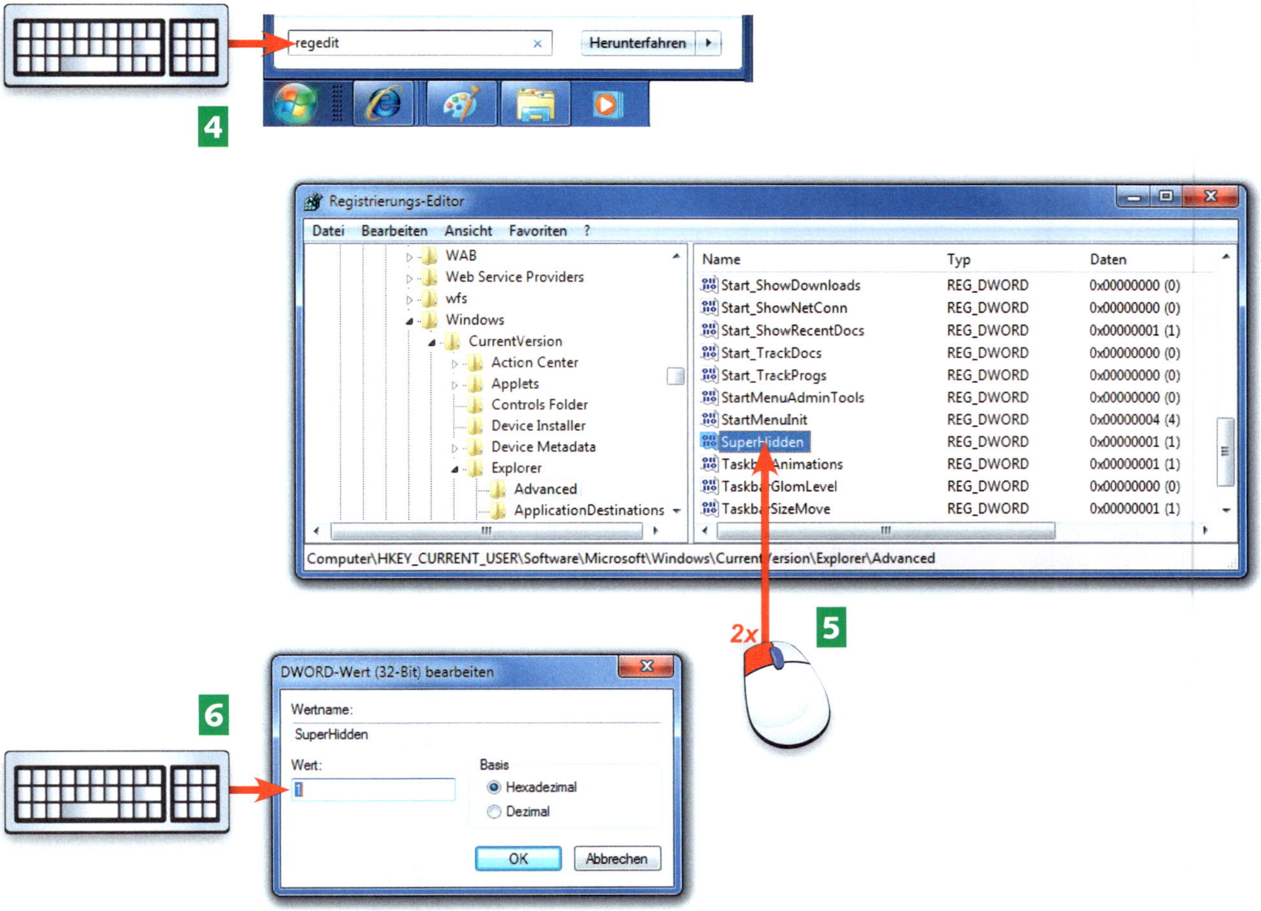

4 Aktivieren Sie den Registry-Editor im Ausführen-Feld, geben Sie *regedit* ein.

5 Suchen Sie den Schlüssel *HKEY_CURRENT_USER\Software\Microsoft\Windows\CurrentVersion\Explorer\Advanced*.

6 Klicken Sie doppelt auf den Eintrag *SuperHidden* und setzen Sie den Schlüssel auf den Wert 1, um auch die ganz geheimen Daten anzuzeigen.

Ende

Deaktivieren Sie in den Ordneroptionen auch die Eigenschaft *Erweiterung bei bekannten Dateitypen ausblenden*, damit Sie die Dateiendungen im Explorer-Fenster sehen.

TIPP

In der Registry finden Sie diese Schlüssel für versteckte Daten:
Hidden
SuperHidden
ShowSuperHidden

HINWEIS

Start

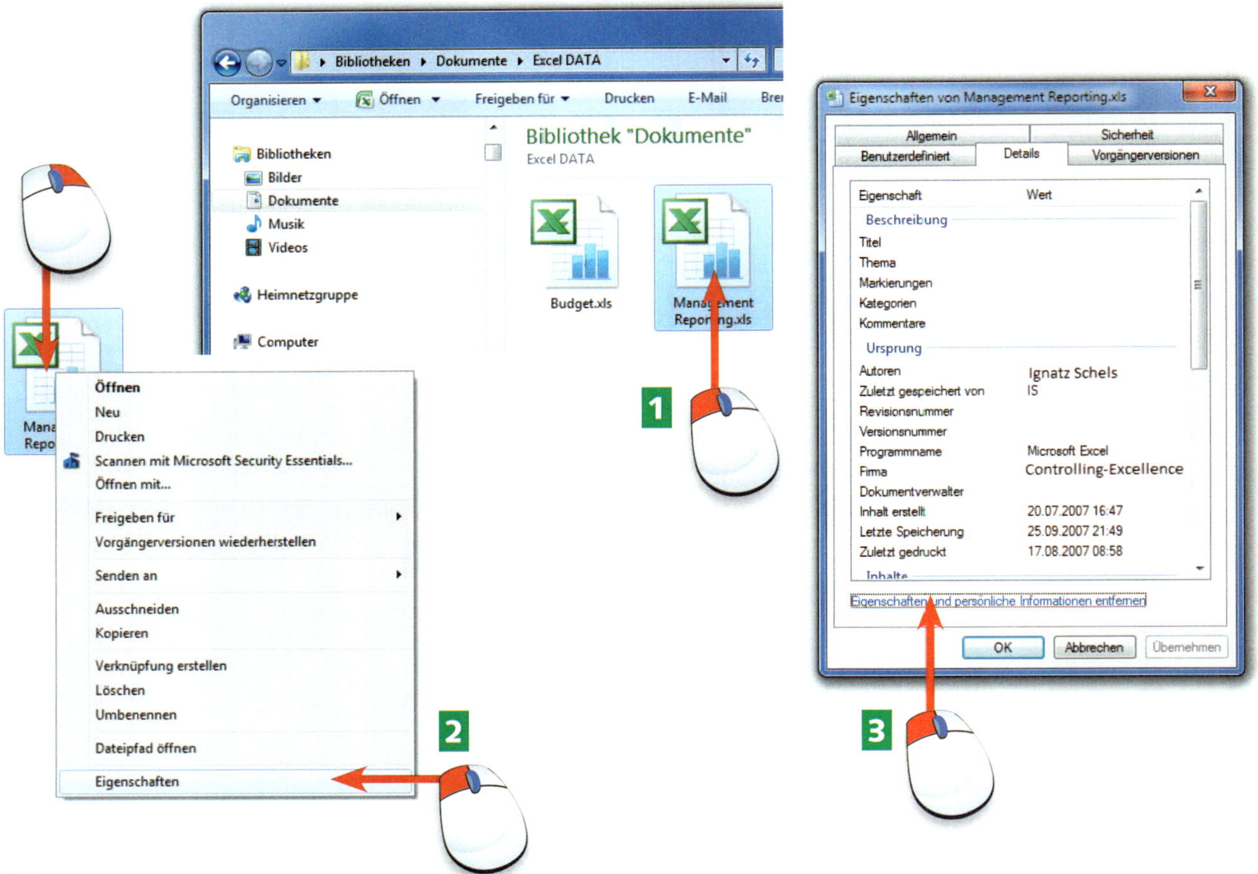

1 Aktivieren Sie den Windows-Explorer mit [Windows-Taste] + [e] und suchen Sie die gespeicherte Datei.

2 Mit der rechten Maustaste öffnen Sie das Kontextmenü, wählen Sie *Eigenschaften*.

3 Auf der Registerkarte *Details* sind die Metadaten der Datei zu sehen. Klicken Sie auf *Eigenschaften und persönliche Informationen entfernen*.

Metadaten sind Informationen über Ihre Dateien, die auch im ungeöffneten Zustand einsehbar sind. Sie können sensible Angaben enthalten. Entfernen Sie die Metadaten über die Dateieigenschaften.

WISSEN

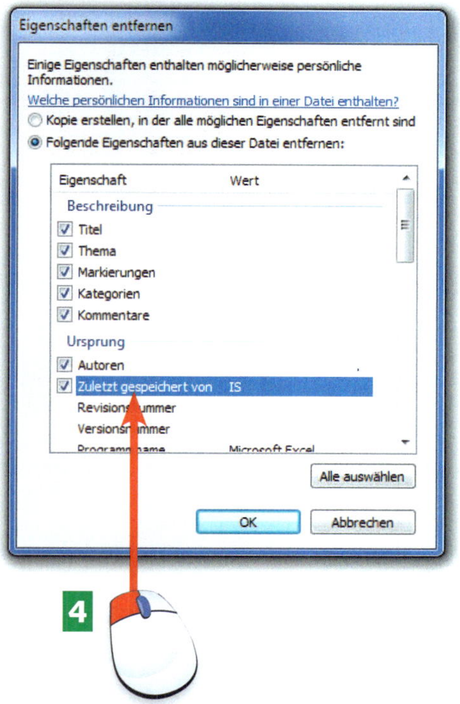

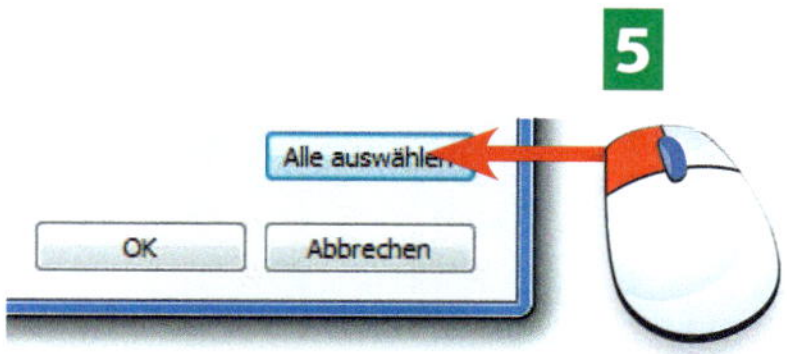

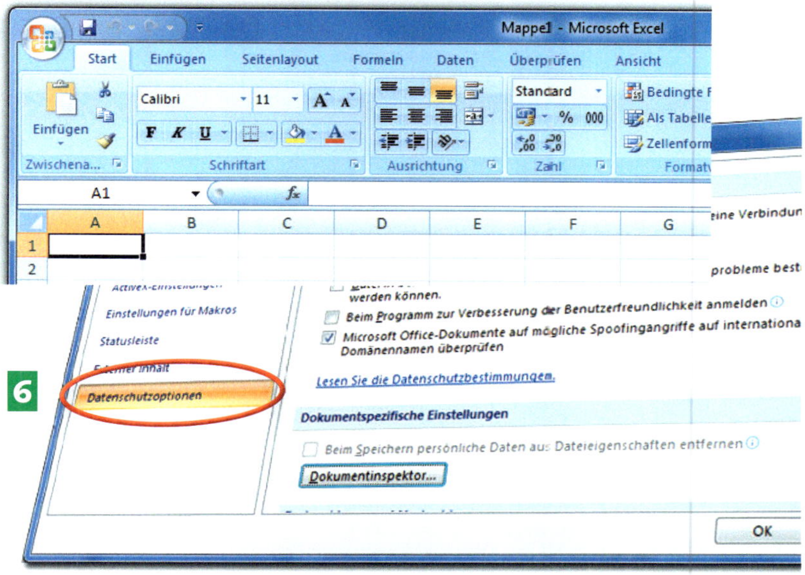

4 Schalten Sie um auf die zweite Option und kreuzen Sie die Eigenschaften an, die Sie entfernen wollen.

5 Ein Klick auf *Alle auswählen* markiert alle Metadaten. Klicken Sie zweima auf OK, um sie zu entfernen.

6 Die Microsoft-Office-Programme (Excel, Word, Access …) bieten eigene Werkzeuge zum Entfernen von Dateieigenschaften an.

Ende

Die Metadaten sind auch in Dateien sichtbar, die mit einem Schreib-/Leseschutz versehen sind.

TIPP

Einige Metadaten wie Speicherdatum oder Benutzername werden automatisch von Windows 7 eingetragen, andere erzeugt das Programm, z.B. Microsoft Word oder Excel.

HINWEIS

Start

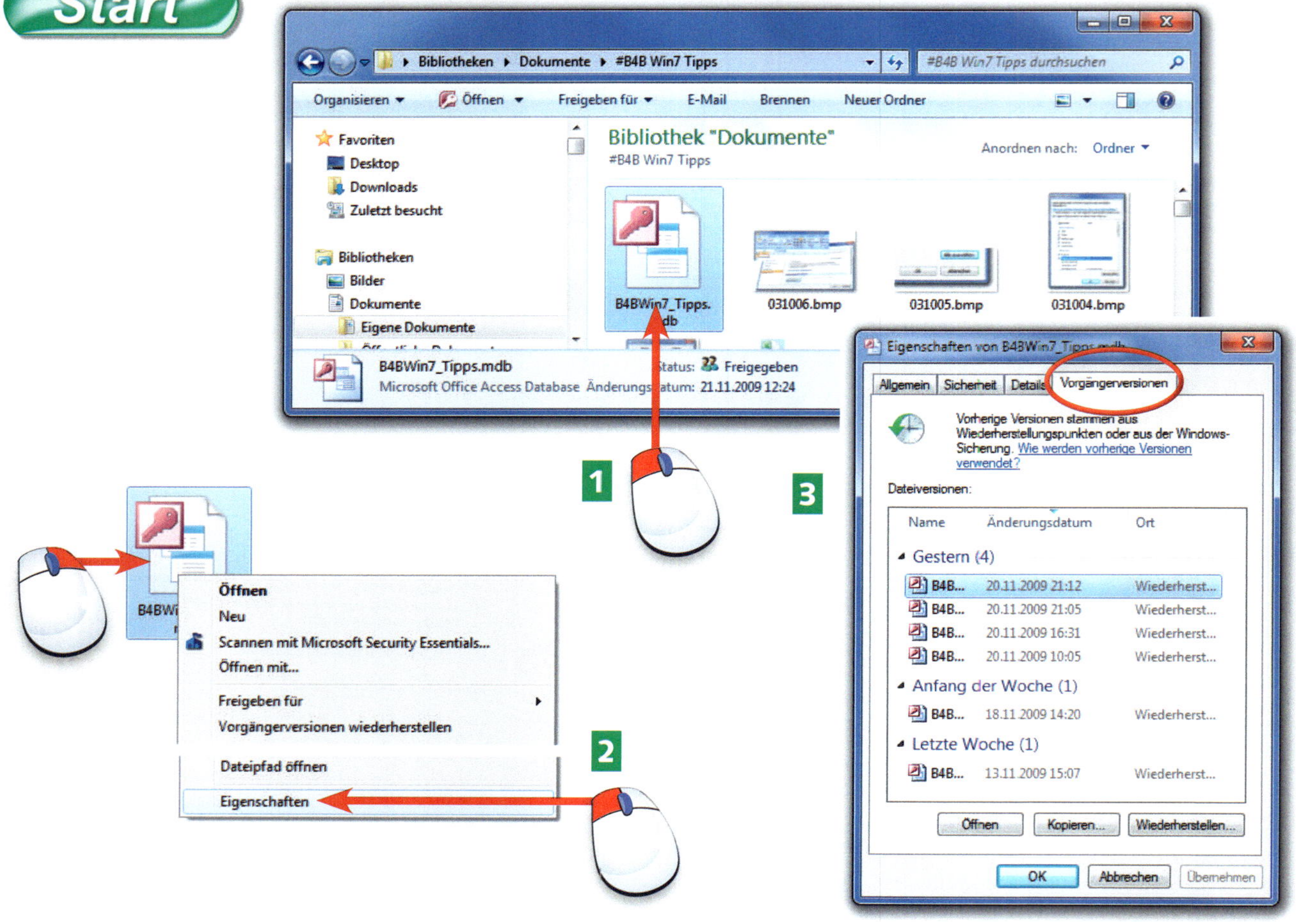

1 Starten Sie den Windows-Explorer mit [⊞] + [e] und suchen Sie die Datei, von der Sie eine Vorgängerversion herstellen wollen.

2 Markieren Sie die Datei mit der rechten Maustaste und wählen Sie *Eigenschaften* im Kontextmenü.

3 Schalten Sie um auf die Registerkarte *Vorgängerversionen*.

Eine nützliche Eigenschaft des Betriebssystems ist die Wiederherstellung älterer Dateiversionen. Mit aktivem Computerschutz können Sie jederzeit ältere Versionen von Dateien zurückholen.

WISSEN

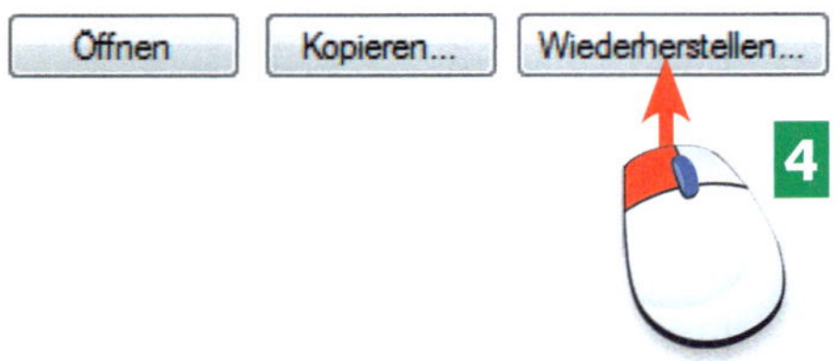

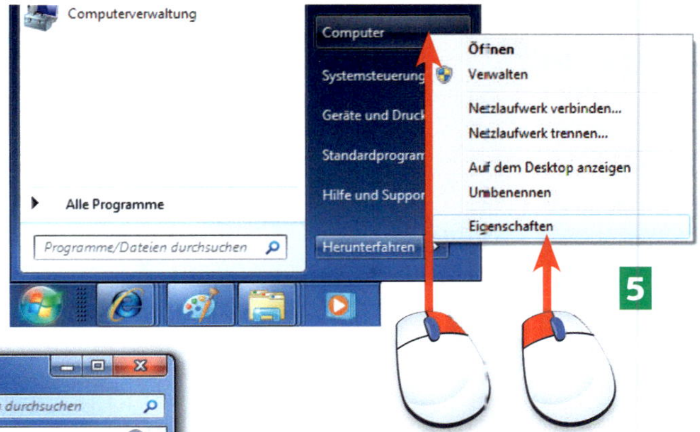

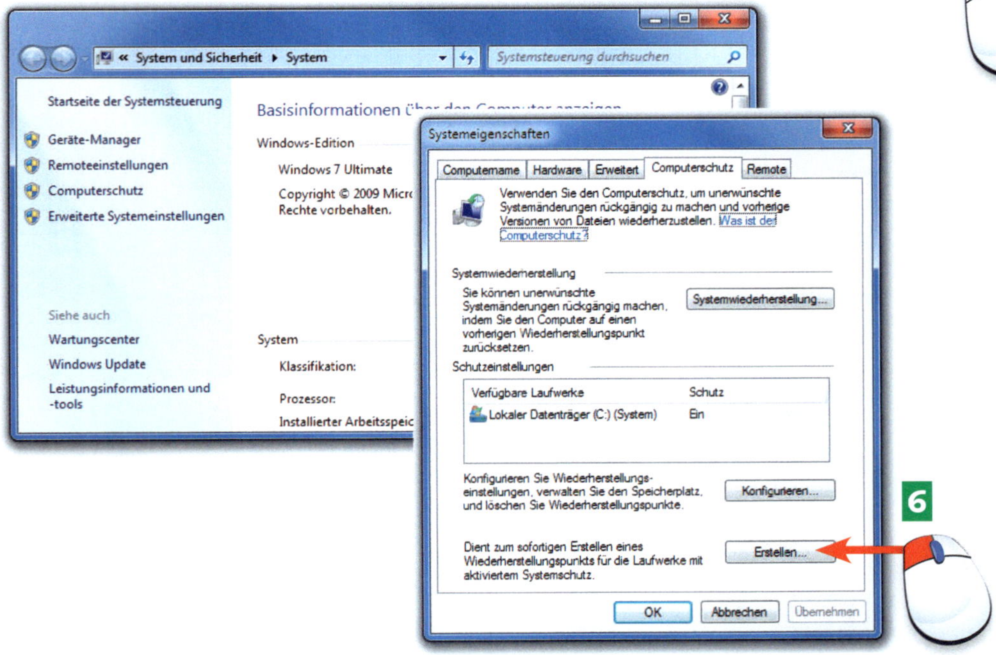

4 Markieren Sie eine der gespeicherten Versionen. *Kopieren* kopiert die Datei, *Wiederherstellen* überschreibt das Original.

5 Wenn keine Vorgängerversionen verfügbar sind, aktivieren Sie den Computerschutz. Wählen Sie *Eigenschaften* im Kontextmenü von *Computer* …

6 … und legen Sie unter *Computerschutz* Wiederherstellungspunkte an.

Ende

Vorgängerversionen findet Windows 7 in Sicherungsdaten oder in Wiederherstellungspunkten.

HINWEIS

Für die Einrichtung des Computerschutzes muss das System neu gestartet werden.

HINWEIS

Start

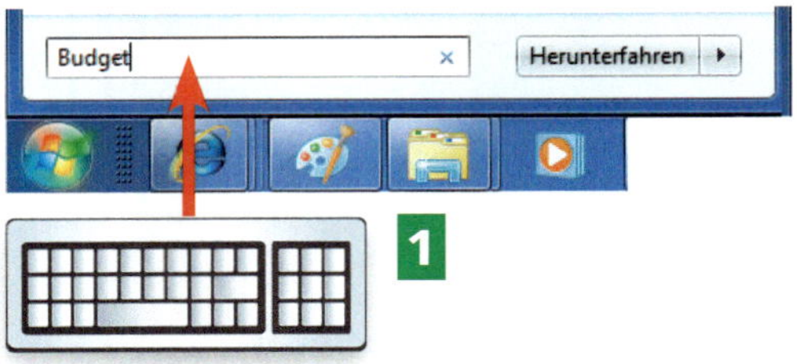

1

2

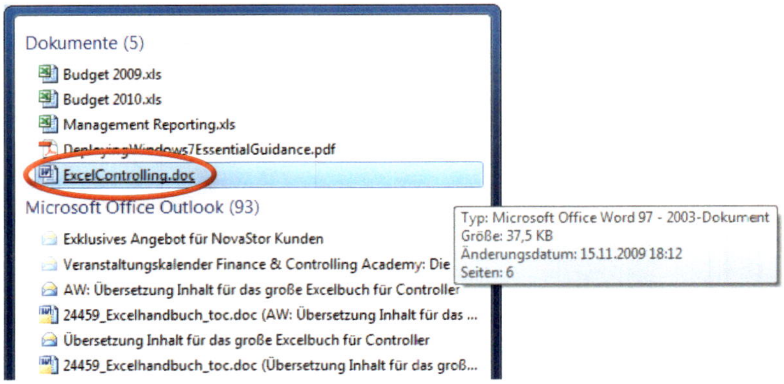

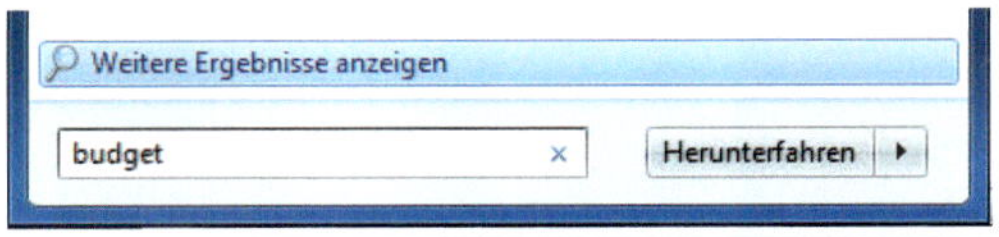

3

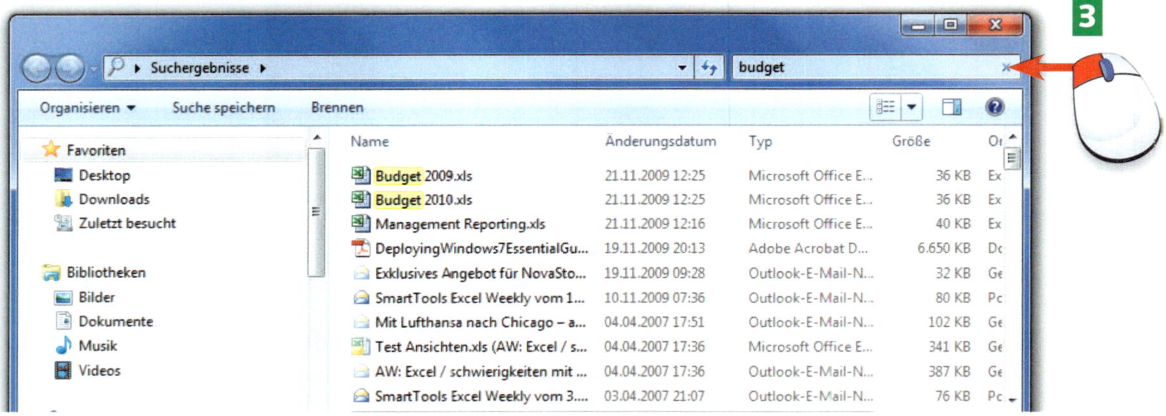

1 Geben Sie Suchbegriffe für Dateien und Ordner direkt in das Ausführenfeld im Startmenü ein.

2 Die Suche wird mit der Eingabe gestartet, angezeigt werden neben Dateien und Ordnern auch Mails und RSS-Feeds.

3 Wenn das Ergebnis nicht aus dem Startmenü abrufbar ist, aktivieren Sie die erweiterte Suche.

Die Suche nach Dateien und Ordnern ist in Windows 7 optimiert worden. Die Eingabe einiger Buchstaben in das Suchfeld genügt schon, um die Suche zu starten. Aber die Suchfunktion kann noch mehr; nutzen Sie auch die erweiterte Suche.

WISSEN

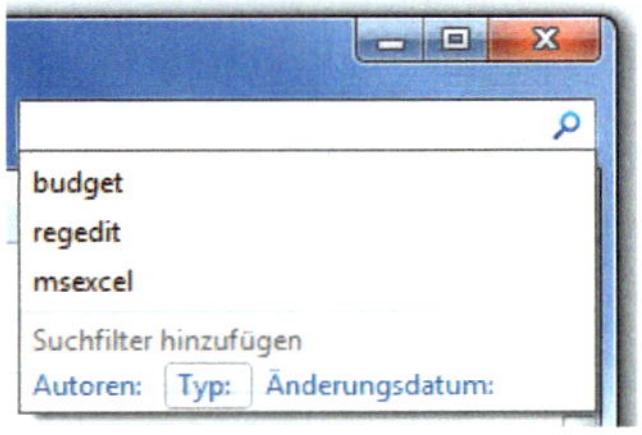

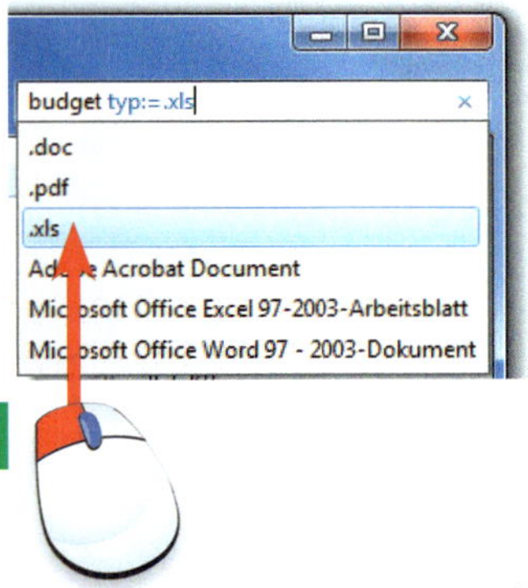

4

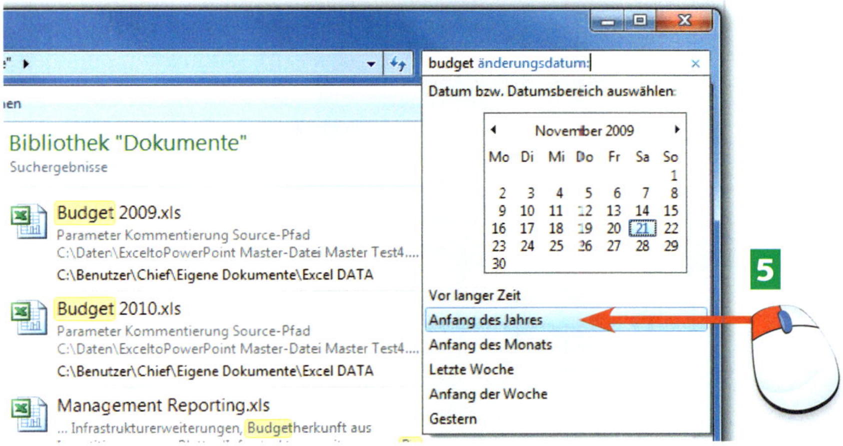

5

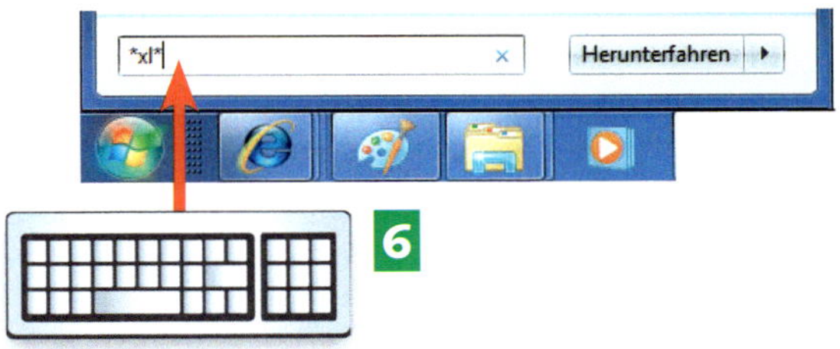

6

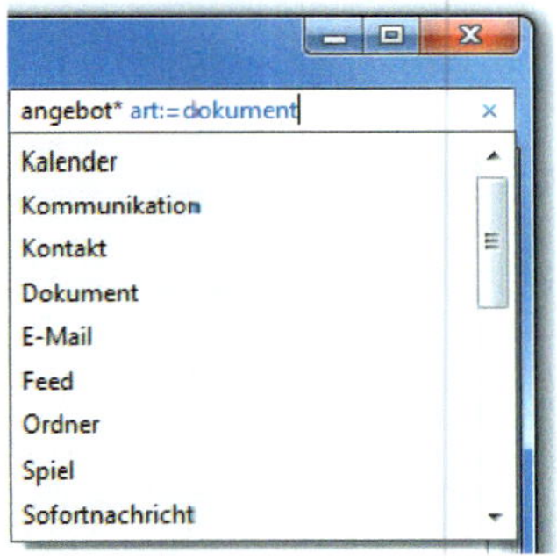

4 Hier können Sie das Suchergebnis mit einem Suchfilter einschränken, zum Beispiel auf Dokumente oder Kalkulationsdateien.

5 Mit dem Suchfilter *Änderungsdatum* oder *Datum* lässt sich das Angebot mit Datumsgrenzen versehen.

6 Verwenden Sie * oder ? als Platzhalter, um nach Dateigruppen zu suchen.

Drücken Sie nach Eingabe des Suchbegriffs nicht die [Enter]-Taste, die Suche startet automatisch.

TIPP

Platzhalter im Suchbegriff:
M* sucht Meier und Müller
M??er sucht Meier und Maier
Angebot*.d* sucht Angebot1.doc und Angebot45.dat.

HINWEIS

Klicken Sie im Suchfenster auf eine Bibliothek, wird die Suche auf diese reduziert.

TIPP

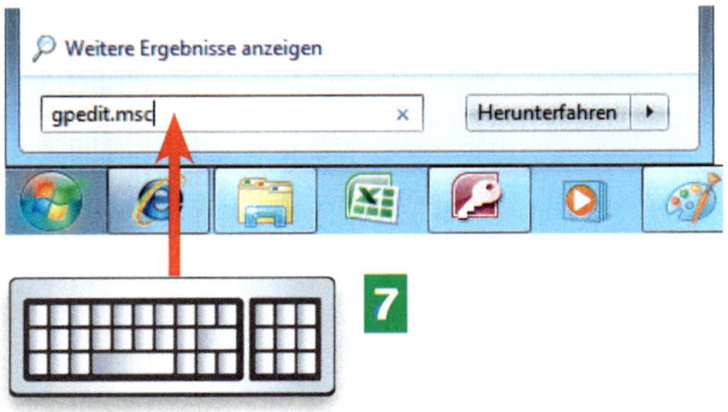

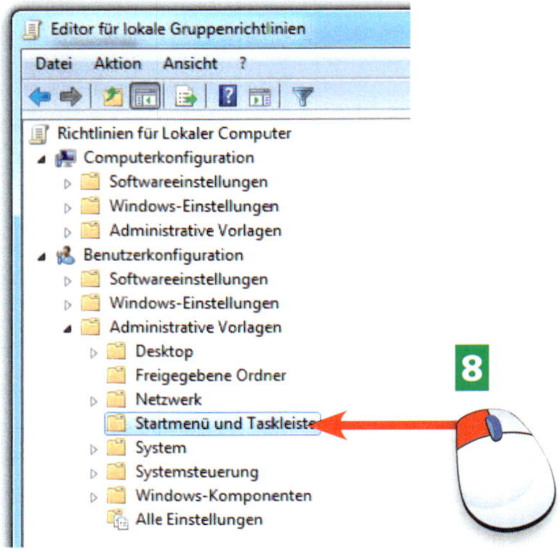

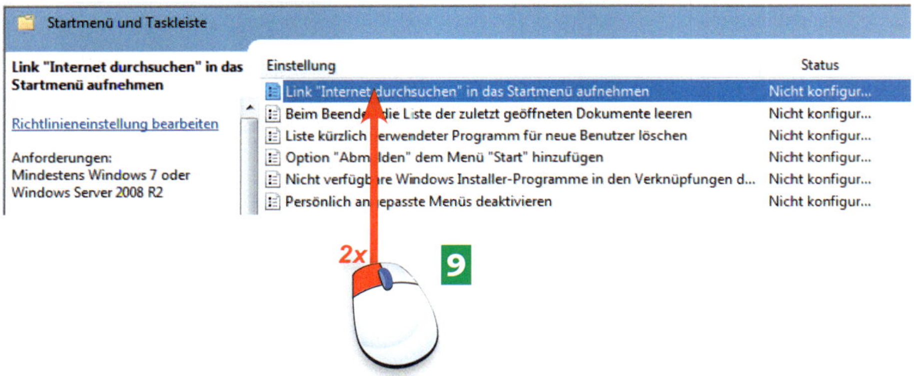

7 Klicken Sie auf *Start* und geben Sie in das Ausführen-Feld *gpedit.msc* ein.

8 Schalten Sie im Editor für lokale Gruppenrichtlinien auf *Administrative Vorlagen/ Startmenü und Taskleiste*.

9 Klicken Sie doppelt auf *Link "Internet durchsuchen" in das Startmenü aufnehmen*.

Bei der Suche nach bestimmten Begriffen werden Sie häufig auch das Internet mit einbeziehen wollen. Schalten Sie den Link im Startmenü frei, dann reicht ein Klick, um die Suche auf das Internet zu erweitern.

WISSEN

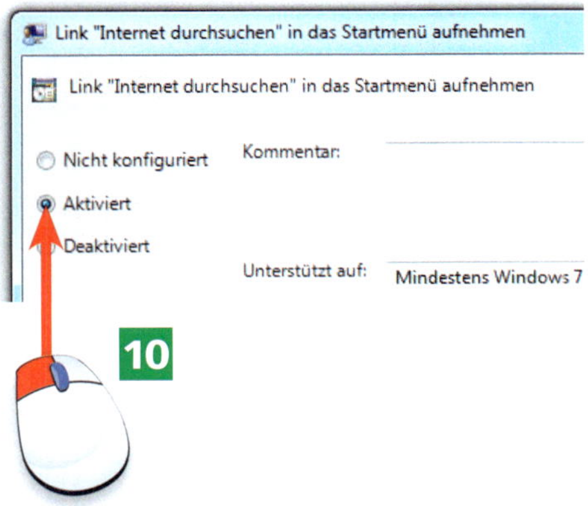

12

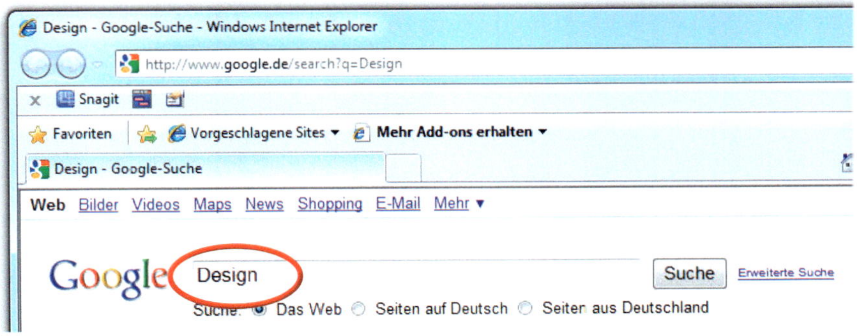

10 Mit der Option *Aktiviert* setzen Sie diesen Eintrag in das Startmenü.

11 Jetzt können Sie nach dem Eintrag eines Suchbegriffs auch mit dem Standard-Browser das Internet durchsuchen.

12 Der Browser wird gestartet, der Suchbegriff wird dem aktiven Suchdienst übergeben, der sofort die Ergebnisse anzeigt.

Ende

Der Editor für lokale Gruppenrichtlinien ist ein Dienst aus der Systemsteuerung (*System und Sicherheit/Verwaltung*).

HINWEIS

Start

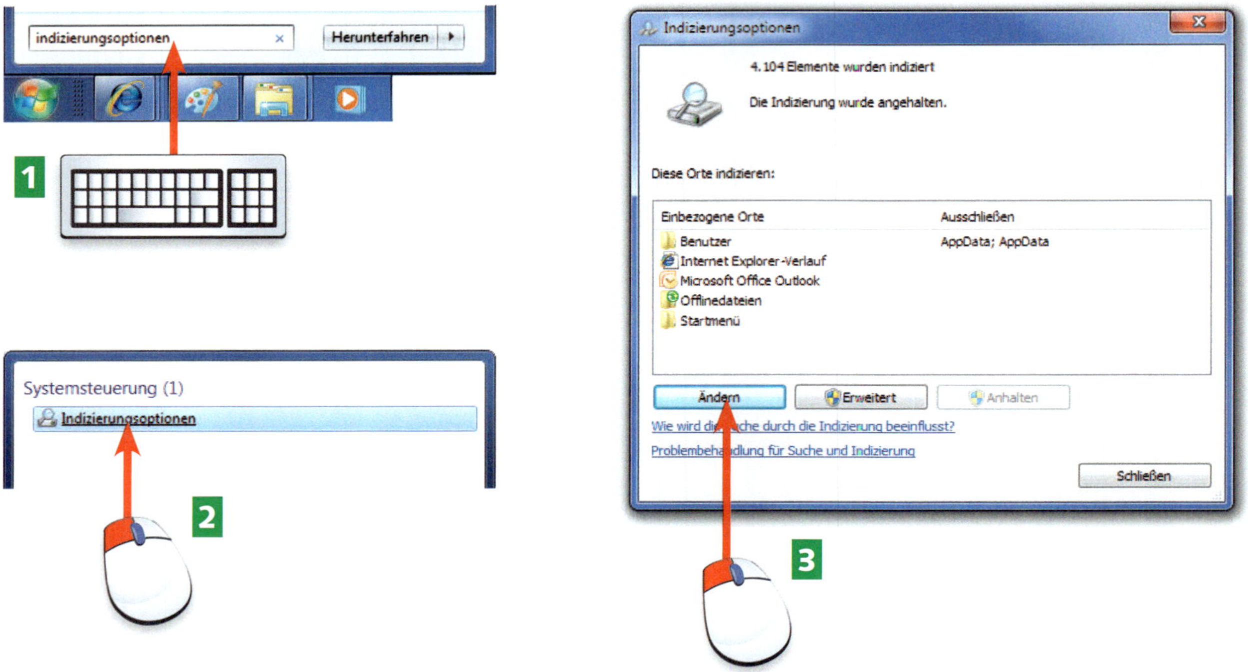

1 Klicken Sie auf das Startmenü und geben Sie den Begriff *Indizierungsoptionen* in das Suchfeld ein.

2 Klicken Sie auf die Fundstelle im Startmenü.

3 Die Indizierungsoptionen werden angezeigt, ein Klick auf *Ändern* ermöglicht die Anpassung der Orte.

Windows 7 indiziert die Laufwerke und Ordner Ihrer Datenträger, damit Daten schneller gefunden werden. Verwalten Sie diese indizierten Orte und überprüfen Sie, ob das System auch an den richtigen Orten sucht.

WISSEN

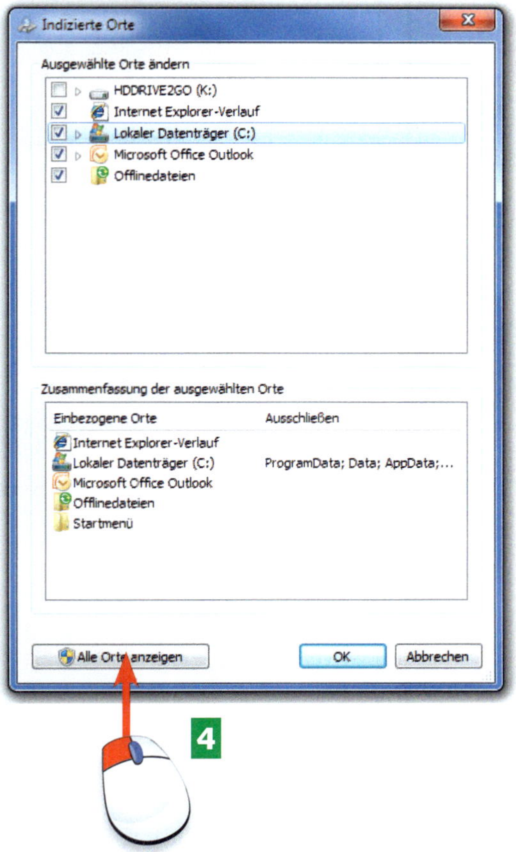

4

5

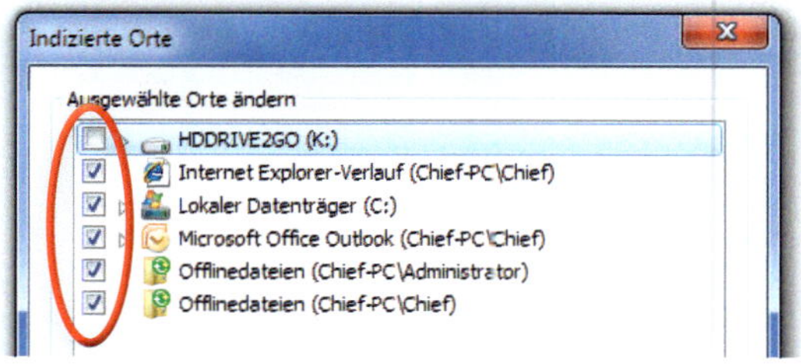

6

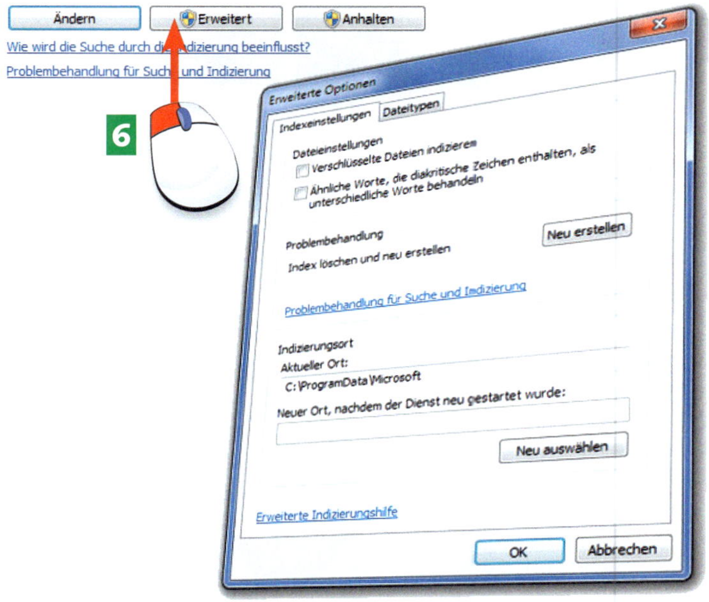

4 Die indizierten Orte werden angezeigt, klicken Sie auf *Alle Orte anzeigen*.

5 Jetzt können Sie einzelne indizierte Orte abwählen oder neue Ordner und Laufwerke hinzufügen.

6 Unter *Erweitert* finden Sie erweiterte Optionen und einen Neustart der Indizierung.

Ende

Schließen Sie Ordner von der Indizierung aus, die viele Daten enthalten, aber nicht ständig durchsucht werden müssen (zum Beispiel Archive oder Fotogalerien).

TIPP

Entfernen Sie in der erweiterten Indizierung alle Dateitypen, nach denen Sie niemals suchen werden.

TIPP

Start

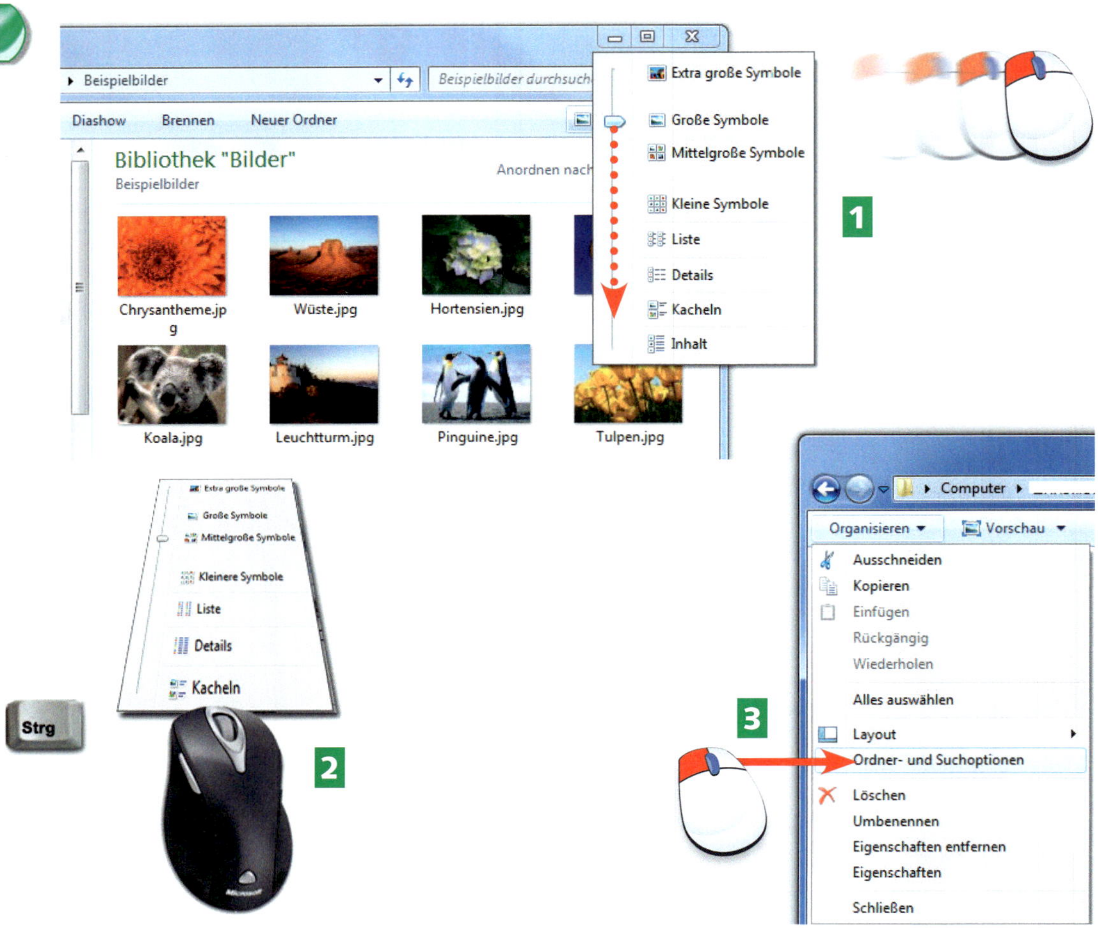

1 Für die Einstellung der Dateilistenansicht klicken Sie auf das Symbol *Ansichten* und ziehen Sie den Schieberegler an die gewünschte Position.

2 Alternativ dazu können Sie auch die Strg-Taste drücken und das Mausrad drehen, um die Ansicht zu vergrößern oder zu verkleinern.

3 Für eine einfachere Markierung einzelner Dateien öffnen Sie unter *Organisieren* die *Ordner- und Suchoptionen*.

Windows 7-Ordner, besonders Bildordner, nehmen mit der Zeit gewaltige Dimensionen an. Umso wichtiger ist es, die Ordneransicht schnell einstellen zu können. Das Kontrollkästchen am Symbol erleichtert die Markierung einzelner Dateien.

WISSEN

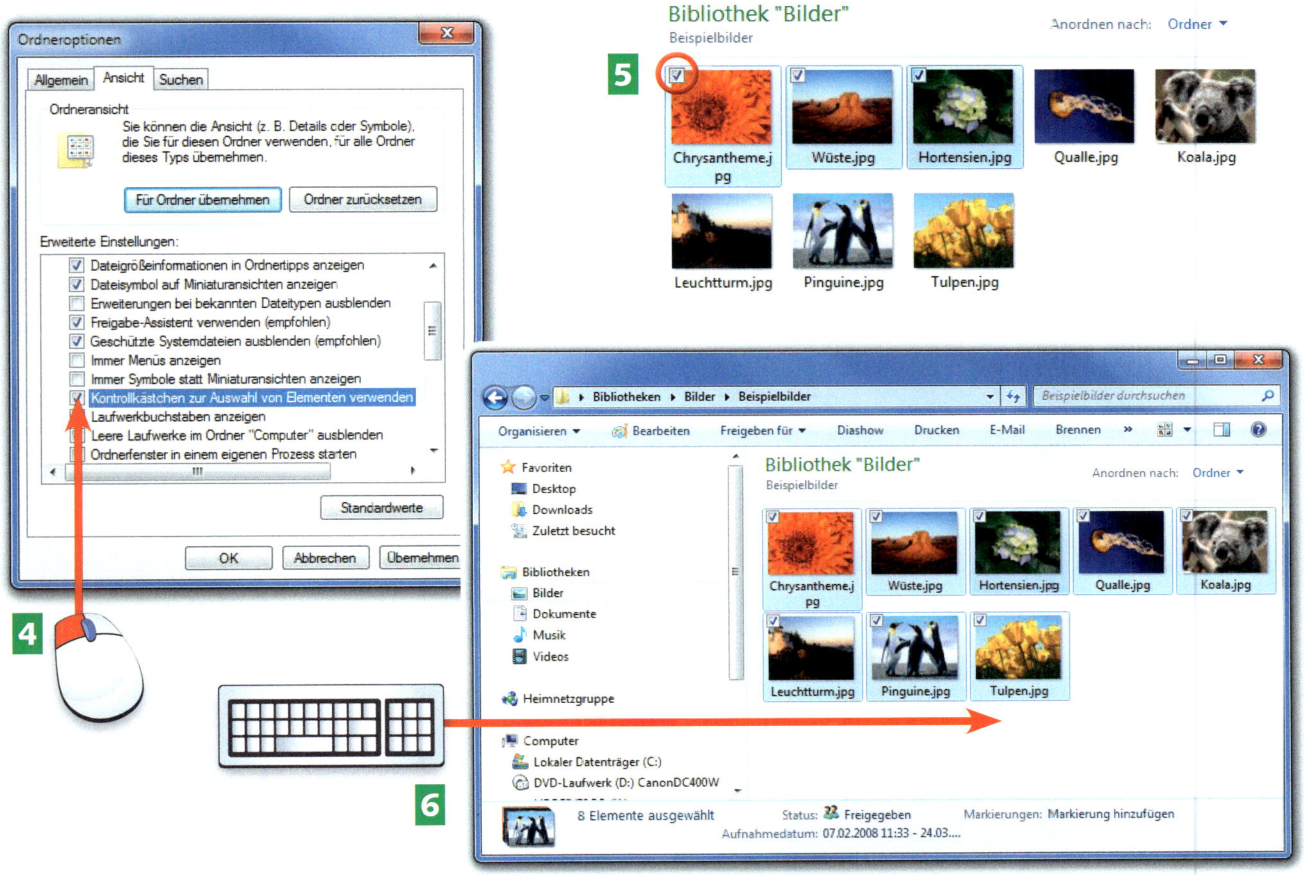

4 Schalten Sie auf der Registerkarte *Ansicht* die Option *Kontrollkästchen zur Auswahl von Elementen verwenden* ein.

5 Jetzt können Sie einzelne Dateien über das Kästchen links oben am Dateisymbol markieren.

6 Drücken Sie [Strg] + [a], um den gesamten Ordnerinhalt zu markieren.

Ende

Tastenkombinationen für Dateimarkierung:
[Strg]-Taste + Klick: einzelne Dateien markieren
[⇧]-Taste + Klick: bis zur Datei markieren

TIPP

Die Kontrollkästchen sind nach der Aktivierung auch an den Desktop-Symbolen sichtbar.

HINWEIS

4

Online mit Windows 7

Start

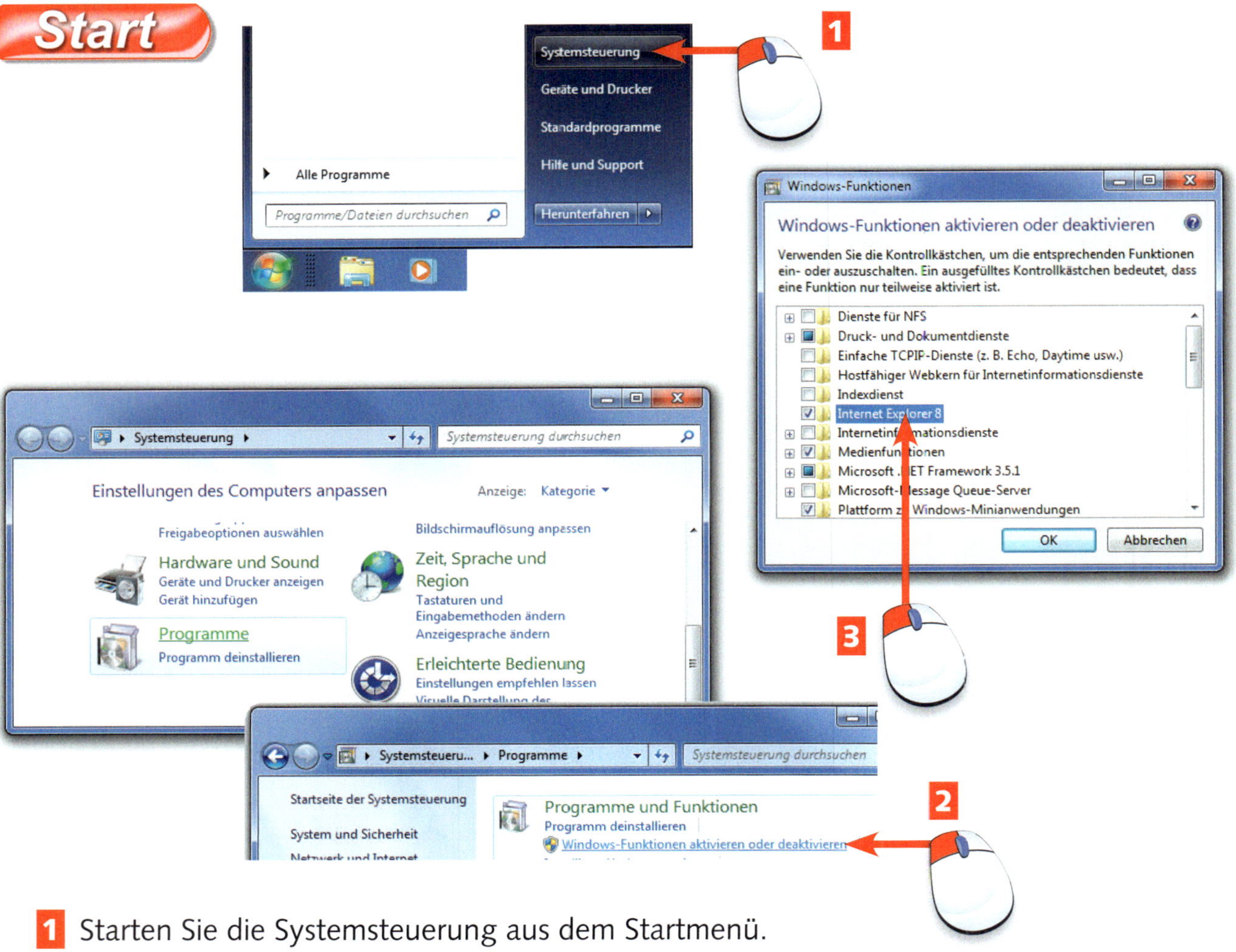

1 Starten Sie die Systemsteuerung aus dem Startmenü.

2 Aktivieren Sie die Windows-Funktionen unter *Programme*.

3 Hier finden Sie den Eintrag *Internet Explorer 8*. Kreuzen Sie ihn an und starten Sie Windows 7 neu, um die Änderung zu fixieren.

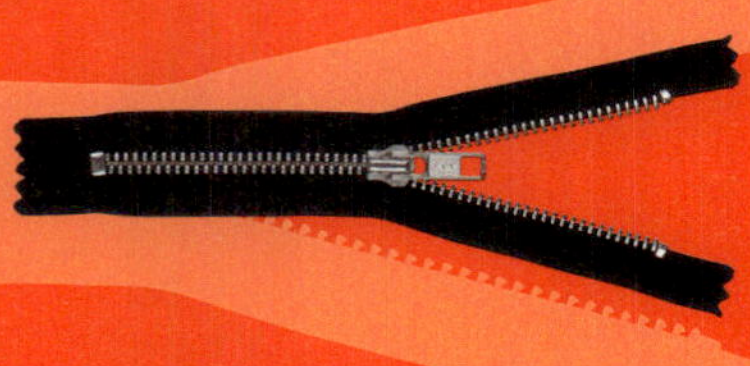

Eigentlich sollte Windows 7 ohne Browser oder mit Browser-Auswahl geliefert werden, schließlich blieb der Internet Explorer im System. Diesen und jeden anderen Browser können Sie schnell aktivieren und wieder deaktivieren.

WISSEN

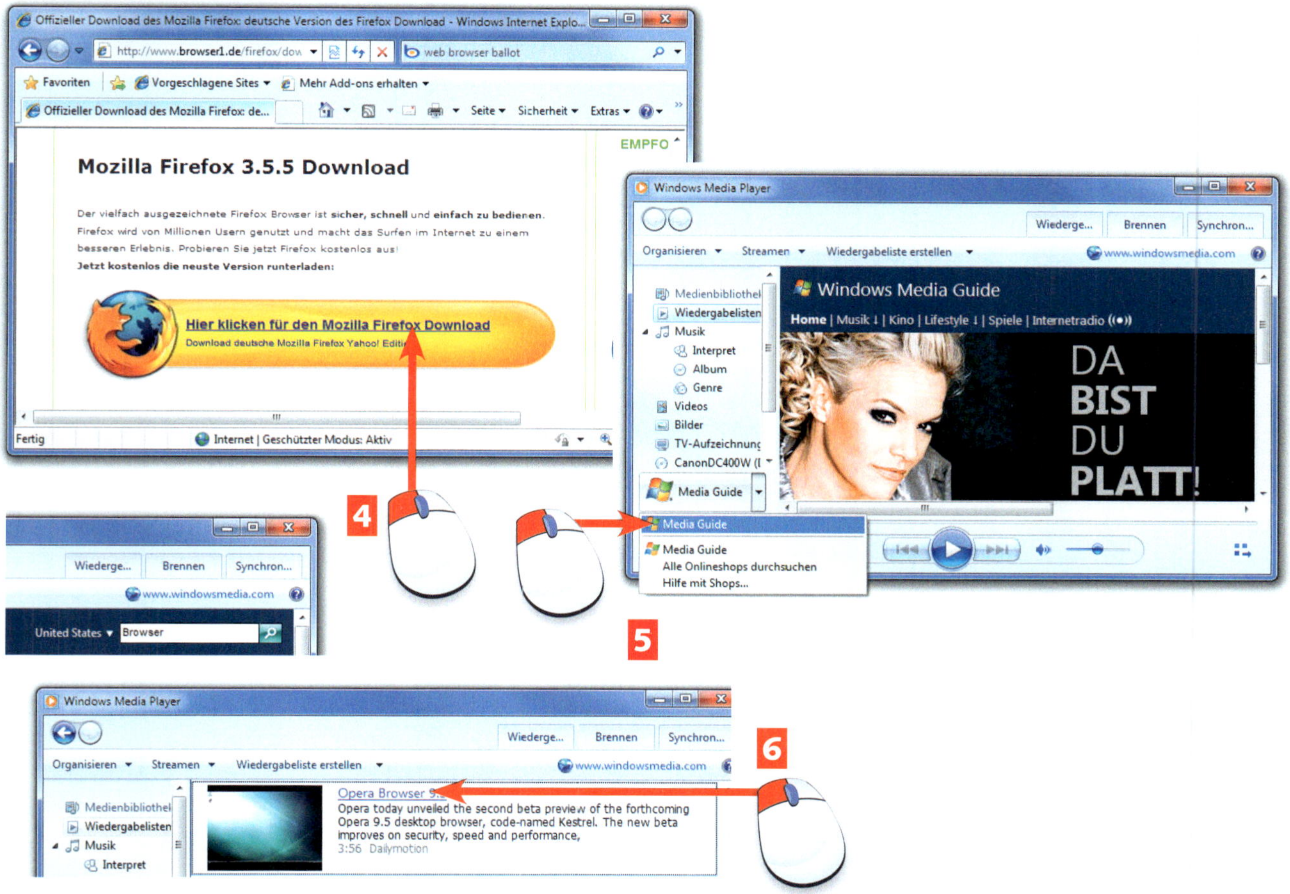

4 Alternative Browser wie Firefox, Safari, Google Chrom oder Opera installieren Sie nach dem Download von der Webseite des Herstellers.

5 Wenn kein Browser installiert ist, starten Sie den Media Player. Aktivieren Sie den Media Guide, für den eine Online-Verbindung eingerichtet ist.

6 Stellen Sie die Länderauswahl auf *United States* und suchen Sie nach *Browser.* In den Suchergebnissen finden Sie Download-Links.

Ende

Browser-Links:
www.firefox.de
www.opera.de
www.apple.com/de/safari
www.google.com/chrome

HINWEIS

Alles über Browser bei Wikipedia:
www.browserballot.com

HINWEIS

Start

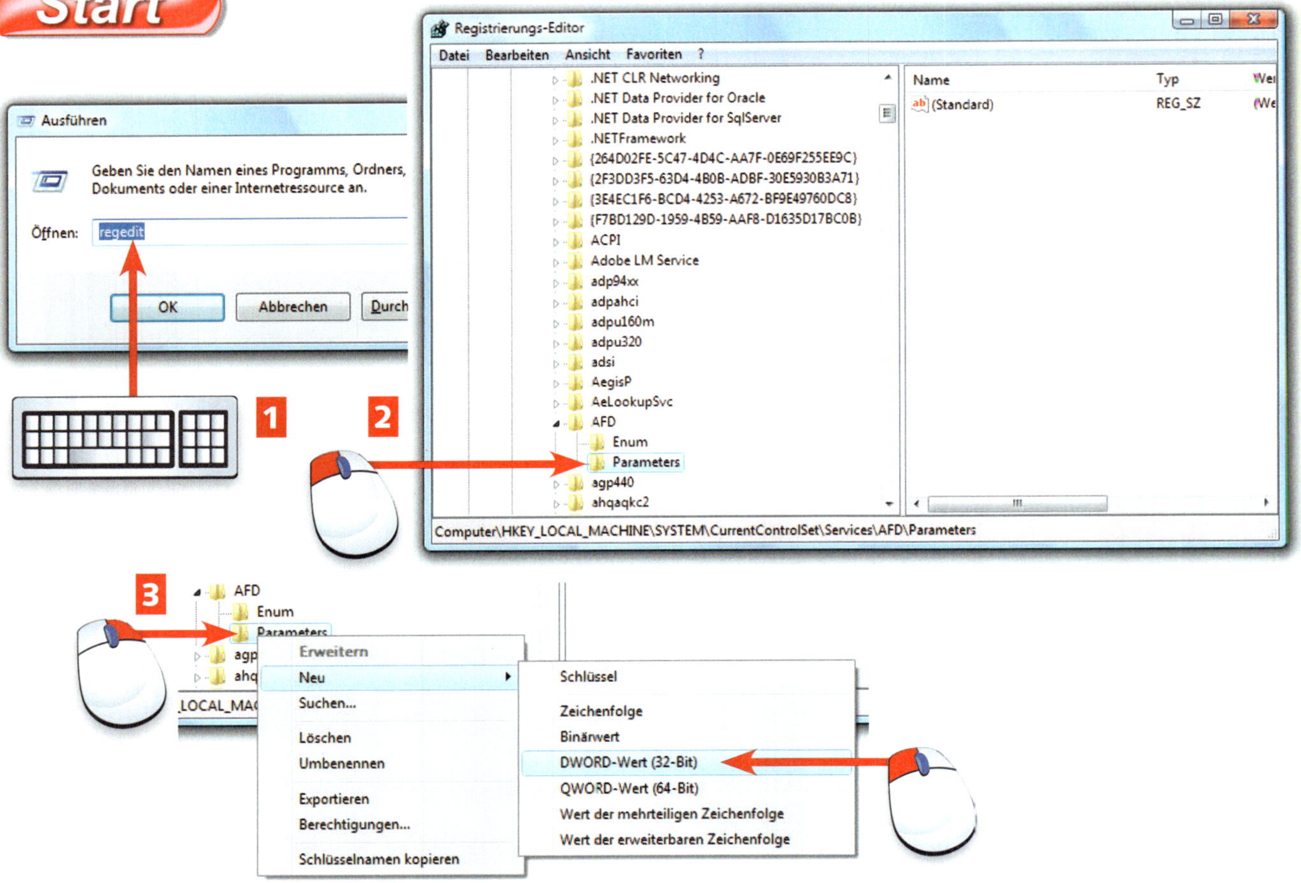

1 Starten Sie den Ausführen-Dialog mit [⊞] + [r]. Geben Sie *regedit* ein, um den Registrierungseditor zu starten.

2 Suchen Sie den Schlüssel *HKEY_LOCAL_MACHINE\SYSTEM\CurrentControlSet\Services\AFD\Parameters*.

3 Klicken Sie den Eintrag mit der rechten Maustaste an und erstellen Sie einen neuen DWORD-Wert.

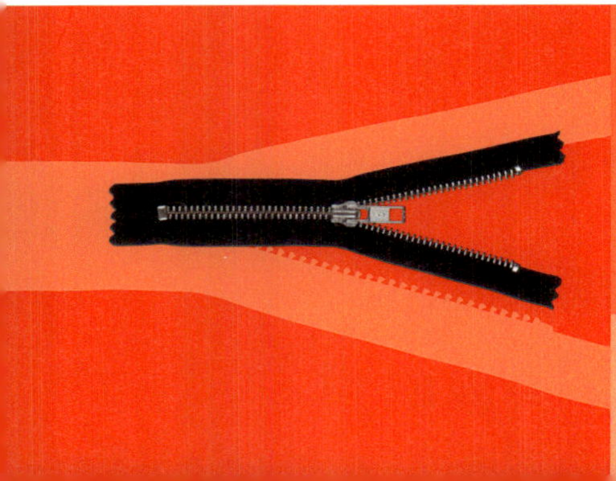

Ist Ihr Computer zu langsam für das Internet? Wenn Ihre Online-Verbindung müde und träge ist, liegt das nicht immer am Betriebssystem, aber mit einer Buffer-Erhöhung holen Sie auf jeden Fall einige kb/s (Kilobit pro Sekunde) für Up- und Downloads heraus.

WISSEN

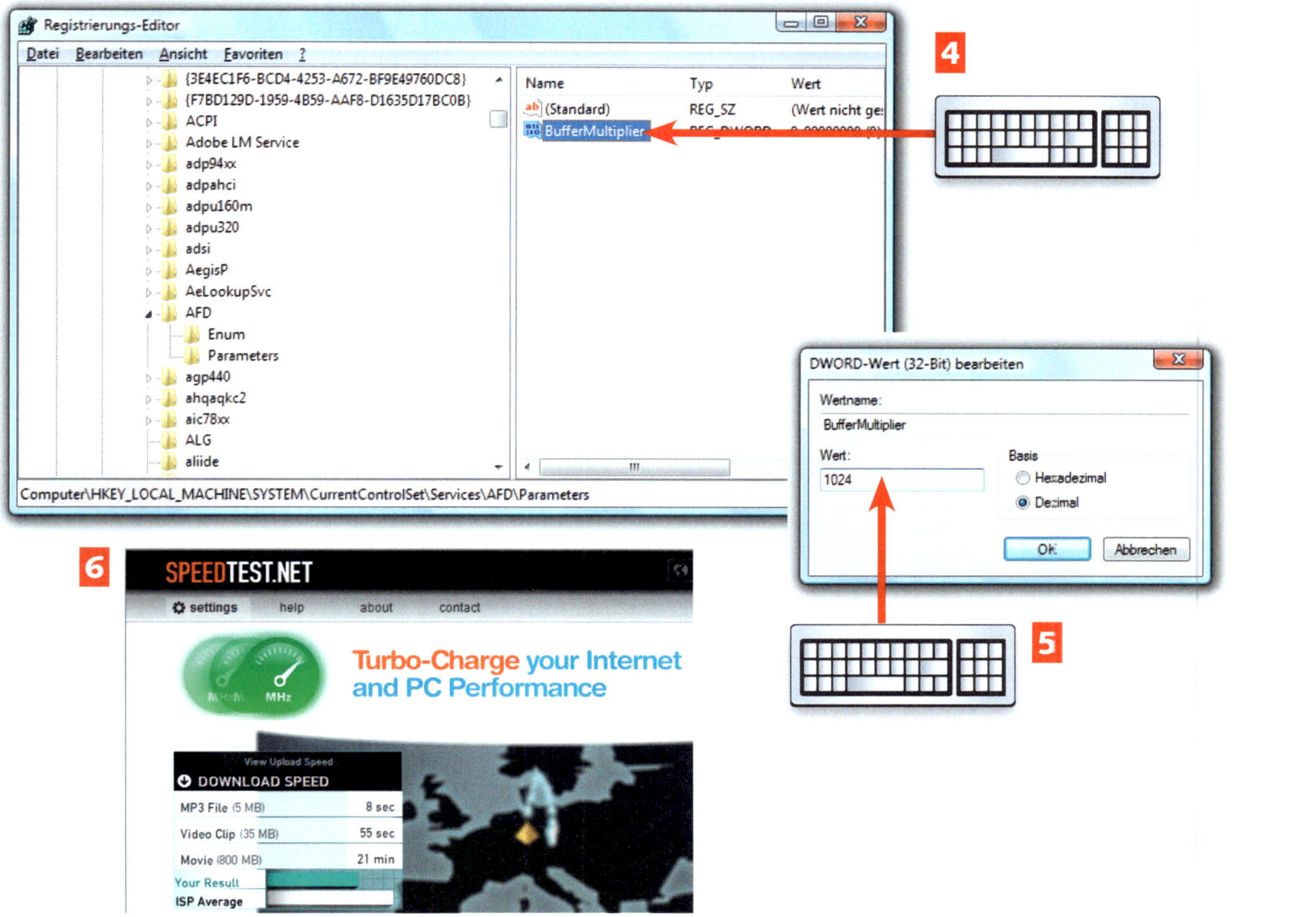

4 Geben Sie dem neuen Wert die Bezeichnung *BufferMultiplier*.

5 Öffnen Sie den Wert per Doppelklick, schalten Sie auf die Basis *Dezimal* um und tragen Sie den Wert 1024 ein.

6 Damit sollte die Übertragungsrate für Downloads und Uploads deutlich höher sein. Mit dem SpeedTest können Sie das Ergebnis testen.

Ende

HINWEIS

Der Link zum kostenlosen Internetdienst SpeedNet: *www.speedtest.net*.

HINWEIS

In Kapitel 11 lesen Sie, wie Sie den Registrierungseditor mit Administratorrechten starten können.

Start

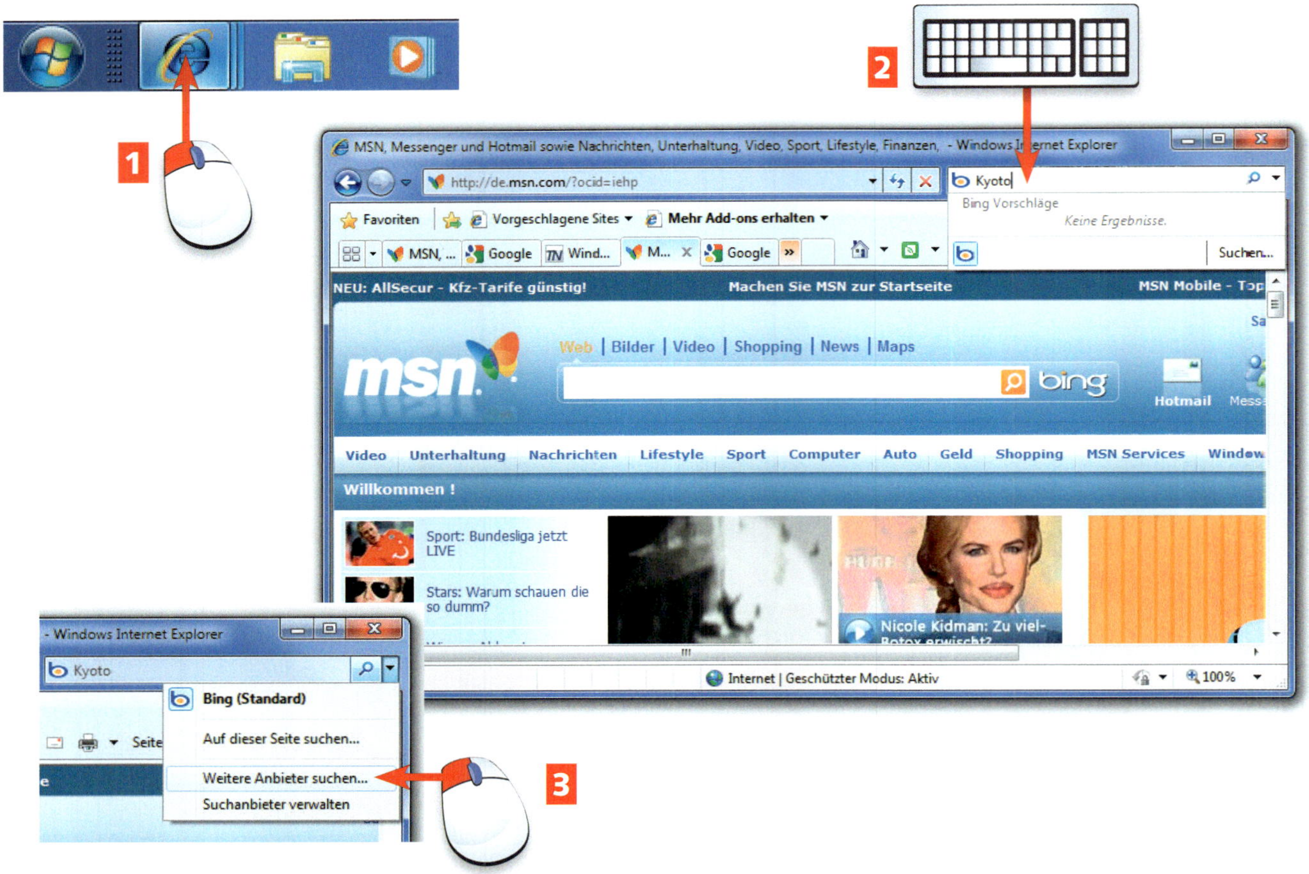

1 Starten Sie den Internet Explorer mit dem Symbol in der Taskleiste.

2 Für eine schnelle Suche steht rechts oben das Suchfenster mit Bing zur Verfügung. Geben Sie einen Suchbegriff ein.

3 Öffnen Sie die Liste neben dem Suchfeld und wählen Sie *Weitere Anbieter suchen.*

Mit der Standardinstallation stellt der Internet Explorer den Microsoft-Dienst Bing zur Verfügung. Wenn Sie zusätzlich mit Google oder einem anderen Suchdienst arbeiten wollen, definieren Sie den Standard neu.

WISSEN

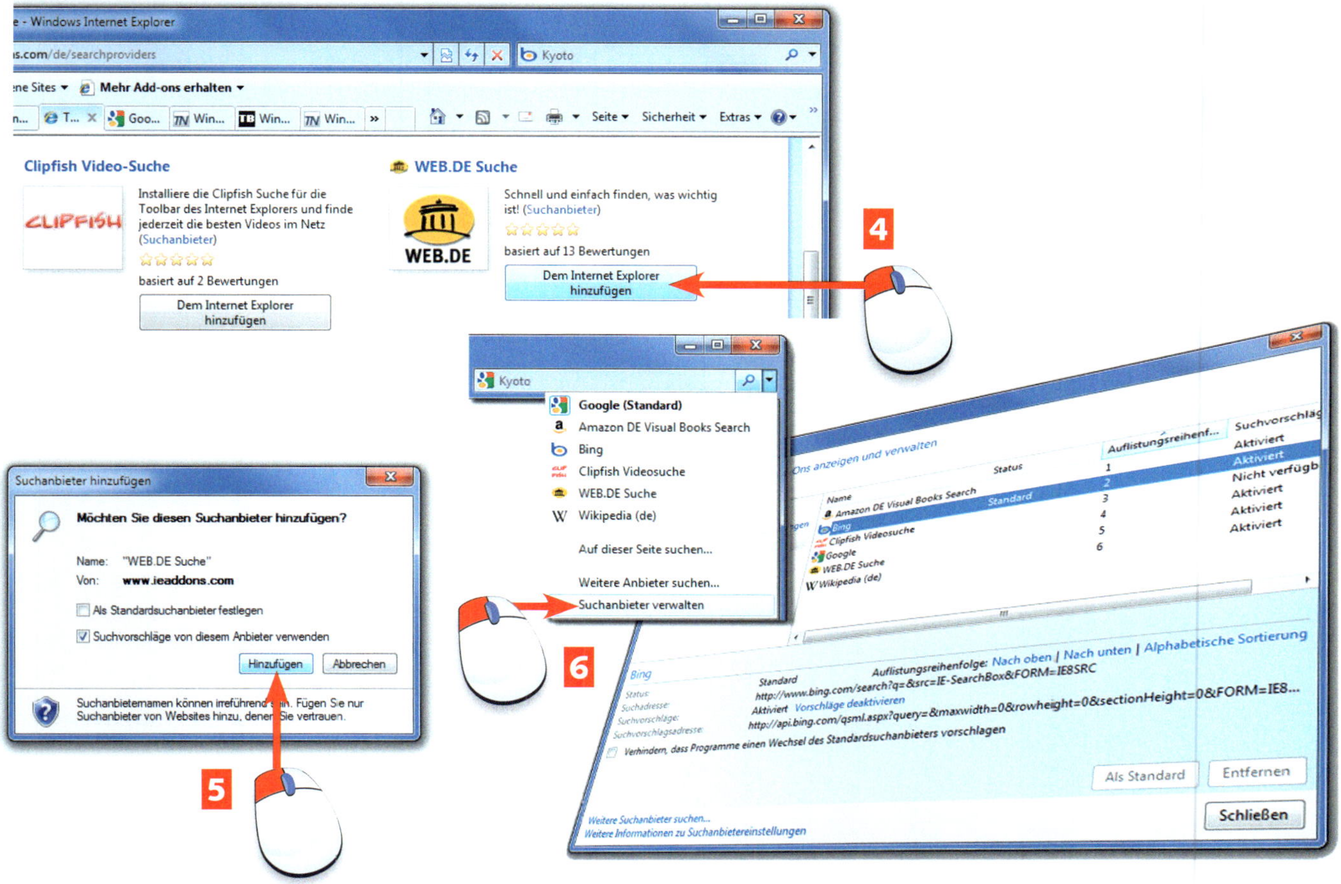

4 Klicken Sie auf *Dem Internet Explorer hinzufügen*, wenn Sie einen Anbieter gefunden haben.

5 Kreuzen Sie die Option *Als Standardsuchanbieter festlegen* an, wird die Suchmaschine zum Standard. Klicken Sie auf *Hinzufügen*.

6 Mit *Suchanbieter verwalten* können Sie die Liste der Suchanbieter überprüfen und bearbeiten.

Ende

In der Verwaltung der Suchanbieter finden Sie eine Option, die verhindert, dass Programme einen Wechsel vorschlagen.

TIPP

Die Suchanbieterliste stammt aus dem Angebot der Add-ons (www.ieaddons.com).

HINWEIS

Start

1

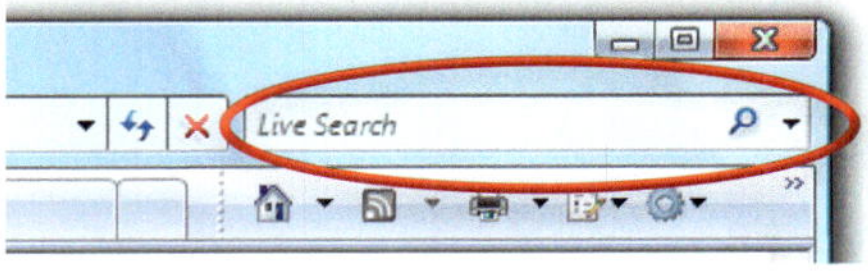

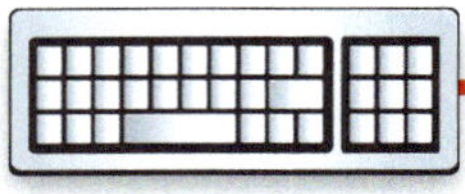

2

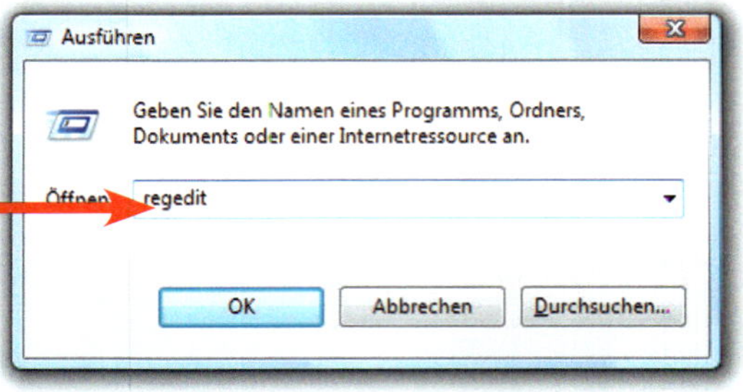

3

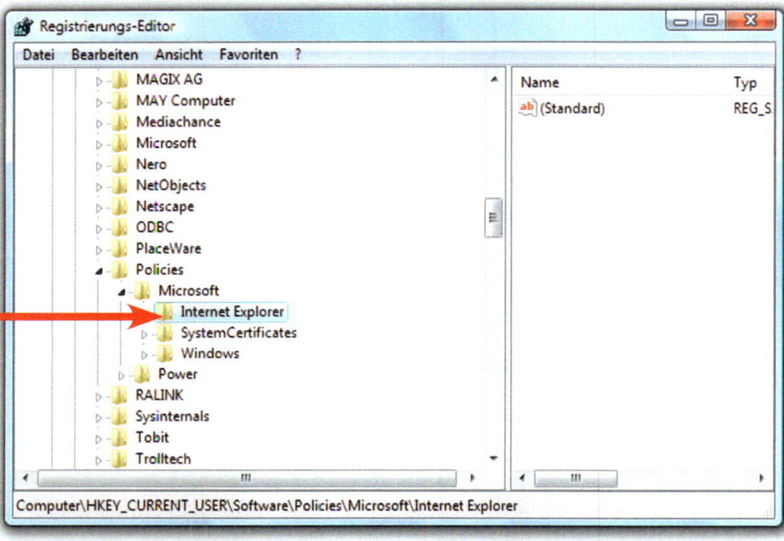

1 Das Suchfenster steht neben der Adresszeile rechts oben im Fenster des Internet Explorers.

2 Starten Sie mit [⊞] + [r] den Ausführen-Dialog und geben Sie *regedit* ein, um den Registrierungseditor zu starten.

3 Suchen Sie den Schlüssel *HKEY_CURRENT_USER\Software\Policies\Microsoft\Internet Explorer*.

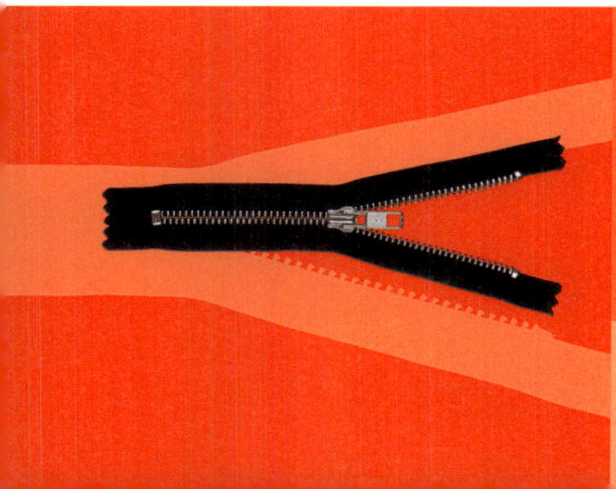

Eigentlich ist das Suchfenster rechts oben im Internet Explorer relativ überflüssig, da die meisten Surfer die meiste Zeit Google oder eine ähnliche Suchmaschine offen haben. Über die Registrierung löschen Sie es und schaffen mehr Platz für die Adresszeile.

WISSEN

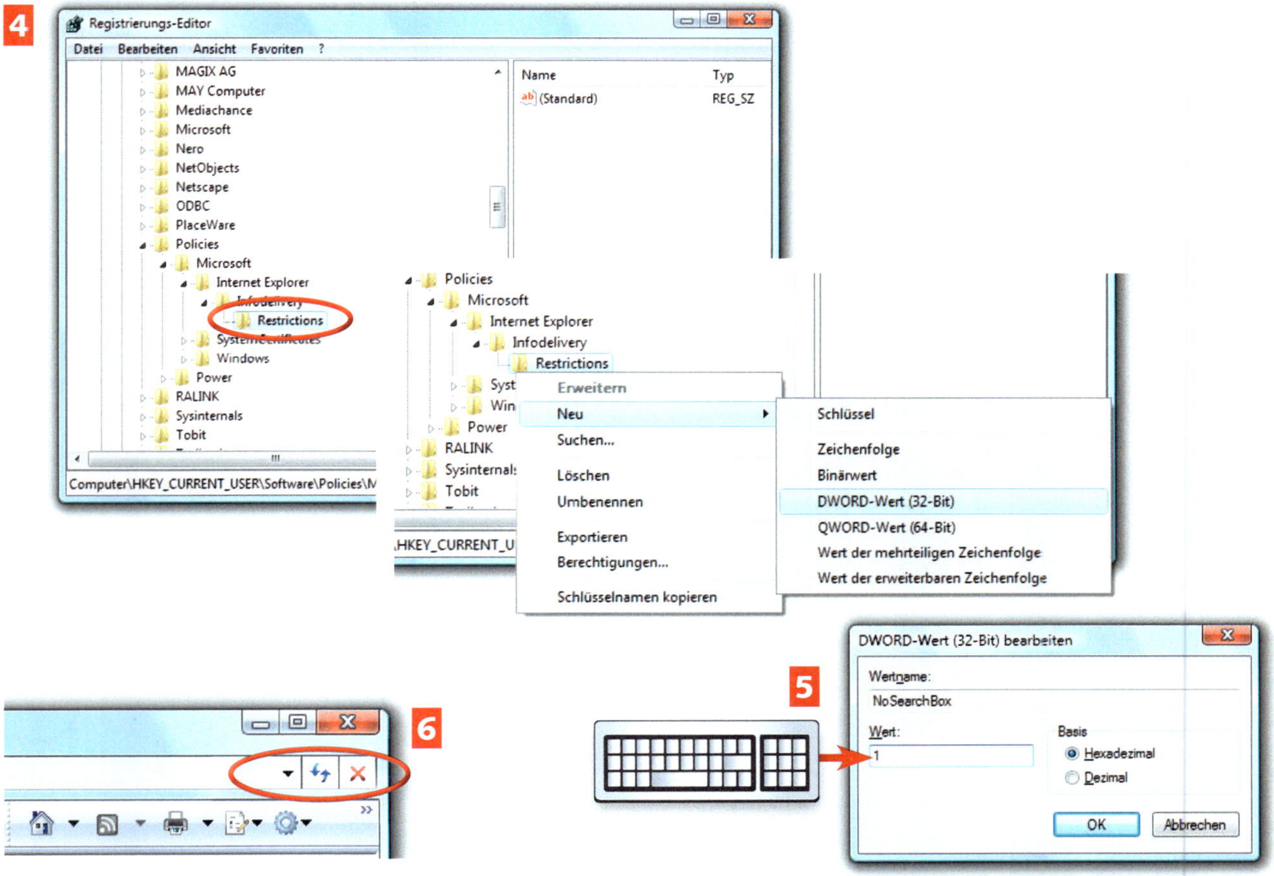

4 Erstellen Sie über das Kontextmenü (neu) einen neuen Schlüssel mit der Bezeichnung *InfoDelivery* und darin einen weiteren mit Namen *Restrictions*.

5 Legen Sie unter diesem Schlüssel einen neuen DWORD-Wert (32-Bit) mit der Bezeichnung *NoSearchBox* und dem Wert 1 an.

6 Starten Sie den Internet Explorer neu. Jetzt ist das Suchfenster rechts oben verschwunden.

Ende

HINWEIS

Setzen Sie den Wert des letzten Schlüssels auf 0, wird das Suchfenster wieder angezeigt.

HINWEIS

Der Tipp „Suchfenster ausblenden" gilt für den Internet Explorer ab Version 7.0.

Start

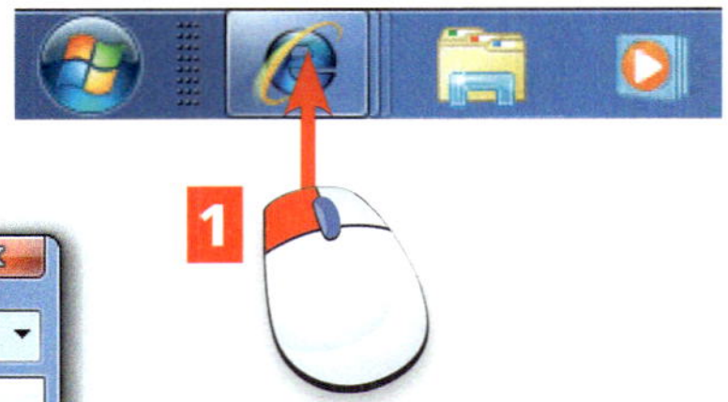

1

2

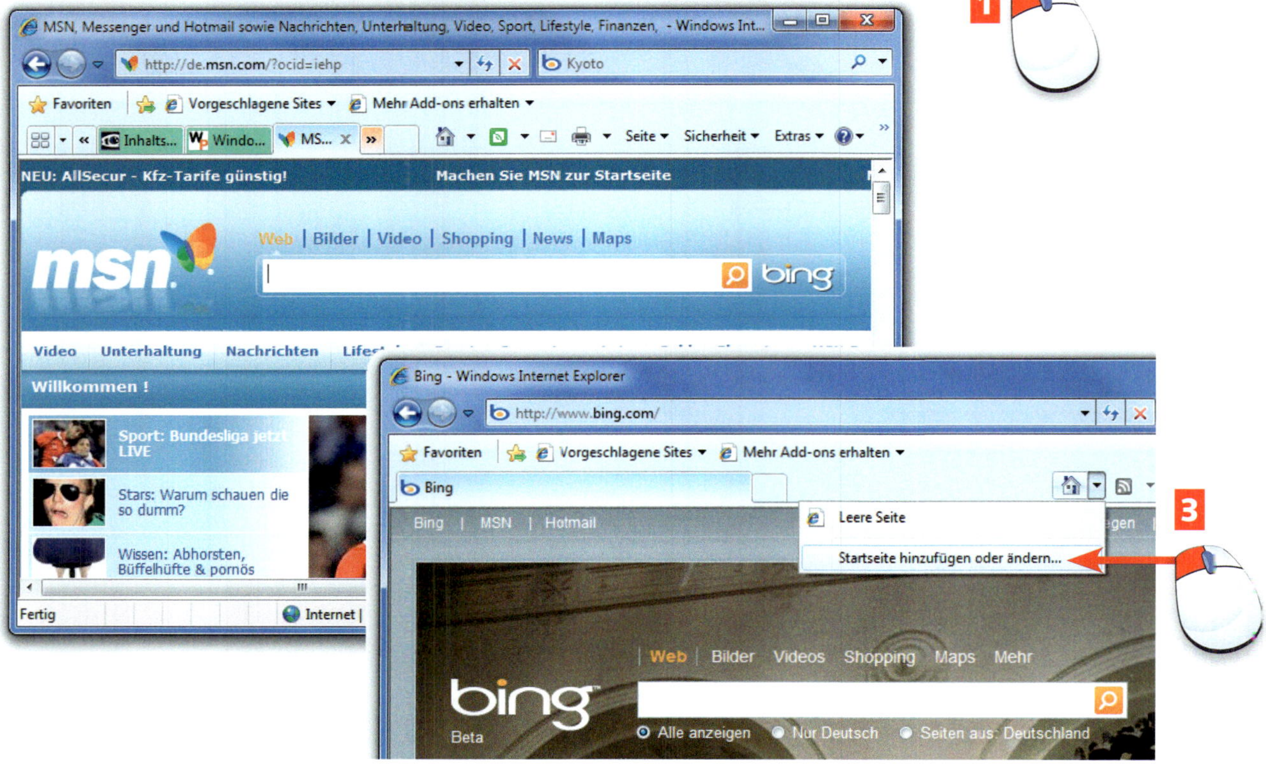

3

1 Starten Sie den Internet Explorer aus dem Startmenü oder per Klick auf das Symbol in der Taskleiste.

2 Die eingestellte Startseite wird angezeigt, standardmäßig ist das nach der Installation die MSN-Homepage.

3 Um eine andere Startseite einzustellen, geben Sie die Adresse ein. Klicken Sie dann auf *Startseite* und wählen Sie *Startseite hinzufügen oder ändern*.

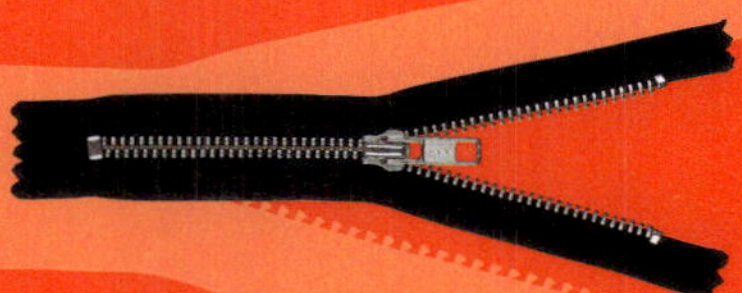

Womit lassen Sie sich begrüßen, wenn Sie den Browser starten? Der Internet Explorer kann nicht nur beliebige Webseiten als Startseiten halten, er bietet auch die Möglichkeit, gleich mehrere davon in Registern anzuzeigen.

WISSEN

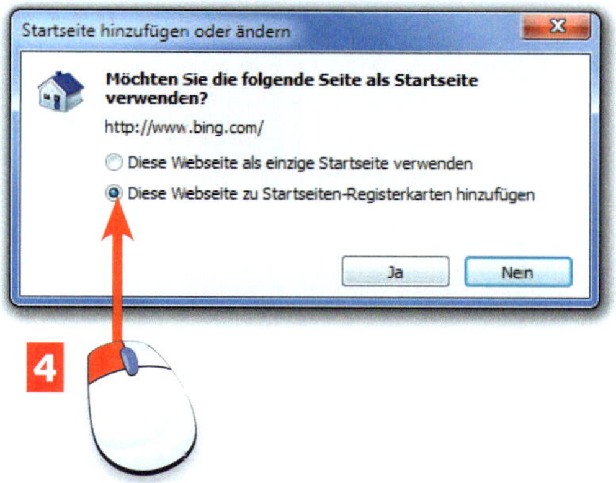

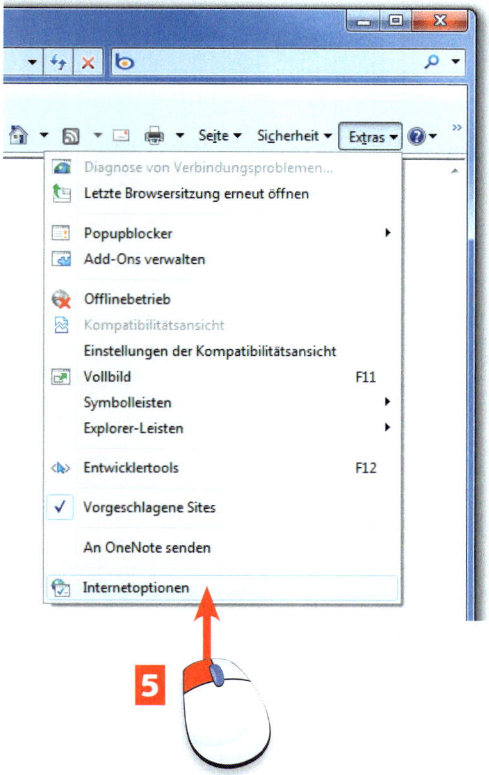

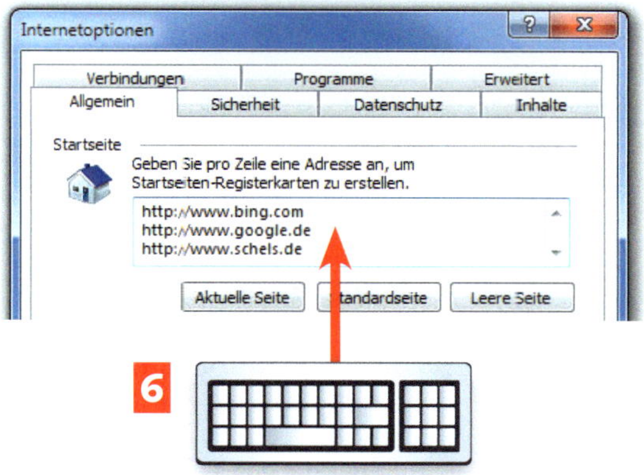

4 Entscheiden Sie, ob Sie die neue Seite als einzige oder als zusätzliche Startseite haben wollen.

5 Mit Klick auf *Einstellungen* und *Internetoptionen* können Sie die Startseiten gezielt verwalten.

6 Tragen Sie auf der Registerkarte *Allgemein* alle Startseiten ein, die Sie im Internet Explorer sehen wollen.

Ende

Schalten Sie in den Internetoptionen unter *Registerkarten/Einstellungen* die Warnungen aus, wenn Sie bei Programmende nicht gefragt werden wollen, ob Sie alle Registerkarten schließen wollen.

TIPP

Start

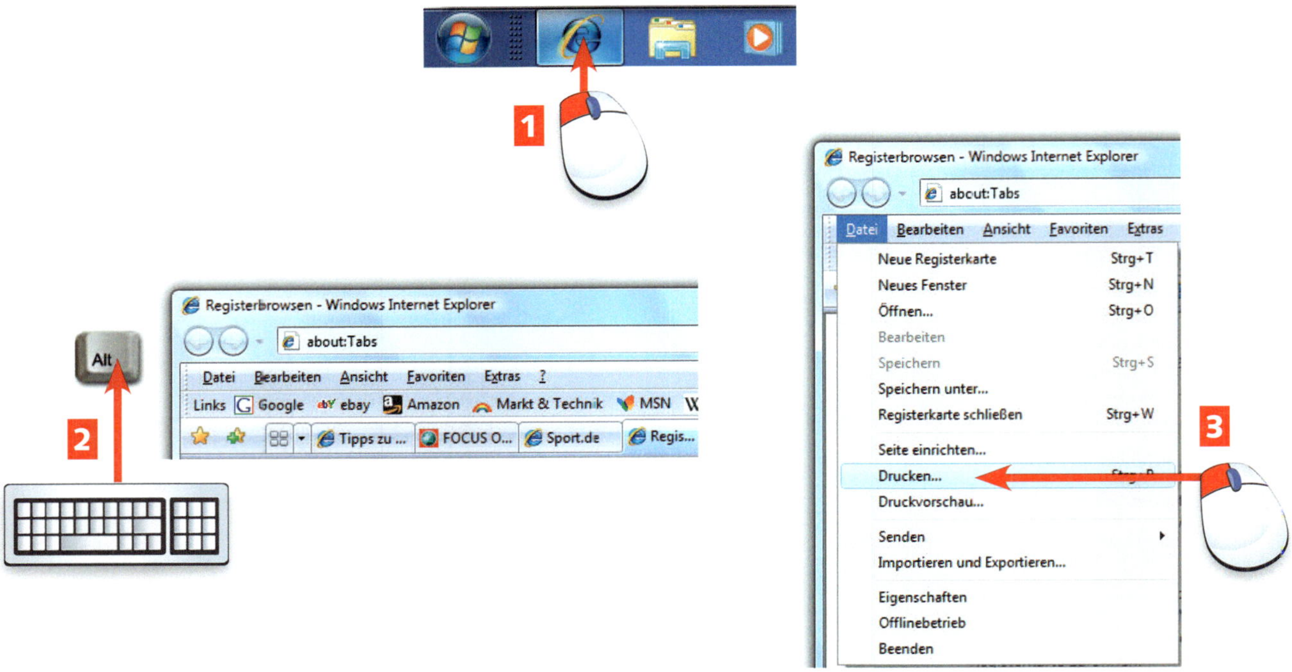

1 Starten Sie den Internet Explorer per Klick auf das Symbol in der Taskleiste.

2 Drücken Sie die Alt-Taste, um das Menü zu öffnen …

3 …und wählen Sie *Datei/Drucken*.

Beim Ausdruck einer Internetseite wird standardmäßig nur die aktuelle Seite gedruckt. Mit einer Option stellen Sie sicher, dass alle verlinkten Seiten ausgegeben werden, und sogar eine Linkliste steht zur Verfügung.

WISSEN

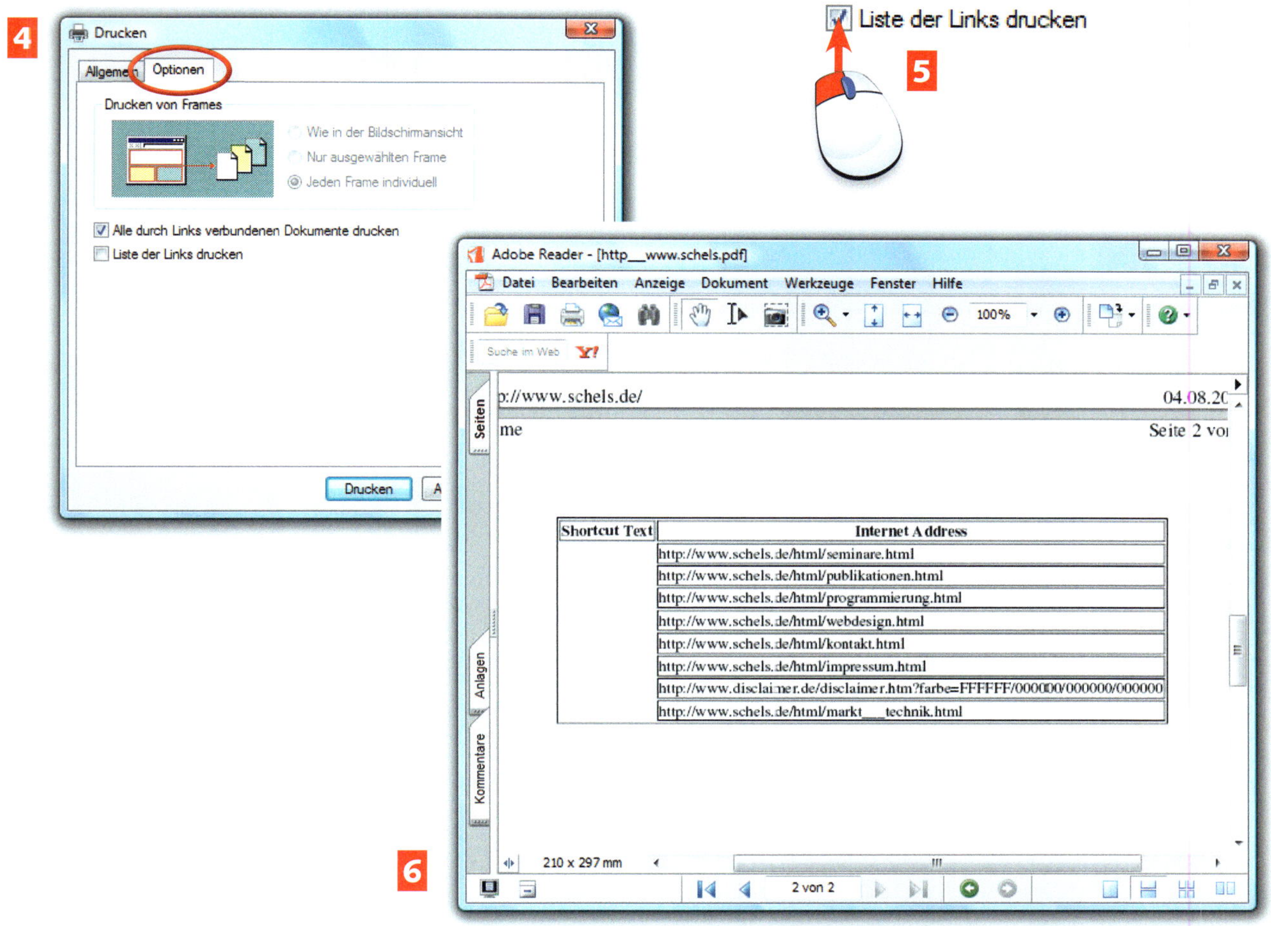

4 Schalten Sie um auf *Optionen* und kreuzen Sie die Option *Alle durch Links verbundenen Dokumente drucken* an.

5 Wenn Sie die zweite Option *Liste der Links drucken* ebenfalls ankreuzen, …

6 … erhalten Sie eine zusätzliche Seite, auf der alle Links aufgeführt sind (hier in einem PDF-Dokument).

Ende

Ein schneller Shortcut für das Drucken, der (fast) überall funktioniert: Drücken Sie [Strg] + [p].

TIPP

Hier gibt es den kostenlosen Druckertreiber *eDocPrintPro* für PDF: *www.pdfprinter.at*

TIPP

Start

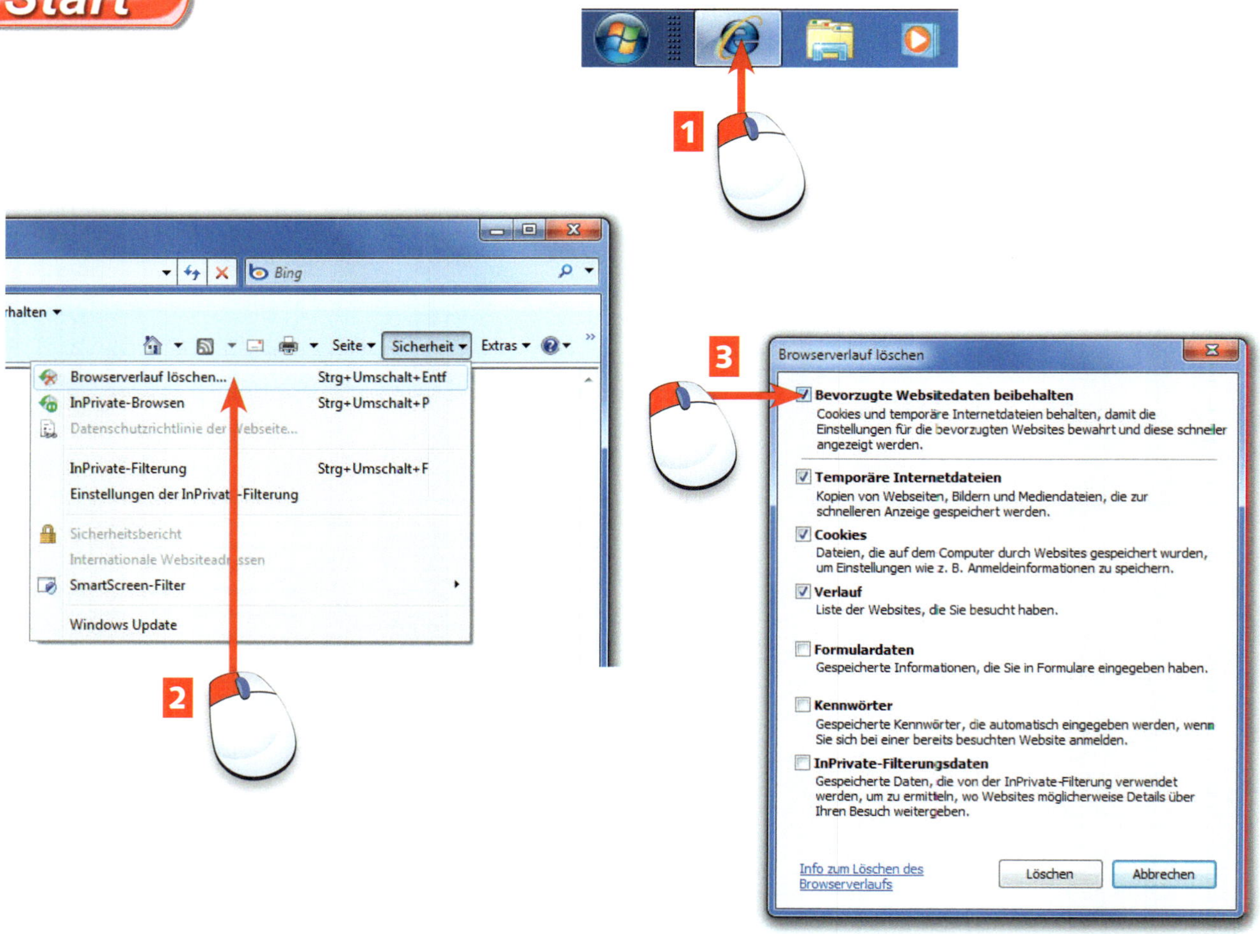

1 Starten Sie den Internet Explorer über das Symbol in der Taskleiste.

2 Klicken Sie auf das Symbol *Sicherheit* und wählen Sie *Browserverlauf löschen*.

3 Löschen Sie neben temporären Internetdateien auch Cookies, die Verlaufsliste, Formulardaten und Kennwörter.

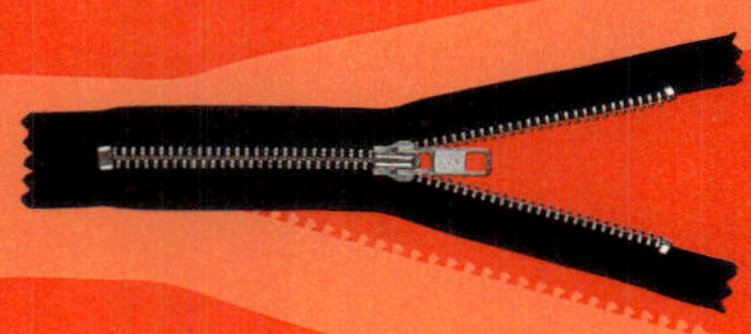

Mit dem Browser-Verlauf löschen Sie rigoros alle temporären Dateien. Wenn Sie aber einzelne dieser Dateien kopieren oder löschen oder gezielt Cookies aufspüren wollen, schalten Sie direkt in den Ordner mit den temporären Dateien.

WISSEN

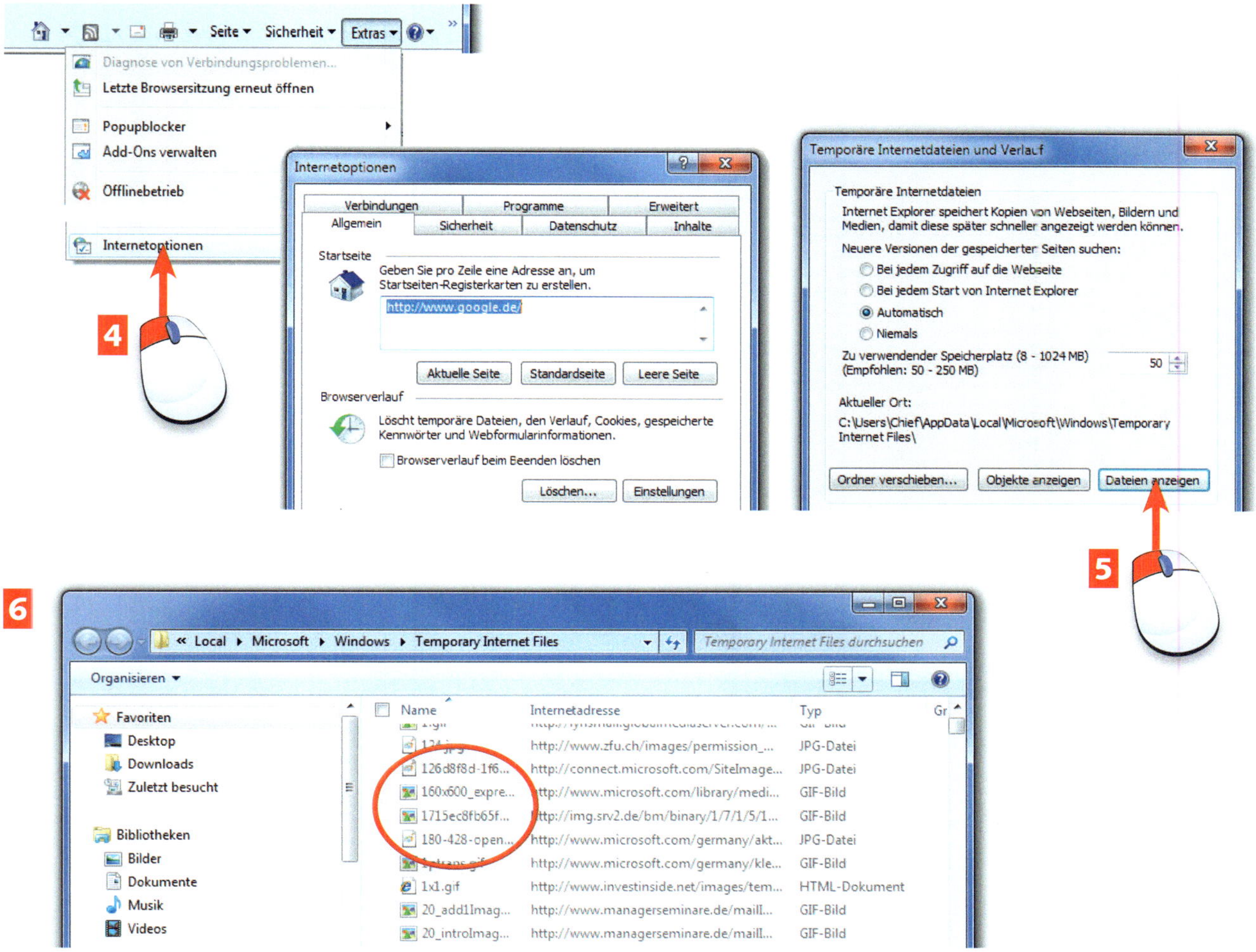

4 Um gezielt Daten oder einzelne Cookies zu entfernen, aktivieren Sie in den *Internetoptionen* die *Einstellungen* des Browser-Verlaufs.

5 Klicken Sie auf *Dateien anzeigen* …

6 … und suchen Sie gezielt nach temporären Dateien oder Cookies.

In den Einstellungen des Browser-Verlaufs können Sie auch festlegen, wie viel Datenspeicher für temporären Internetdatenmüll bereitgestellt wird.

TIPP

Cookies sind verschlüsselte Textdateien, in der Regel sind sie harmlos. Häufig werden Kennwörter für Zugriffe auf Webseiten in Cookies hinterlegt.

HINWEIS

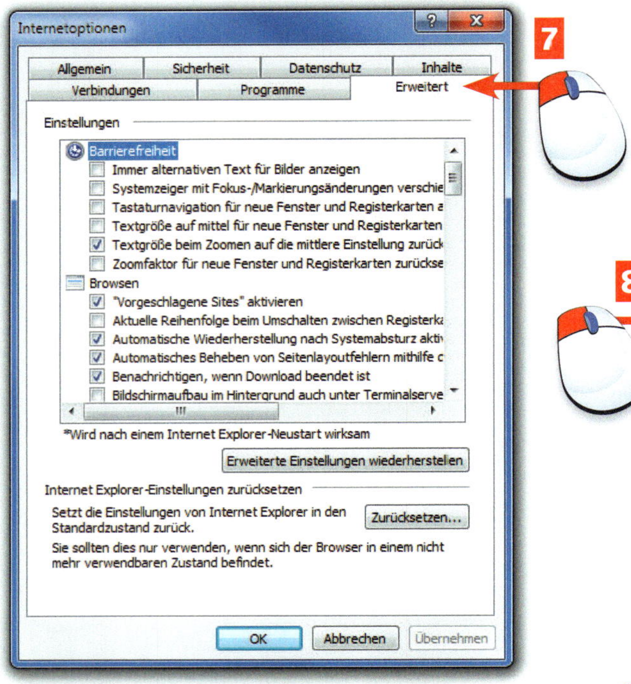

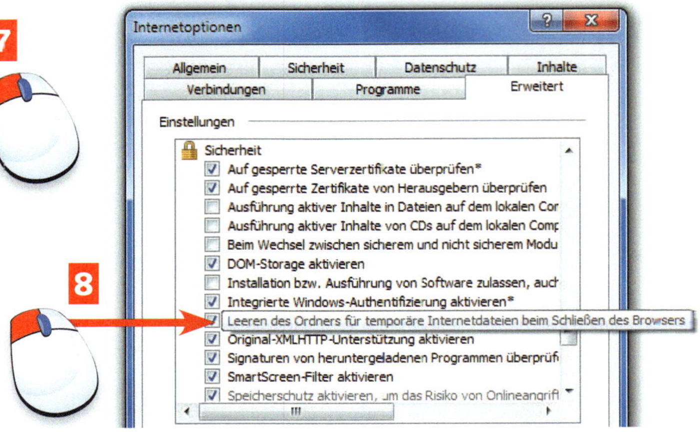

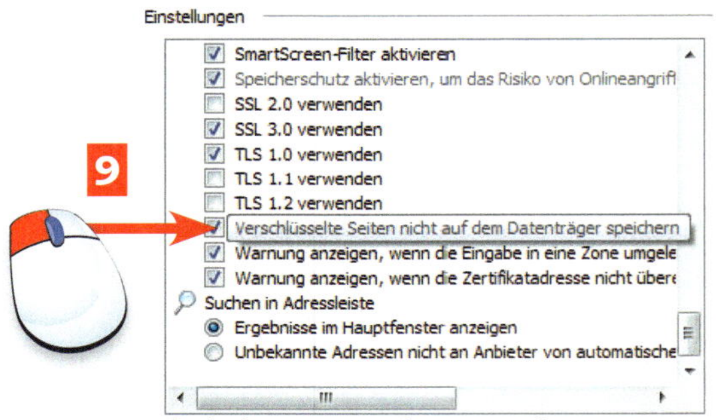

7 Um die temporären Dateien stets sofort zu löschen, schalten Sie in den Internetoptionen auf die Registerkarte *Erweitert* um.

8 Suchen Sie in der Gruppe *Sicherheit* die Option *Leeren des Ordners für temporäre Internetdateien beim Schließen des Browsers*.

9 Stellen Sie außerdem sicher, dass keine verschlüsselten Dateien gespeichert werden.

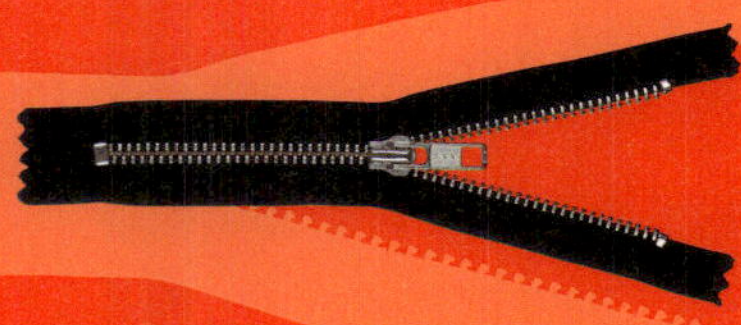

Nicht nur die temporären Dateien, auch die Verlaufseinträge lassen sich gezielt verwalten und einzeln löschen. Und wenn Sie ganz sicher gehen wollen, löschen Sie den temporären Ordner gleich beim Verlassen des Browsers.

WISSEN

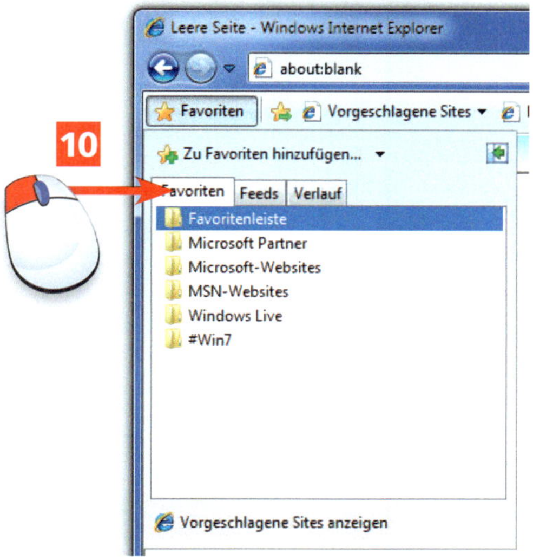

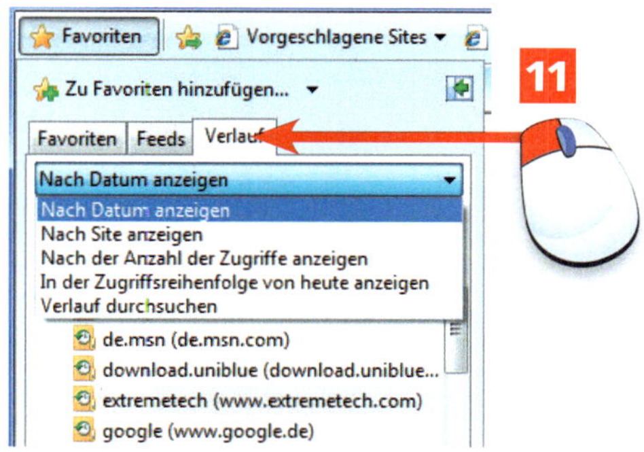

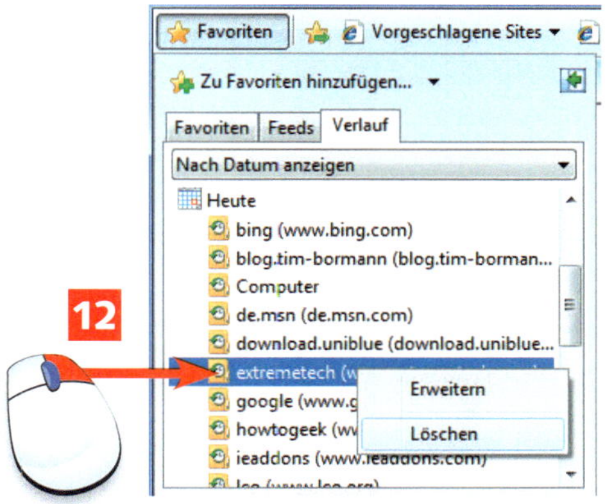

10 Für das Bearbeiten einzelner Einträge aus dem Verlauf öffnen Sie das Favoritencenter im Browser-Fenster.

11 Schalten Sie auf *Verlauf* um und wählen Sie die Sortierart für die Verlaufseinträge.

12 Mit *Löschen* aus dem Kontextmenü der rechten Maustaste können Sie einzelne Verlaufseinträge aus der Liste löschen.

Ende

Verschlüsselte Dateien sind beispielsweise Internet-banking-Daten, die über das HTTPS-Protokoll übertragen werden.

HINWEIS

Start

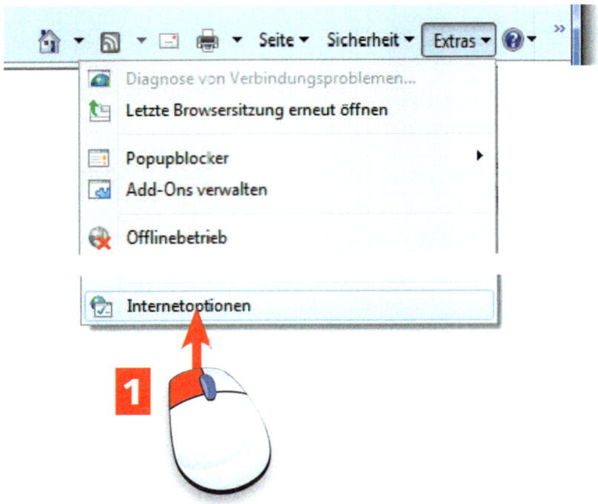

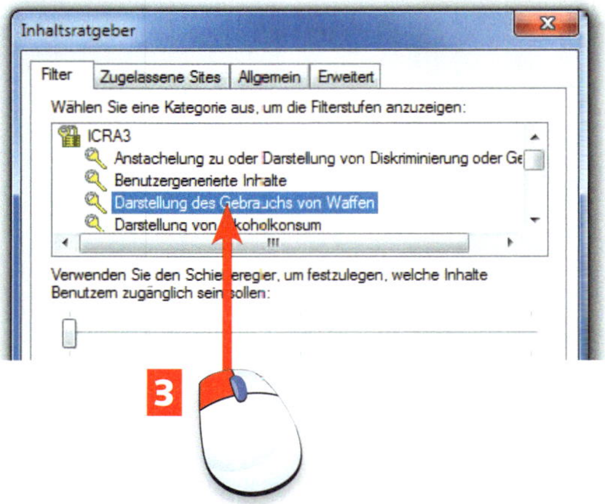

1 Aktivieren Sie die Internetoptionen über die Schaltfläche *Extras*.

2 Klicken Sie auf *Inhalte* und aktivieren Sie den *Inhaltsratgeber*.

3 Hier können Sie Filter für die einzelnen Kategoriestufen setzen. Markieren Sie eine Kategorie und ziehen Sie den Schieberegler.

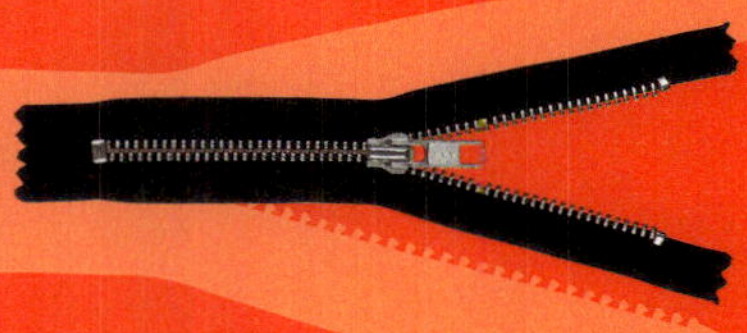

Kinder und Jugendliche müssen vor Schund und Gefahren aus dem Internet geschützt werden. Neben dem Jugendschutz in der Benutzerkontensteuerung ist die Kindersicherung in den Internetoptionen ein wirksames Mittel dazu.

WISSEN

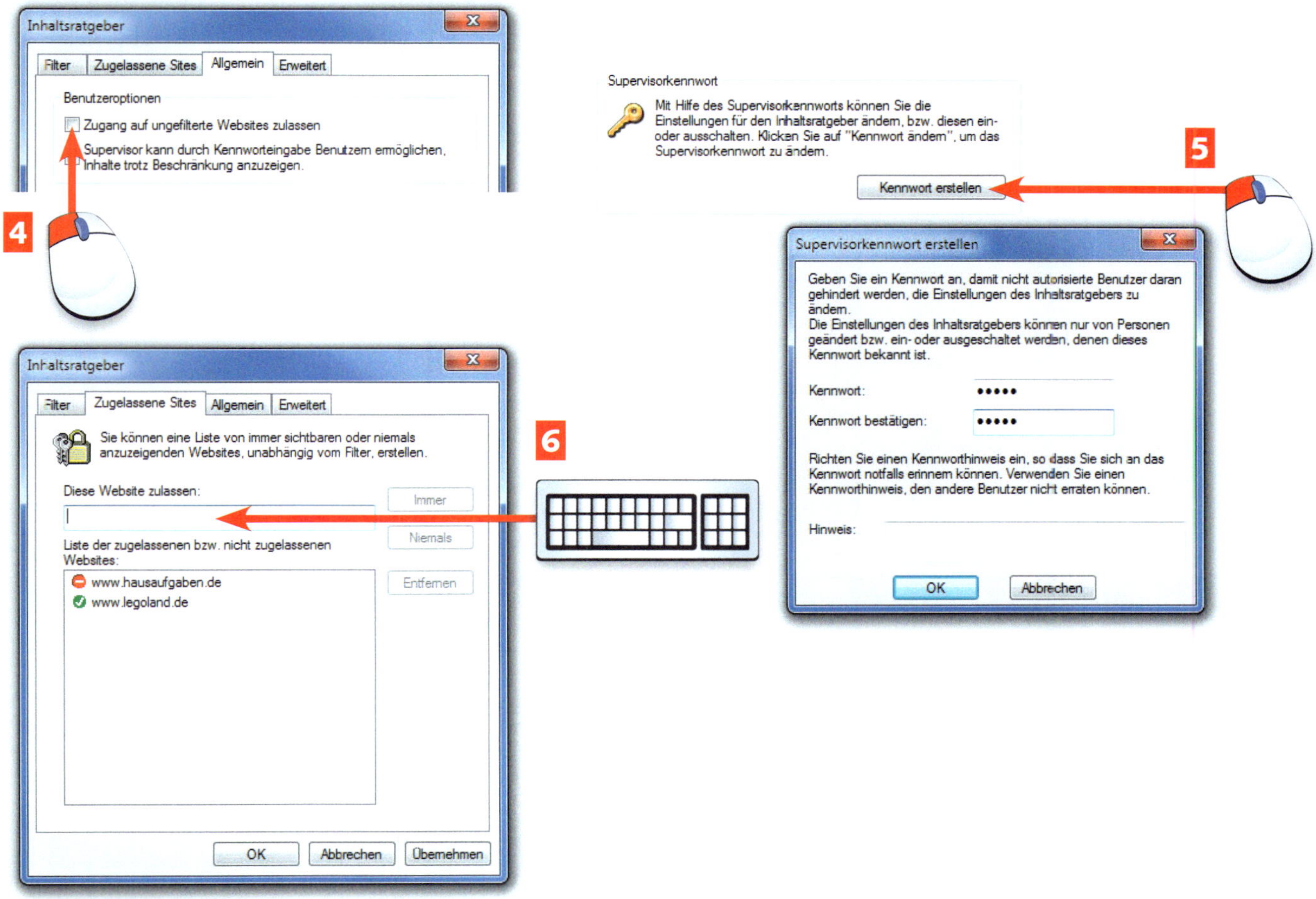

4 Entfernen Sie auf der Karte *Allgemein* das Häkchen an der Option *Zugang auf ungefilterte Webseiten zulassen*.

5 Klicken Sie auf *Kennwort erstellen* und erstellen Sie ein Supervisor-Kennwort.

6 Unter *Zugelassene Sites* können Sie einzelne Adressen eintragen, die von der Kindersicherung ausgenommen sind.

Ende

Die Liste der zugelassenen Seiten muss in der Regel nur erweitert werden, wenn eine Seite versehentlich durch den Filter gesperrt wurde.

HINWEIS

In der Benutzerkontensteuerung finden Sie die Einstellung *Jugendschutz*.

HINWEIS

Start

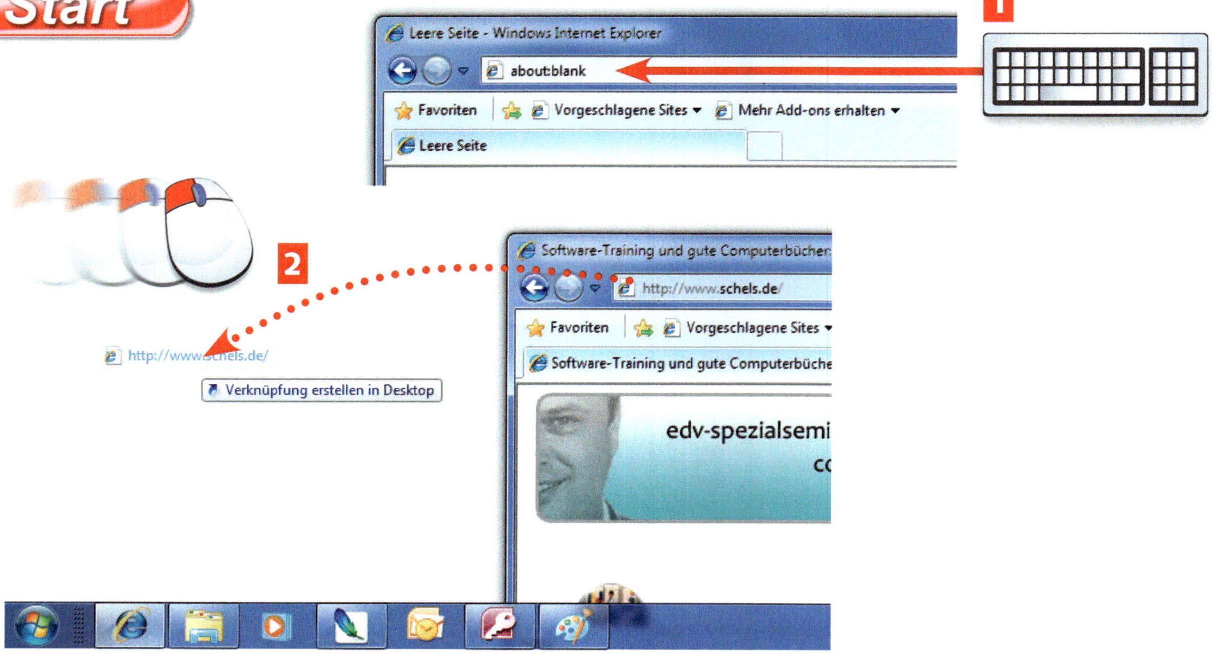

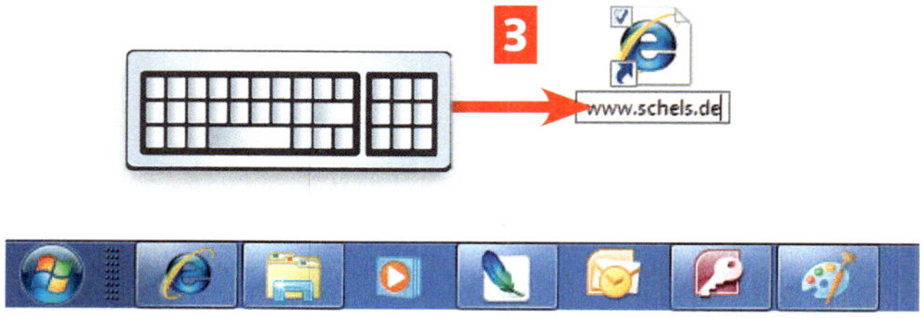

1 Wenn Sie eine komplett leere Seite anzeigen lassen wollen, geben Sie in die Adresszeile *about:blank* ein.

2 Um eine angezeigte Seite als Verknüpfung auf dem Desktop zu speichern, ziehen Sie einfach das Symbol mit gedrückter Maustaste aus der Adresszeile heraus.

3 Setzen Sie das Symbol auf dem Desktop ab und ändern Sie die Bezeichnung der neuen Verknüpfung.

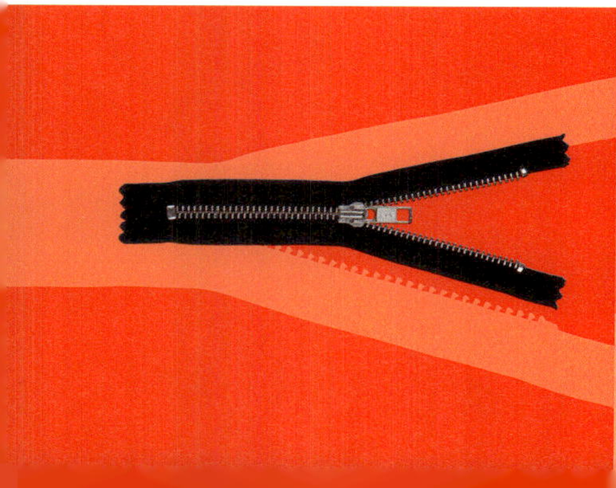

Besser verknüpfen, schneller surfen, einfacher verlinken – der Internet Explorer bietet bei genauem Hinsehen viele kleine Hilfefunktionen.

WISSEN

4

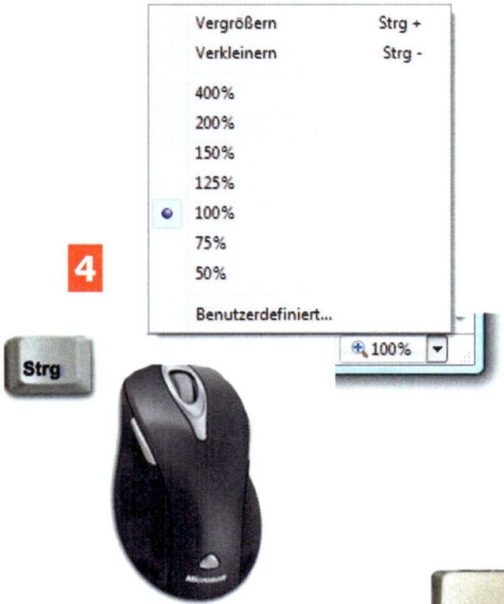

5

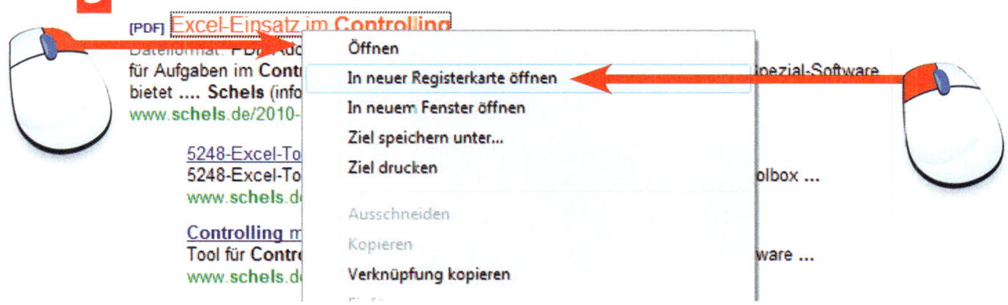

6

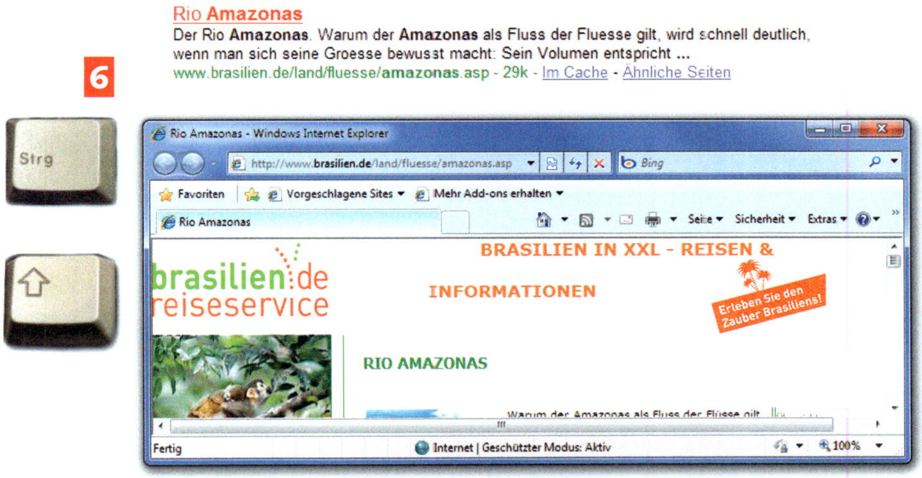

4 Rechts unten am Fensterrand finden Sie eine Liste mit Zoomstufen. Schneller geht es mit der Maus: Drücken Sie Strg und drehen Sie das Mausrad.

5 Mit der rechten Maustaste auf einen Link geklickt, können Sie entscheiden, ob dieser in einem neuen Fenster oder auf einer neuen Registerkarte angezeigt wird.

6 Mit Strg auf einen Link geklickt erscheint dieser in einer neuen Registerkarte. Drücken Sie ⇧ für ein neues Fenster.

Ende

about:blank ist auch der Name eines Trojaners.

HINWEIS

Aktivieren Sie das Mausrad über das Maus-Dienstprogramm in der Systemsteuerung, wenn es nicht funktioniert.

HINWEIS

Start

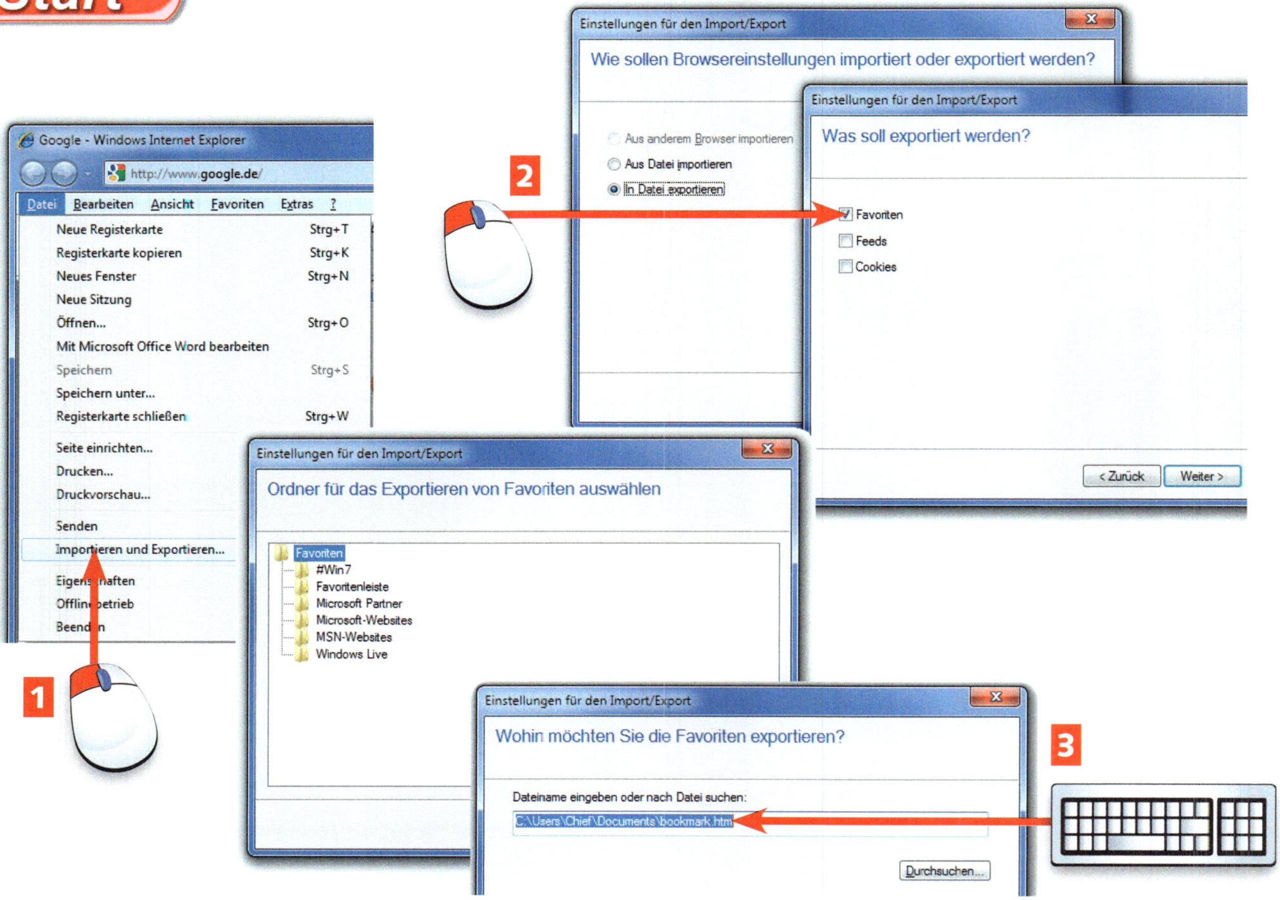

1 Drücken Sie im Internet Explorer die [Alt]-Taste und wählen Sie *Datei/Importieren und Exportieren*.

2 Wählen Sie *In Datei exportieren* und kreuzen Sie *Favoriten* an.

3 Geben Sie das Ziel an, ein Ordner auf Ihrer Festplatte oder einem anderen Datenträger, und bestätigen Sie die HTML-Datei für den Export.

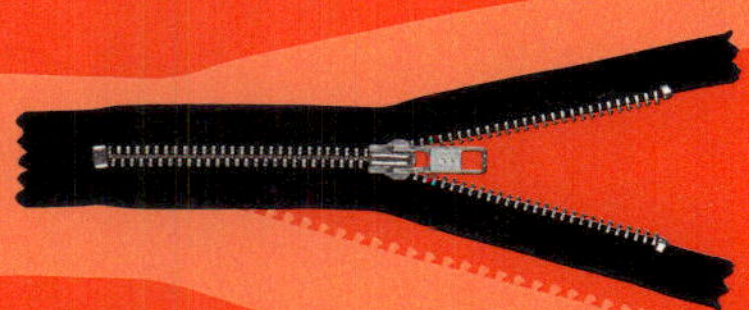

Favoriten heißen sie im Internet Explorer, Lesezeichen bei Firefox. Jeder Browser verwaltet »bookmarks«. Sie können diese aber bequem von einem zum anderen importieren und exportieren.

WISSEN

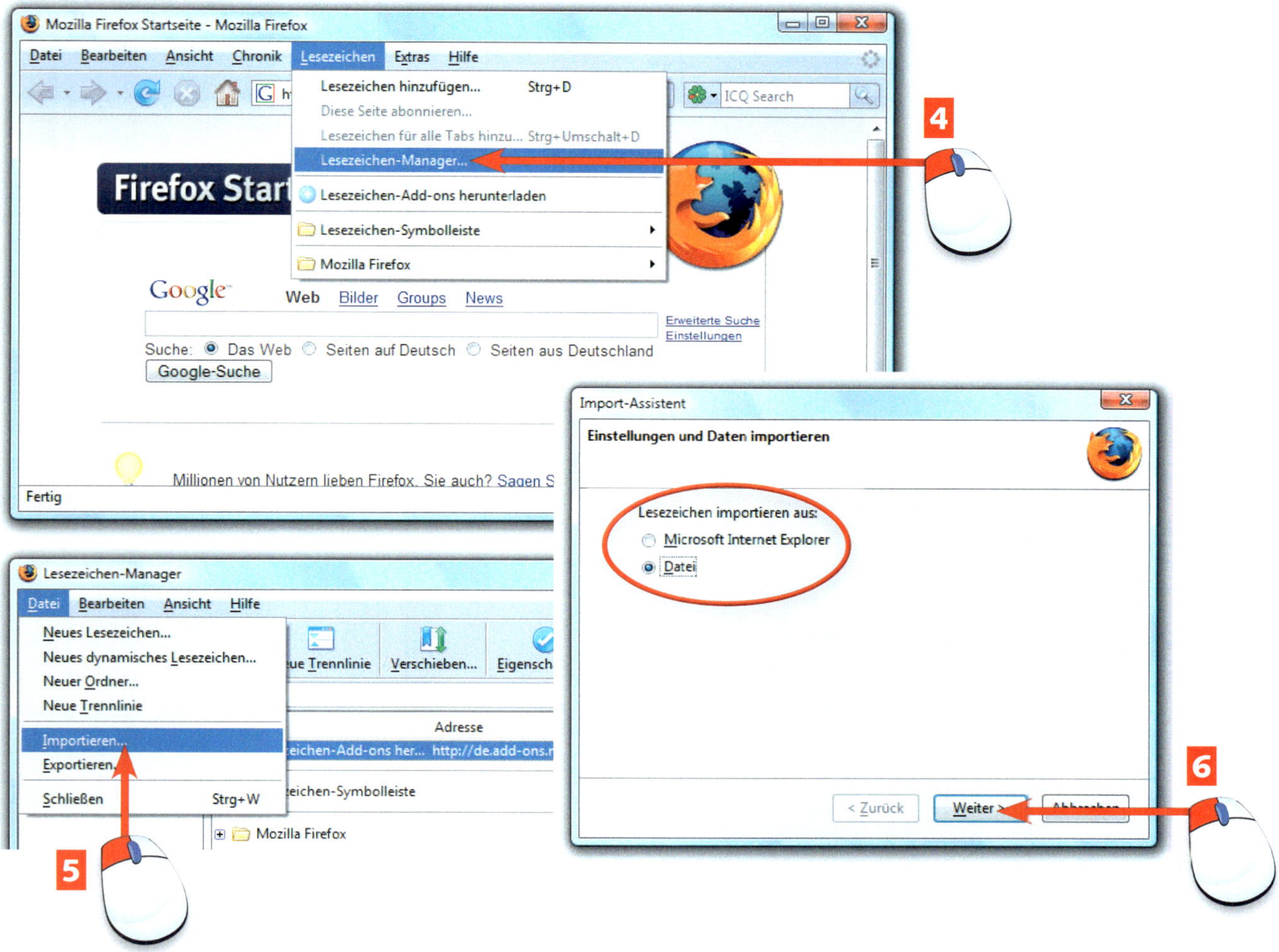

4 In Mozilla Firefox starten Sie im Lesezeichen-Menü den *Lesezeichen-Manager*.

5 Wählen Sie *Datei/Importieren* …

6 … und holen Sie die Favoriten bzw. Lesezeichen direkt aus dem Internet Explorer oder aus der gespeicherten Favoritendatei.

Ende

Die HTML-Seite mit den exportierten Favoriten können Sie auch mit einem Texteditor (Notepad) öffnen und bearbeiten.

TIPP

Start

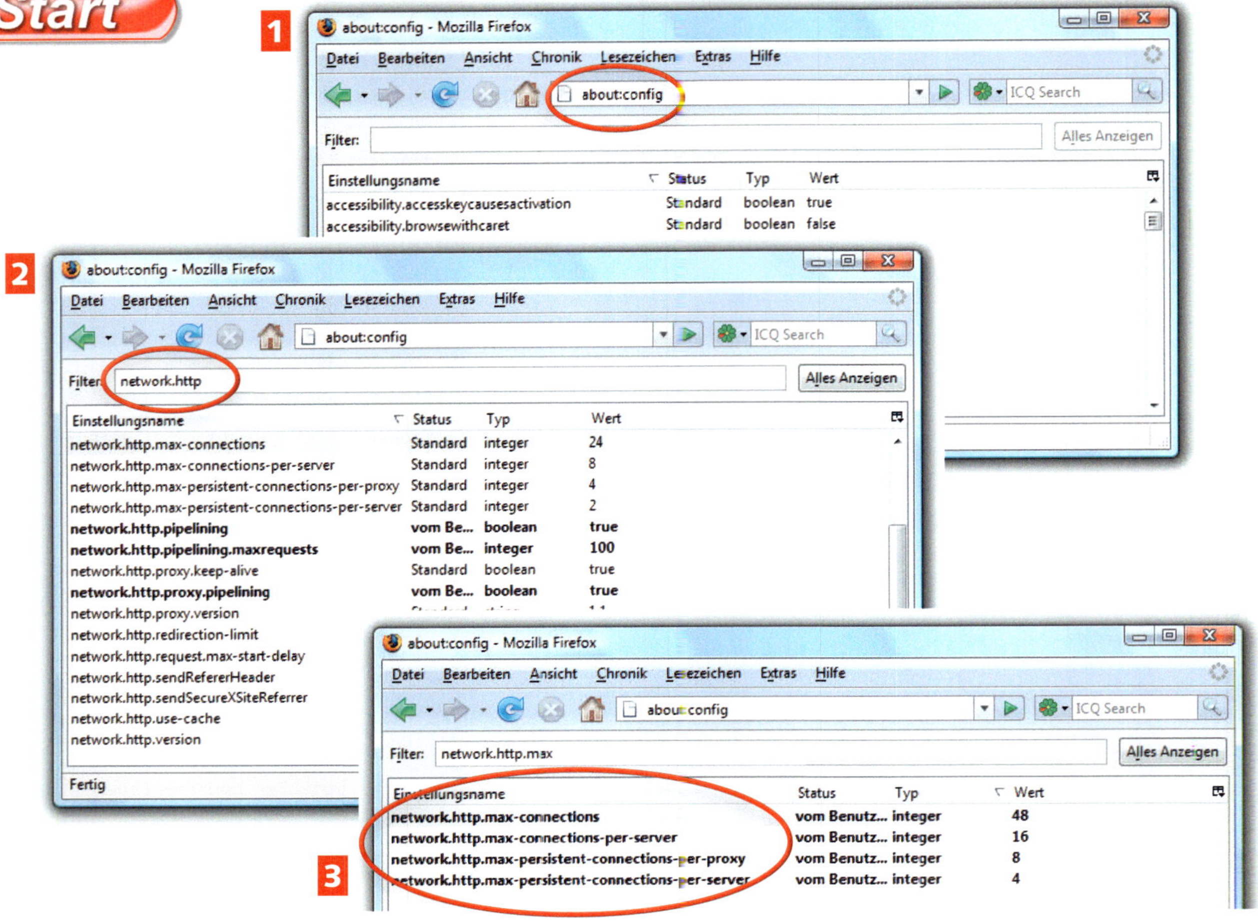

1 Starten Sie den Browser Mozilla Firefox und geben Sie *about:config* in die Adresszeile ein.

2 Geben Sie den Filter *network.http* ein und ändern Sie die angezeigten Pipelining-Werte.

3 Mit einem DSL-Anschluss können Sie die Werte für die HTTP-Übertragung verdoppeln (nicht für ISDN und Analog!).

Firefox ist bereits ein sehr schneller Browser, aber sogar er lässt sich noch optimieren. Sie können die Einstellungen direkt in die Konfiguration schreiben. Schneller wird Ihr Browser auch, wenn Sie nicht benutzte Add-ons entfernen.

WISSEN

4

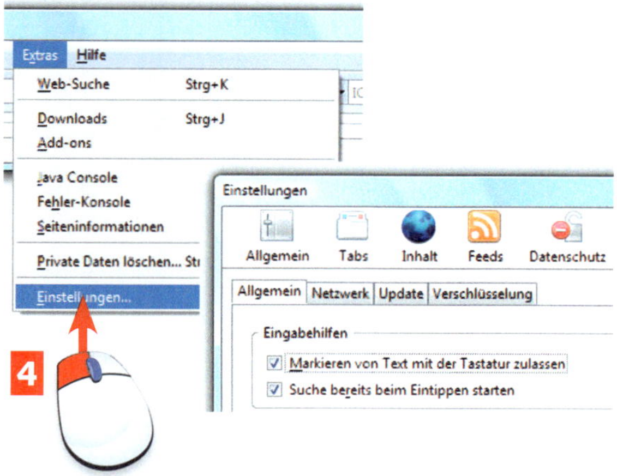

5

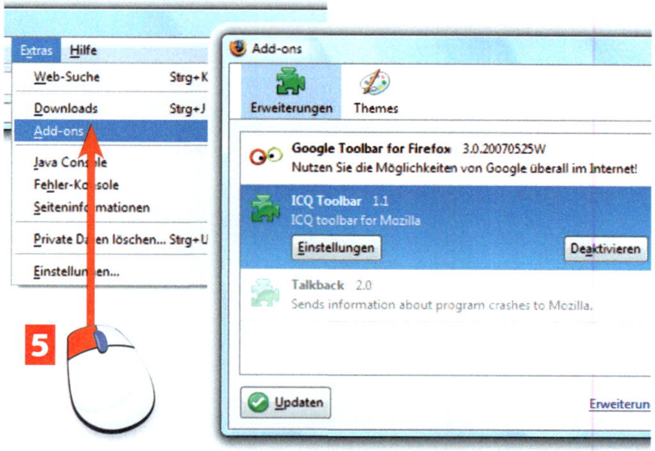

6

4 Wählen Sie *Extras/Einstellungen* und stellen Sie die automatische Suchfunktion ein, um Webseiten schnell durchsuchen zu können.

5 Unter *Extras/Add-ons* finden Sie die Liste der zusätzlich geladenen Programme. Entfernen Sie, was nicht benötigt wird.

6 Hier finden Sie weitere Einstellungen zur Optimierung: *http://www.firefox-browser.de/wiki/Geschwindigkeit_optimieren*.

Ende

Beim Pipelining werden mehrere Objekte gleichzeitig angefordert, zum Beispiel alle Bilder. Das macht den Browser schneller.

HINWEIS

Start

1

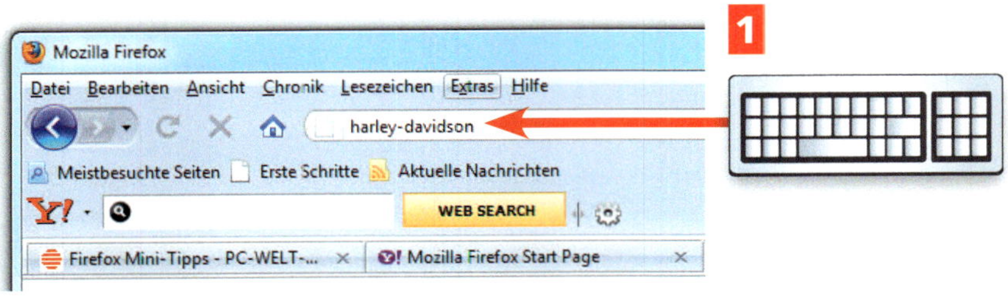

2

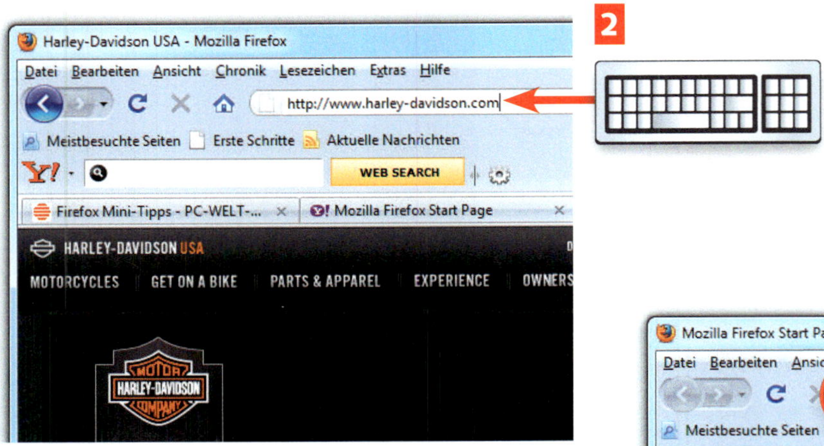

3

1 Geben Sie einen beliebigen Begriff in die Adresszeile ein, drücken Sie [Strg] + [↵].

2 Firefox erweitert den Begriff mit *http://* und *.com*. Mit [⇧] + [↵] wird eine .net-Adresse daraus, mit [Strg] + [⇧] + [↵] .org.

3 Neue Tabs fügen Sie mit [Strg] + [t] ein. Wenn Sie mit dem Mausrad auf das Haussymbol klicken, erhalten Sie eine neue Startseite.

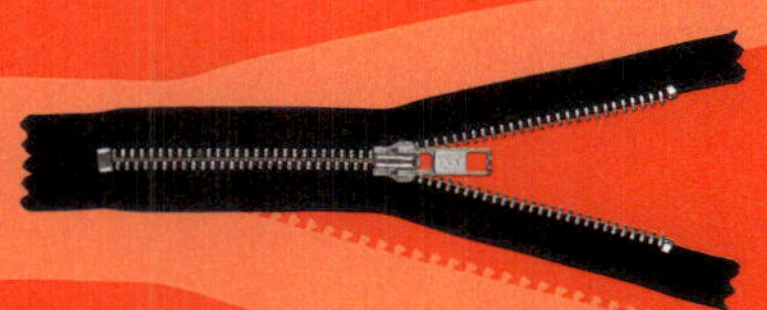

Mit Shortcuts surfen Sie noch schneller in den Tiefen des Internets. Lernen Sie die wichtigsten Tastenkürzel Ihres Firefox-Browsers kennen.

WISSEN

4

Seite nach unten scrollen

Seite nach oben scrollen

5

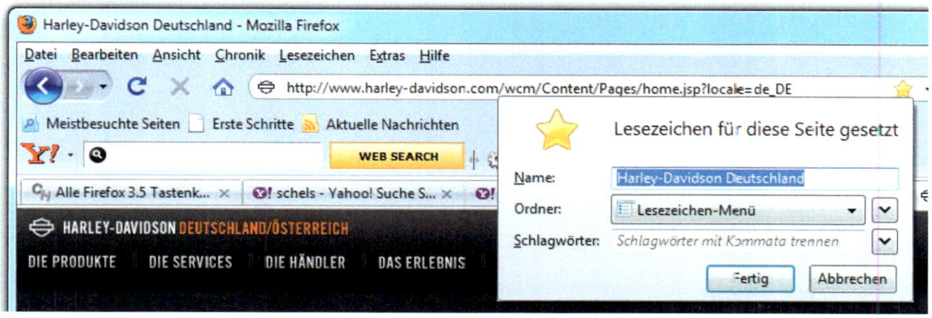

6

4 Mit der Leertaste rollen Sie die Seite nach unten bzw. nach oben (⇧-Taste drücken).

5 Drücken Sie Strg + d, um die aktive Seite als Lesezeichen zu speichern.

6 F11 schaltet den Bildschirm in den Vollbildmodus und wieder zurück in ein Fenster.

Ende

Lesezeichen aktivieren: Strg – b
Bibliothek öffnen: Strg + ⇧ + b
Downloads: Strg + j

HINWEIS

5

Windows Live

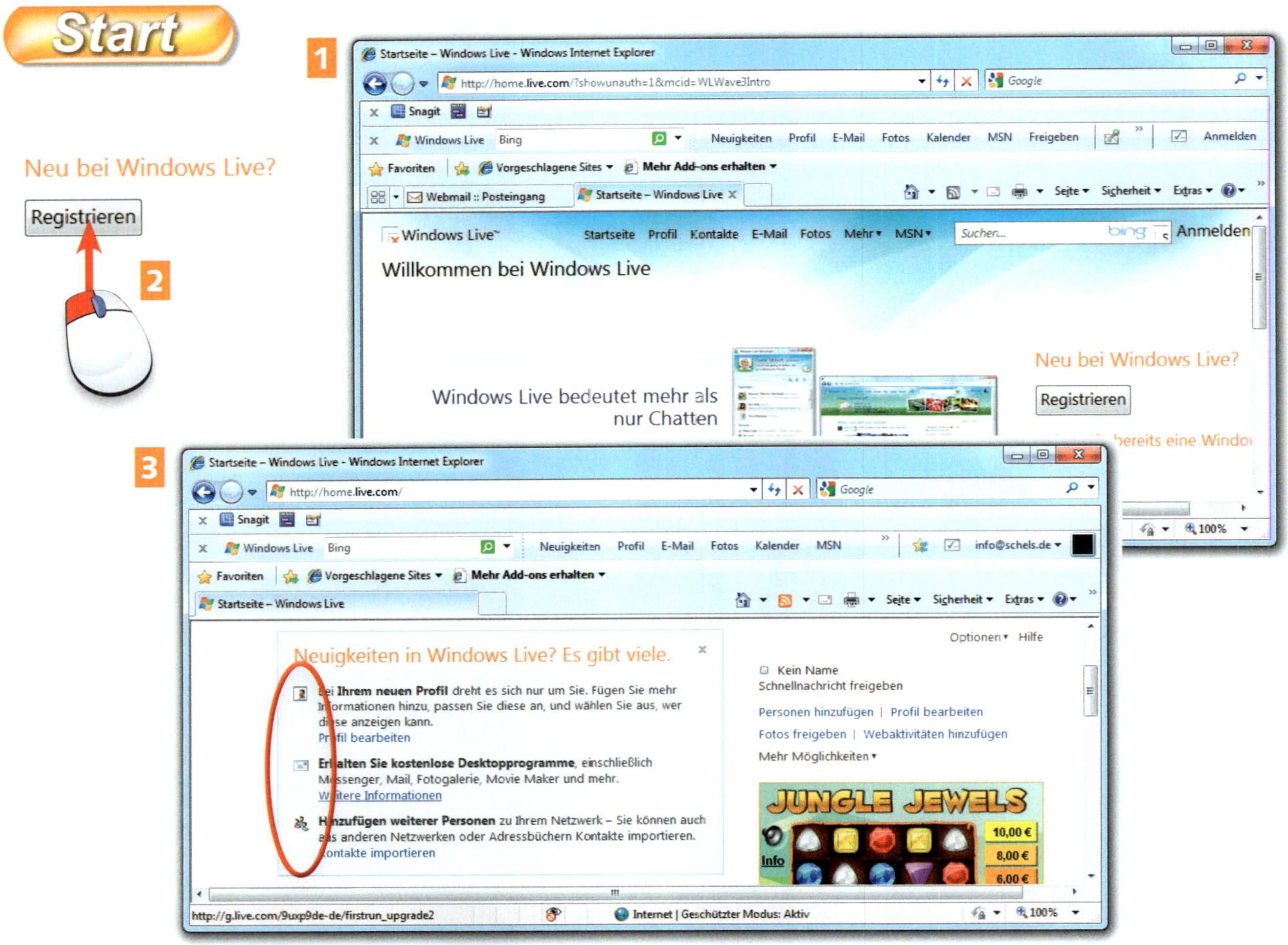

1 Starten Sie Windows Live in Ihrem Internet-Browser unter der Adresse *www.windowslive.de*.

2 Um die Software und weitere Dienste nutzen zu können, müssen Sie sich (kostenlos) registrieren.

3 Suchen Sie den Link zu den Desktopprogrammen.

Windows Live bietet einige Programme zum Download an, die in der Vorgängerversion Vista noch zum Standardumfang gehörten, u.a. Windows Mail und den MovieMaker. Melden Sie sich an, es lohnt sich.

WISSEN

4

6

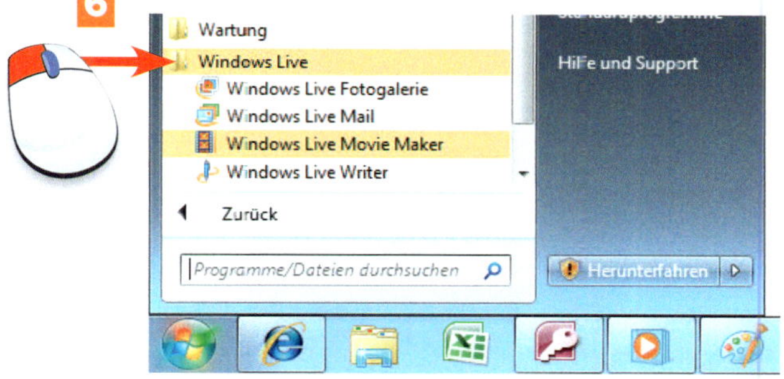

4 Hier sind alle Programme gelistet, Sie können alle oder einzelne ausgewählte von der Webseite downloaden.

5 Wählen Sie die Installationssprache aus und starten Sie den Download.

6 Nach Abschluss der Prozedur finden Sie alle Windows-Live-Programme unter *Start/Alle Programme/Windows Live*.

Ende

Alle Desktopprogramme erfordern einen Download von ca. 140 Mbyte.

HINWEIS

Start

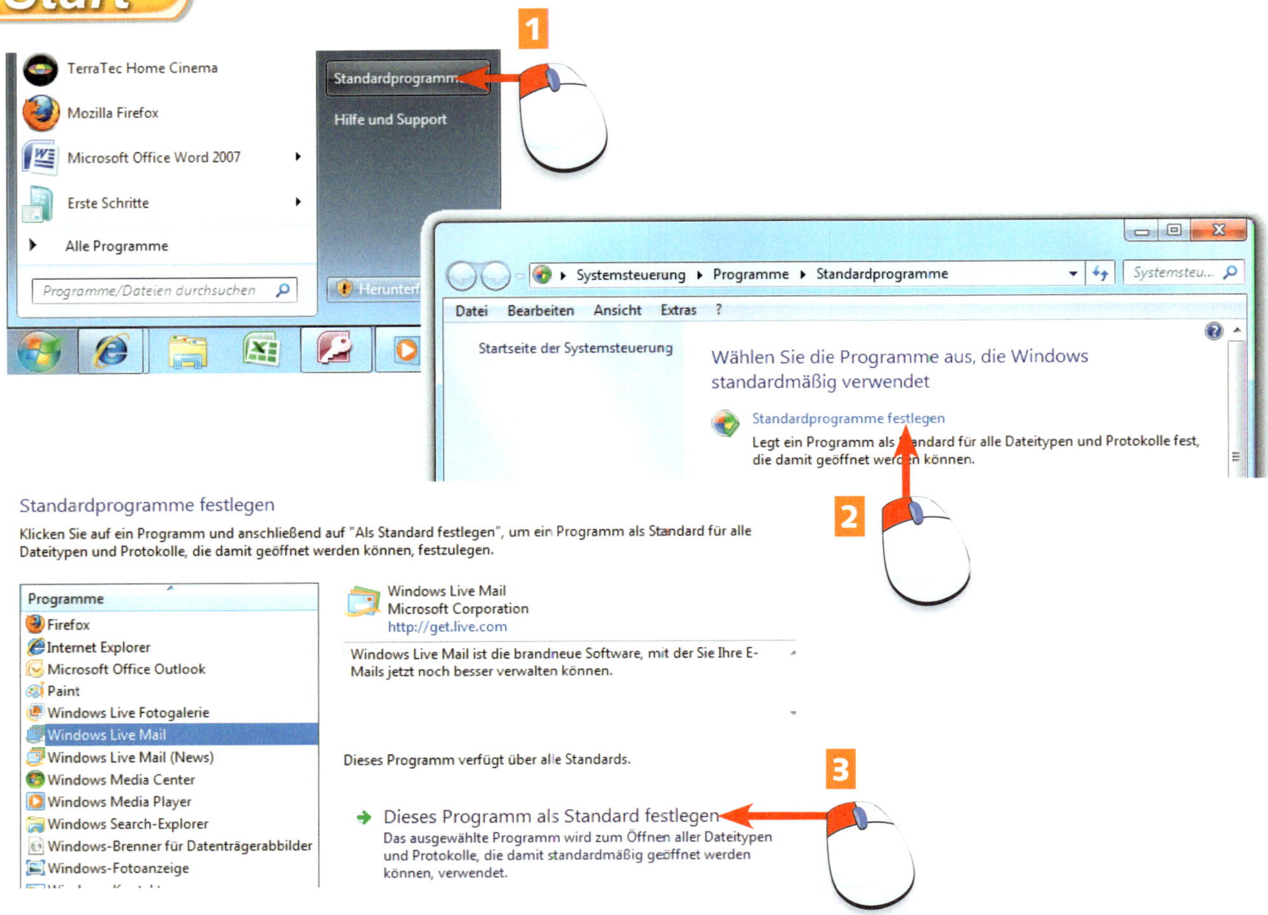

1 Aktivieren Sie *Standardprogramme* im Startmenü …

2 … und klicken Sie auf *Standardprogramme festlegen*, um Windows Mail als Standard-Mail-Programm zu definieren.

3 Markieren Sie den Eintrag *Windows Mail* und wählen Sie *Dieses Programm als Standard festlegen*.

Windows Mail ist nicht nur eines der besten Mail-Programme, mit dem Mails aus beliebigen Mail-Konten abgeholt werden. Windows Mail ist auch Newsreader, Kalender und Kontaktedatenbank.

WISSEN

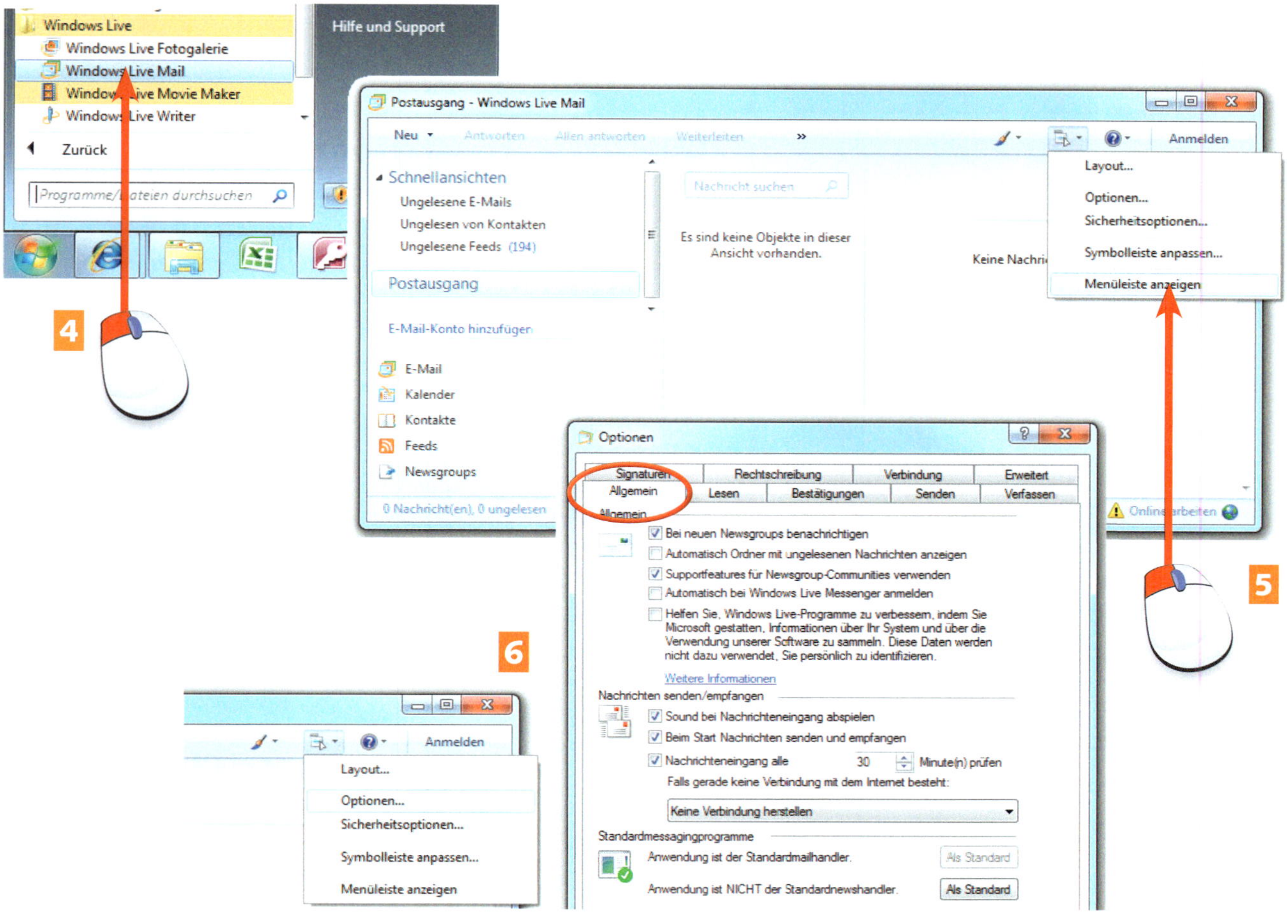

4 Starten Sie Windows Mail aus der Gruppe der Windows-Live-Programme.

5 E-Mails, Kalender, Kontakte, Feeds und Newsgroups stehen am linken Rand zur Auswahl. Schalten Sie die Menüleiste ein.

6 Alle Optionen von Windows Mail finden Sie auf neun Registerkarten. Definieren Sie Windows Mail auch als Standard-Newsreader.

Ende

Die Einrichtung des Standard-Mail-Programms ist auch für sogenannte Mail-to-Links wichtig. Wird ein Link angeklickt, der auf eine Mail-Adresse verweist, öffnet sich automatisch das Standard-Mail-Programm mit dem Formular für eine neue Mail.

TIPP

Start

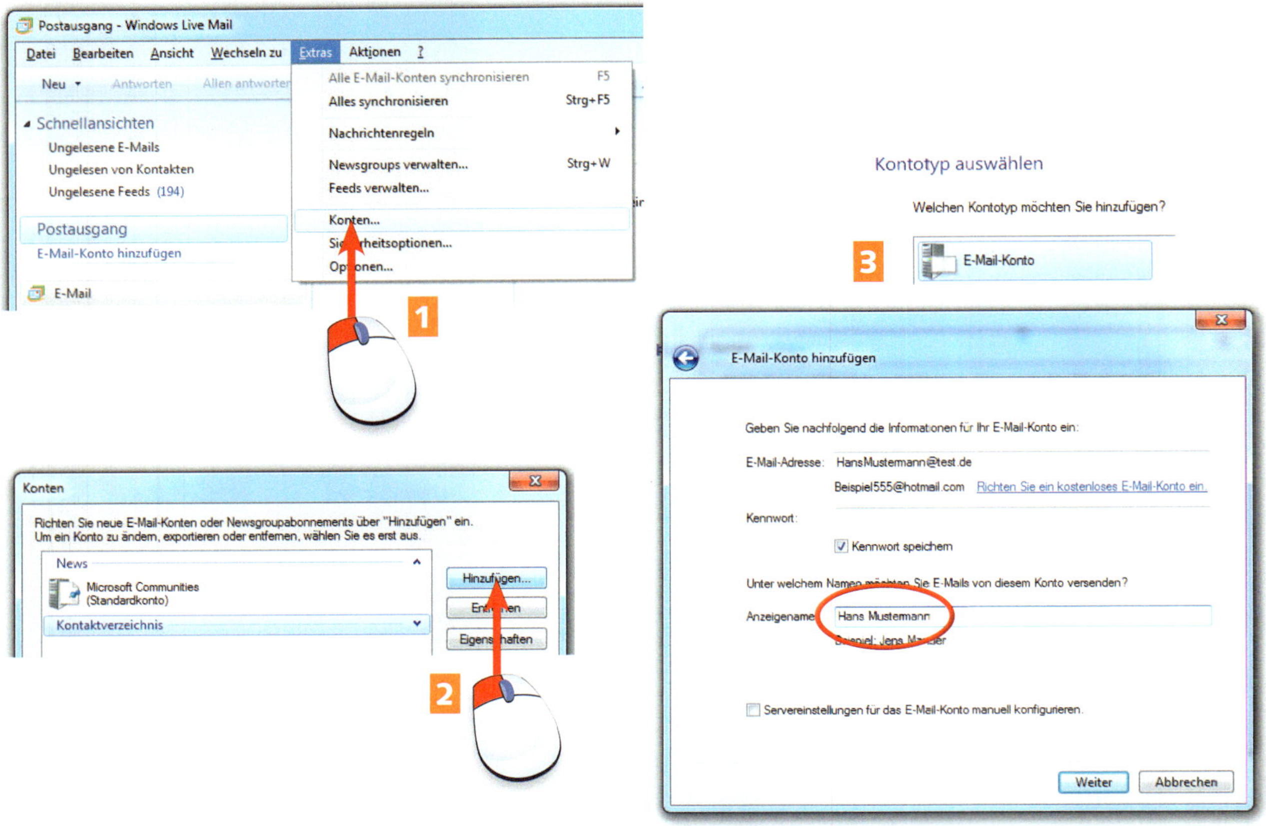

1 Wählen Sie *Extras/Konten*, um die Liste der Mail-Konten zu sehen.

2 Klicken Sie auf *Hinzufügen*, um ein neues Konto zu erstellen.

3 Geben Sie eine existierende Mail-Adresse und das Kennwort ein oder richten Sie ein neues Hotmail-Konto ein.

Mails aus unterschiedlichen Konten, von Hotmail, T-Online und Google Mail abholen ist mit Windows Mail kein Problem. Richten Sie einfach für jeden Anbieter ein eigenes Konto ein.

WISSEN

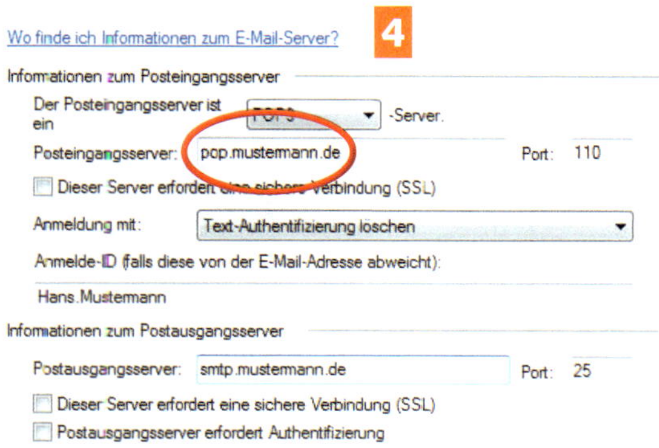

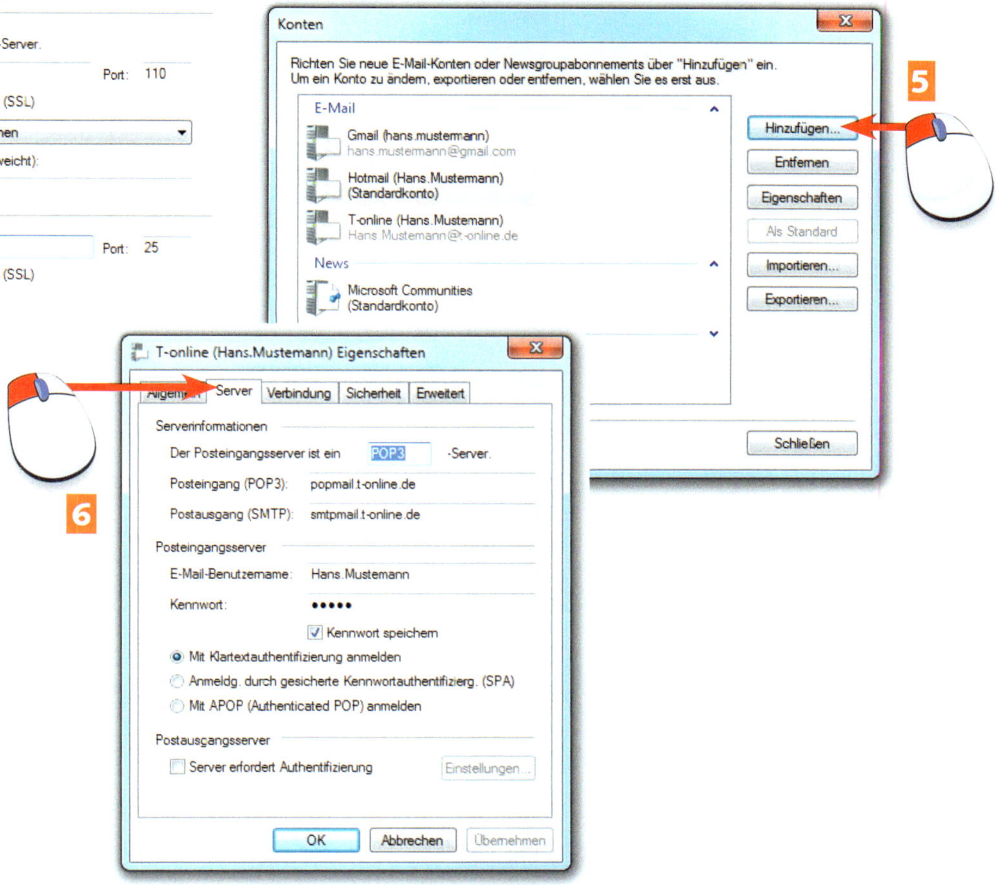

4 Posteingangs- und Postausgangsserver müssen nur angegeben werden, wenn Windows Mail den Mail-Dienst nicht kennt.

5 Fügen Sie die Mail-Konten aller Anbieter ein, bei denen Sie registriert sind.

6 Unter *Eigenschaften* können Sie die Kontoeinstellungen und die Serververbindung überprüfen und bei Bedarf anpassen.

Ende

Google-Mails holen Sie über IMAP ab (Posteingang: imap.gmail.com, Postausgang: smtp.gmail.com).

HINWEIS

Server verschiedener Mail-Anbieter (Posteingang, Postausgang):
AOL: *imap.de.aol.com*, *smtp.de.aol.com*
WEB.DE: *pop3.web.de*, *smtp.web.de*
GMX: *pop.gmx.de*, *mail.gmx.de*
Freenet: *mx.freenet.de*, *mx.freenet.de*
T-Online: *pop.t-online.de*, *mailto.t-online.de*

HINWEIS

Start

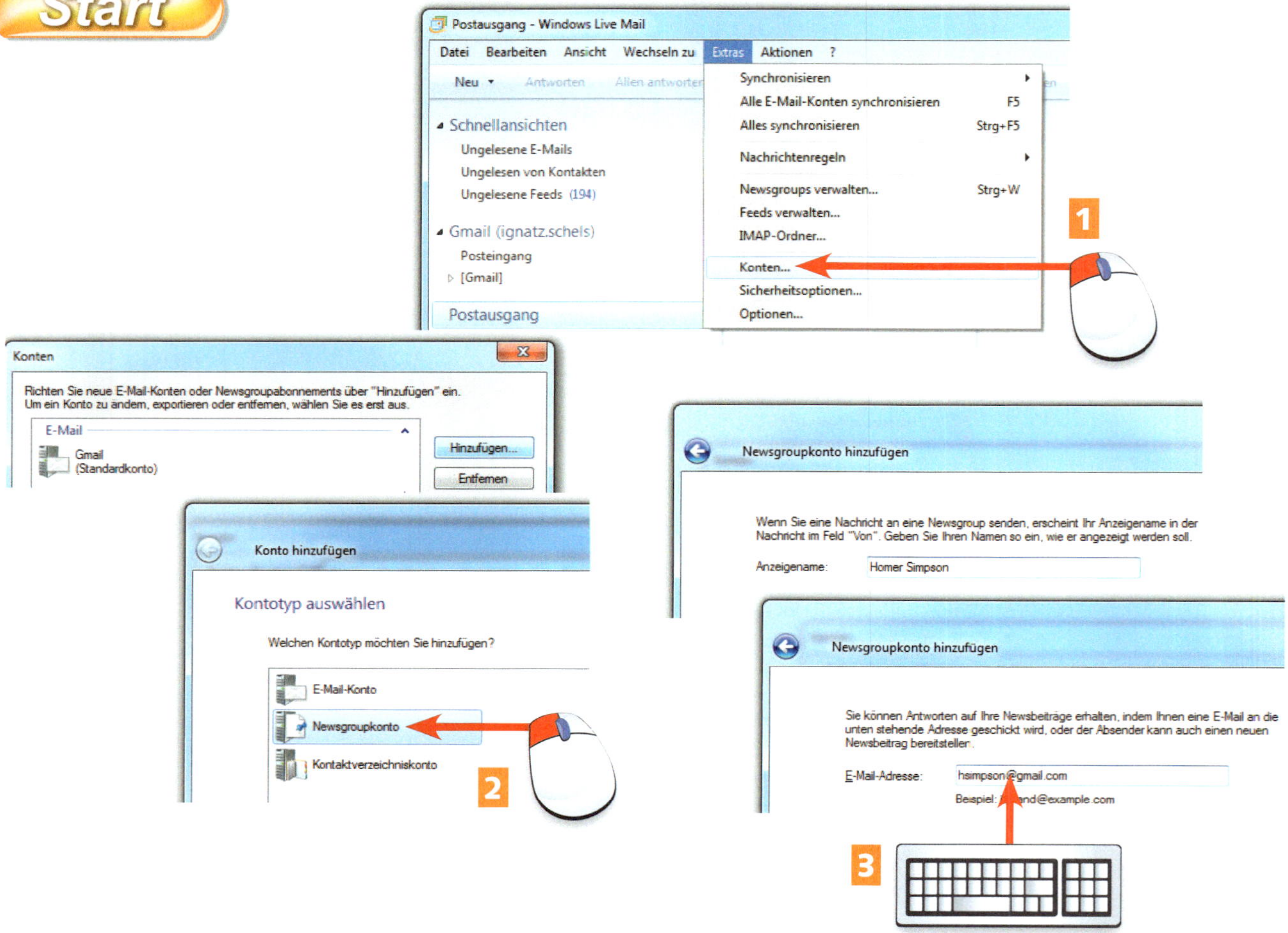

1 Wählen Sie im Windows-Mail-Fenster *Extras/Konten*.

2 Klicken Sie auf *Hinzufügen* und legen Sie ein neues Newsgroup-Konto an.

3 Geben Sie Ihren Namen und die E-Mail-Adresse an, die andere Teilnehmer der Newsgroup sehen können.

Diskussionsgruppen (Newsgroups) sind noch immer die wichtigste Informationsquelle im Internet. Richten Sie ein Newsgroup-Konto ein und sehen Sie sich das Angebot der Newsserver an.

WISSEN

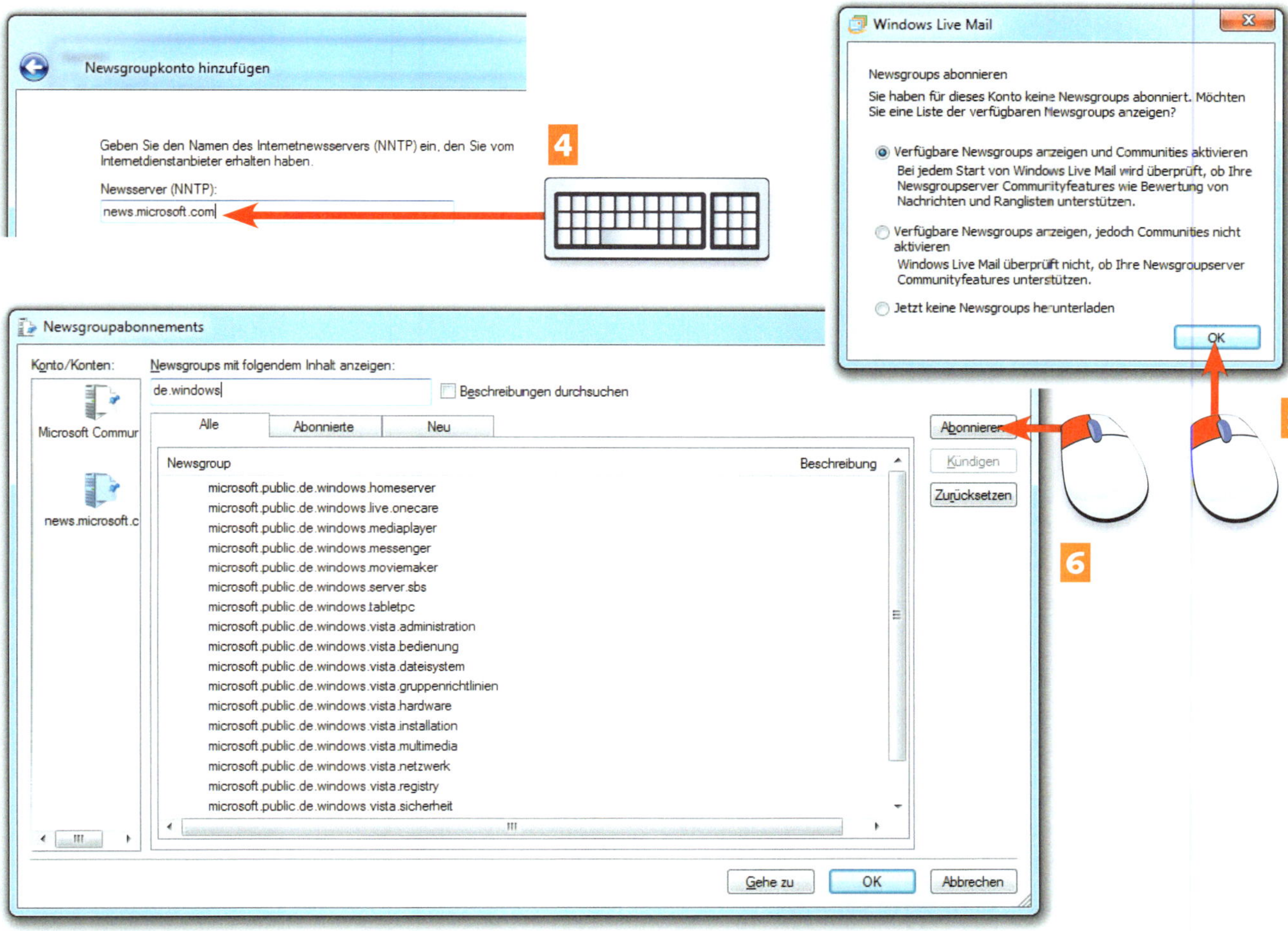

4 Tragen Sie einen Newsserver ein (hier *news.microsoft.com*, der Microsoft-Server). Schließen Sie die Kontenübersicht.

5 Bestätigen Sie die Meldung, um Newsgroups dieses Servers zu abonnieren.

6 Suchen Sie die passenden Newsgroups aus der Liste und abonnieren Sie sie.

Ende

Die Threads (Beiträge) der abonnierten Newsgroups werden automatisch geladen, wenn Sie diese im Mail-Fenster anklicken.

TIPP

Tragen Sie eine Mail-Adresse ein, die SPAM-Versender nicht missbrauchen können: *nospam_adresse*. Teilnehmer, die Ihnen eine Mail schreiben wollen, werden diese korrekt erkennen.

HINWEIS

Suchen Sie im Netz nach freien Newsservern, es gibt Tausende. Geben Sie bei Google *freie Newsserver* ein.

TIPP

Start

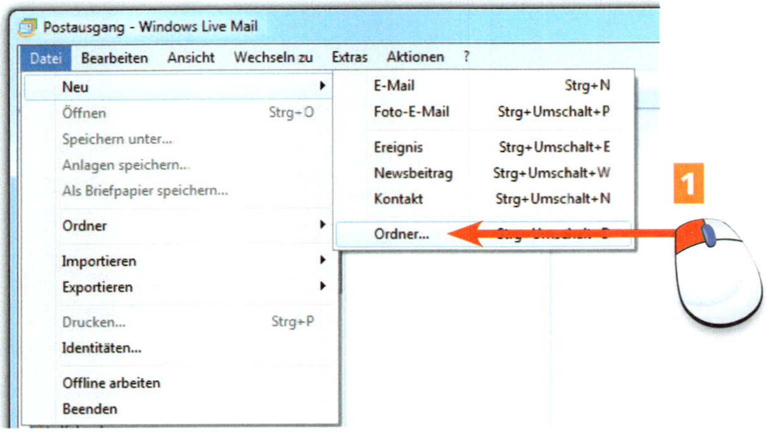

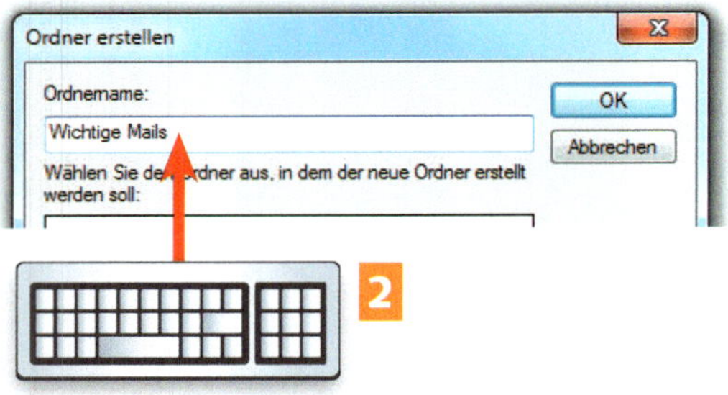

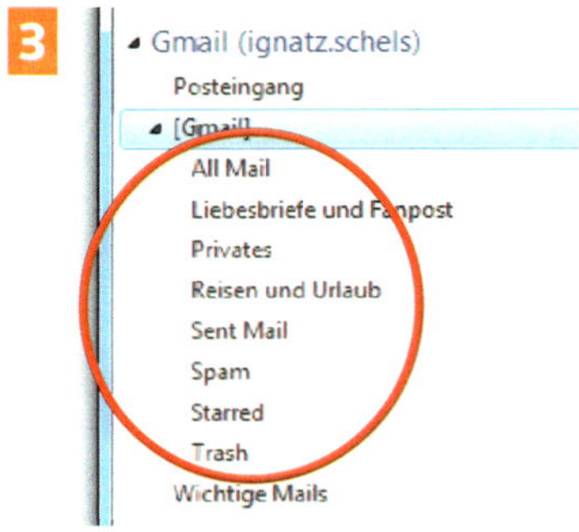

1 Erstellen Sie im Windows-Mail-Fenster einen neuen Ordner, wählen Sie dazu *Datei/ Neu/Ordner*.

2 Geben Sie einen Namen für den Ordner ein und bestimmen Sie den Posteingang als Zielordner.

3 Tragen Sie weitere Ordner ein, erstellen Sie Ihre persönliche Mail-Struktur unter dem Posteingang.

Ordnung in die Mails zu bringen, wird umso wichtiger, je umfangreicher Ihre Mail-Korrespondenz wird. Legen Sie von Anfang an eine passende Ordnerstruktur fest. Mit Nachrichtenregeln lässt sich vieles automatisch sortieren.

WISSEN

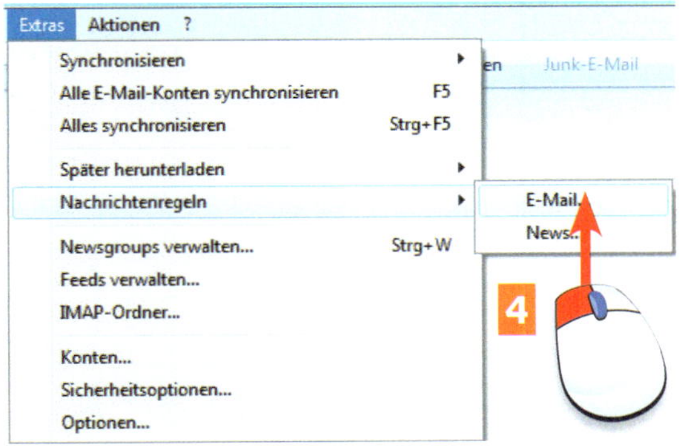

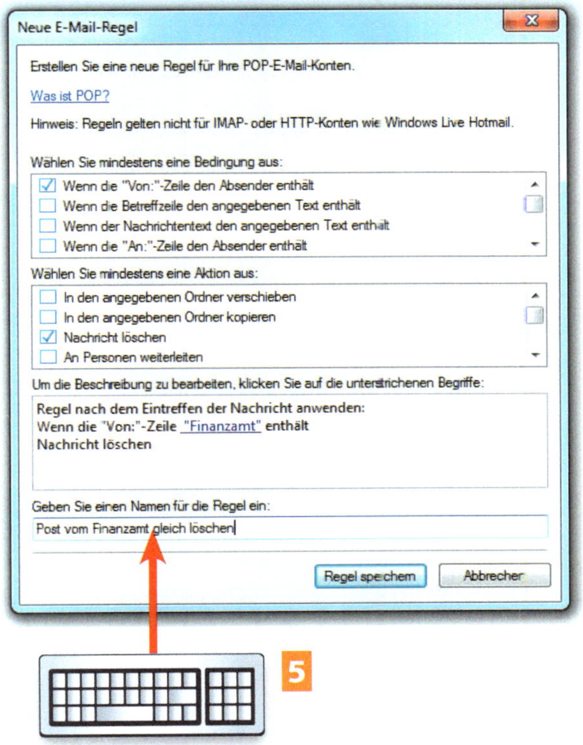

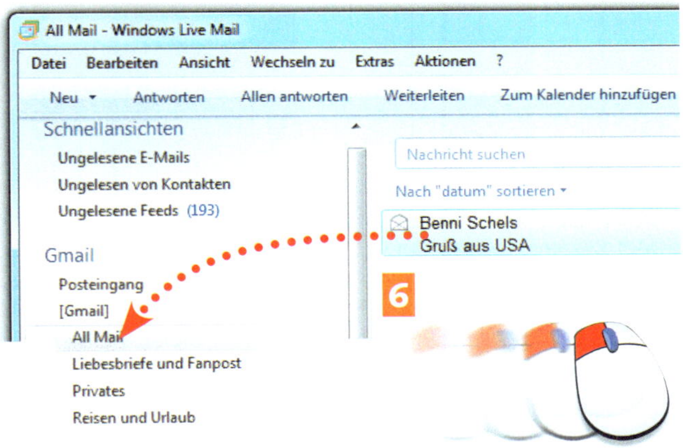

4 Wählen Sie *Extras/Nachrichtenregeln/E-Mail*.

5 Legen Sie Regeln an, die Mails von bestimmten Konten (Nachricht ist vom Konto …) in die jeweiligen Ordner verschiebt.

6 Alle übrigen Mails, die nicht über Regeln erfassbar sind, ziehen Sie einfach mit gedrückter Maustaste in den vorgesehenen Ordner.

Ende

Ordner sind immer alphabetisch aufsteigend sortiert. Geben Sie vor einem wichtigen Ordnernamen ein Sonderzeichen wie ! oder # ein, erscheint dieser Ordner ganz oben.

TIPP

Nachrichtenregeln können auch auf Wörter, Begriffe und ganze Sätze im Betreff oder im Text reagieren.

HINWEIS

Start

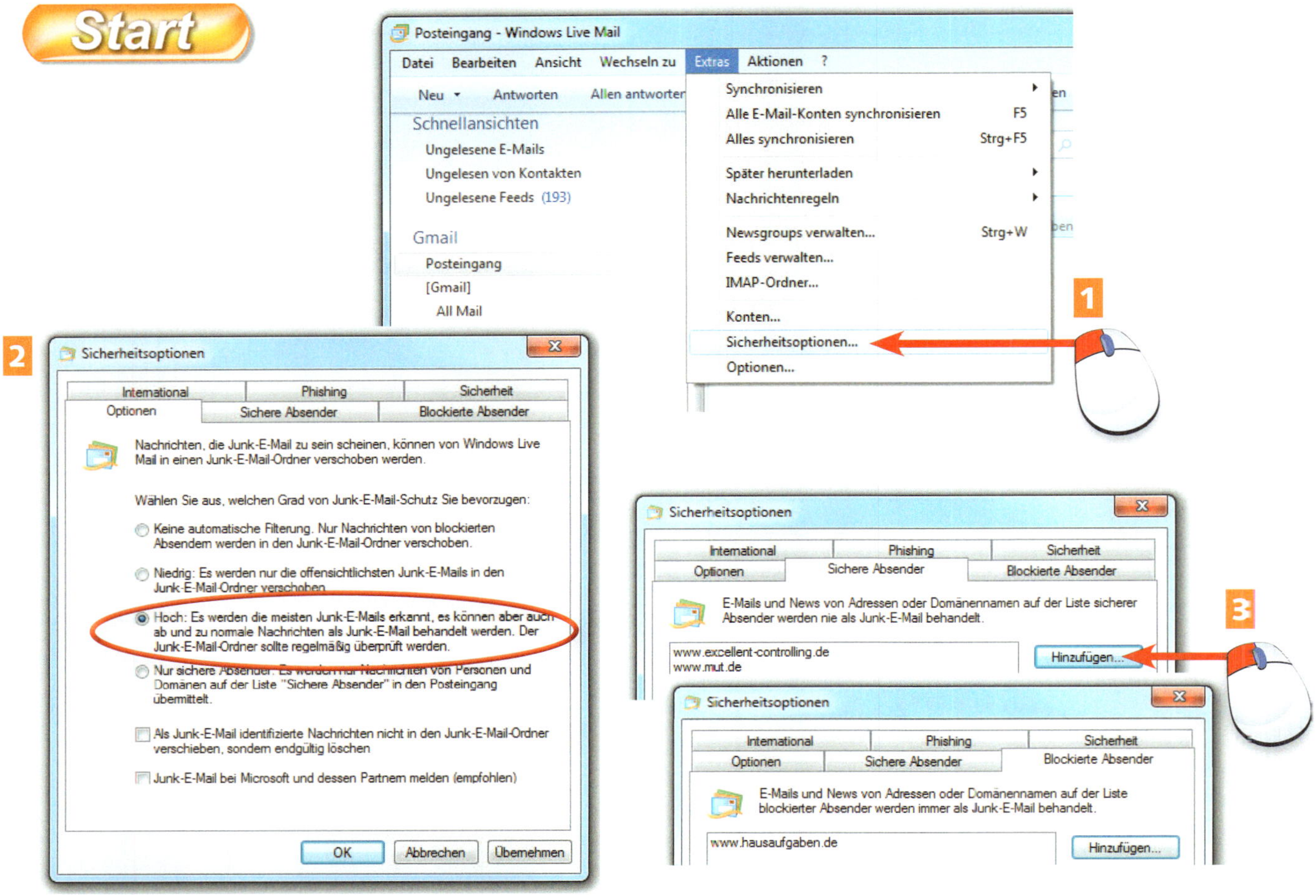

1. Wählen Sie *Extras/Sicherheitsoptionen*.
2. Schalten Sie unter *Optionen* die Sicherheitsstufe auf *Hoch*, um die meisten SPAMs und Junk-Mails abzuwehren.
3. Auf den Registerkarten *Sichere Absender* und *Blockierte Absender* tragen Sie sichere bzw. unsichere Mail- und Webadressen ein.

SPAM und Junk-E-Mail ist Werbemüll, der unaufgefordert zugesandt wird und ziemlich nervt. Auch gefährliche Mails mit Viren und Trojanern werden als Junk eingestuft. Schützen Sie sich und Ihr Mail-Programm vor diesen Gefahren.

WISSEN

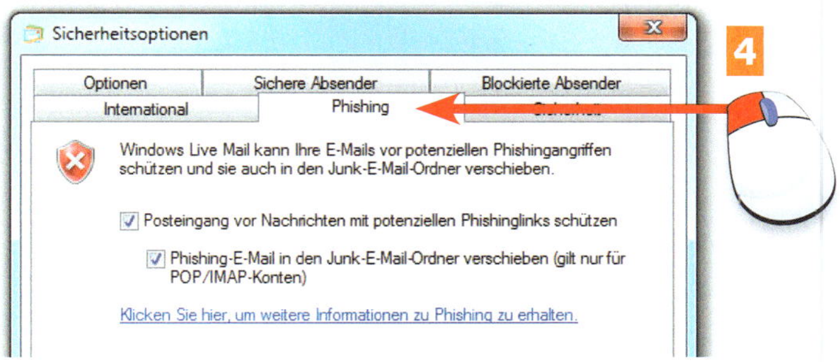

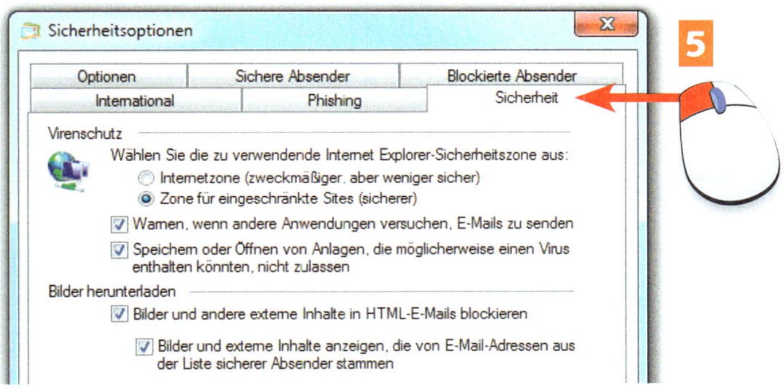

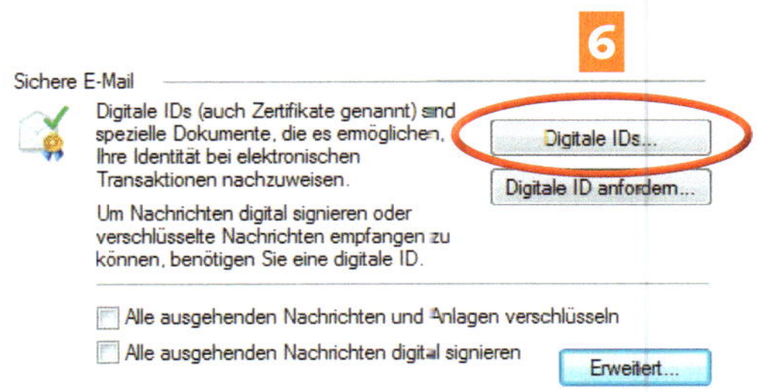

4 Phishing-Mails versuchen, Passwörter auszuspähen. Schützen Sie Ihren Posteingang davor.

5 Unter dem Register *Sicherheit* können Sie die Internet-Sicherheitszone benutzen und Bilder blockieren.

6 Besonders sicher sind verschlüsselte Mails mit digitaler ID.

Ende

Die meisten Provider, auch die FreeMail-Anbieter, bieten mittlerweile sehr gute SPAM- und Junk-Filter an. Erkundigen Sie sich, ob Ihr Provider einen solchen Filter vorschalten kann.

HINWEIS

Für die Zuweisung einer digitalen ID wird eine Webseite von Microsoft aktiviert.

HINWEIS

Start

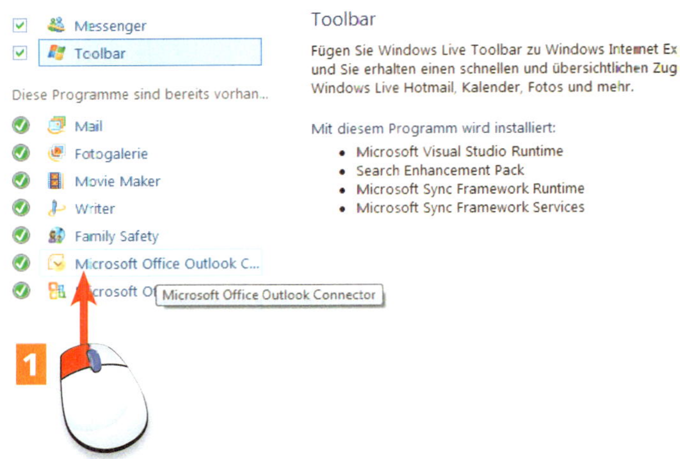

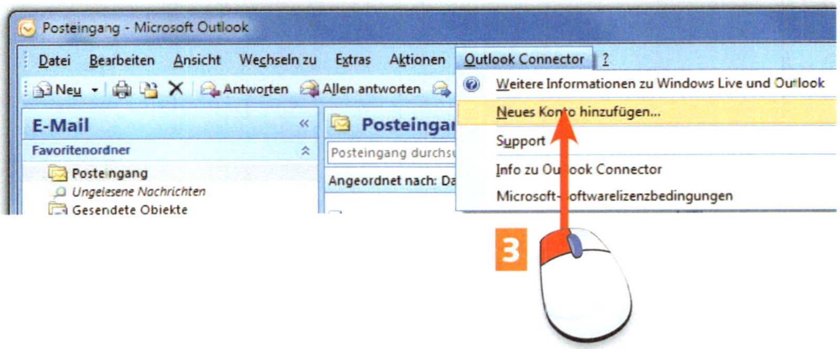

1 Installieren Sie den Outlook-Connector aus dem Angebot der Windows-Live-Programme.

2 Starten Sie Outlook über das Startmenü unter *Microsoft Office*.

3 Beim ersten Start werden sie automatisch aufgefordert, ein Konto zu erstellen. Im Menü *Outlook Connector* finden Sie den Befehl dazu.

Arbeiten Sie mit Microsoft Outlook? Dann sollten Sie den Outlook Connector installieren, der Mails, Kalenderdaten und Kontakte automatisch von Ihrem Windows-Live-Konto abholt.

WISSEN

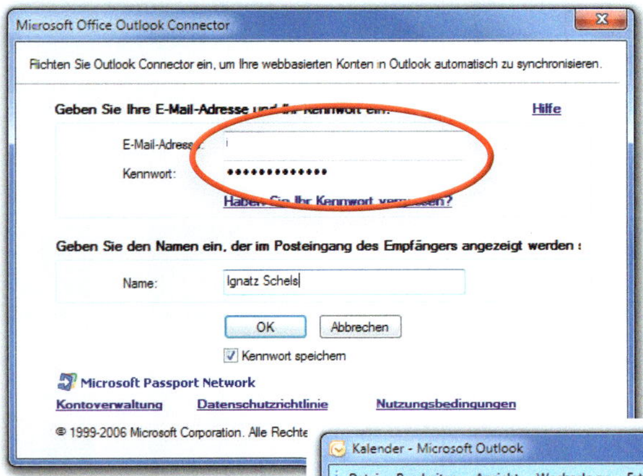

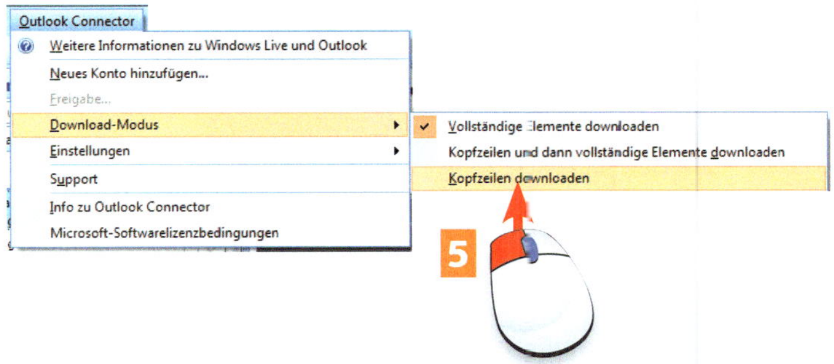

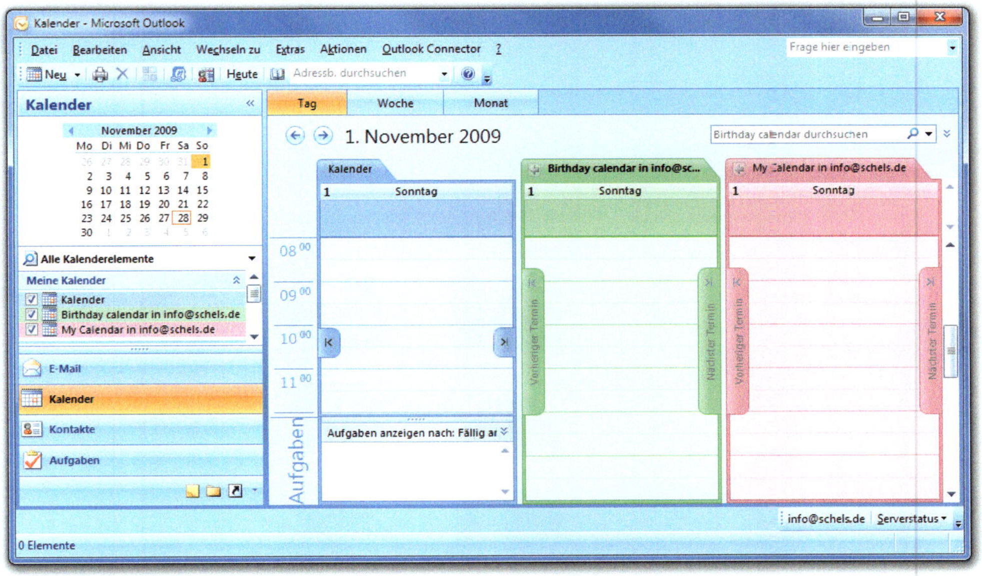

4 Geben Sie Ihre E-Mail-Adresse bei Windows Live an und tragen Sie das Kennwort ein.

5 Im *Download-Modus* entscheiden Sie, ob Sie alle Nachrichten oder nur die Kopfzeilen downloaden wollen.

6 Der Outlook Connector holt auch die Kalenderinformationen und die Kontaktdaten aus dem Windows-Live-Konto ab.

Ende

Der Outlook Connector kann auch für Outlook 2003 installiert werden. Hier finden Sie den Download ebenfalls: *www.microsoft.com/Downloads*

HINWEIS

Wenn Sie den MSN-Kalender verwenden, wird dieser automatisch zu Windows Live migriert. Synchronisieren Sie ihn ein letztes Mal vor der Installation des Outlook Connector.

HINWEIS

Fotogalerie – Ordner einbinden

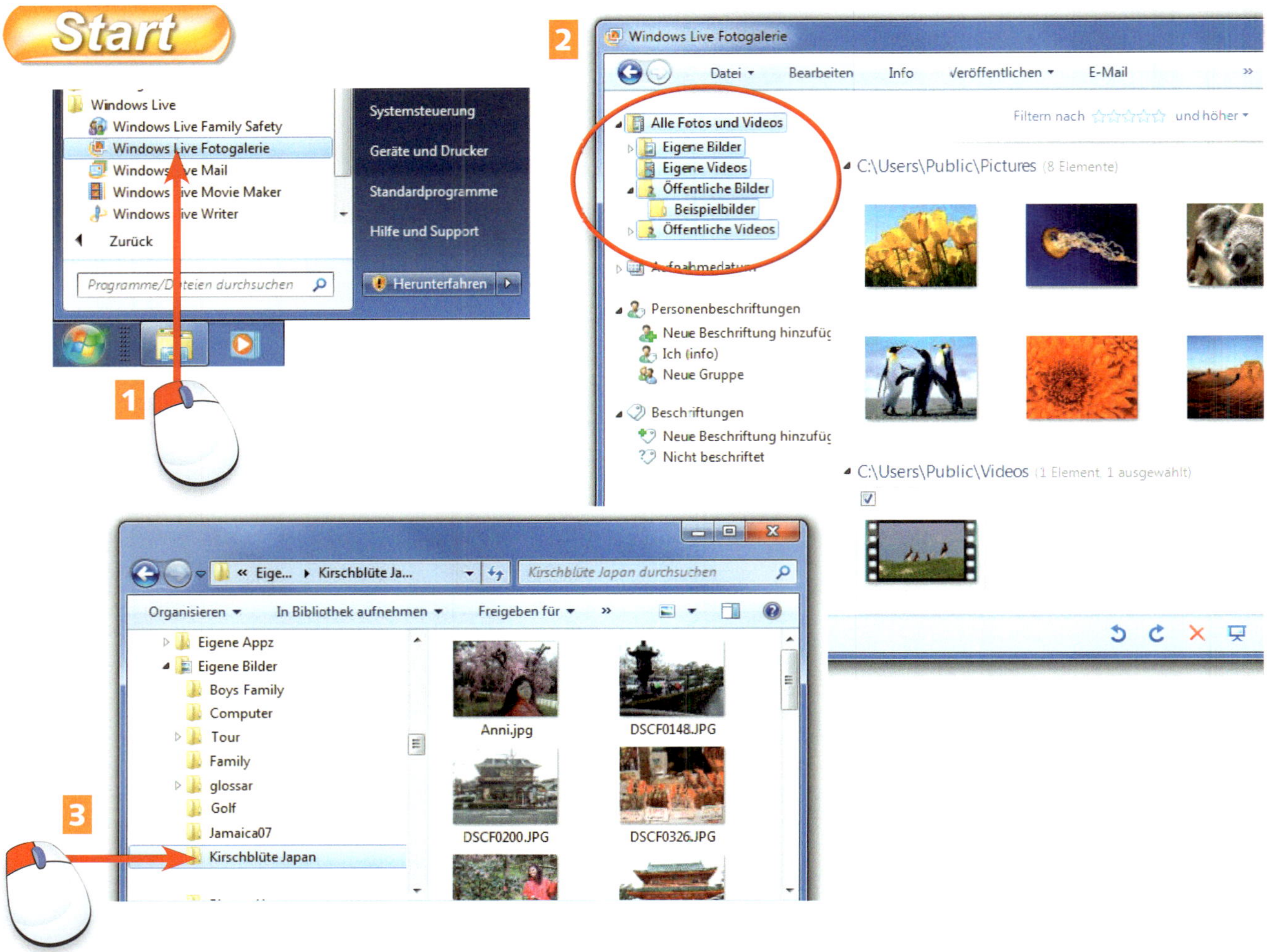

1 Aktivieren Sie die Fotogalerie aus der Liste der Windows-Live-Programme im Startmenü.

2 Die Fotogalerie integriert automatisch alle verfügbaren Bilder- und Videoordner.

3 Um einen Ordner hinzuzufügen, markieren Sie ihn in einem Explorer-Fenster.

Die Fotogalerie hilft Ihnen, den Überblick über Fotos und Videos zu erhalten. Sie sucht automatisch alle Bilder und Videos auf der Festplatte zusammen, zusätzliche Ordner lassen sich mit wenigen Handgriffen einbinden.

WISSEN

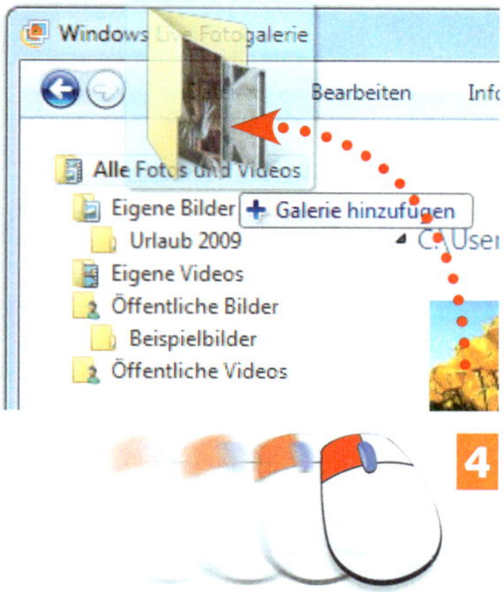

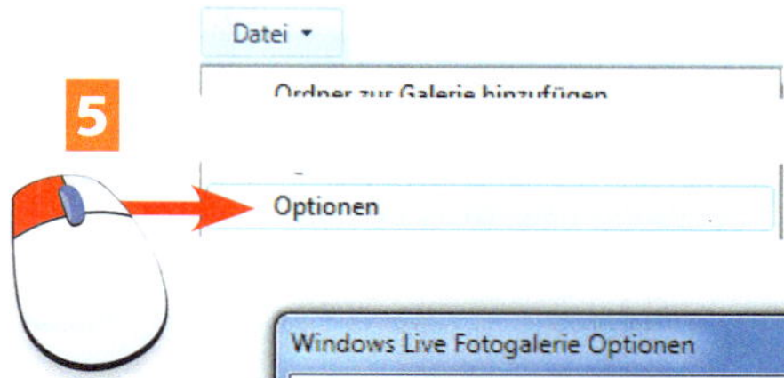

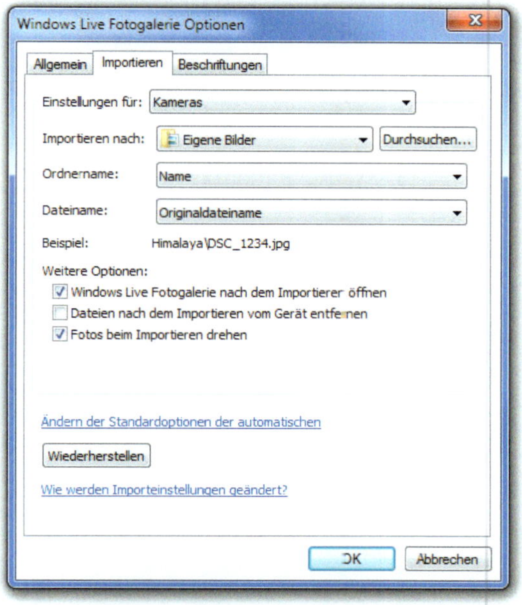

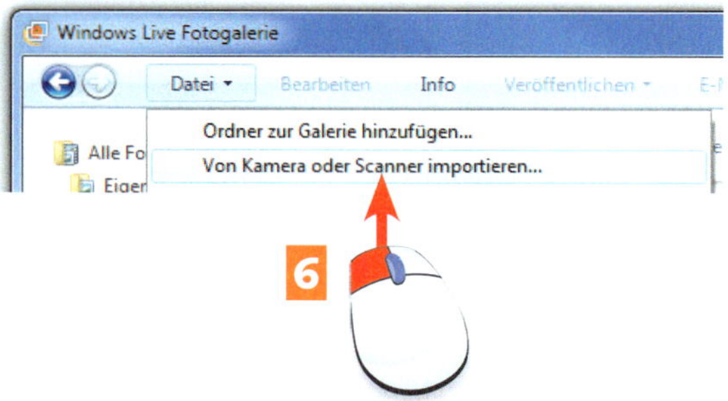

4 Ziehen Sie den Ordner mit gedrückter Maustaste auf *Alle Fotos und Videos*.

5 Unter *Datei/Optionen* finden Sie Einstellungen für den Bildimport von Kameras und Camcordern.

6 Holen Sie Bilder und Videos mit *Datei/Importieren* direkt aus dem Gerät in die Fotogalerie.

Ende

Mit der *Galeriesynchronisierung* im Datei-Menü stellen Sie Ihre Bilder online auf das Windows-Live-Konto.

HINWEIS

Ziehen Sie einen Ordner auf einen bereits eingefügten Ordner, wird er in diesen kopiert. Halten Sie die [⇧]-Taste gedrückt, um ihn zu verschieben.

HINWEIS

Start

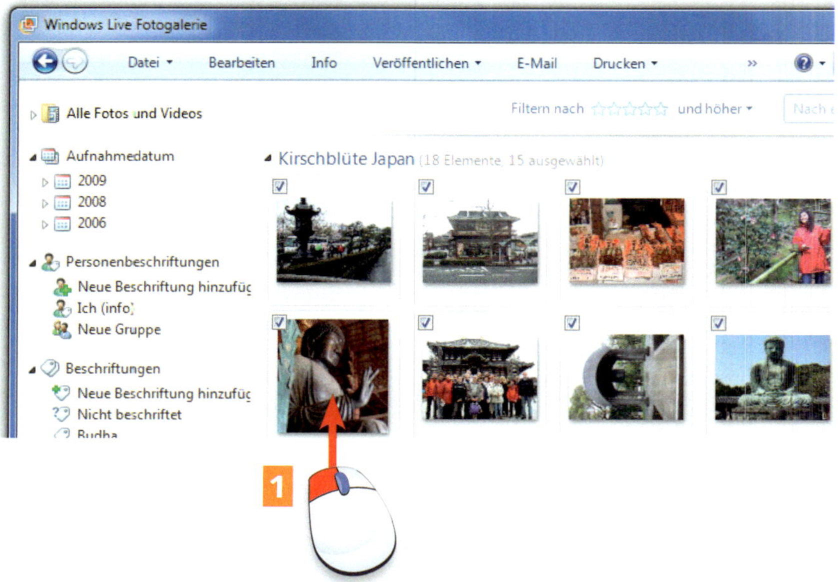

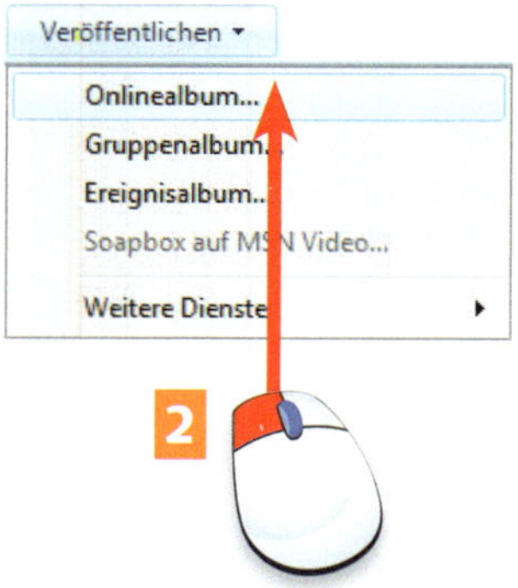

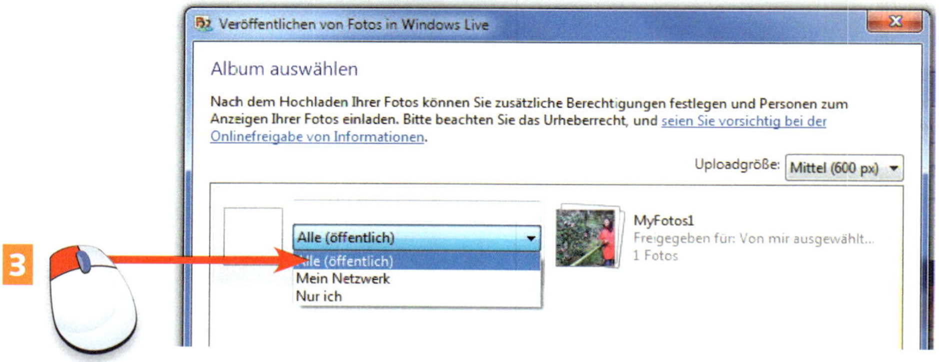

1 Markieren Sie alle Bilder, die Sie in einem Album veröffentlichen wollen, in der Windows Live Fotogalerie.

2 Wählen Sie *Veröffentlichen/Onlinealbum*.

3 Entscheiden Sie, ob Sie das Album öffentlich bereitstellen, für Ihr Netzwerk (Hotmail-Kontakte) oder ob es nur in Ihrem Profil sichtbar sein sollte.

Die Fotos in der Windows-Fotogalerie können Sie mit wenigen Klicks auch online stellen, damit sie für Freunde und Bekannte einsehbar sind. Alles, was Sie brauchen ist ein Windows-Live-Konto.

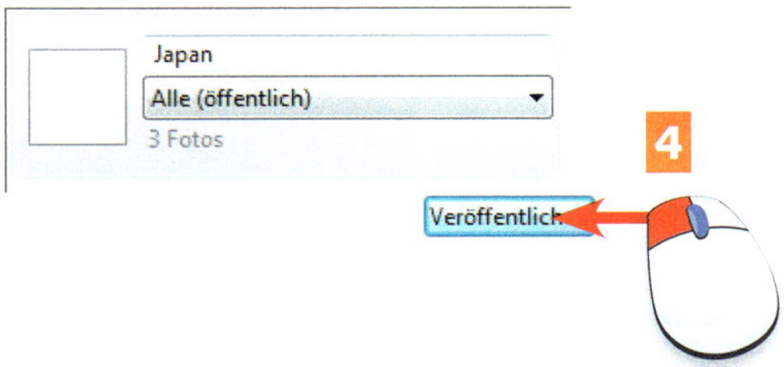

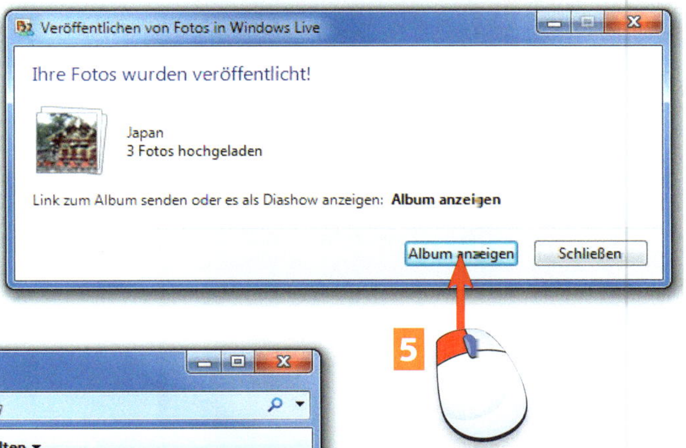

6

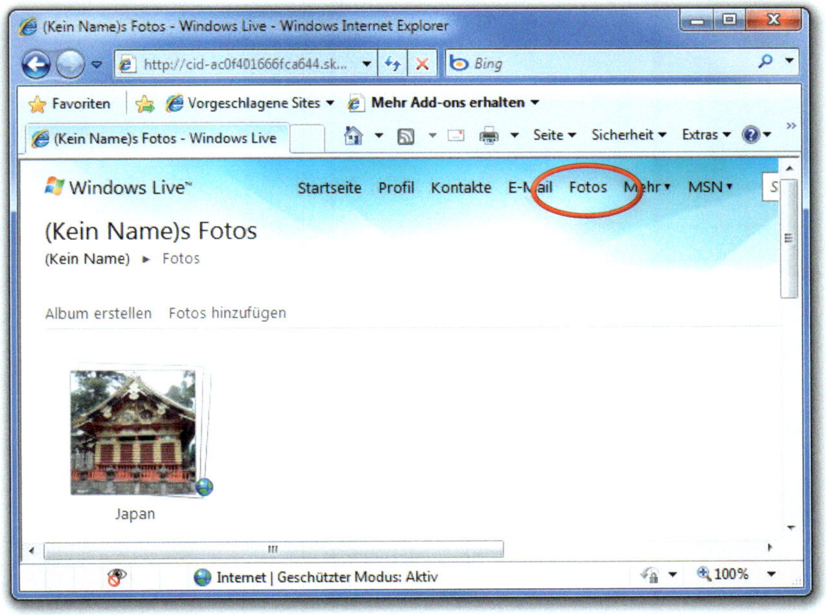

4 Geben Sie einen Namen für das neue Album ein und klicken Sie auf *Veröffentlichen*.

5 Bestätigen Sie die Meldung, nachdem alle Bilder hochgeladen wurden, und lassen Sie das Album anzeigen.

6 Das neue Album befindet sich unter *Fotos* in Ihrem Windows-Live-Konto.

Ende

Zum Markieren der Bilder drücken Sie die Strg- oder ⇧-Taste.

HINWEIS

Start

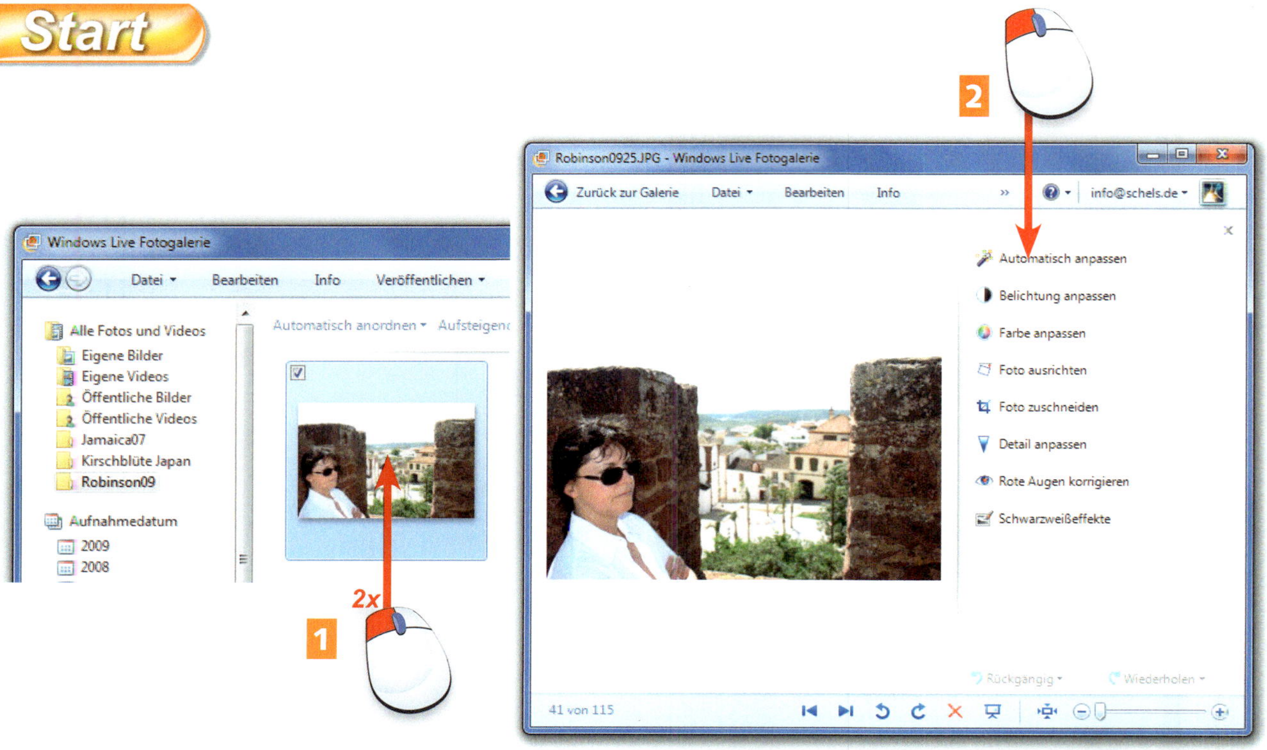

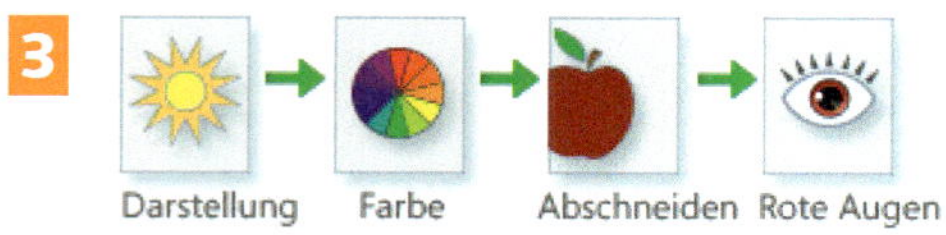

1 Um ein Bild in der Fotogalerie zu bearbeiten, klicken Sie es einfach doppelt an.

2 Verwenden Sie die Werkzeuge am rechten Bildrand, um das Bild zu bearbeiten.

3 Achten Sie auf den Workflow: Benutzen Sie die Werkzeuge zur Bildbearbeitung in dieser Reihenfolge.

Software für Bildbearbeitung ist zwar sehr nützlich, aber in der Regel auch sehr teuer. Nutzen Sie für einfache Aufgaben die Bildbearbeitungswerkzeuge der Fotogalerie, sie liefern erstaunlich gute Ergebnisse.

WISSEN

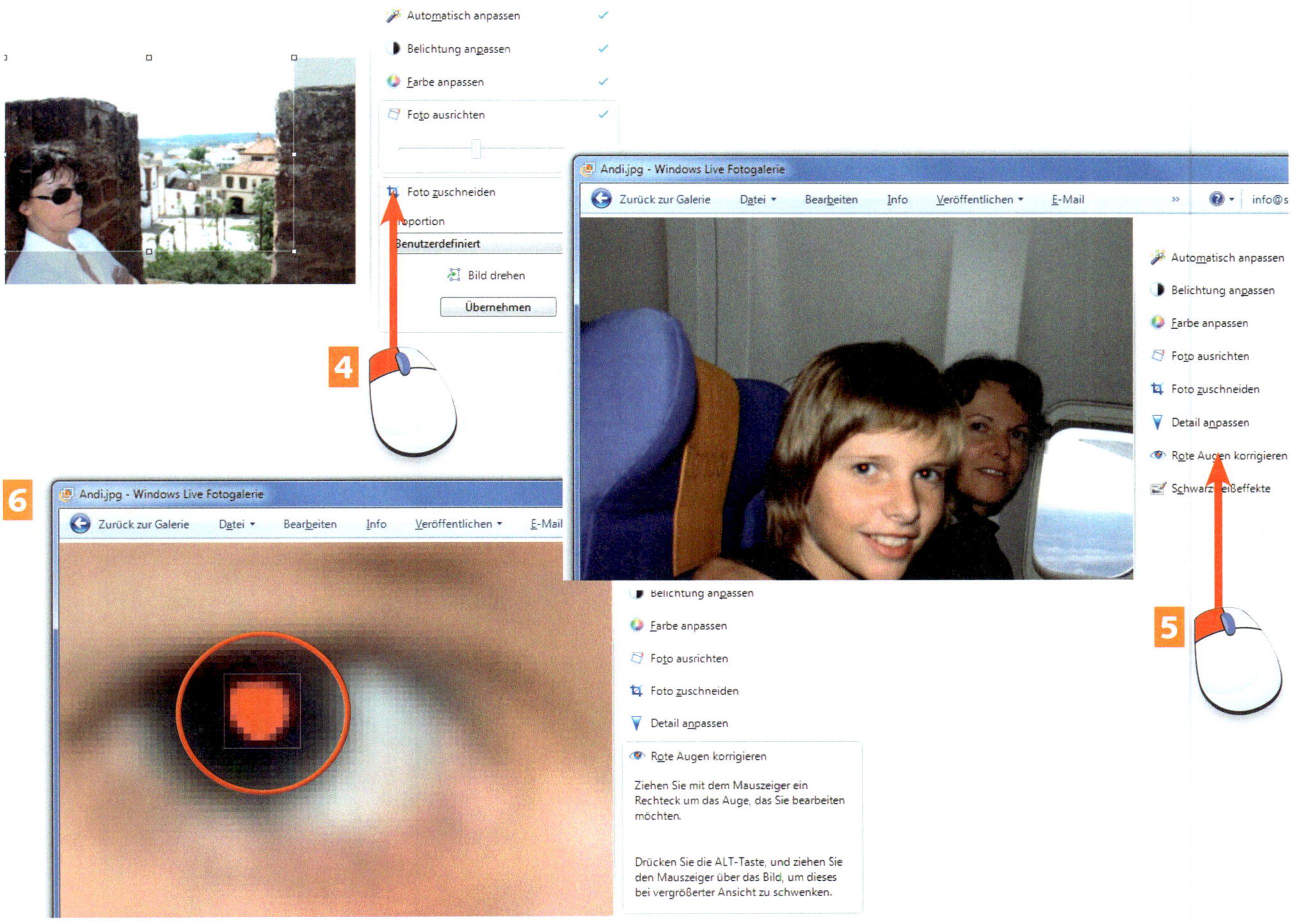

4 Klicken Sie auf *Foto zuschneiden*, ziehen Sie den Rahmen über den gewünschten Bildausschnitt und klicken Sie auf *Übernehmen*.

5 Rote Augen korrigieren Sie auch mit einem Werkzeug der Fotogalerie. Klicken Sie es an, …

6 … zoomen Sie den Ausschnitt mit dem Mausrad nach oben und ziehen Sie einen Rahmen um den roten Bereich. Mit Alt lässt sich der gezoomte Ausschnitt verschieben.

Ende

Um den Bildausschnitt bei gezoomten Bildern zu ändern, verschieben Sie das Bild einfach mit gedrückter Maustaste im Bildrahmen.

TIPP

Die Einhaltung des Workflows ist wichtig: erst Belichtung, Schärfe, Helligkeit korrigieren, dann die Farben anpassen.

HINWEIS

6

Diagnose und Service

Start

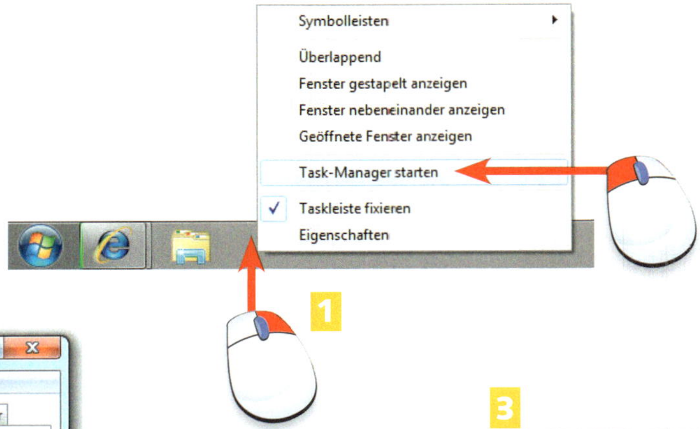

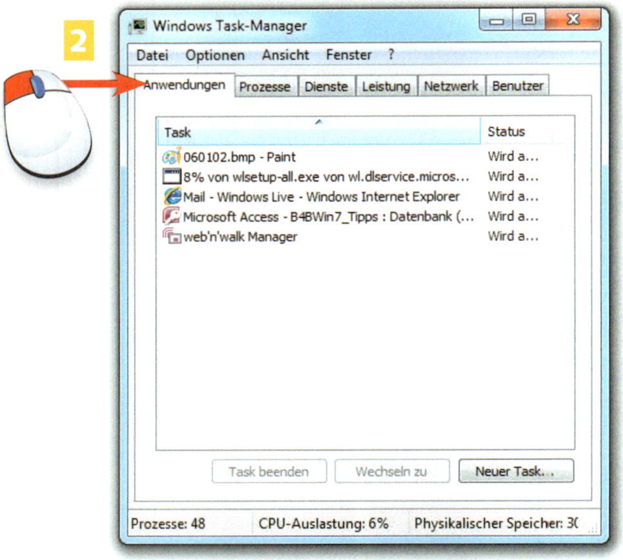

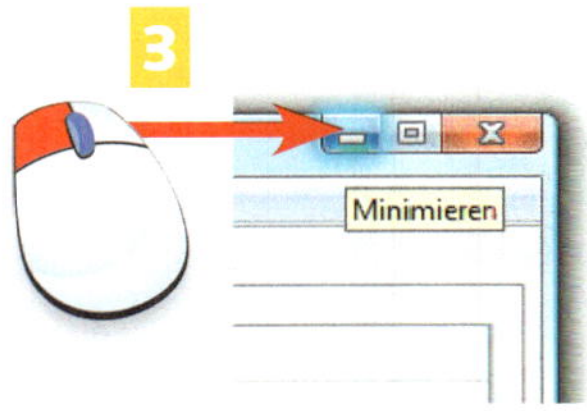

1 Starten Sie den Task-Manager mit [Strg] + [⇧] + [Esc] oder aus dem Kontextmenü der Taskleiste.

2 Auf der Registerkarte *Anwendungen* sehen Sie alle laufenden Programme. Die Statusleiste zeigt CPU-Auslastung und Speicherbelegung.

3 Klicken Sie auf das Minimieren-Kästchen, wird der Task-Manager zum Symbol im Systembereich. Per Doppelklick aktivieren Sie ihn wieder.

Der Task-Manager ist die technische Schaltzentrale für laufende Programme. Hier sehen Sie, was läuft und was nicht mehr läuft, hier finden Sie heraus, wer am meisten Speicher benötigt, und hier weisen Sie einzelnen Tasks wenn nötig mehr Power (Rechenzeit) zu.

WISSEN

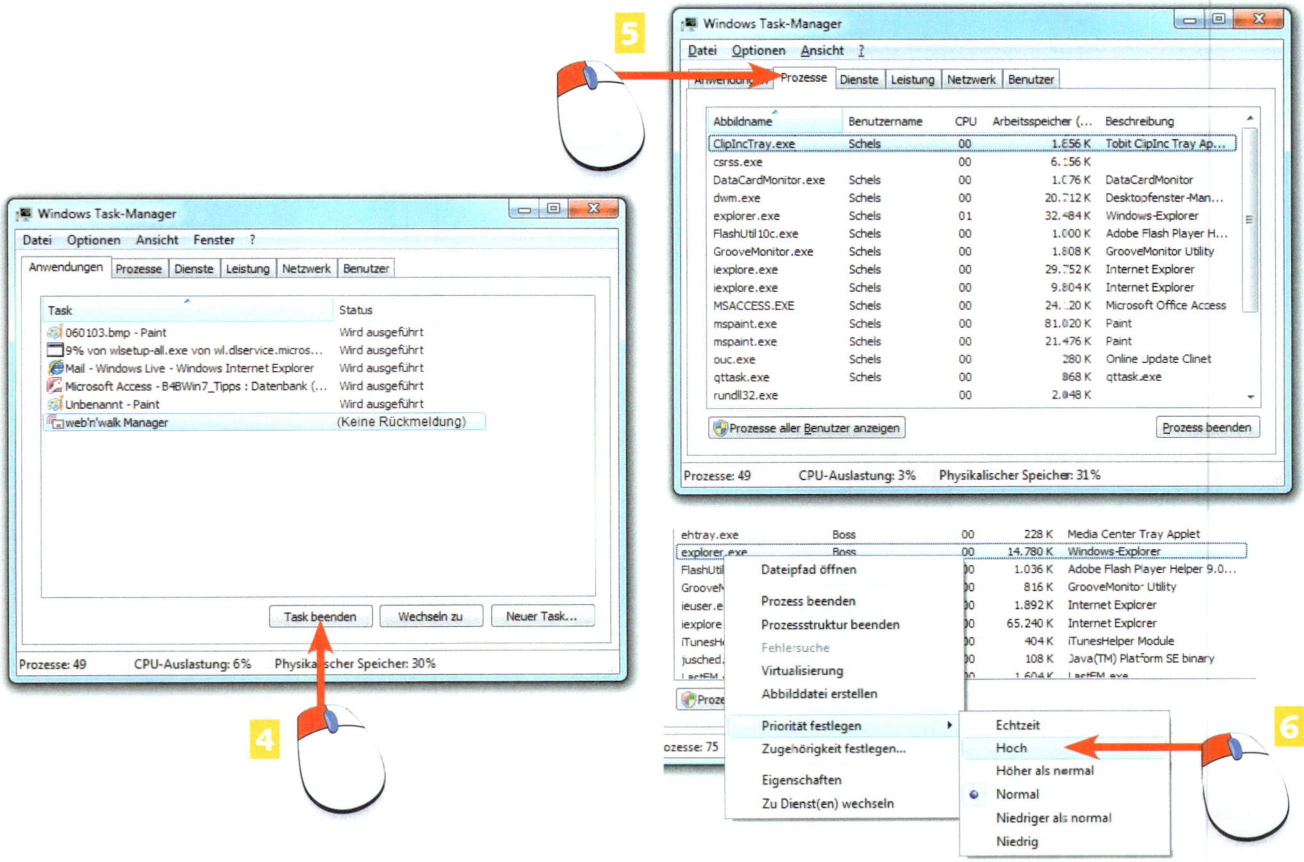

4 Wenn eine Anwendung »abgestürzt« ist, aber noch arbeitet, zeigt der Task-Manager den Status *Keine Rückmeldung*. Klicken Sie auf *Task beenden*.

5 Auf der Prozesse-Karte sehen Sie eine ausführliche Info zu jedem Prozess mit Benutzer und Speicherbelegung.

6 Weisen Sie einem Prozess im Kontextmenü eine höhere Priorität zu, bekommt er mehr Rechenzeit als andere in niedrigeren Prozessebenen.

Strg + Alt + Entf aktiviert einen Startbildschirm, in dem auch der Task-Manager aktiviert werden kann. Drücken Sie Strg + ⇧ + Esc für den Task-Manager alleine.

TIPP

Nutzen Sie den Task-Manager, um abgestürzte oder ewig rechnende Prozesse vorzeitig zu beenden. Dabei gehen zwar alle nicht gespeicherten Daten verloren, aber das müssen Sie bei Abstürzen in Kauf nehmen.

TIPP

7

8

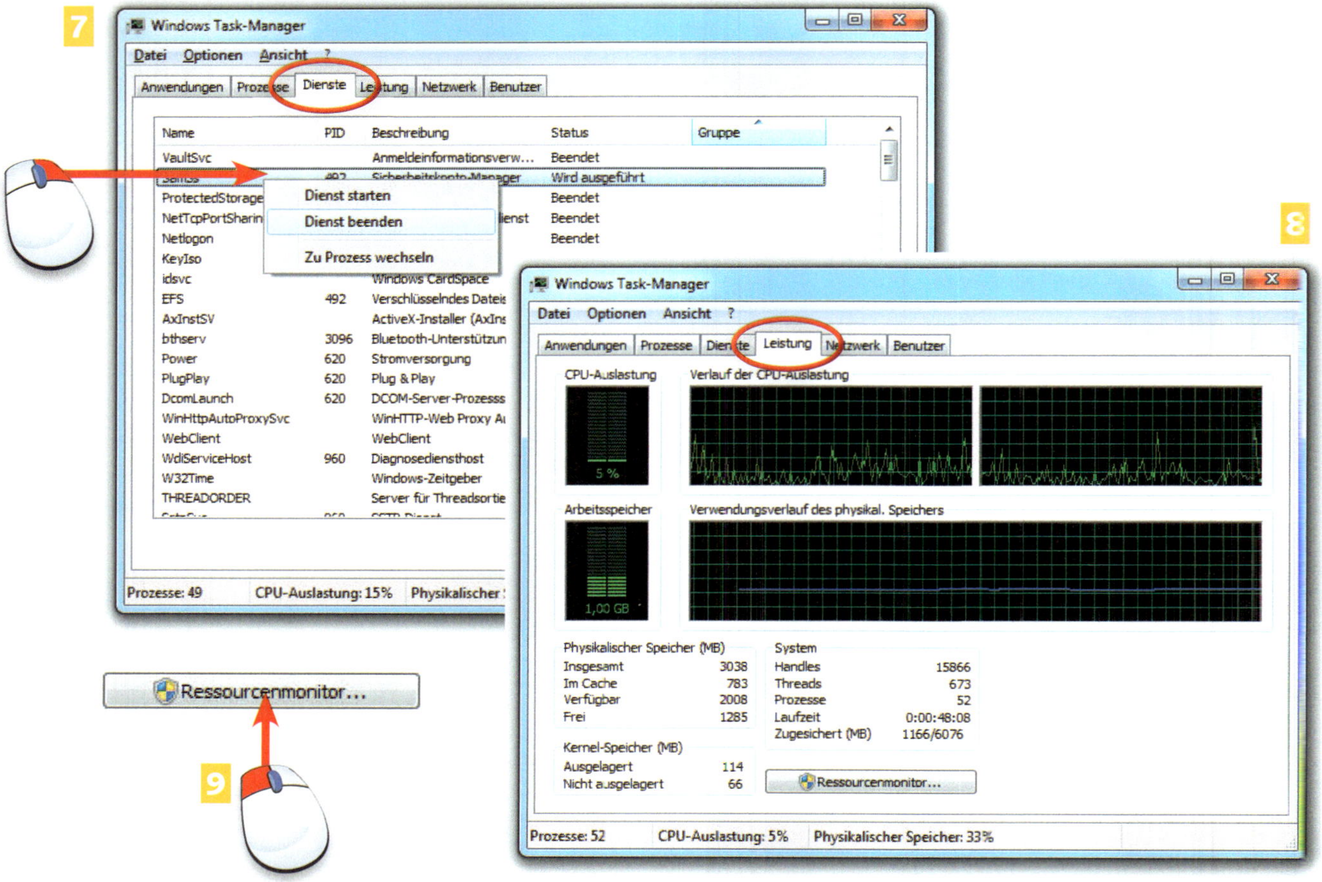

9

7 Auf der Registerkarte *Dienste* finden Sie aktive und inaktive Dienste. Klicken Sie auf die gleichnamige Schaltfläche, um die Konsole einzublenden.

8 Wie CPU und RAM ausgelastet sind, zeigt die Registerkarte *Leistung*. Der Verlauf meldet die Aktivitäten laufender Programme.

9 Klicken Sie auf die Schaltfläche *Ressourcenmonitor*, um erweiterte Leistungsdiagramme einzublenden.

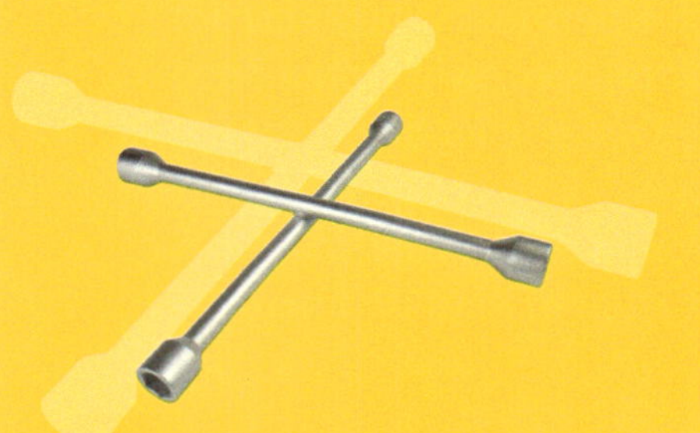

Nutzen Sie den Task-Manager auch, um die Leistung Ihres Systems zu prüfen. Ein Ressourcenmonitor zeigt die Auslastung von CPU, Arbeitsspeicher und Datenträger und enttarnt auf Wunsch die größten Speicherfresser.

WISSEN

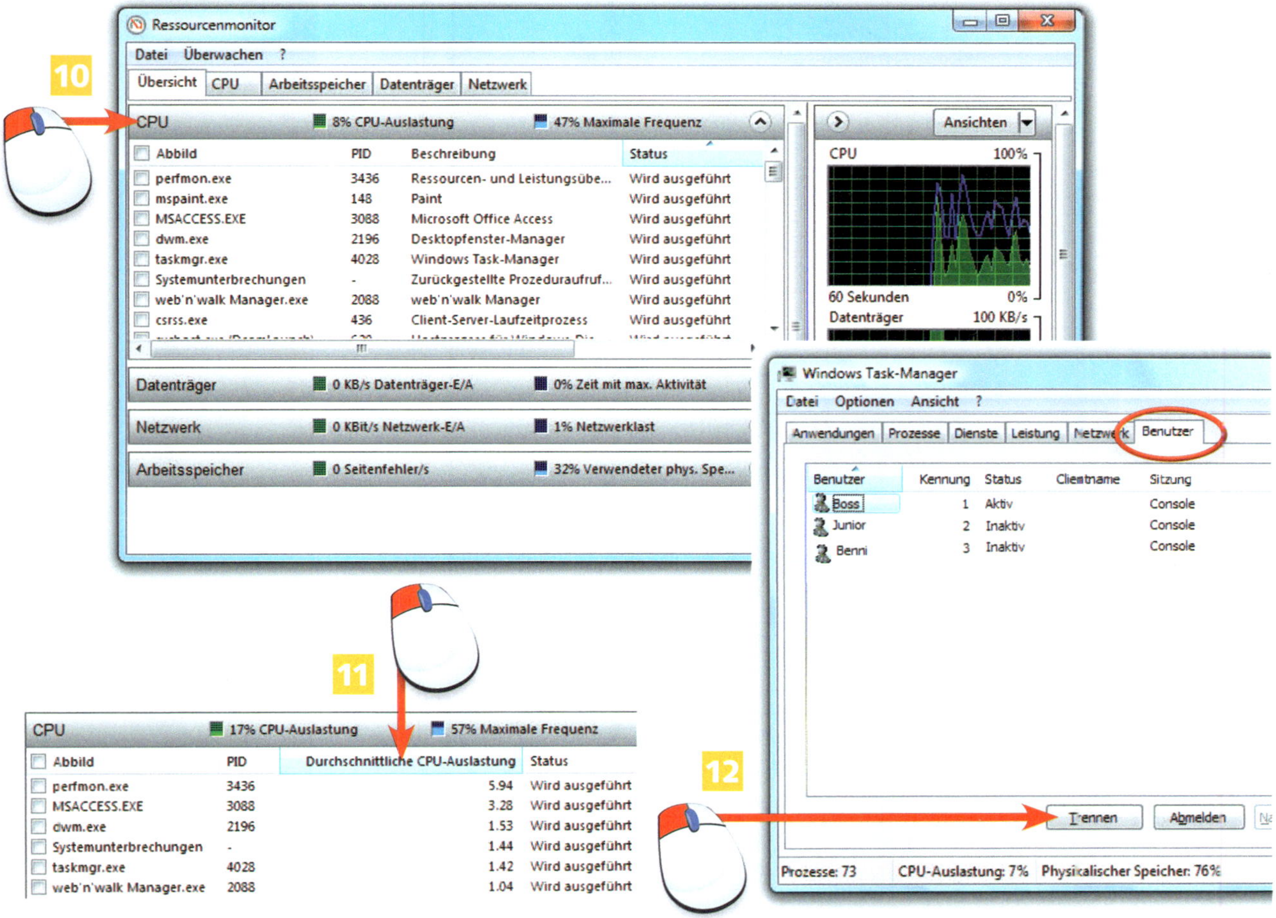

10 Der Monitor zeigt neben CPU- und Speicherauslastung auch die Aktivität des Datenträgers. Öffnen Sie eine Ressourcenliste (hier CPU) …

11 … und sortieren Sie die Liste per Klick auf einen Spaltentitel (hier nach der größten CPU-Auslastung).

12 Auf der letzten Registerkarte finden Sie eine Übersicht über alle angemeldeten Benutzer. Mit *Trennen* können Sie Benutzerkonten abmelden.

Ende

Der Ressourcenmonitor gehört zu den Systemprogrammen (Zuverlässigkeit und Leistung). Er lässt sich auch über die Systemsteuerung oder durch Eingabe von *perfmon /res* im Suchfenster starten.

HINWEIS

Klicken Sie im Ressourcenmonitor auf *Weitere Informationen* und rufen Sie die Hilfethemen über die einzelnen Schaltflächen ab.

HINWEIS

Start

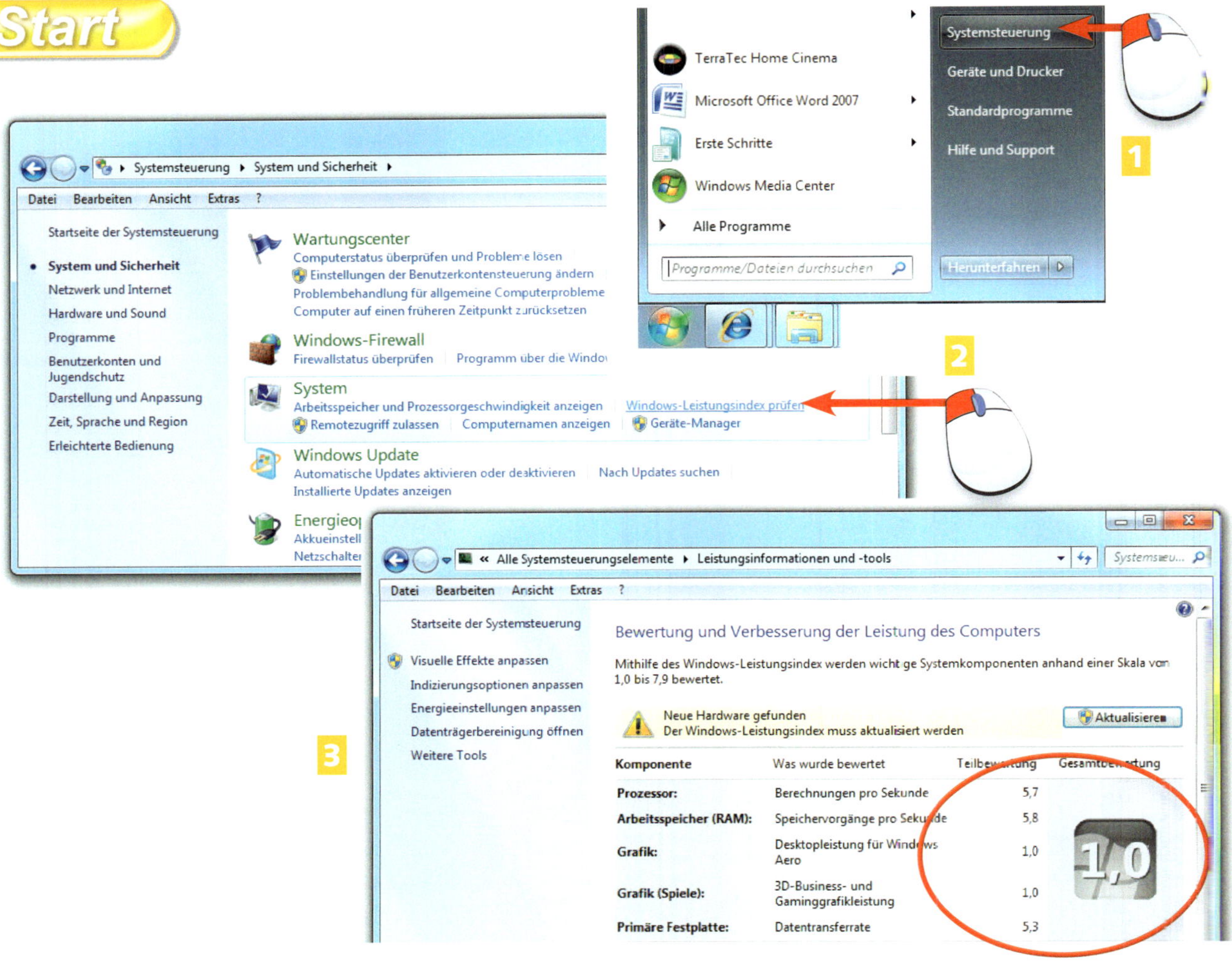

1. Klicken Sie auf *Start* und aktivieren Sie die Systemsteuerung.
2. Wählen Sie *Windows-Leistungsindex prüfen* unter *System und Sicherheit.*
3. Die Bewertung, die bei der Installation oder beim letzten Bewertungslauf erstellt wurde, wird angezeigt.

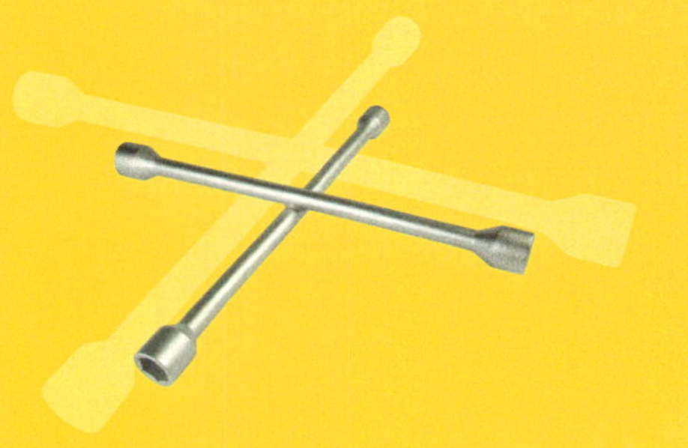

Fragen Sie Windows 7 doch mal, ob Ihr Computer genügend Leistung für das Betriebssystem aufbringt. Die Leistungsbewertung wird nach der Installation automatisch erstellt, aktualisieren Sie die Werte, wenn neue Hardware ins Spiel kommt.

WISSEN

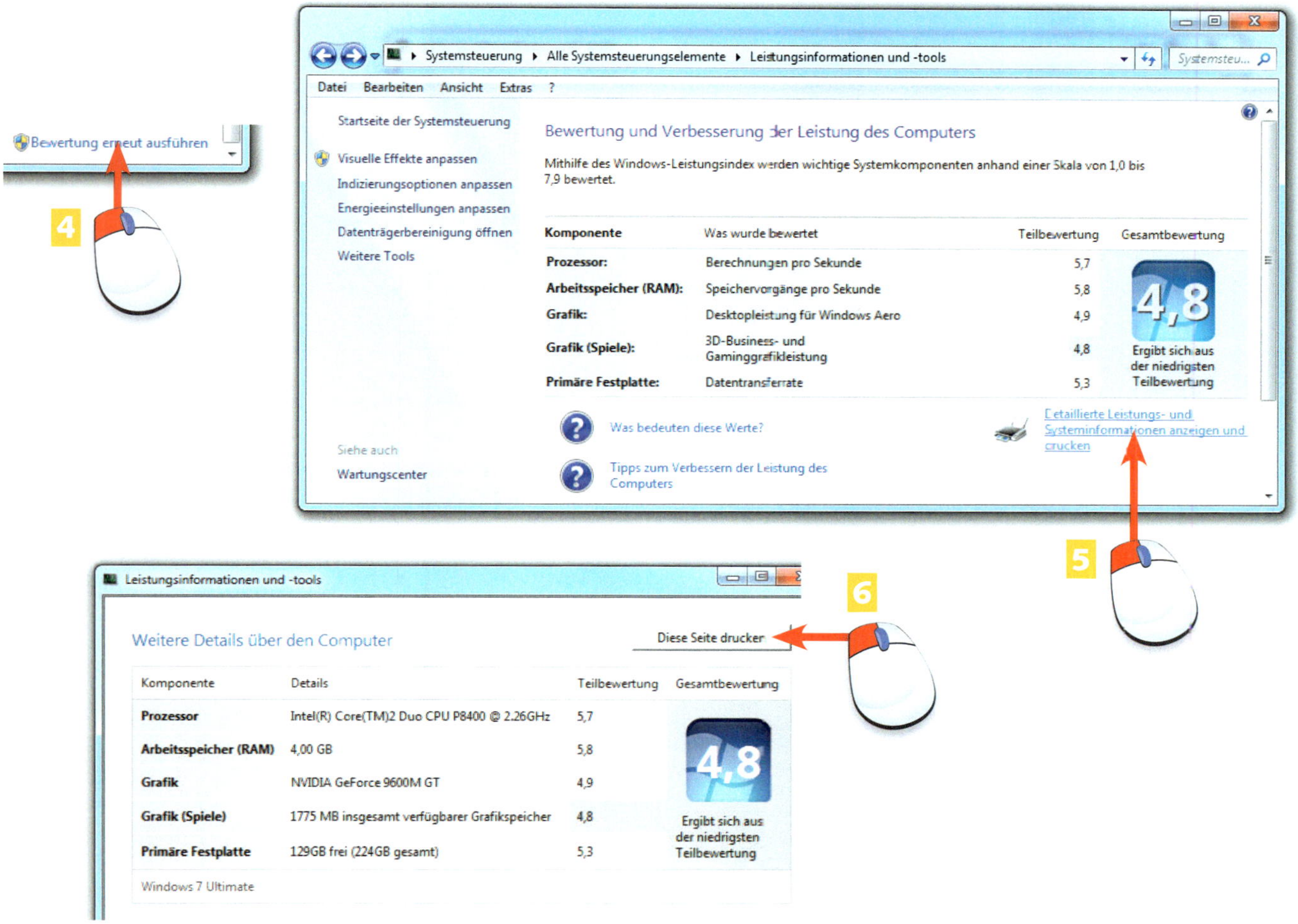

4 Klicken Sie auf *Bewertung erneut ausführen*.

5 Die Werte werden neu berechnet und nach kurzer Zeit erhalten Sie einen neuen Leistungsindex. Sehen Sie sich die detaillierte Bewertung an.

6 Hier können Sie alle Informationen über System, Speicher, Grafikadapter und Netzwerk ausdrucken.

Ende

Klicken Sie auf *Details anzeigen und drucken*, um eine detaillierte Aufstellung der Analyse zu erhalten.

HINWEIS

Mit einem Index von 1 oder 2 ist der Computer für Windows 7 geeignet, nicht aber für Aero-Effekte. Ab Index 3 kann Aero eingesetzt werden.

HINWEIS

Öffnen Sie den Ausführen-Dialog mit [⊞] + [r] und geben Sie *cmd* ein. Mit der Eingabe *winsat.exe -v* können Sie die Bewertung mitverfolgen.

TIPP

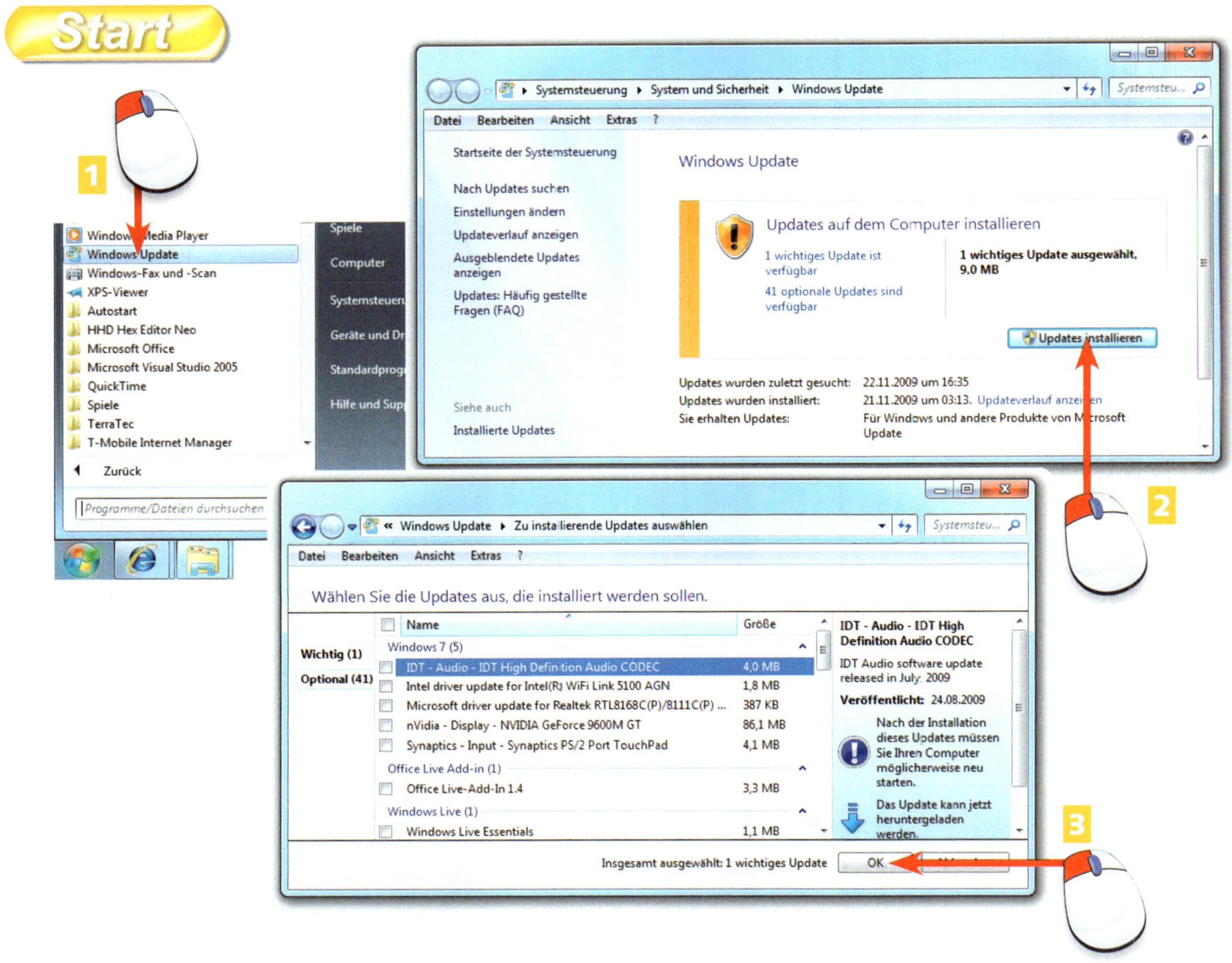

1 Starten Sie *Windows Update* aus der Zubehörgruppe des Startmenüs.

2 Das Update-Fenster zeigt verfügbare Updates und meldet, ob Windows 7 auf dem neuesten Stand ist.

3 Kreuzen Sie alle Updates an, die Sie downloaden möchten, und klicken Sie auf *OK*.

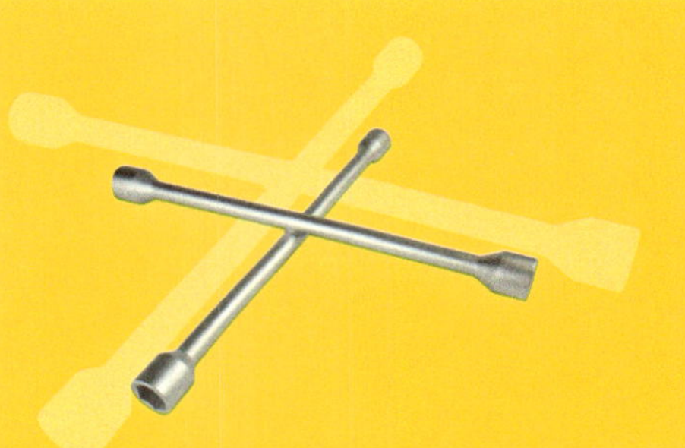

Windows Update ist ein wichtiges Werkzeug im Kampf um die Sicherheit des Betriebssystems. Neue Patches und Updates werden sofort geladen und installiert, wenn Sie das Programm richtig konfigurieren.

WISSEN

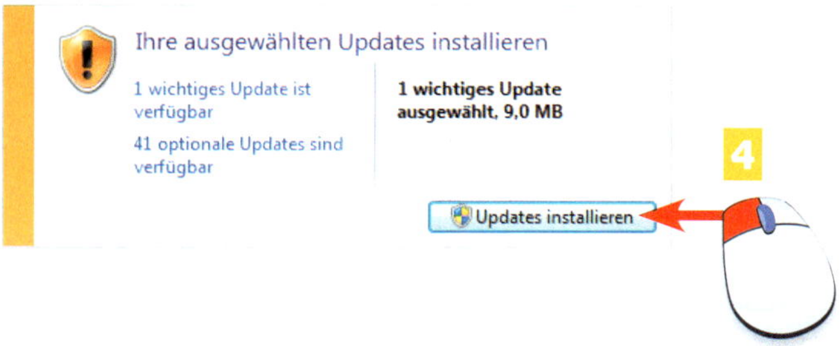

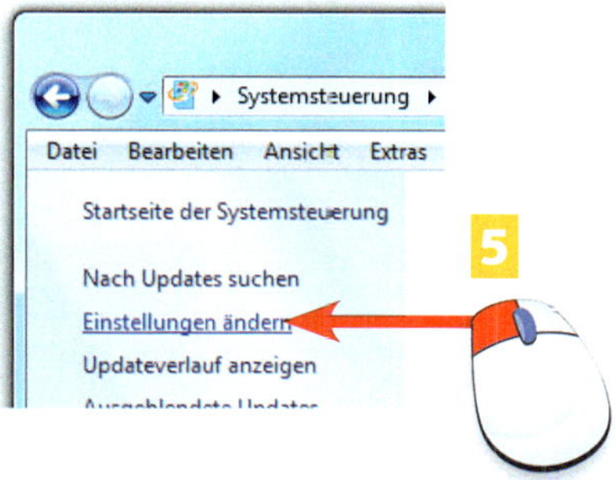

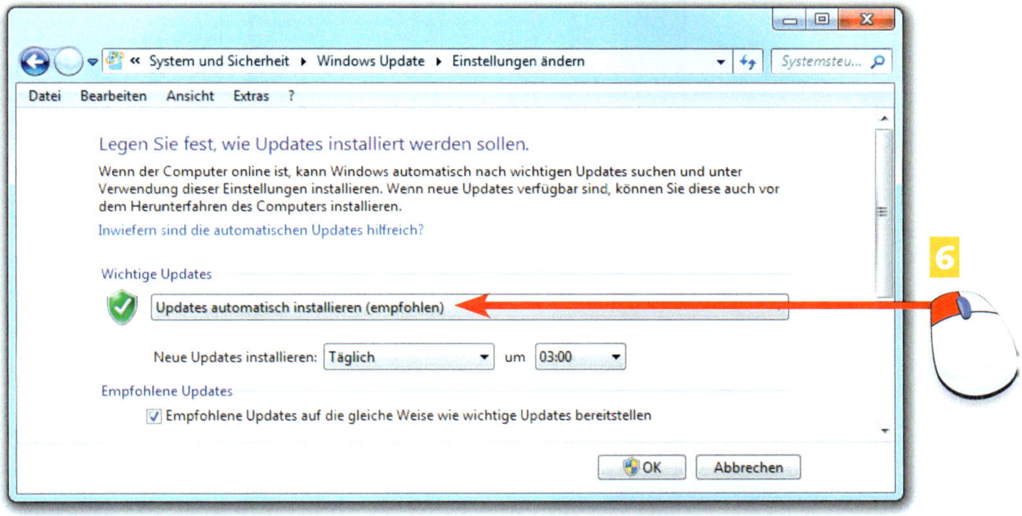

4 Mit *Updates installieren* werden alle ausgewählten Updates installiert.

5 Klicken Sie auf *Einstellungen ändern* …

6 … und passen Sie die Einstellungen für den automatischen Download der Updates an.

Ende

Lassen Sie sich den Update-Verlauf anzeigen, um festzustellen, ob alle Updates funktioniert haben.

TIPP

Windows Update verwendet für die zeitgesteuerte Suche und den Download von Updates den Task Scheduler, ein Dienstprogramm aus der Systemsteuerung.

HINWEIS

Start

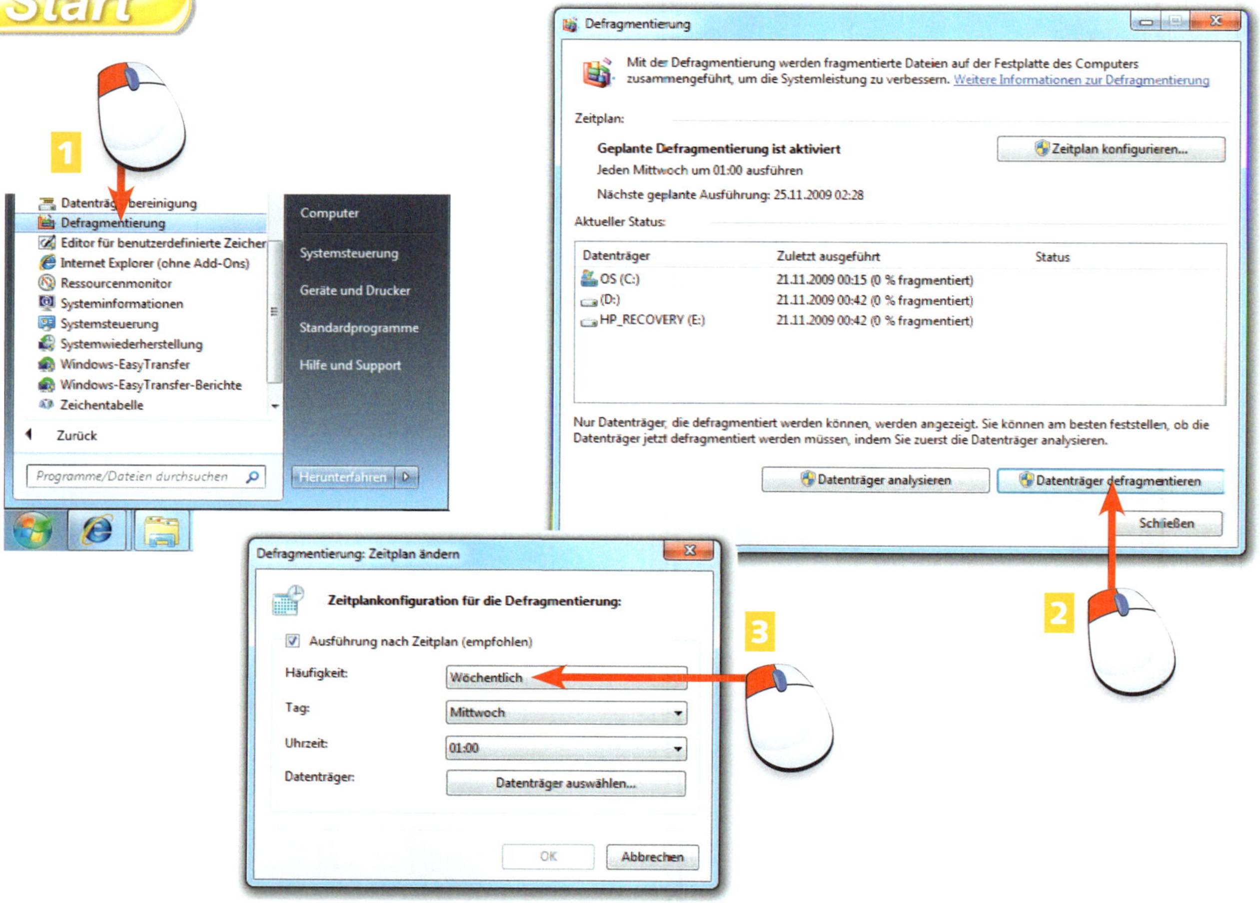

1 Wählen Sie *Defragmentierung* aus dem Ordner *Systemprogramme* im Startmenü.

2 Der eingestellte Zeitplan wird angezeigt, klicken Sie auf *Zeitplan konfigurieren*.

3 Geben Sie an, nach welchem Zeitplan Sie den Prozess starten wollen.

Windows 7 defragmentiert seine Datenträger automatisch nach einem eingestellten Zeitplan. Ändern Sie diesen oder schalten Sie ihn ab und defragmentieren Sie Ihre Datenträger manuell.

WISSEN

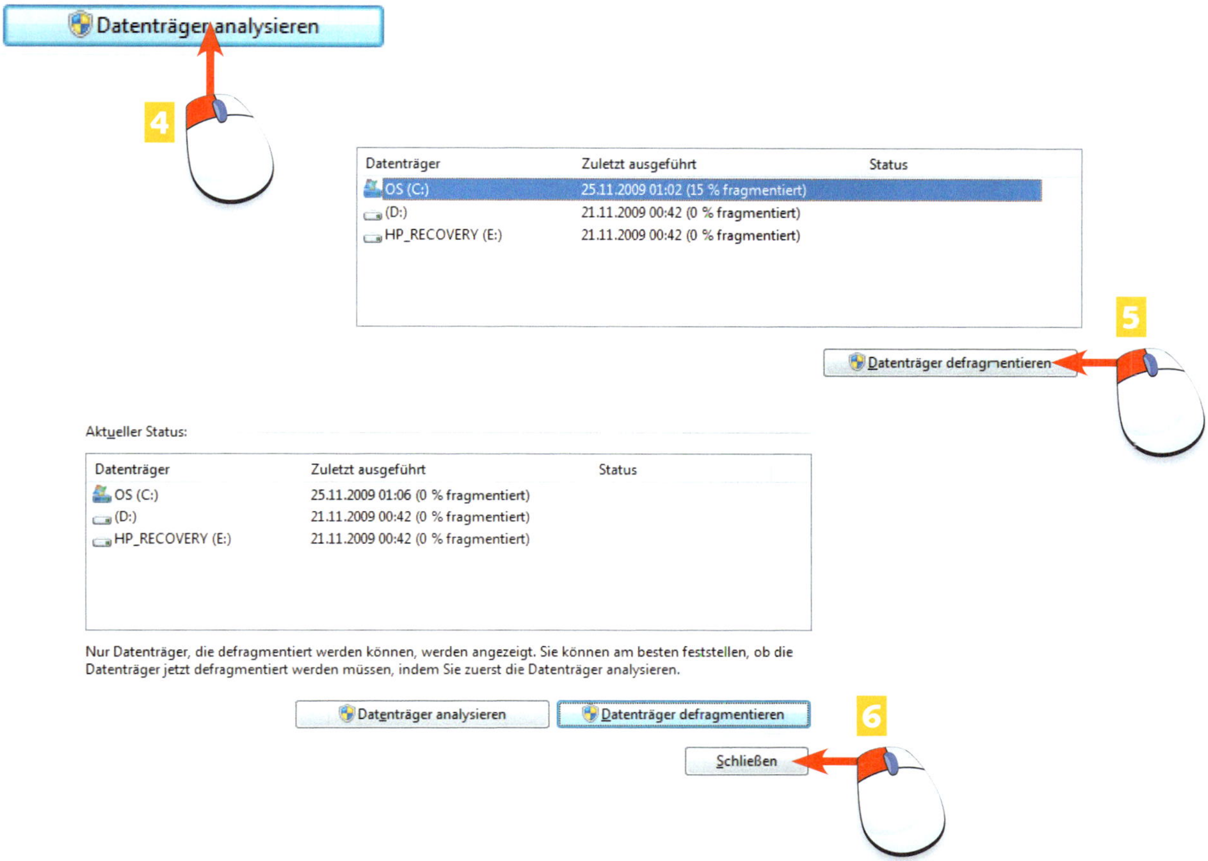

4 Ein Klick auf *Datenträger analysieren* prüft, ob der markierte Datenträger defragmentiert werden muss.

5 Mit *Defragmentierung starten* können Sie den Datenträger auch manuell defragmentieren.

6 Nach Abschluss des Vorgangs sollte der Datenträger keine Fragmentierung mehr enthalten. Klicken Sie auf *Schließen.*

Ende

Mit der Defragmentierung werden Datenblöcke auf der Festplatte neu angeordnet, so dass die Zugriffe der Schreib-/Leseköpfe optimiert werden. Damit werden die Datenträgerzugriffe schneller.

HINWEIS

Start

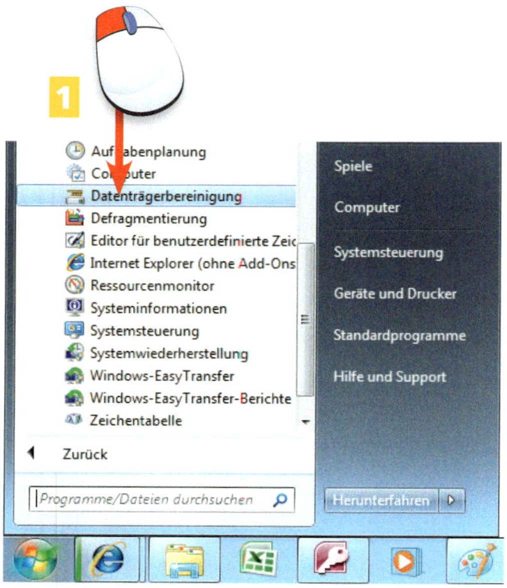

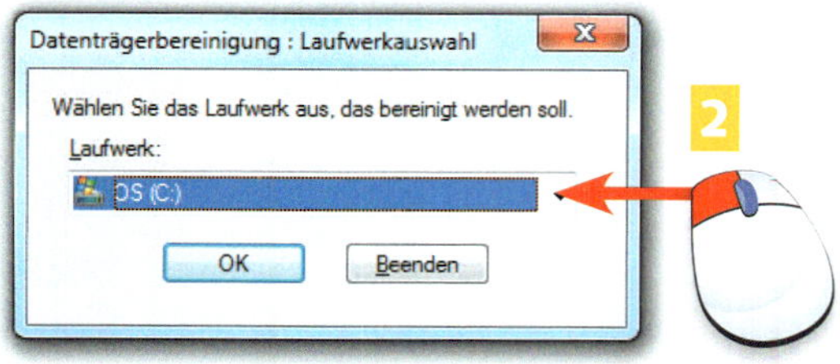

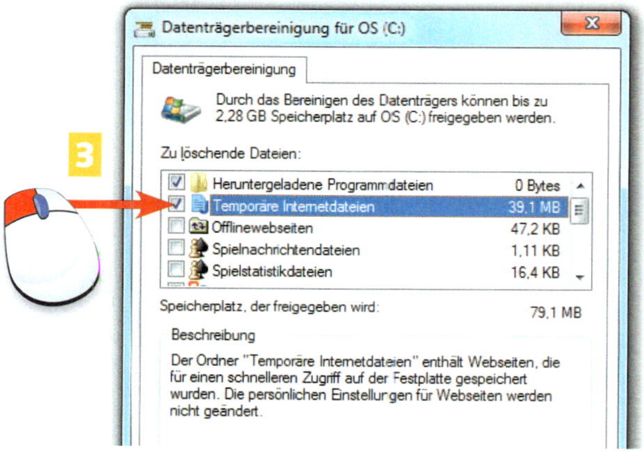

1 Holen Sie die Datenträgerbereinigung aus den Systemprogrammen im Startmenü.

2 Wählen Sie das Laufwerk, das Sie bereinigen wollen.

3 Kreuzen Sie die Dateikategorien an, die Sie bereinigen wollen. Die Beschreibung informiert über den markierten Eintrag.

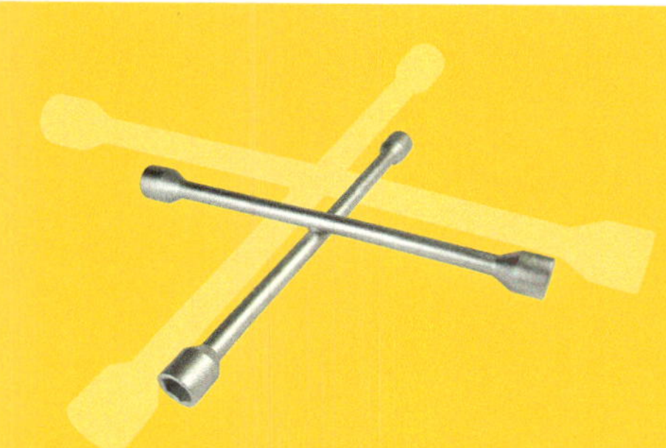

Mit der Zeit sammelt sich eine Menge „Datenmüll“ auf den Datenträgern an. Nutzen Sie die Datenträgerbereinigung, um gründlich aufzuräumen, entfernen Sie nicht benötigte und überflüssige Dateien von Ihren Festplatten.

WISSEN

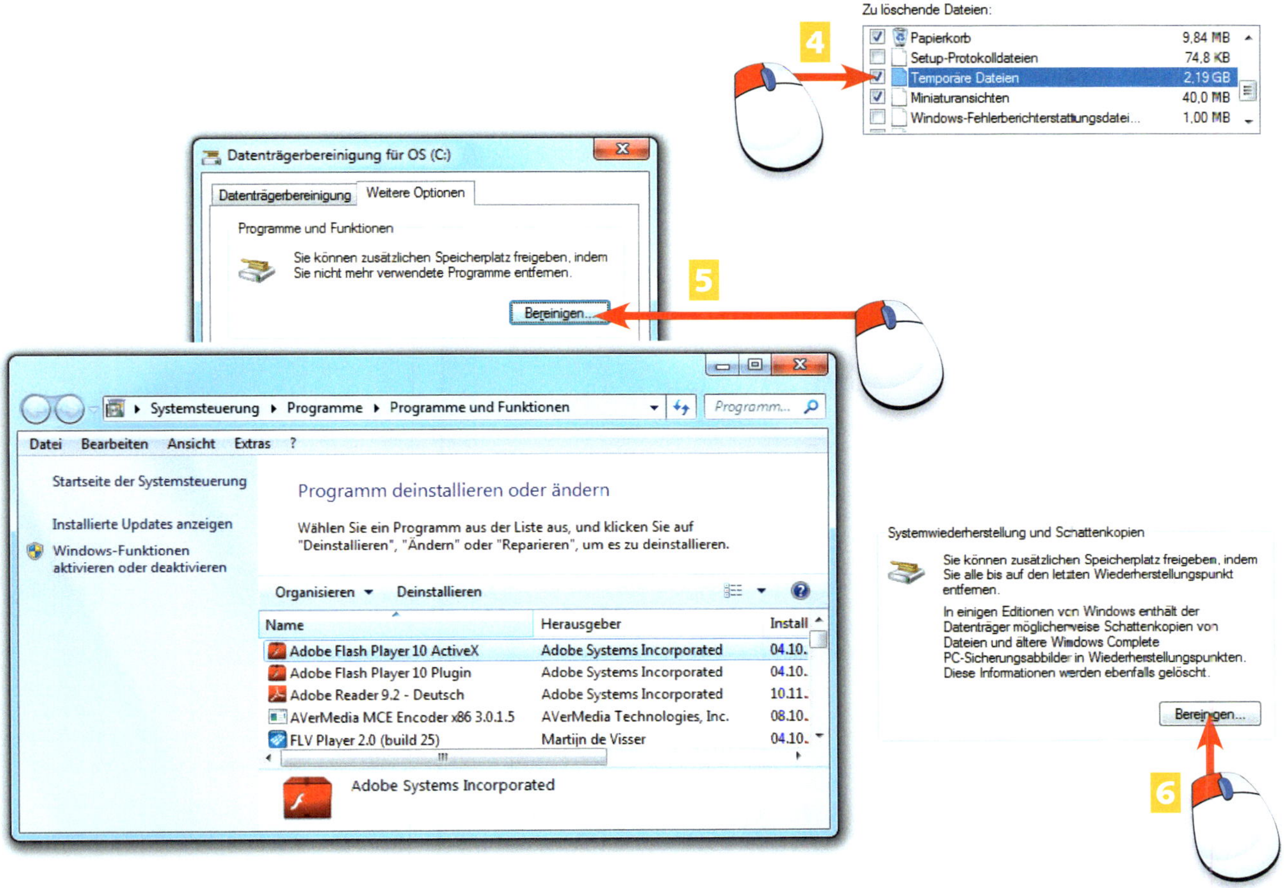

4 Papierkorb und temporäre Dateien verbrauchen in der Praxis unnötig viel Speicherplatz.

5 Klicken Sie auf *Systemdateien bereinigen*. Unter *Weitere Optionen* können Sie nicht mehr benötigte Programme entfernen.

6 Löschen Sie auch alle Wiederherstellungspunkte bis auf den letzten, auch diese Daten werden meist nicht mehr benötigt.

Ende

Geben Sie *cleanmgr.exe* in das Ausführen-Feld des Startmenüs ein, um die Datenträgerbereinigung schneller zu starten.

TIPP

Mit Klick auf *Dateien anzeigen* können Sie sich die Daten noch einmal ansehen.

HINWEIS

Das Info-Tool für Grafik: dxdiag

Start

1

2

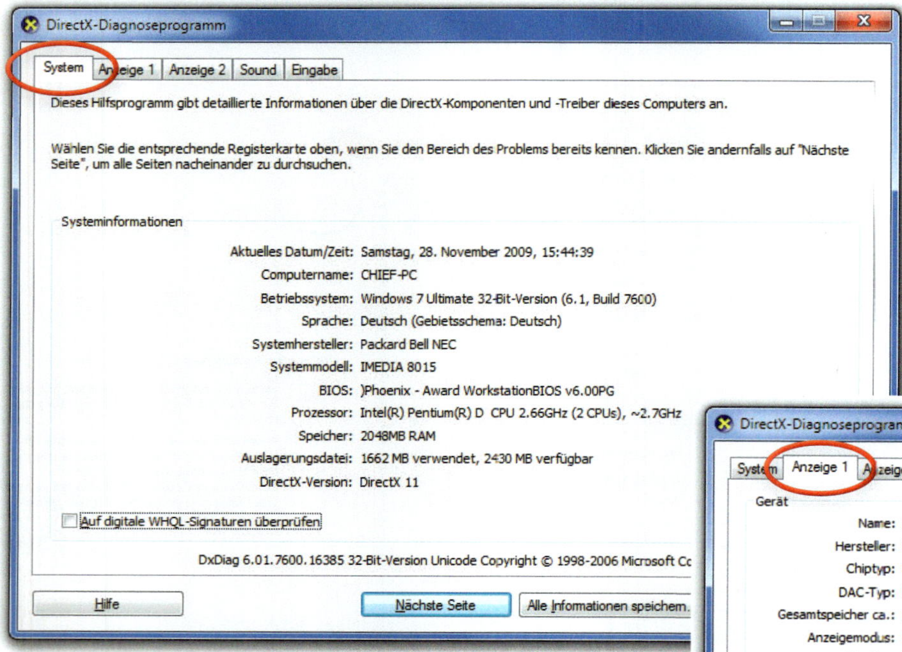

3

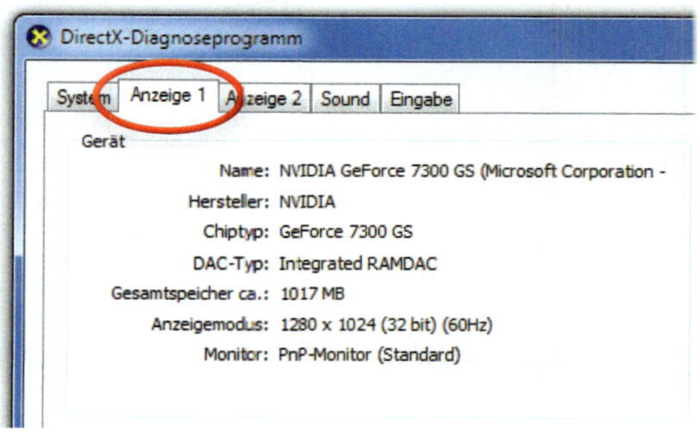

1 Klicken Sie auf das Symbol des Startmenüs und geben Sie *dxdiag* ein.

2 Die DirectX-Diagnose startet, auf der ersten Registerkarte sehen Sie wichtige Informationen über System, Speicherplatz, BIOS und Prozessor.

3 Überprüfen Sie auf der Registerkarte *Anzeige* die technischen Infos zu Ihrem Grafikadapter.

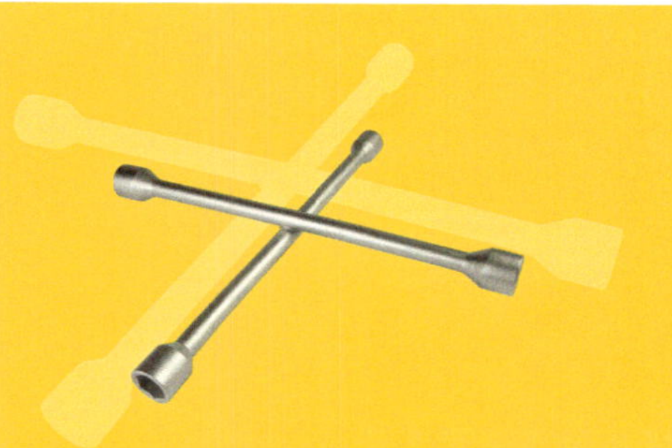

Dxdiag ist das Diagnoseprogramm für DirectX-Dateien. Nutzen Sie es, um Fehler mit Grafiktreibern zu lokalisieren, oder einfach nur, um Informationen über Ihr System zu bekommen.

WISSEN

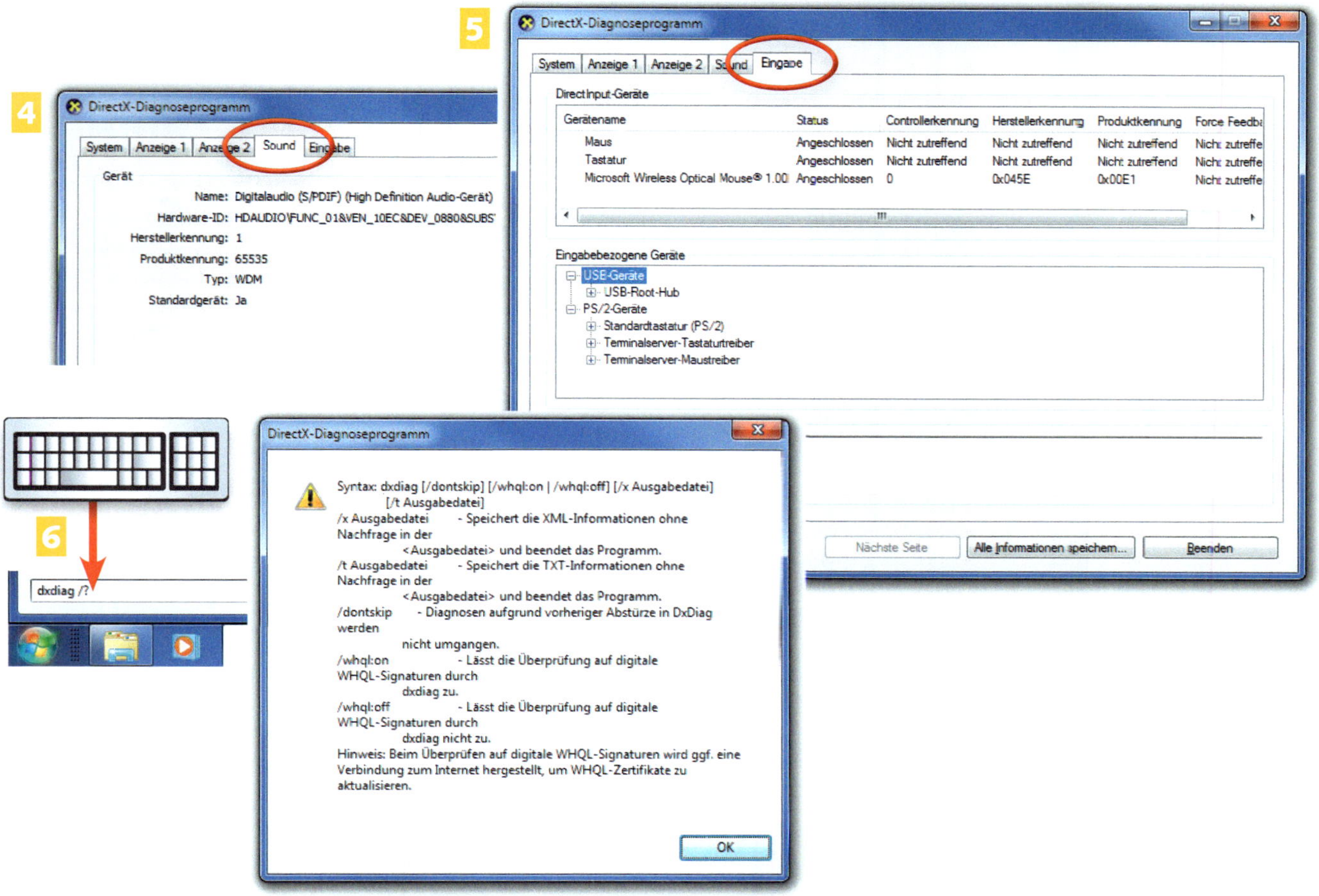

4 Für die im System entdeckten Soundadapter stehen ebenfalls technische Informationen über Geräte und Treiber bereit.

5 Klicken Sie auf *Eingabe*, um Informationen zu den angeschlossenen Eingabegeräten aufzulisten.

6 Geben Sie den Aufruf mit dem Parameter /? ein, erhalten Sie die verfügbaren Startparameter.

Ende

DirectDraw ist eine Grafikschnittstelle, die u.a. direkten Bildspeicherzugriff ermöglicht.

HINWEIS

DirectX: System, das Multimedia-Anwendungen unterstützt und beschleunigt. Für Windows 7 ist DirectX ab Version 10 erforderlich.

FACHWORT

Digitale WHQL-Signaturen sind von Microsoft signierte Treiber.

HINWEIS

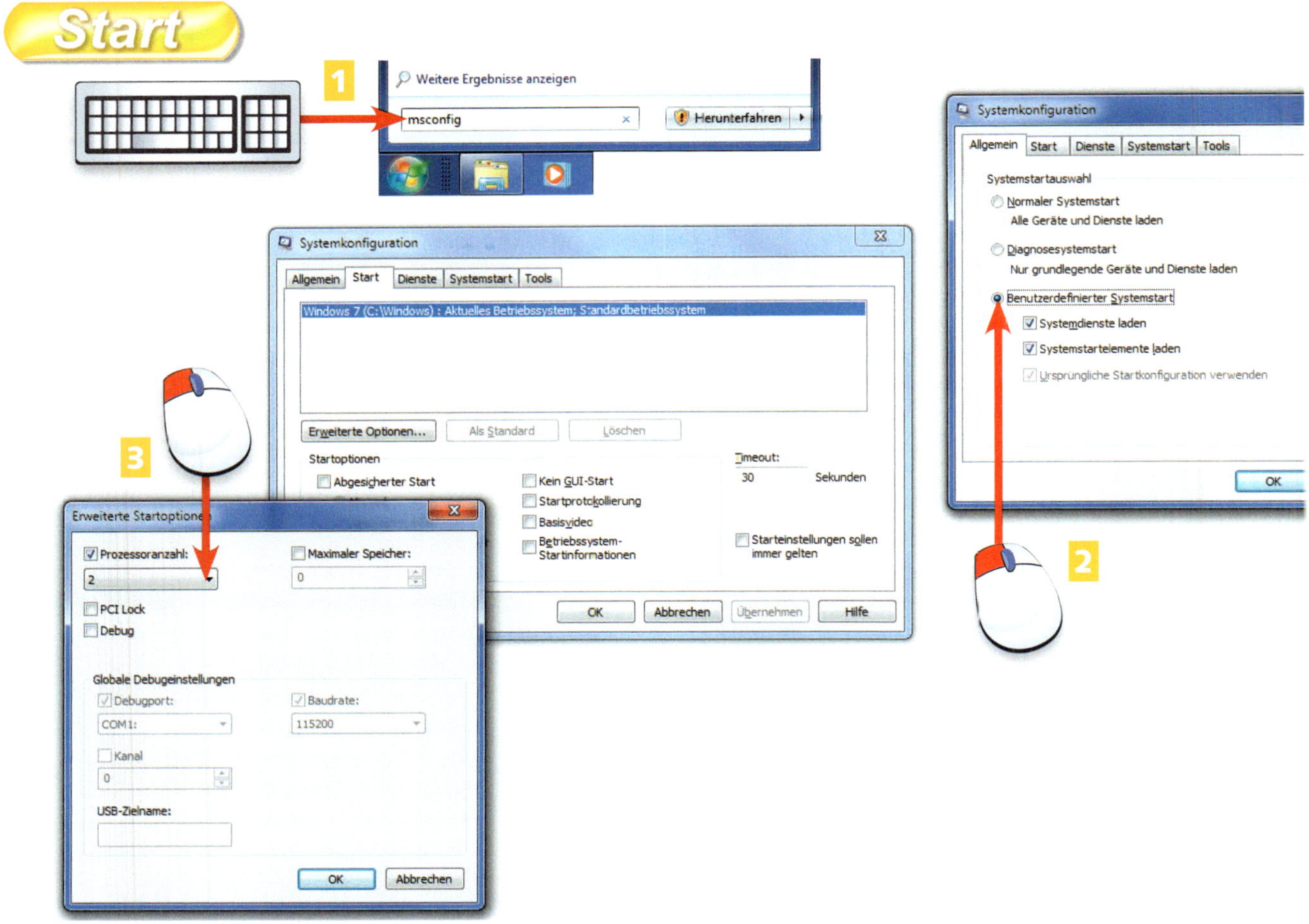

1 Starten Sie *msconfig* per Eingabe in das Suchfeld des Startmenüs.

2 Auf der ersten Registerkarte finden Sie drei Startalternativen (Normaler Systemstart, Diagnosestart, Benutzerdefinierter Systemstart).

3 Wechseln Sie auf die Registerkarte *Start*. Kreuzen Sie die Startoption an. Tragen Sie unter *Erweiterte Optionen* die Anzahl der Prozessoren ein.

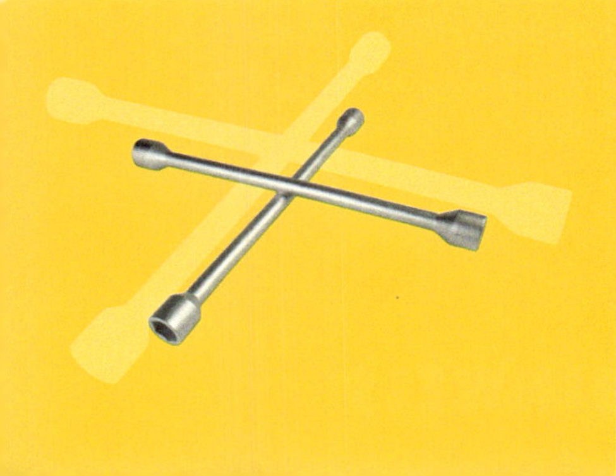

Mit dem Systemkonfigurationsprogramm msconfig testen Sie, ob Windows 7 richtig startet und ob alle Dienste funktionieren, die beim Start aktiv werden. Nicht benötigte Startprogramme schalten Sie einfach ab.

WISSEN

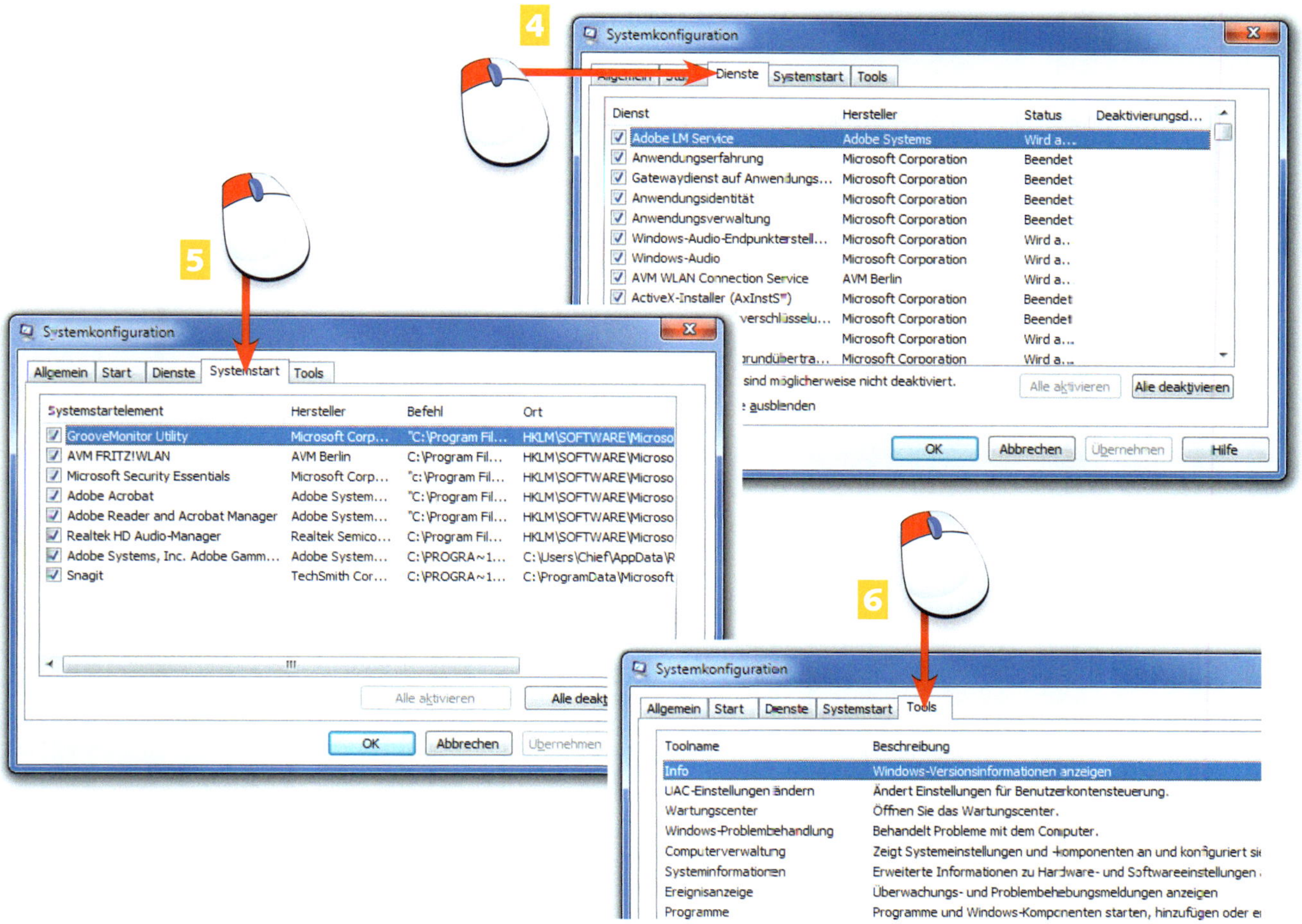

4 Die Registerkarte *Dienste* zeigt alle Dienste und deren Status an. Hier können Sie Dienste deaktivieren, die Probleme machen.

5 Unter *Systemstart* sind alle Programme aufgeführt, die beim Start aktiv werden. Klicken Sie einzelne an, um sie zu deaktivieren.

6 Auf der letzten Karte finden Sie weitere Diagnose-Tools. Markieren Sie einen Eintrag und klicken Sie auf *Starten*, um das Tool zu aktivieren.

Ende

TIPP

Klicken Sie auf die Schaltfläche *Hilfe* für eine ausführliche Beschreibung zu den einzelnen Registerkarten von msconfig.

HINWEIS

Drücken Sie bei Startproblemen gleich nach dem Einschalten die Funktionstaste F8 für den abgesicherten Modus.

HINWEIS

Die Startprogramme sollten Sie mit dem Windows Defender verwalten, er liefert ausführlichere Informationen über die Programme.

Start

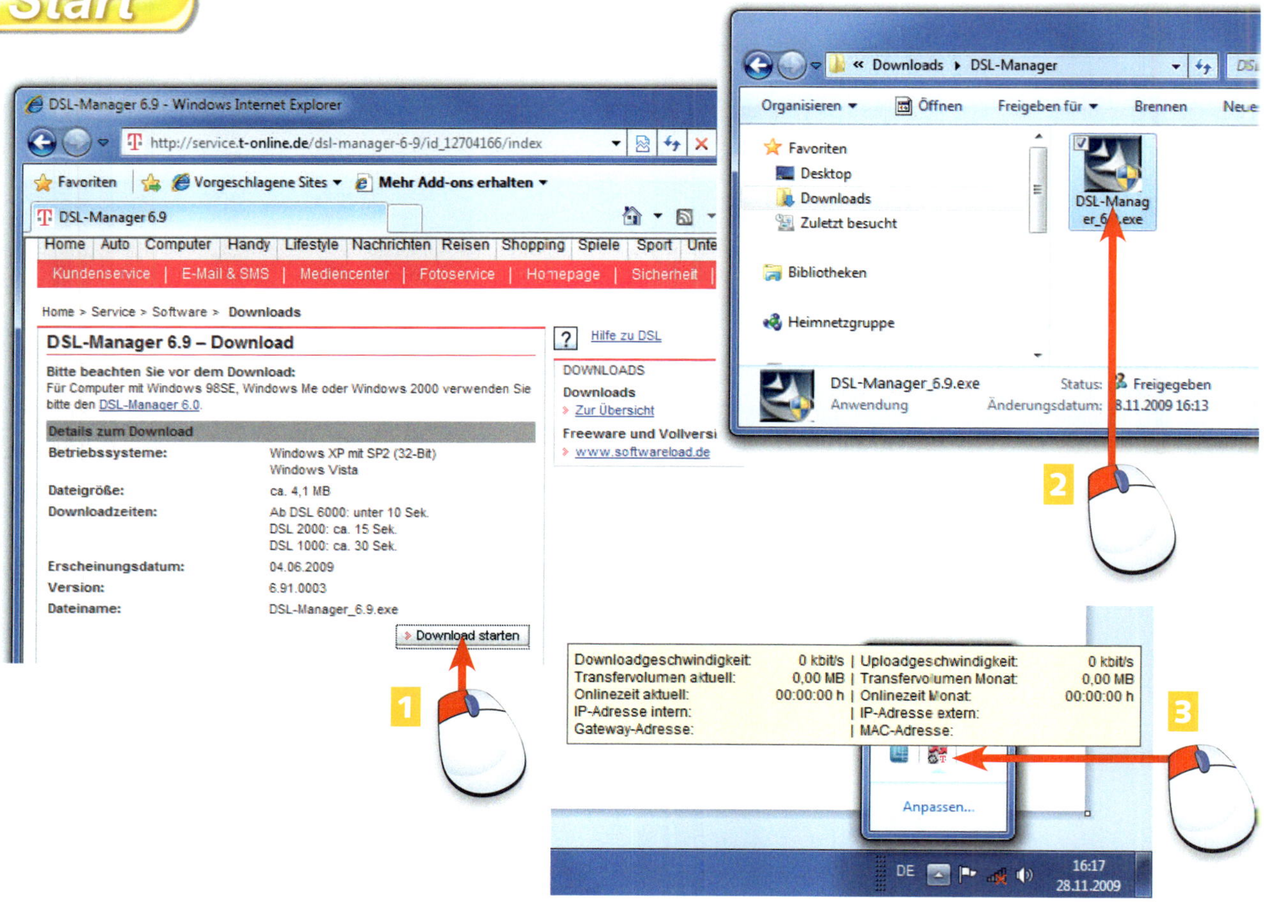

1 Den Download für den DSL-Manager finden Sie auf der Internetseite von T-Online.

2 Starten Sie das Installationsprogramm per Doppelklick auf die geladene Datei.

3 Nach der Installation finden Sie ein Symbol im Systembereich. Der Mauszeiger auf dem Symbol zeigt die ersten Verbindungsinformationen.

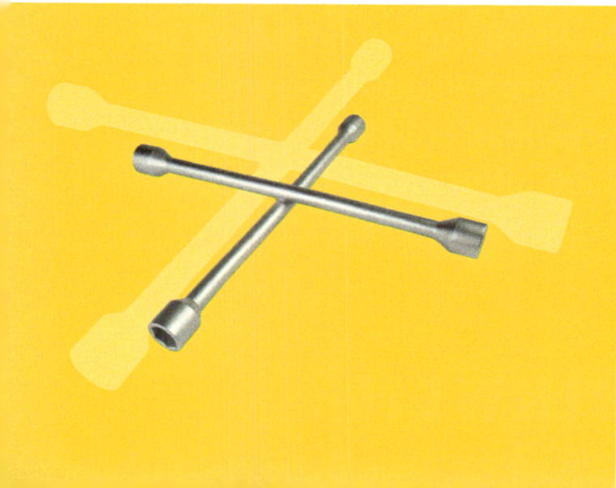

Funktioniert Ihr DSL? Wenn Sie sich nicht sicher sind, ob die Breitbandverbindung schnell und stabil genug ist, lassen Sie am besten den DSL-Manager Ihre Verbindung testen. Das Programm gibt es kostenlos bei T-Online.

WISSEN

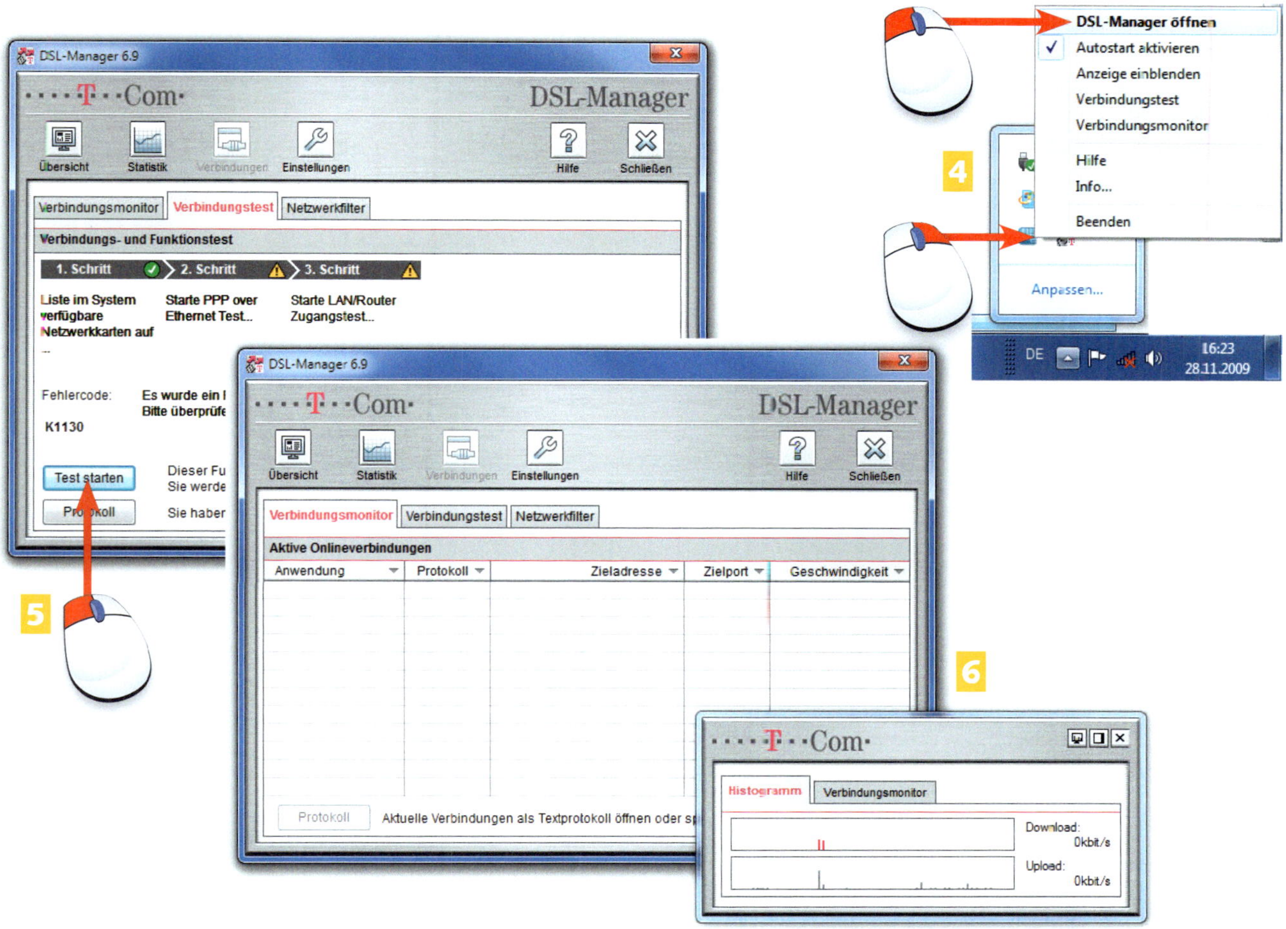

4 Klicken Sie mit der rechten Maustaste auf das Symbol und aktivieren Sie den DSL-Manager.

5 Hier können Sie den Anschluss und die Verbindung testen und das Betriebssystem auf DSL optimieren.

6 Der Verbindungs-Monitor listet die aktuellen Downloads und Uploads und führt Protokoll über das gesamte Jahr.

Ende

In den Einstellungen definieren Sie, wie der DSL-Manager die Informationen im Systembereich anzeigt.

HINWEIS

Mit dem DSL-Manager haben Sie eine zuverlässige Kontrolle über das Transfervolumen, wenn Sie einen Datentarif nutzen.

HINWEIS

Start

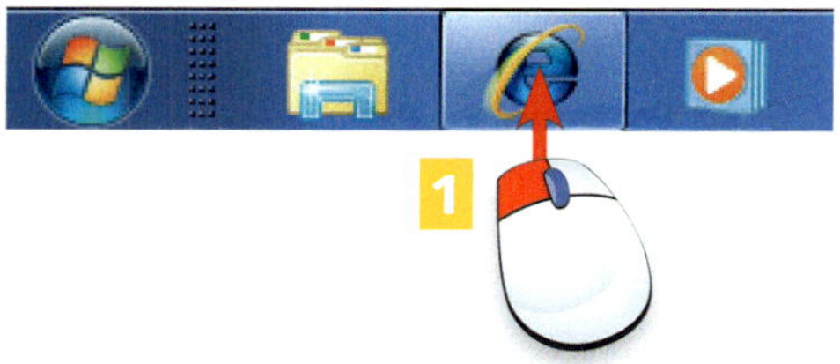

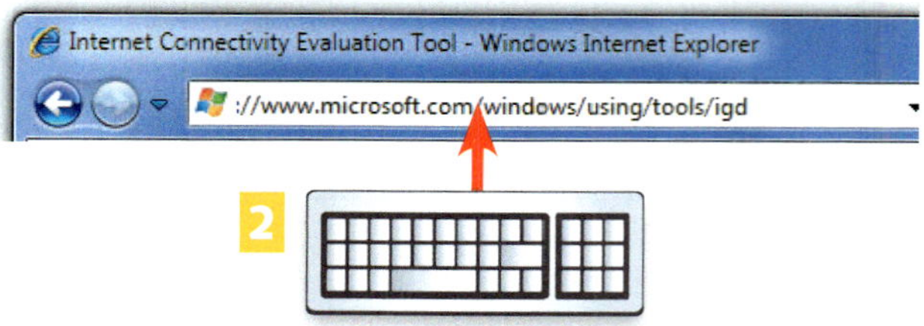

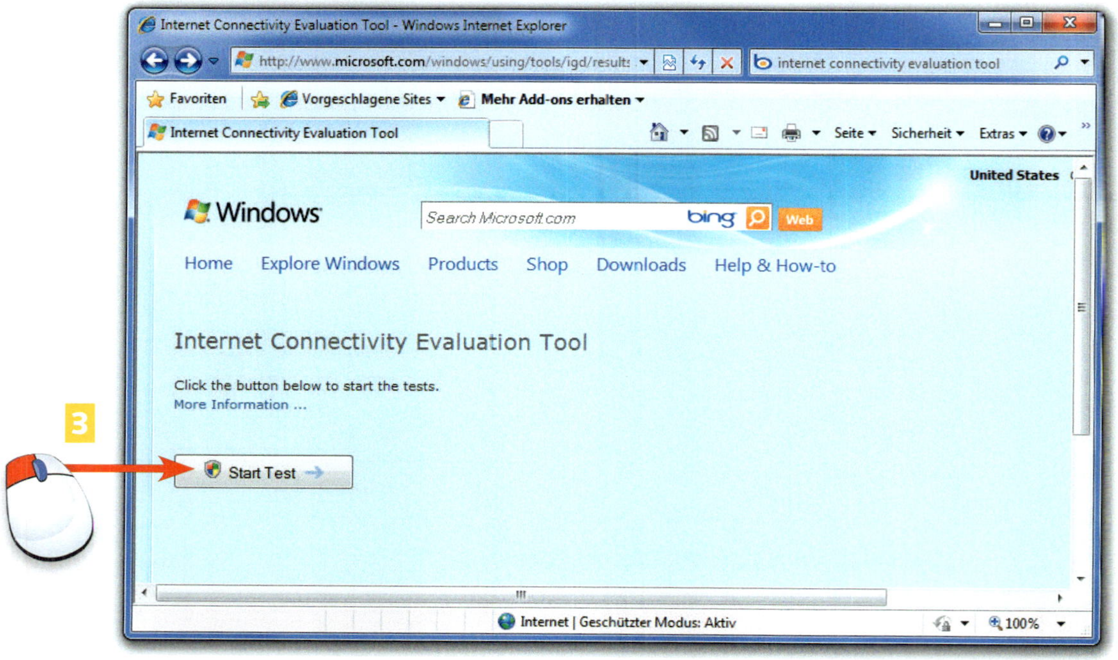

1 Starten Sie den Internet Explorer oder einen anderen Browser aus dem Startmenü.

2 Geben Sie diese Adresse ein, um zur Microsoft-Seite mit dem Diagnosetool zu schalten: *http://www.microsoft.com/windows/using/tools/igd/results.mspx*

3 Die Webseite wird geöffnet, bestätigen Sie die Installation des ActiveX-Elements und starten Sie per Klick auf *Start Test*.

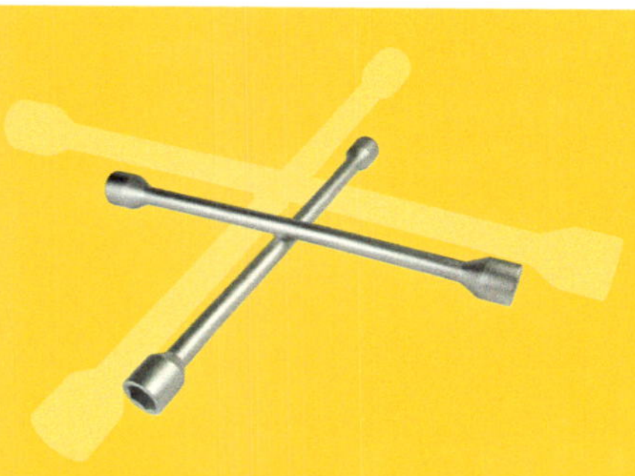

Zum Testen der Internetverbindung, des Routers und der Fähigkeiten des TCP-Protokolls bietet Microsoft ein Online-Tool an. Starten Sie den Test einfach von einer Webseite.

WISSEN

4

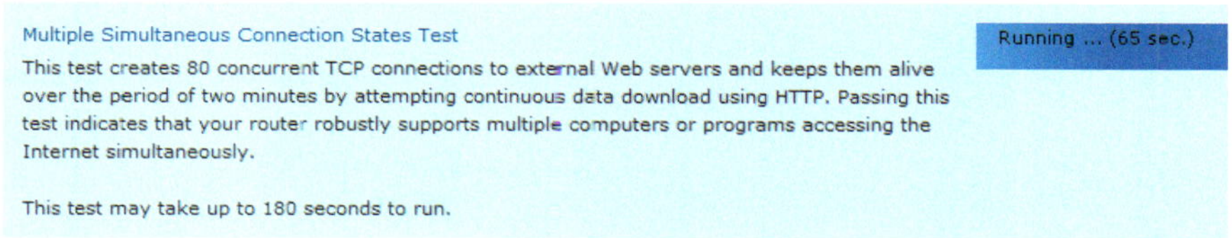

5

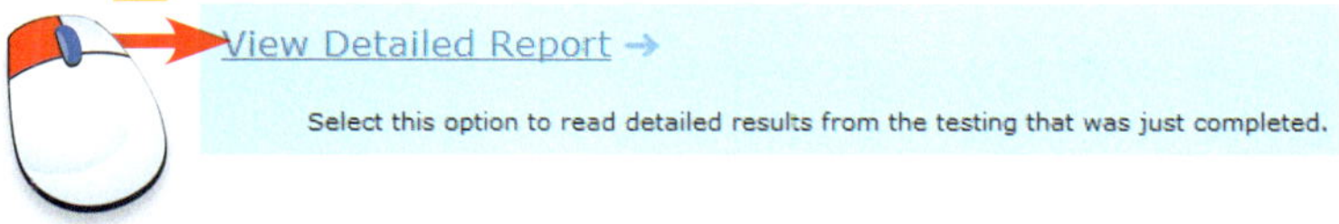

6

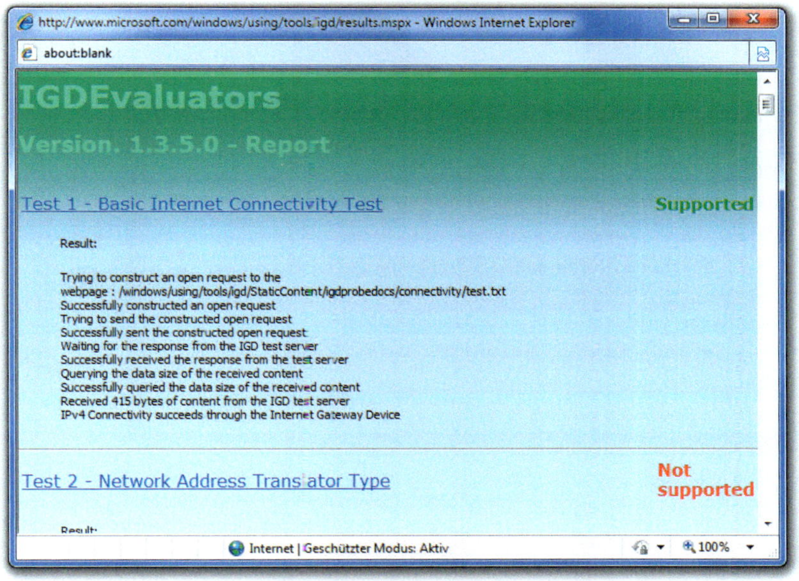

4 Jetzt werden die einzelnen Komponenten der Internetverbindung getestet.

5 Klicken Sie auf die Zusammenfassung, wenn der Test abgeschlossen ist.

6 Der Report zeigt detailliert, wie stabil die Internetverbindung ist und wie sie bei mehrfachen gleichzeitigen TCP-Connections reagiert.

Ende

Beim ersten Aufruf der Diagnosetool-Seite erscheint ein Hinweis, dass Microsoft ein ActiveX-Element installieren muss. Achten Sie darauf, dass dieser vom Pop-up-Blocker geblockt wird.

HINWEIS

Der Test wurde für Windows Vista erstellt, funktioniert aber auch mit Windows 7. Die Testkomponenten: Leistungsmessung, Kontrolle der Internetprotokolle und UPnP-Test.

HINWEIS

Start

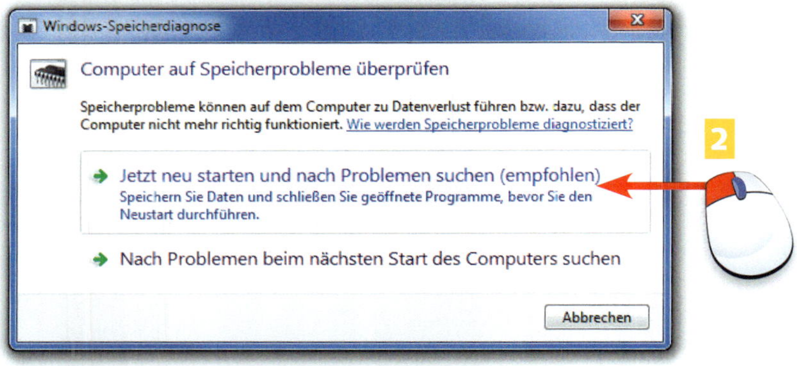

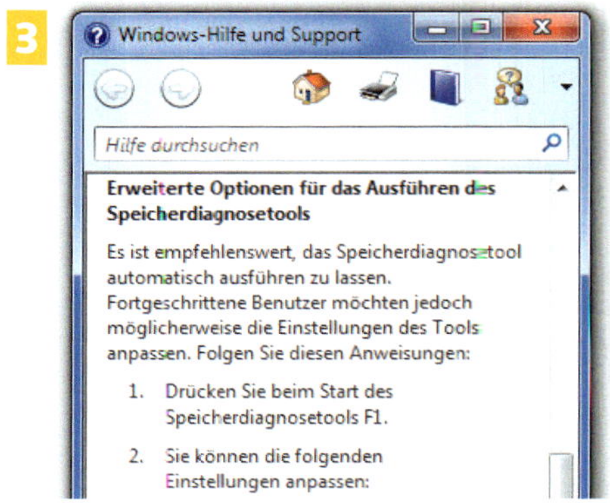

1 Starten Sie die Speicherdiagnose über die Eingabe des Begriffs in das Ausführen-Feld des Startmenüs.

2 Klicken Sie auf die Option *Wie werden Speicherprobleme diagnostiziert?*, um die Hilfe aufzurufen.

3 Lesen Sie die Beschreibung und starten Sie anschließend das Programm. Windows 7 startet daraufhin neu.

Ist Ihr Arbeitsspeicher in Ordnung? Nehmen Sie sich die Zeit und testen Sie Ihr RAM, um sicherzustellen, dass keine Fehler vorliegen. Die Speicherdiagnose erkennt zuverlässig Fehler im Hauptspeicherbereich.

WISSEN

4

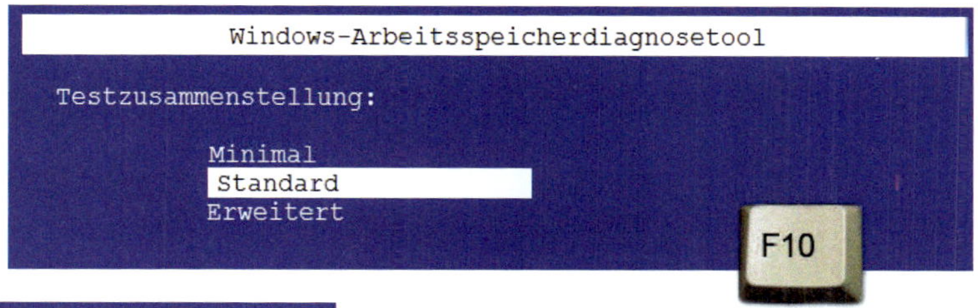

5

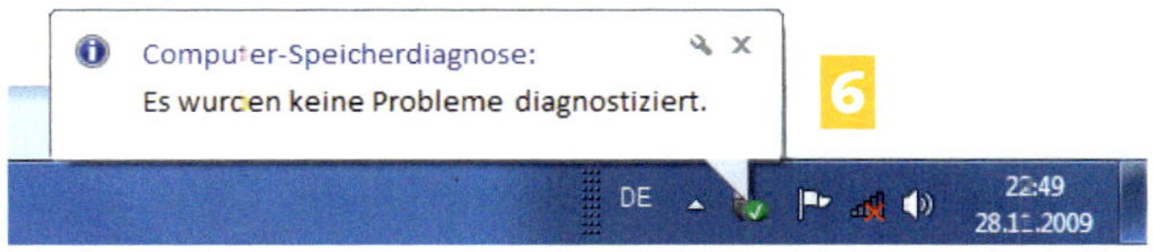

4 Drücken Sie F1, um die Art der Zusammenstellung zu bestimmen. Wählen Sie *Minimal*, *Standard* oder *Erweitert* und bestätigen Sie mit F10.

5 Der Speichertest wird durchgeführt, anschließend wird Windows 7 neu gestartet.

6 Im Systembereich der Taskleiste wird eine Meldung des Wartungscenters angezeigt, die auf das Ergebnis hinweist.

Ende

Schließen Sie vor dem Start der Speicherdiagnose alle aktiven Programme.

TIPP

Der Speichertest kann – besonders in der erweiterten Version – mehrere Stunden dauern.

ACHTUNG

Start

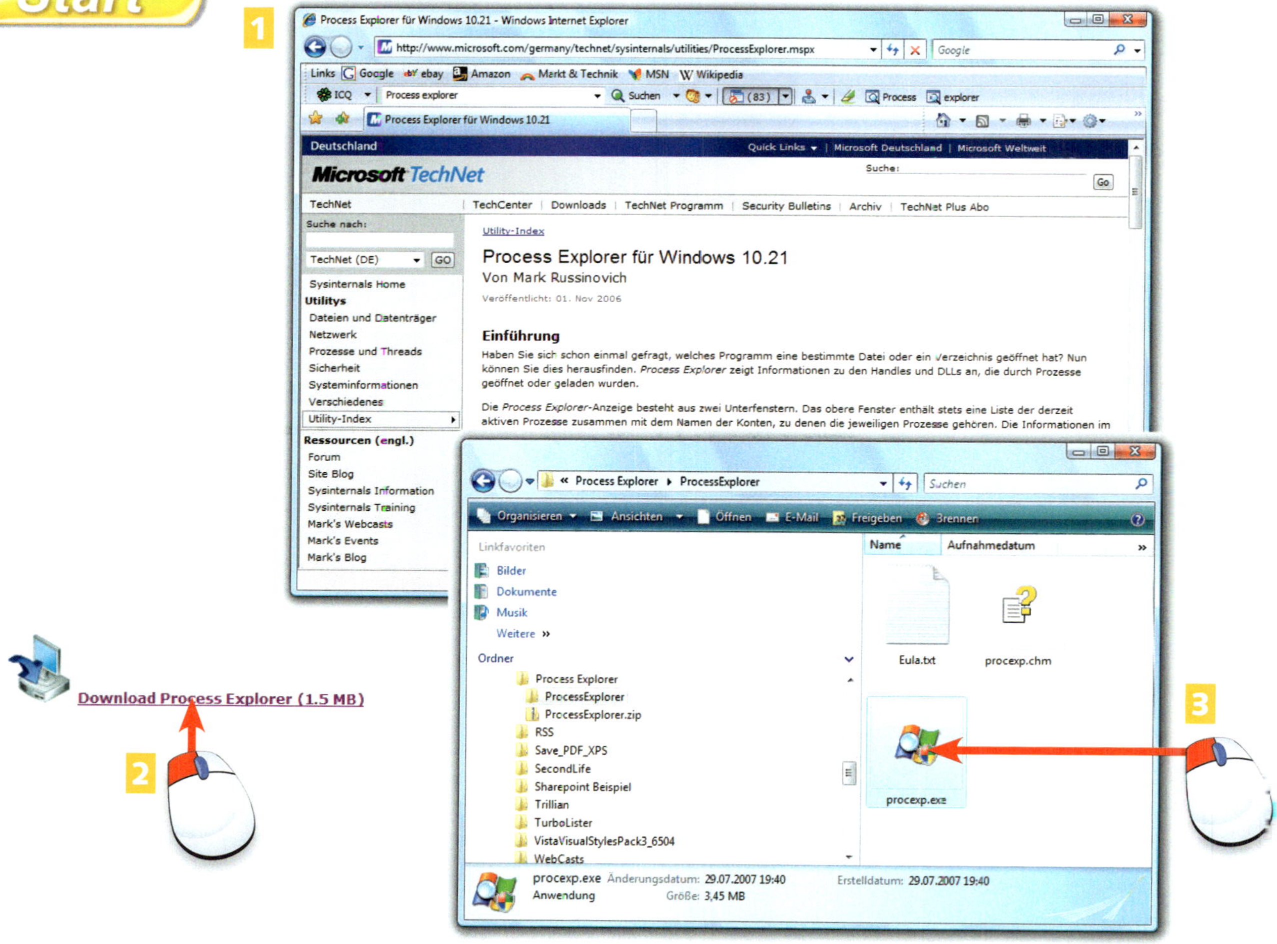

1 Starten Sie Ihren Internet Browser und aktivieren Sie die Webseite *http://www.microsoft.com/germany/technet/sysinternals/Utilities/ProcessExplorer.mspx*.

2 Laden Sie den Process Explorer über das Download-Symbol von dieser Seite.

3 Entpacken Sie das ZIP-Archiv und starten Sie das Programm *procexp.exe*.

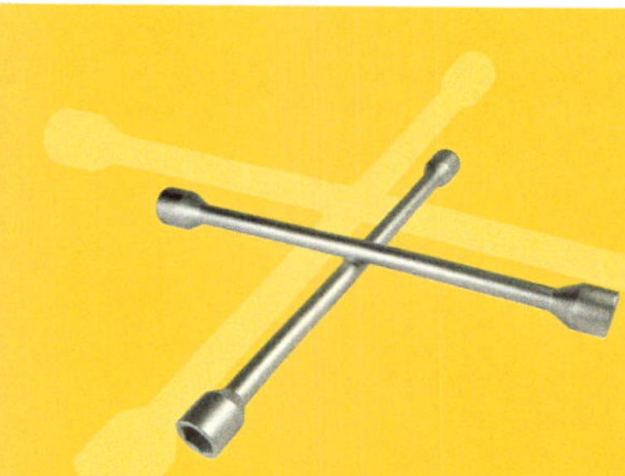

Noch mehr technische Informationen über Ihr System gefällig? Der Process Explorer zeigt, was mit einzelnen Prozessen in den Speicher geladen wird und wie die Datenpakete das System belasten. Holen Sie sich das kostenlose Programm bei Microsoft.

WISSEN

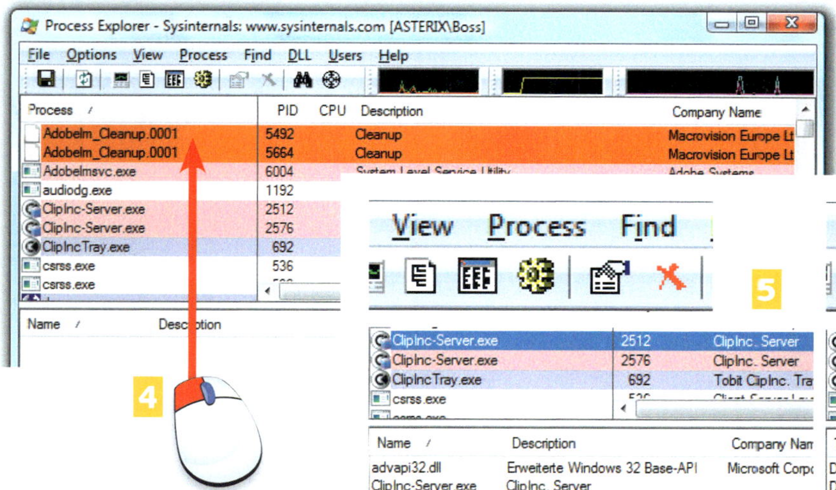

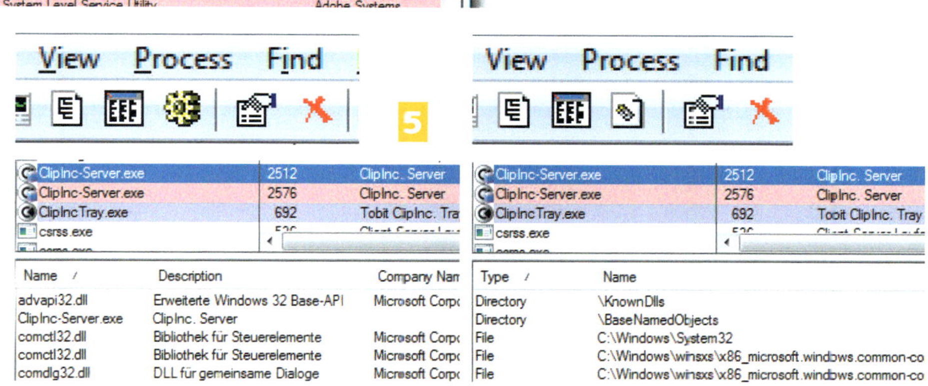

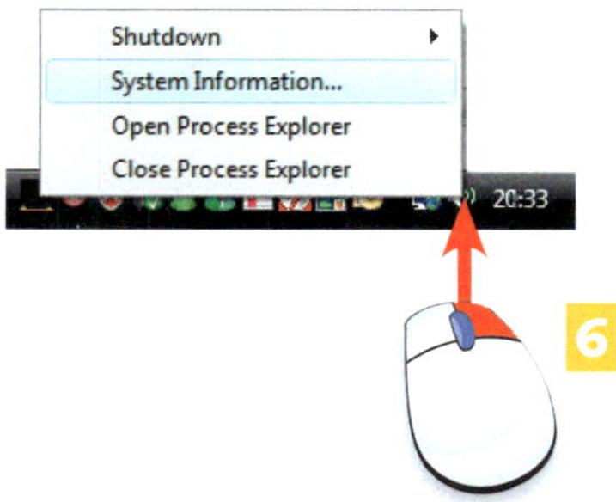

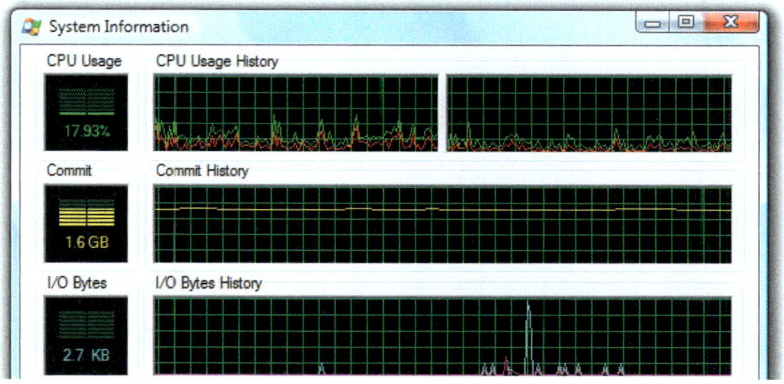

4 Das obere Fenster zeigt alle aktiven Prozesse und die ausführenden Anwendungen. Klicken Sie auf einen Eintrag, …

5 … so zeigt das untere Fenster alle DLLs oder alle Handles an, die von diesem Prozess aktiviert wurden. Schalten Sie mit dem Symbol zwischen Handles und DLLs um.

6 Im Systembereich der Taskleiste finden Sie ein Symbol mit Kontextmenü. Hier können Sie in der Systeminformation den Process Explorer schließen.

Ende

Legen Sie für einen schnellen Start eine Verknüpfung für die Datei procexp.exe auf dem Desktop oder im Startmenü an.

TIPP

In Kapitel 9 (Troubleshooting) lesen Sie, wie Sie die CHM-Datei mit den Hilfetexten fehlerfrei an den Process Explorer anbinden können.

HINWEIS

7

Grafik, Video und Sound

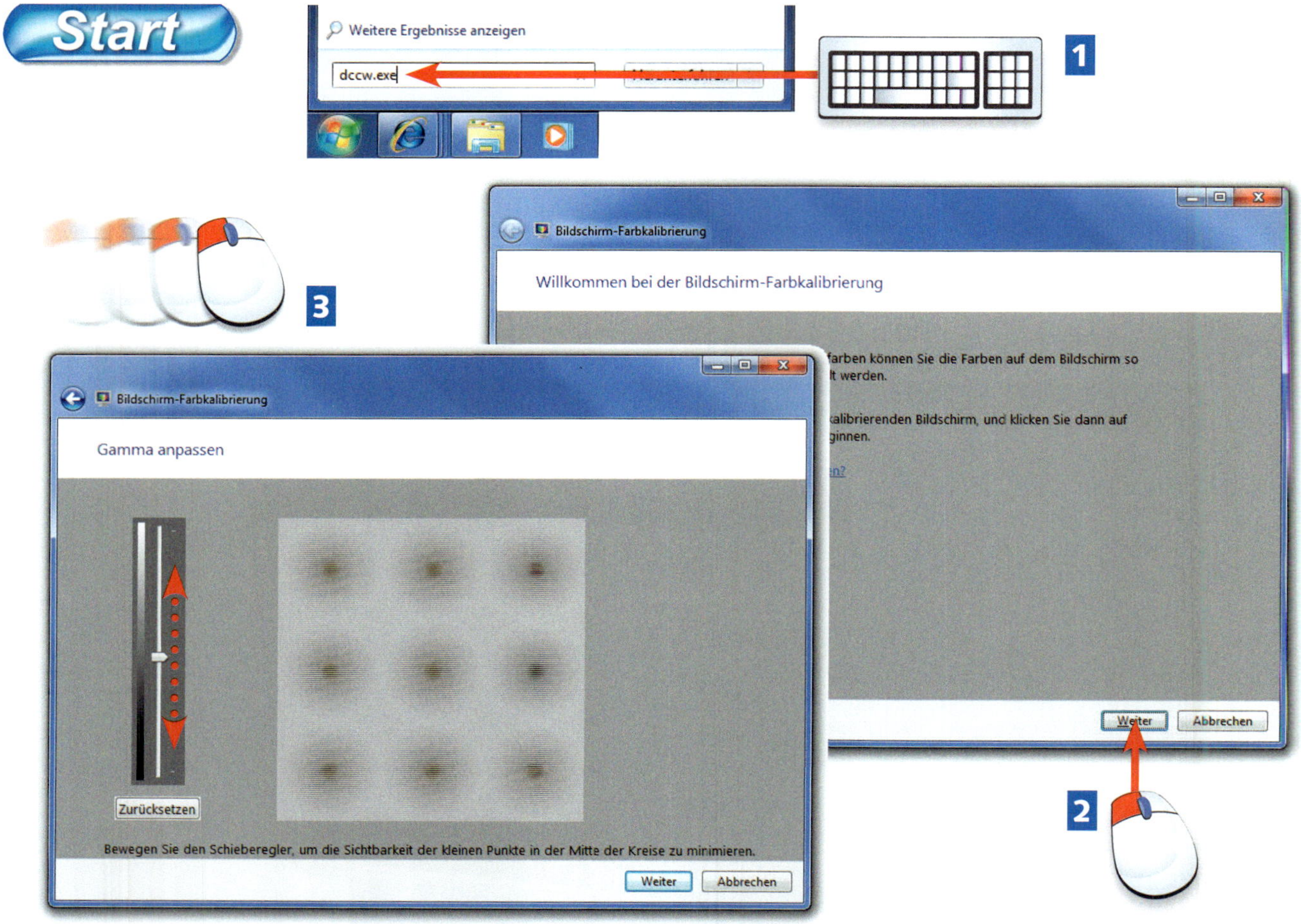

1. Aktivieren Sie das Dienstprogamm *dccw.exe* über das Ausführen-Feld im Startmenü.
2. Ein Assistent zur Bildschirm-Farbkalibrierung startet, klicken Sie auf *Weiter*.
3. Stellen Sie den Gamma-Wert sowie Kontrast und Helligkeit Ihres Bildschirms nach den Vorgaben des Assistenten ein.

Für ein entspanntes und stressfreies Arbeiten sollte der Bildschirm optimal kalibriert sein. Auch die Bildschirmschrift lässt sich verbessern. Die Programme dafür können Sie direkt im Startmenü aktivieren.

WISSEN

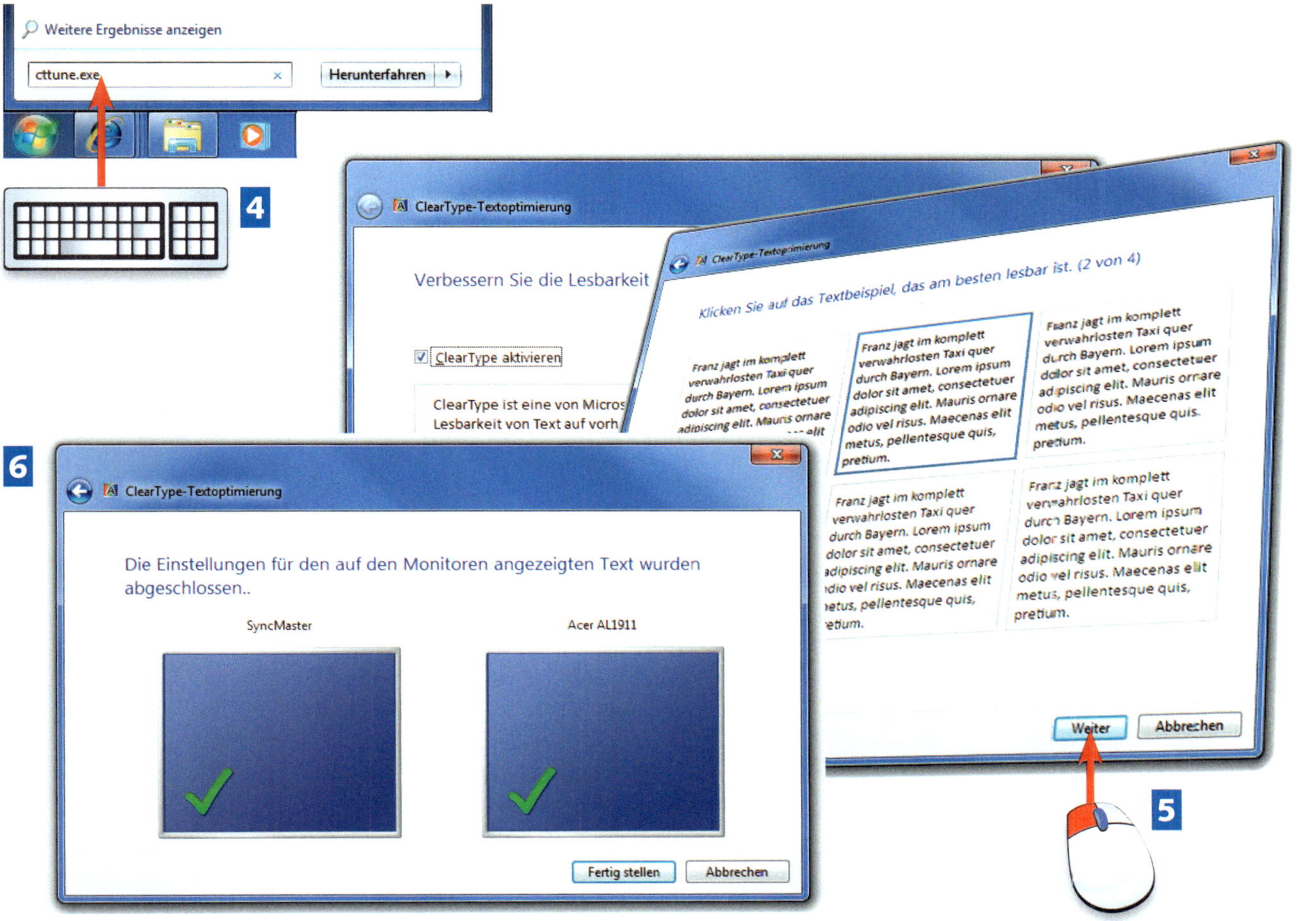

4 Für die Anpassung der Schrift mit ClearType ist das Dienstprogramm *cttune.exe* verantwortlich, starten Sie es über das Startmenü.

5 Aktivieren Sie ClearType und klicken Sie auf *Weiter* für die Feinjustierung.

6 Stellen Sie die Bildschirmschrift nach Anleitung des Assistenten für alle Monitore ein.

Ende

ClearType und die Bildschirmkalibrierung finden Sie auch in der Systemsteuerung unter *Darstellung und Anpassung*.

HINWEIS

Start

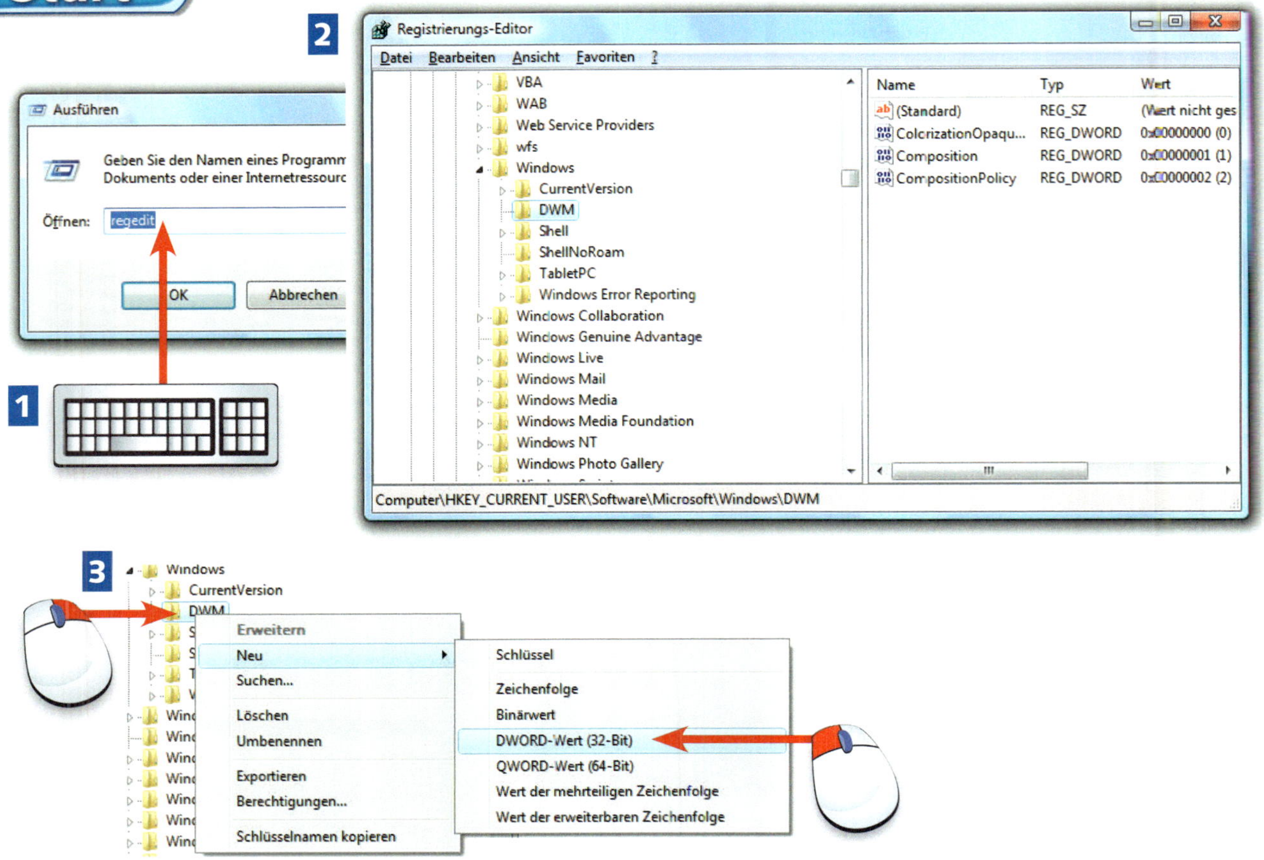

1 Drücken Sie [Windows] + [r] und geben Sie *regedit* ein, um den Registrierungseditor zu starten.

2 Suchen Sie den Schlüssel *HKEY_CURRENT_USER\Software\Microsoft\Windows\DWM*.

3 Klicken Sie den Schlüssel mit der rechten Maustaste an und wählen Sie *Neu/DWORD-Wert (32-Bit)*.

Sie haben eine ältere Grafikkarte, möchten aber trotzdem den schönen 3D-Aero-Effekt sehen? Probieren Sie diese Registrierungsanpassung, sie erzwingt den Effekt auch auf Adaptern, die offiziell nicht dafür geeignet sind.

WISSEN

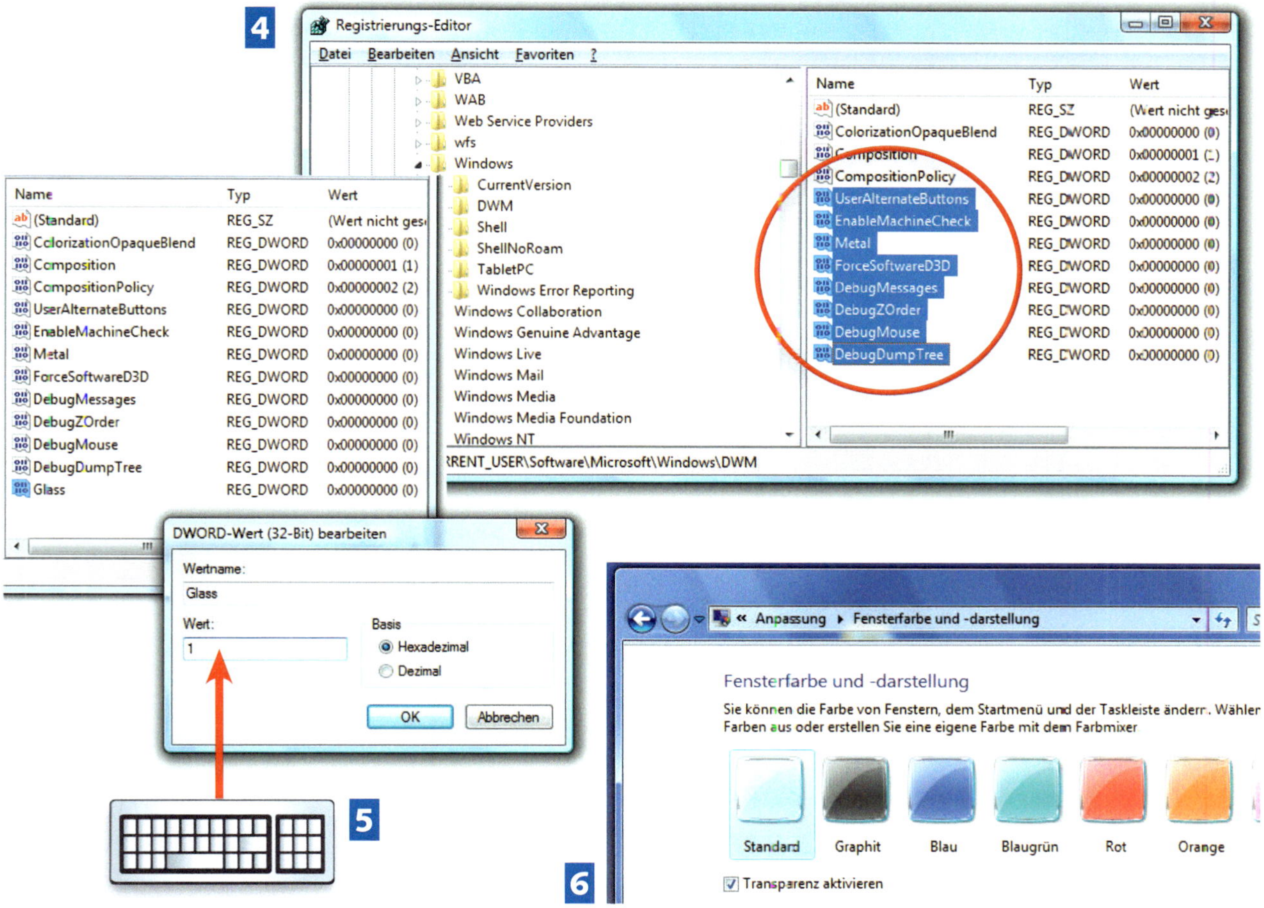

4 Erstellen Sie nacheinander die hier angezeigten und markierten DWORD-Werte. Sie bekommen keine Werte zugewiesen.

5 Erstellen Sie noch einen weiteren DWORD-Wert *Glass*, klicken Sie diesen doppelt an und tragen Sie den Wert 1 ein.

6 Nun sollte der Aero-Effekt auch mit Ihrer Grafikkarte funktionieren. Klicken Sie mit der rechten Maustaste in den Desktop und wählen Sie *Anpassen*.

Ende

Stellen Sie sicher, dass der DirectX-Treiber die Versionsnummer 9.0 oder höher trägt (*dxdiag* in das Suchfenster eingeben).

TIPP

Ein Modell, das z.B. eigentlich nicht Aero-fähig ist, aber nach Anpassung läuft: GeForce FX 5300.

HINWEIS

Start

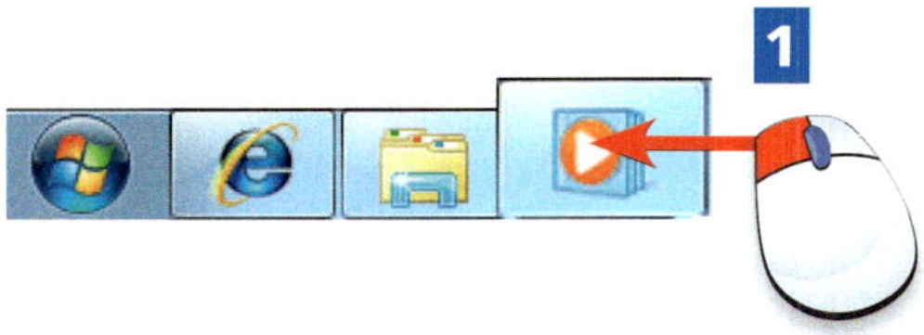

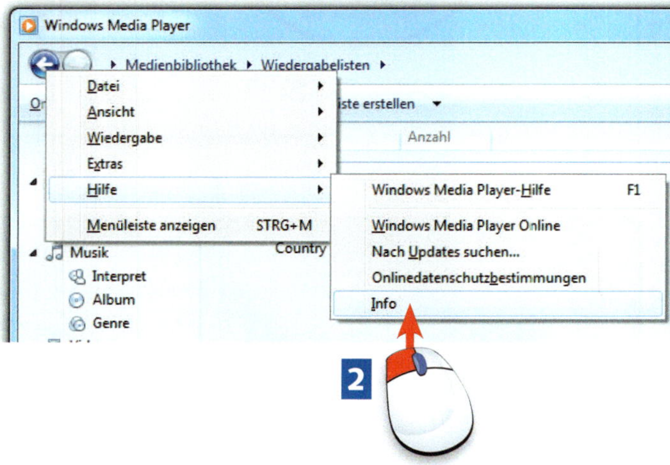

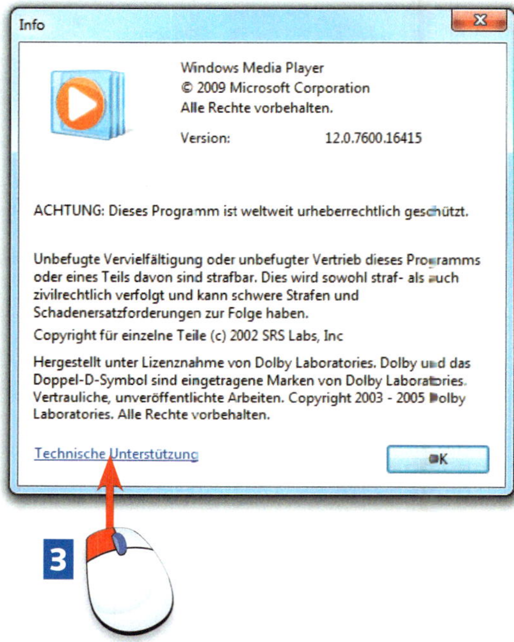

1 Starten Sie den Windows Media Player aus dem Startmenü oder über das Symbol in der Taskleiste.

2 Drücken Sie [Alt] + [d], um das Datei-Menü zu öffnen und wählen Sie *Hilfe/Info*.

3 Klicken Sie im Hilfe-Fenster auf *Technische Unterstützung*.

Ohne Codecs geht im Audio- und Videobereich nichts. Codecs sind Programme, die digitale Daten für die Wiedergabe kodieren und dekodieren, und es gibt sehr viele davon. Welche bereits installiert sind, zeigt Ihnen ein Infoblatt im Media Player.

WISSEN

4

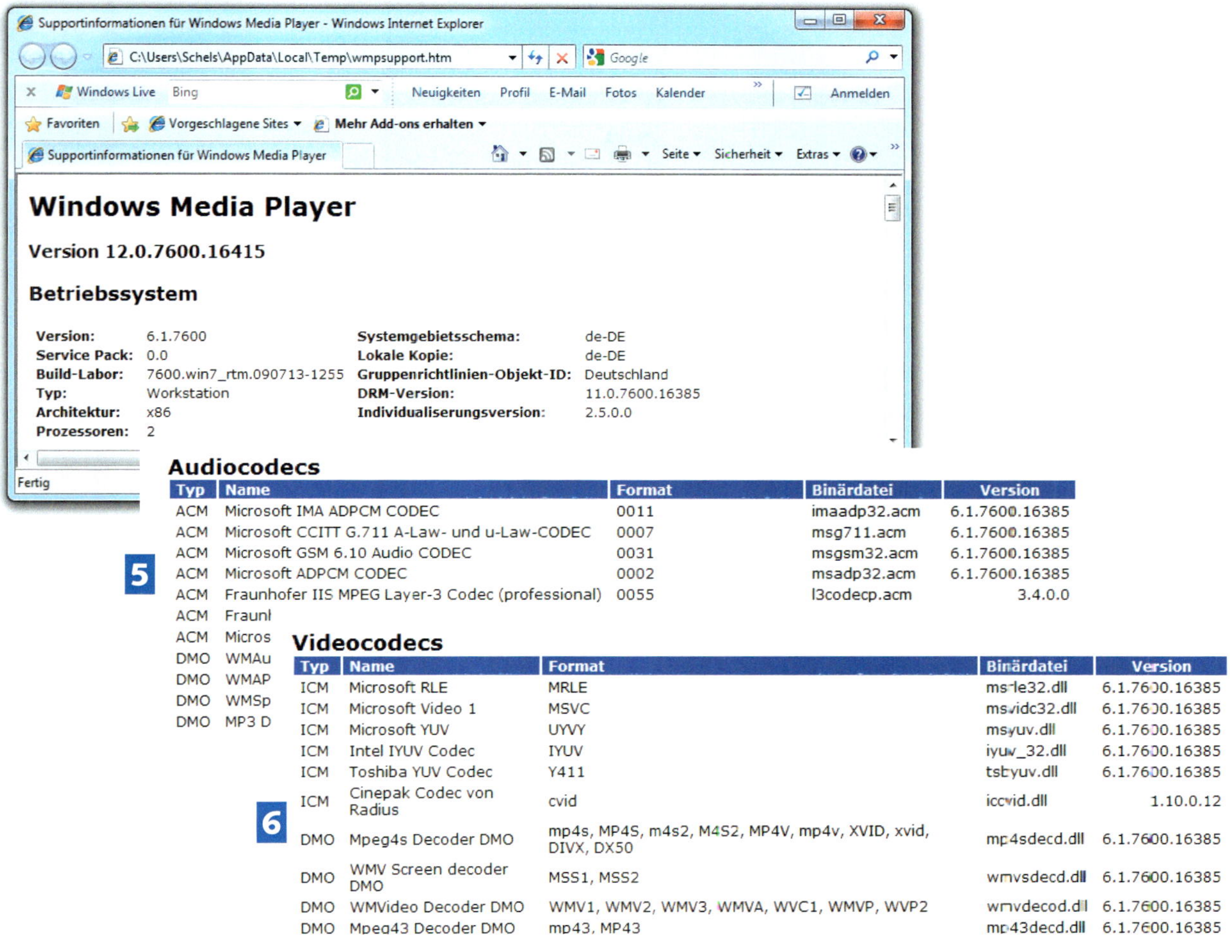

5

6

4 Der Standard-Browser wird aktiv und präsentiert ein HTML-Dokument mit Informationen über den Media Player.

5 Die Liste der Audiocodecs ist darin enthalten, …

6 … ebenso die Videocodecs, die zum Abspielen digitaler Filme benötigt werden.

Ende

Häufig tragen die Codecs die Bezeichnung des Datenformats (Indeo, CinePak), es gibt aber Hunderte verschiedener Codecs von vielen verschiedenen Anbietern.

HINWEIS

Man unterscheidet zwischen Audio-, Videocodecs und Containern.

HINWEIS

Start

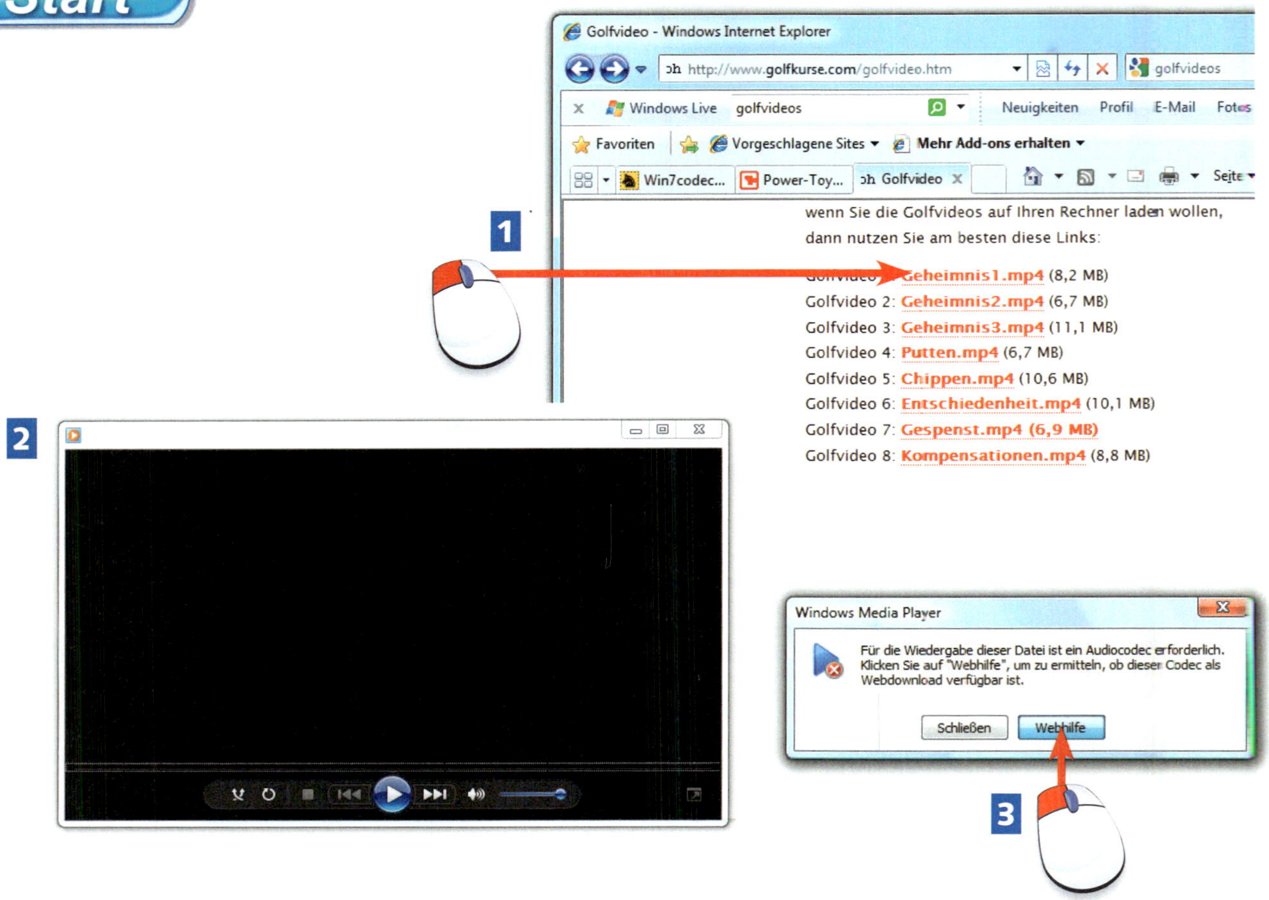

1 Starten Sie eine Mediendatei per Klick auf einen Link oder aus dem Explorer-Fenster.

2 Der Media Player als verknüpftes Programm startet. Wenn für die Datei kein Codec installiert ist, bleibt der Bildschirm schwarz bzw. es ist kein Ton zu hören.

3 Meist erscheint auch eine Fehlermeldung, die auf einen fehlenden Codec hinweist. Klicken Sie auf *Webhilfe*, um die Internetseite von Microsoft aufzurufen.

Die gängigsten Codecs kennt Windows 7 natürlich und hält sie auch bereit, um Multimediadaten zu kodieren/dekodieren. Wenn der Codec aber fehlt, müssen Sie ihn aus dem Internet downloaden.

WISSEN

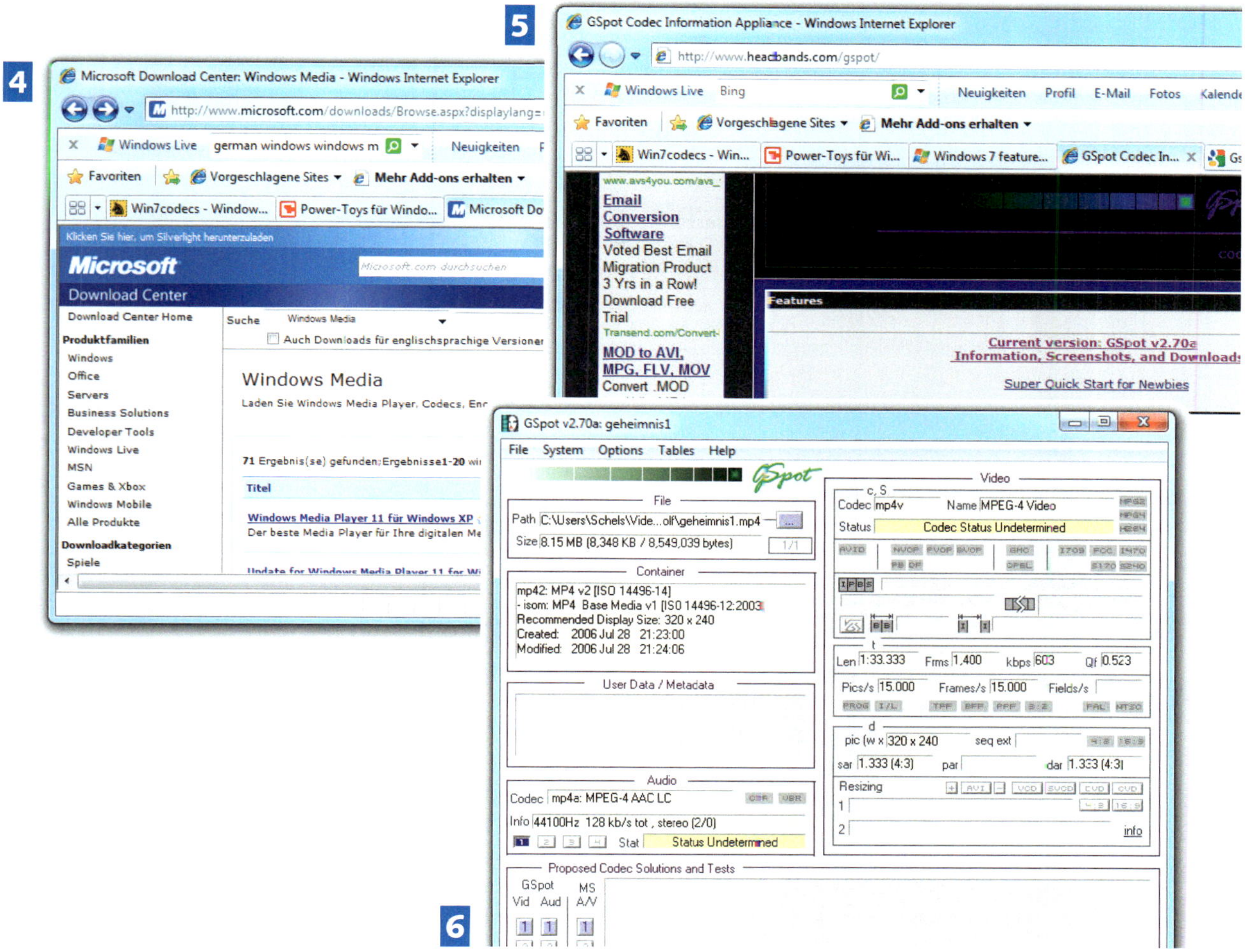

4 Auf der Windows-Media-Seite von Microsoft finden Sie alle Downloads, die der Hersteller anzubieten hat.

5 Das Freeware-Programm Gspot findet alle Audio- und Video-Codecs in einer Multimediadatei. Laden Sie es von *www.headbands.com/gspot*.

6 Entpacken Sie Gspot und suchen Sie die Datei, deren Codecs Sie überprüfen wollen.

Windows 7 unterstützt bereits standardmäßig diese Audio-/Videoformate: 3GP, AAC, AVCHD, MPEG-4, WMV, WMA, AVI, DivX, MOV, Xvid.

HINWEIS

DivX ist ein Videokomprimierungsprogramm mit einem eigenen Media-Player: *www.divx.com*.

HINWEIS

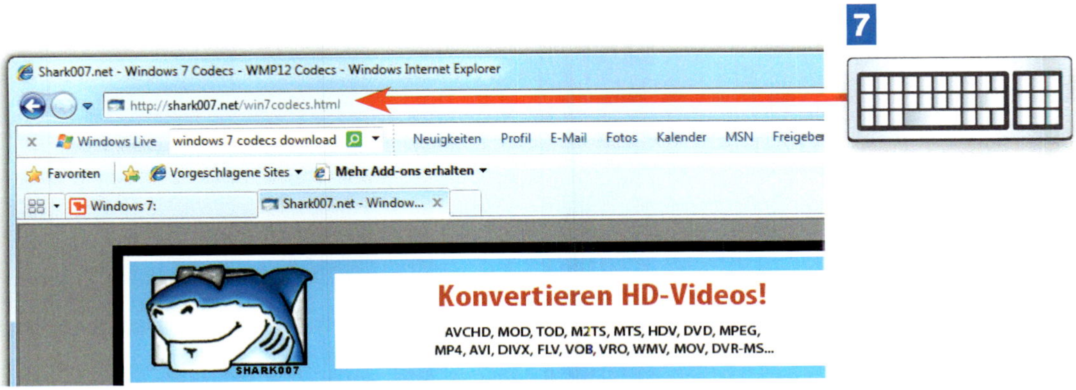

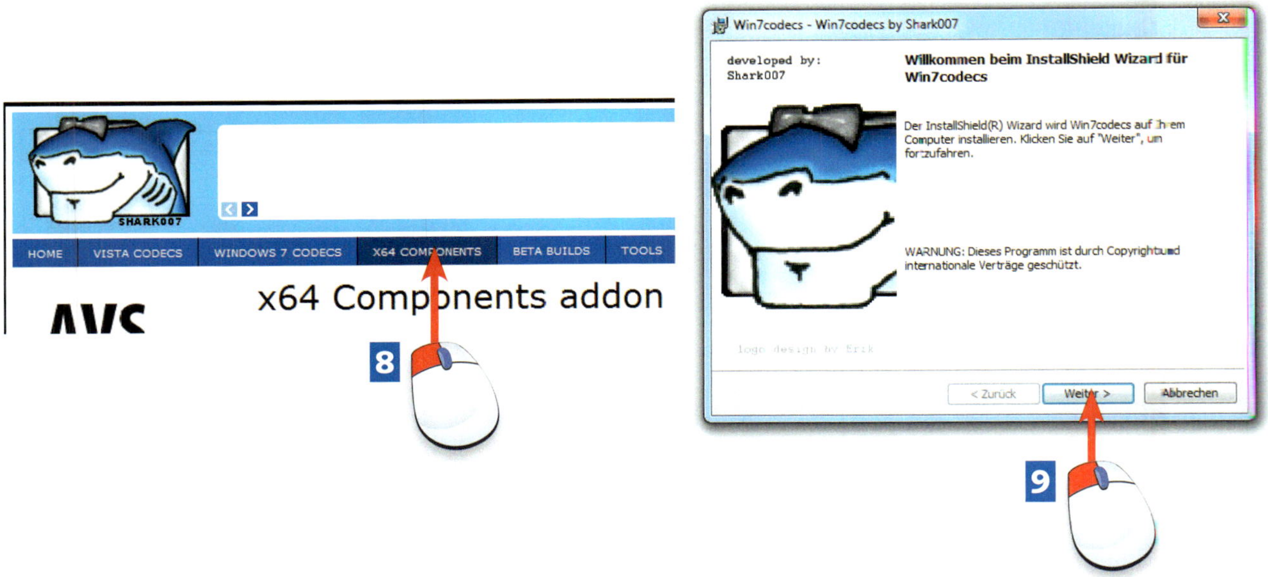

7 Ein Komplettpaket mit allen erforderlichen Audio- und Videocodecs finden Sie bei *http://shark007.net*.

8 Laden Sie das kostenlose Programm herunter. Für die 64-Bit-Version von Windows 7 gibt es ebenfalls eine Version.

9 Installieren Sie das Programm Win7Codecs.

Suchen Sie nicht länger nach einzelnen Codes für Songs und Videos, installieren Sie Win7Codes. Das kostenlose Paket enthält alle Codes, die Sie in Windows 7 brauchen.

WISSEN

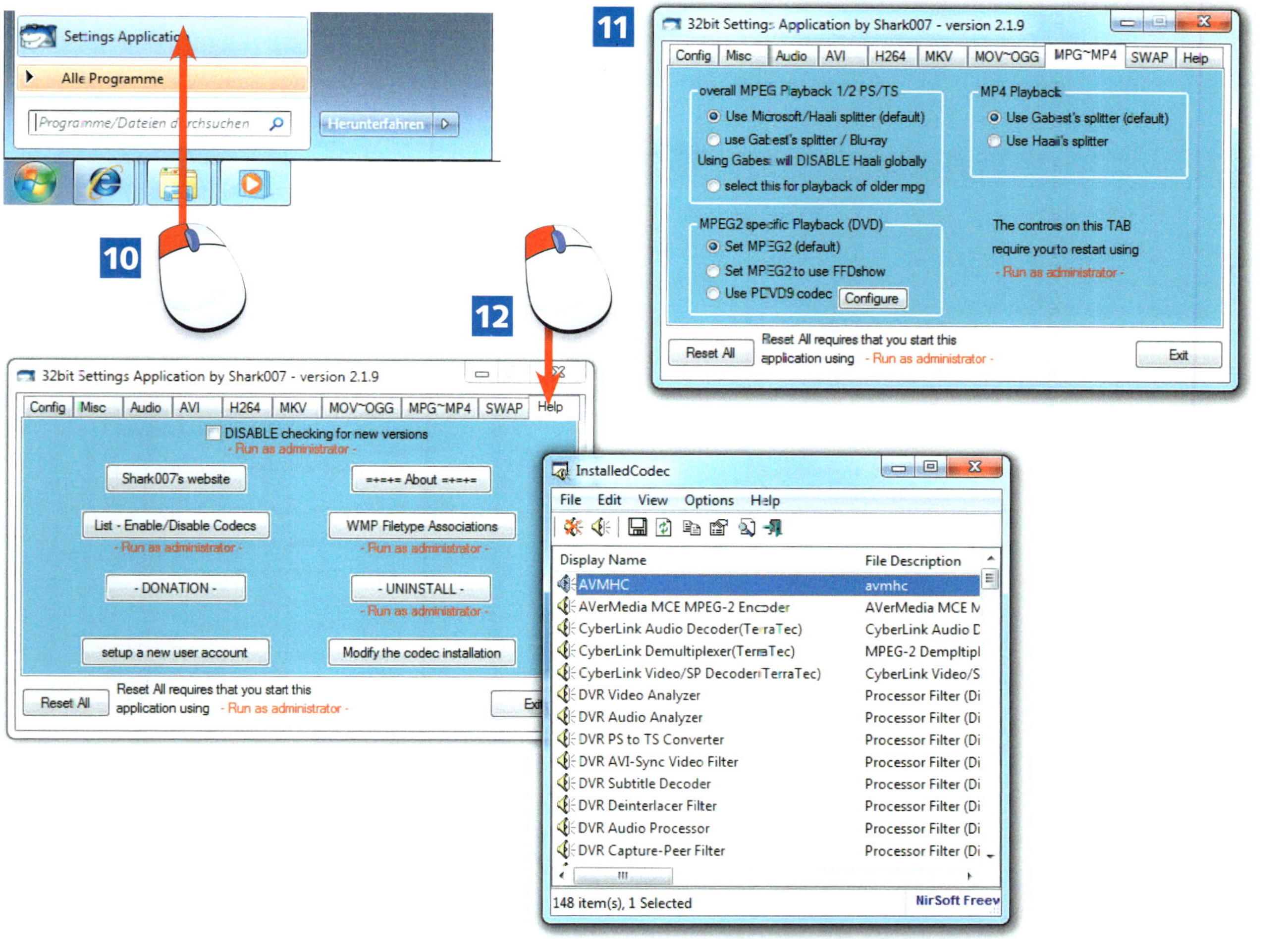

10 Für den Start brauchen Sie Administratorrechte. Drücken Sie die Strg - und die ⇧ -Taste und klicken Sie auf das Programm im Startmenü.

11 Jetzt können Sie die Codecs für Audio und Video konfigurieren.

12 Auf der Help-Seite finden Sie eine Liste der Codes, die von Win7Codecs entfernt und neu installiert werden.

Ende

TIPP

Win7Codecs entfernt während der Installation die meisten älteren Audio- und Videocodecs.

HINWEIS

Codec-Packs sind Sammlungen mit mehreren Codecs, die alle gemeinsam installiert werden.

Start

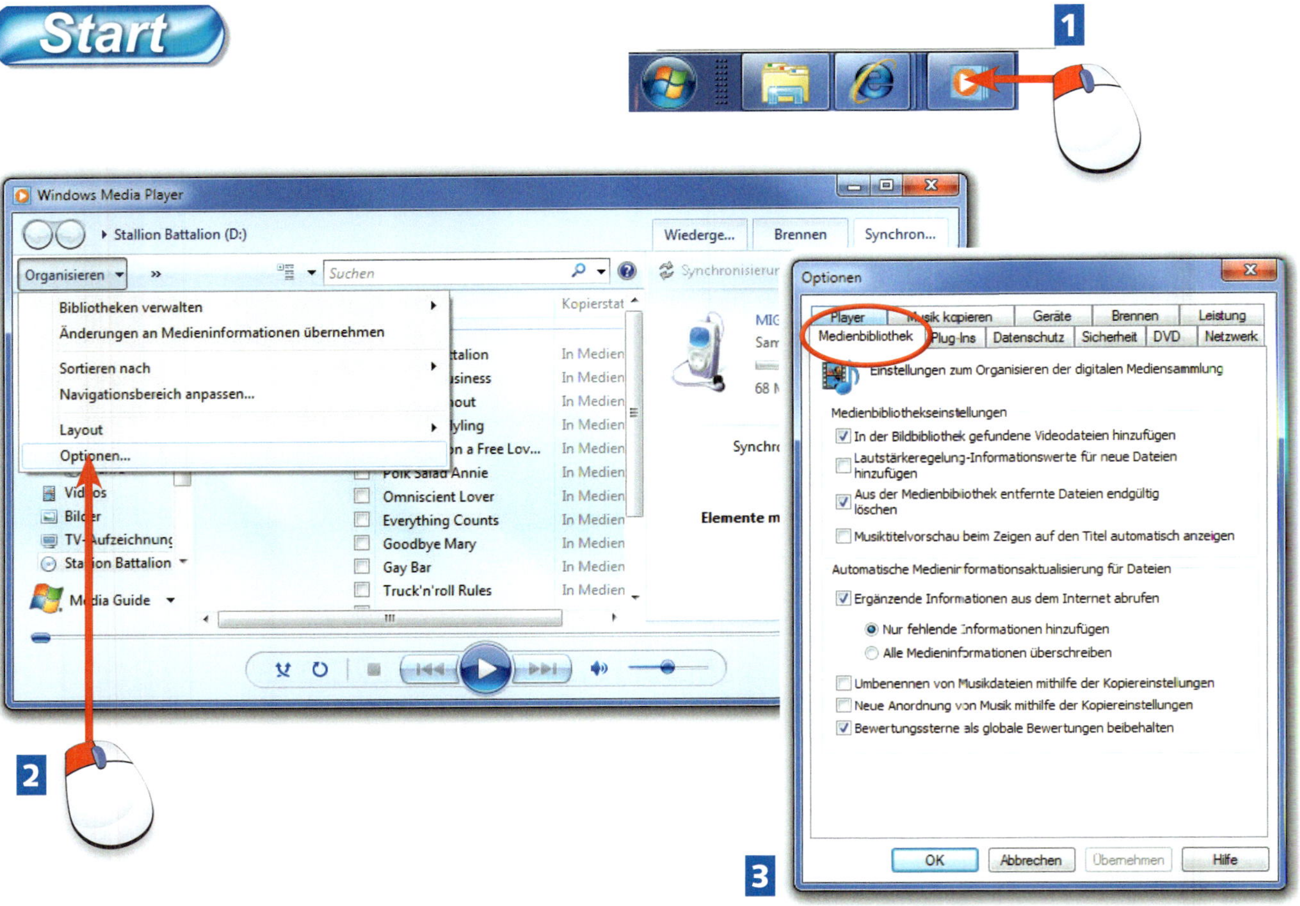

1 Starten Sie den Windows Media Player aus dem Startmenü oder über das Symbol in der Schnellstartleiste.

2 Wählen Sie *Organisieren/Optionen*.

3 Auf der Registerkarte *Medienbibliothek* können Sie die automatische Aktualisierung der Informationen über das Internet einstellen.

Alle Informationen über ein Album, das Sie in die Medienbibliothek einfügen, holt sich der Media Player automatisch aus dem Internet. Schalten Sie diese Option ein oder aus, je nachdem, ob Sie eine automatische Aktualisierung wünschen.

WISSEN

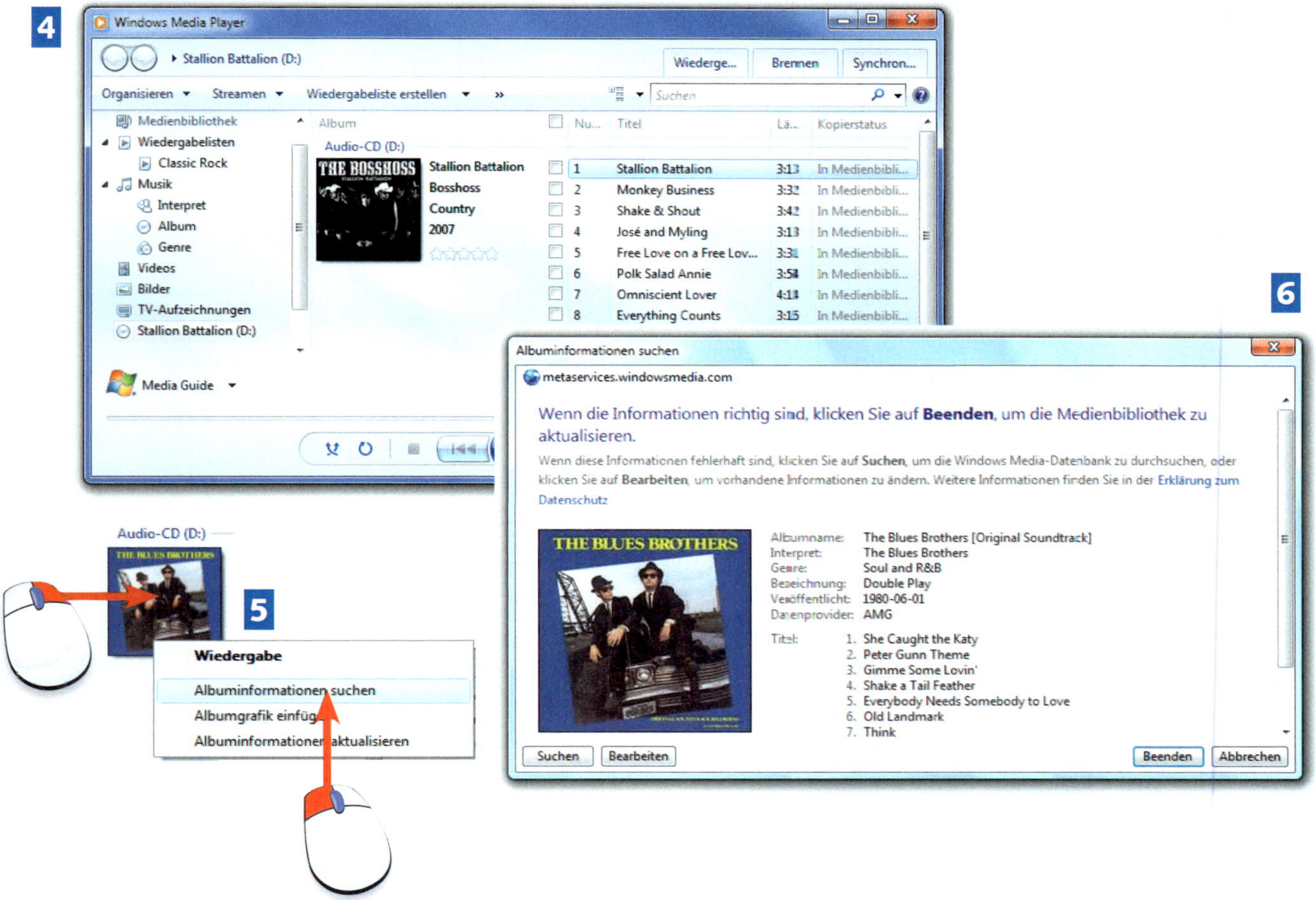

4 Legen Sie eine CD oder DVD ein. Der Media Player startet automatisch den Kopiervorgang, wenn die Option zuvor gesetzt wurde.

5 Ein Klick mit der rechten Maustaste auf das CD-Abbild des Albums öffnet ein Kontextmenü, wählen Sie *Albuminformationen suchen*.

6 Die Metaservices von Windows Media werden aktiv und zeigen alle verfügbaren Informationen zum Album an.

Ende

Mit Klick auf *Suchen* können Sie nach Anzeige der Albuminformationen noch weiter in den Internetseiten von Windows Media suchen lassen.

TIPP

Stellen Sie unter *Weitere Optionen* auf der Registerkarte *Musik kopieren* das gewünschte Format ein (MP3 oder WMA).

HINWEIS

Start

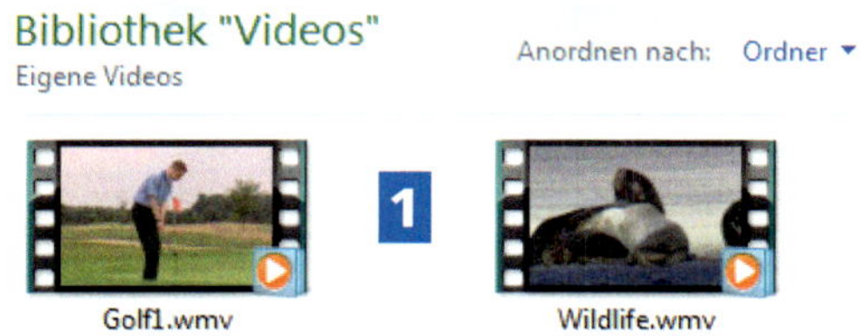

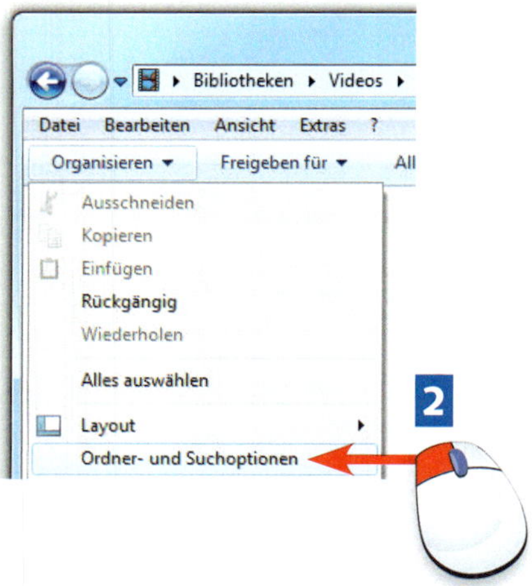

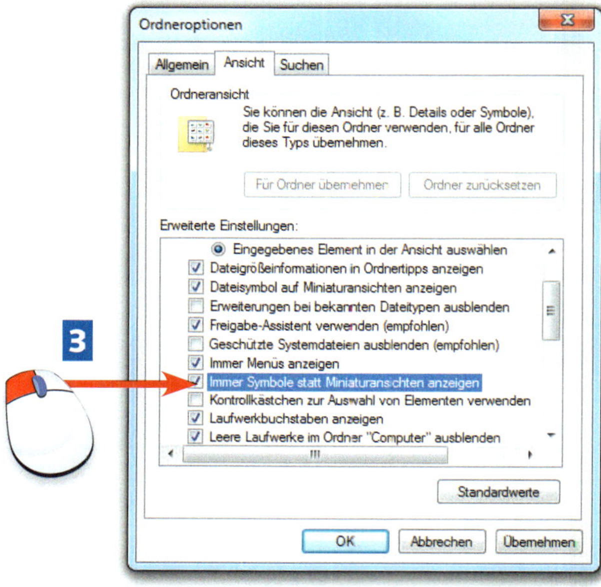

1 Grafik- und Videodateien zeigen im Explorer-Fenster in den drei großen Symbolansichten ein Vorschaubild des Inhalts.

2 Bei großen Videodateien kann diese Vorschau störend sein, weil sie sehr lange aufgebaut wird. Wählen Sie *Organisieren/Ordner- und Suchoptionen*.

3 Schalten Sie die Option *Immer Symbole statt Miniaturansichten anzeigen* aus, wenn Sie in diesem Ordner keine Bilder sehen möchten.

In den Symbolansichten des Explorers sehen Sie ein Vorschaubild des Dateiinhalts. Das ist bei Videos nicht immer sinnvoll. Schalten Sie es ab, wenn es zu lange dauert, die Bilder anzuzeigen. Auch die Miniaturansicht in der Taskleiste lässt sich an- und abschalten.

WISSEN

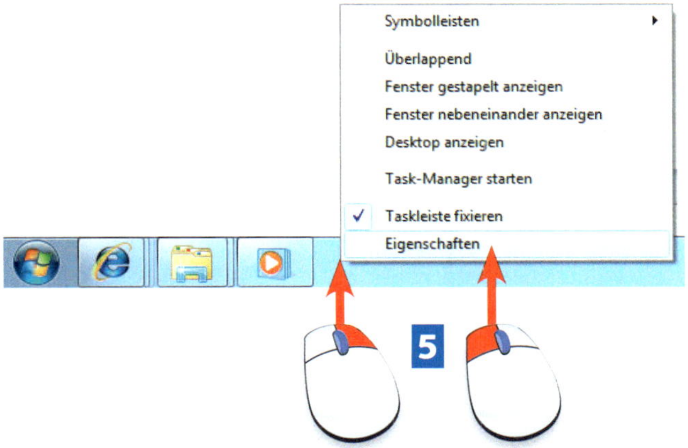

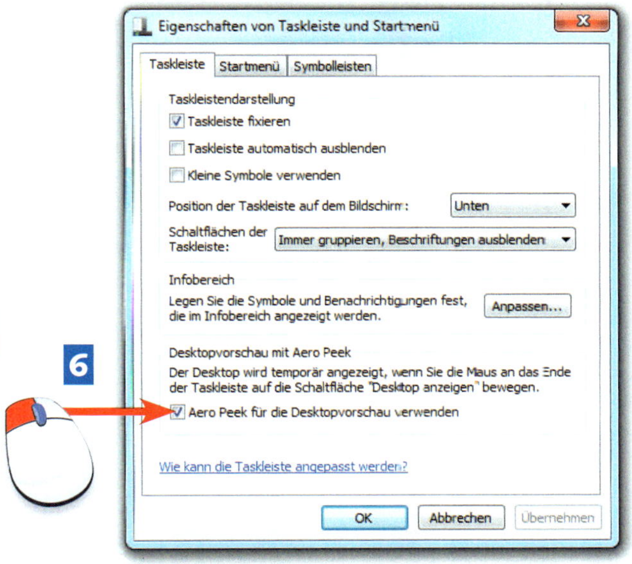

4 Mit Aero-Grafik wird eine Fenstervorschau des Videos in der Taskleiste angezeigt. Zeigen Sie einfach mit dem Mauszeiger auf das Symbol.

5 Wenn diese Miniaturansicht nicht verfügbar ist, klicken Sie mit der rechten Maustaste in die Taskleiste und wählen Sie *Eigenschaften*.

6 Schalten Sie die Option *Aero-Peek für die Desktop-Vorschau verwenden* ein.

Ende

Das Video läuft im Vorschaubild in der Taskleiste weiter, auch wenn die Task (Windows Media Player) nicht aktiv ist.

HINWEIS

Wenn ein Ordner viele Grafikdateien (Fotos) oder Videos enthält, sollten Sie die Ansicht *Liste* oder *Details* an Stelle von Symbolen einstellen, damit der Aufbau nicht zu lange dauert.

HINWEIS

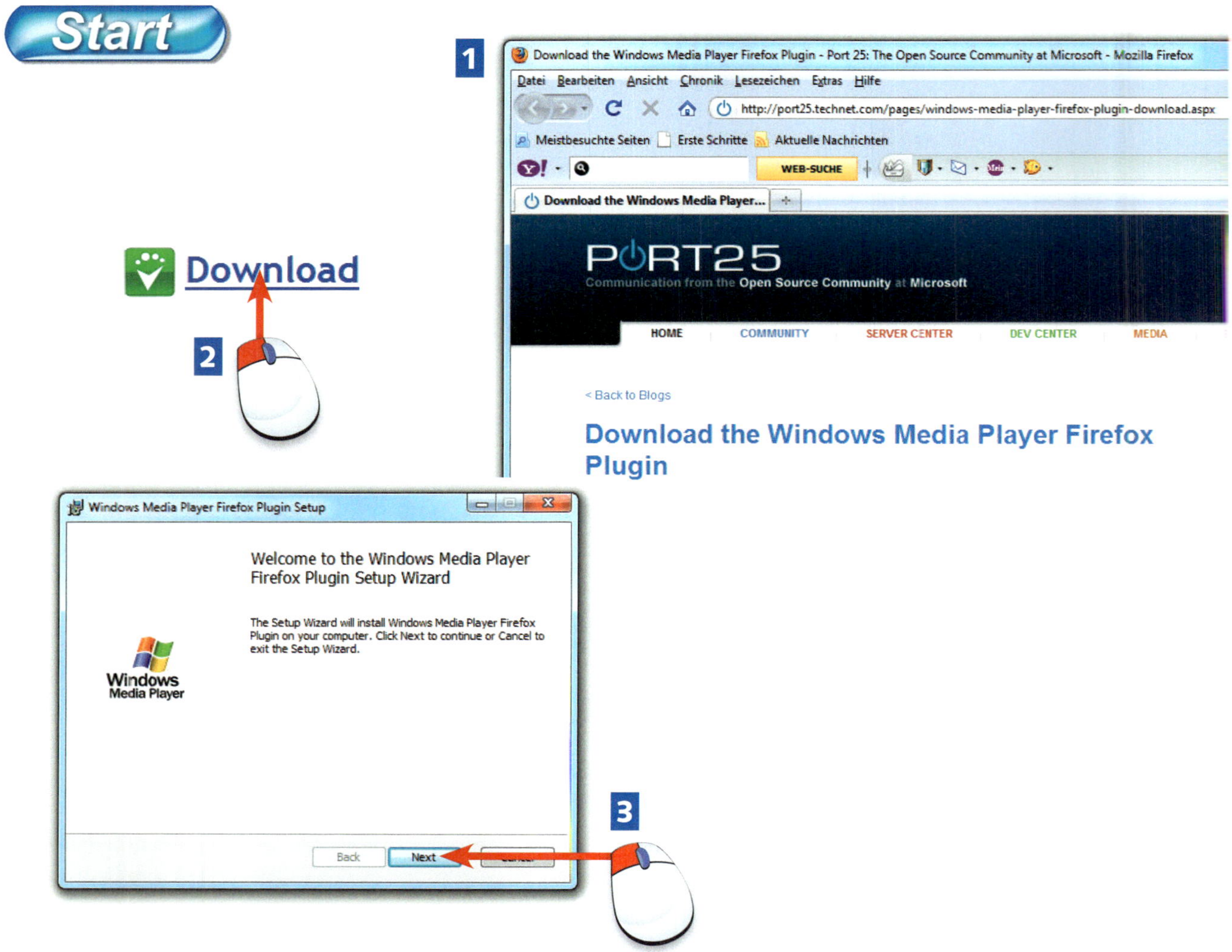

1 Auf dieser Webseite finden Sie das Plug-in, mit dem Windows-Media-Player-Videos unter Mozilla Firefox abgespielt werden können.

2 Klicken Sie auf *Download*, um das Plug-in zu laden.

3 Installieren Sie das geladene Plug-in per Doppelklick auf den Dateinamen.

Wenn Sie lieber mit Mozilla Firefox als mit dem Internet Explorer durchs Internet surfen, müssen Sie nicht auf Multimediadaten aus dem Web verzichten. Laden Sie die passenden Plug-ins, damit Firefox alle Formate erkennt.

WISSEN

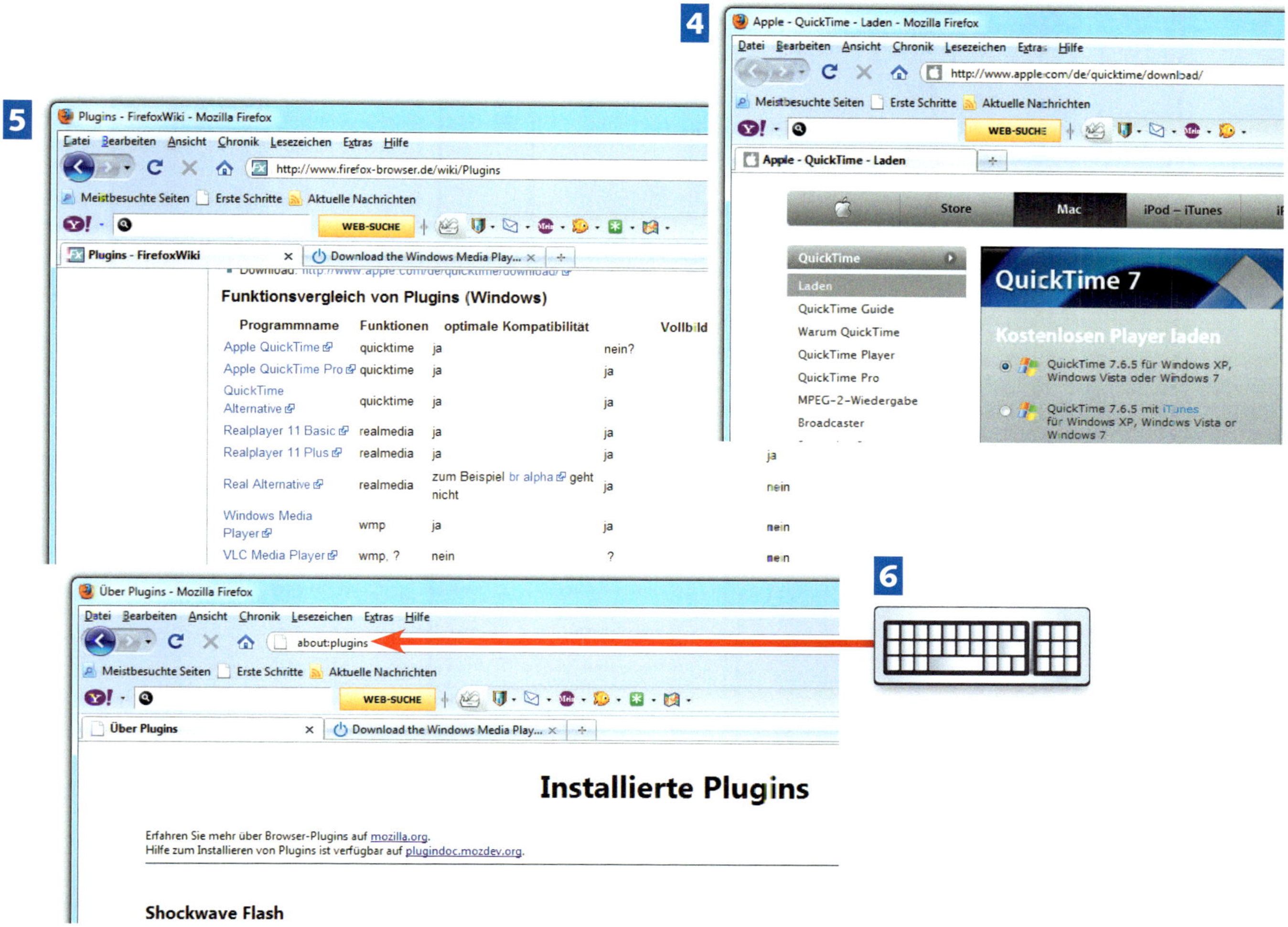

4 Den Videoplayer QuickTime (inklusive iTunes) finden Sie bei Apple.

5 Das FireFoxWiki zeigt die Unterschiede zwischen den einzelnen Videoplayern.

6 Geben Sie in die Adresszeile ein: *about:plugins*. Damit erhalten Sie die Liste aller installierten Plug-ins.

Ende

TIPP

Mit *about:config* können Sie alle Konfigurationen von Firefox überprüfen und reparieren.

HINWEIS

Den Mozilla-Browser können Sie hier kostenlos downloaden: *http://www.firefox.de*.

Start

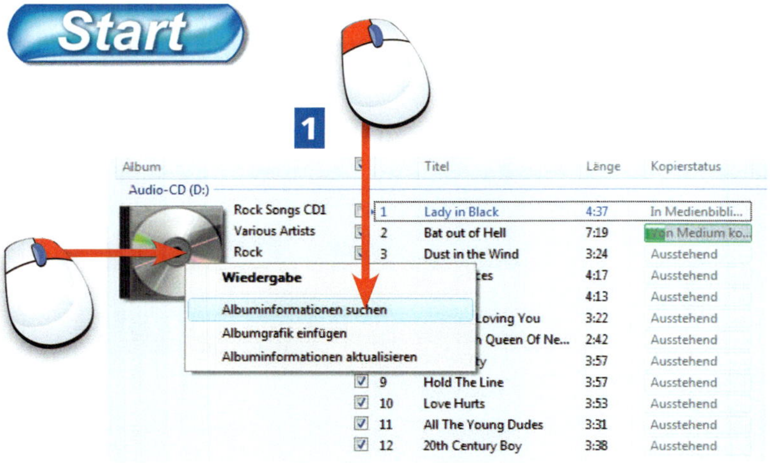

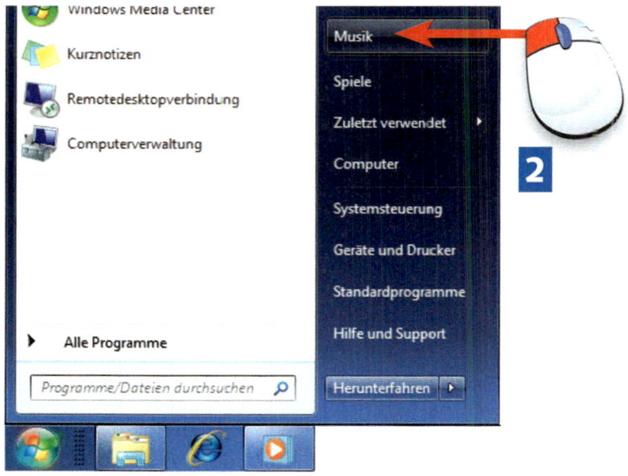

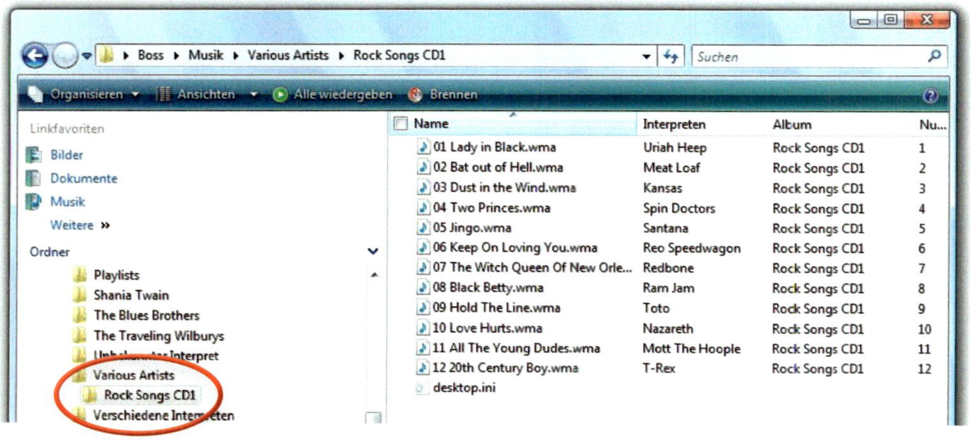

1 Suchen Sie für die CD oder DVD, die Sie in die Medienbibliothek kopiert hatten, nach den Albuminformationen im Internet.

2 Sind keine Informationen und damit keine Covergrafik verfügbar, aktivieren Sie den Ordner *Musik* Ihres Benutzerkontos.

3 Wechseln Sie in den Ordner, in dem sich die kopierten Songs befinden.

Für selbst gebrannte, selbst zusammengestellte CDs findet der Media Player natürlich keine Coverbilder im Internet. Gestalten Sie sich diese einfach selbst, nehmen Sie Ihr Lieblings-Grafikprogramm oder das einfache MS Paint aus der Zubehörgruppe.

WISSEN

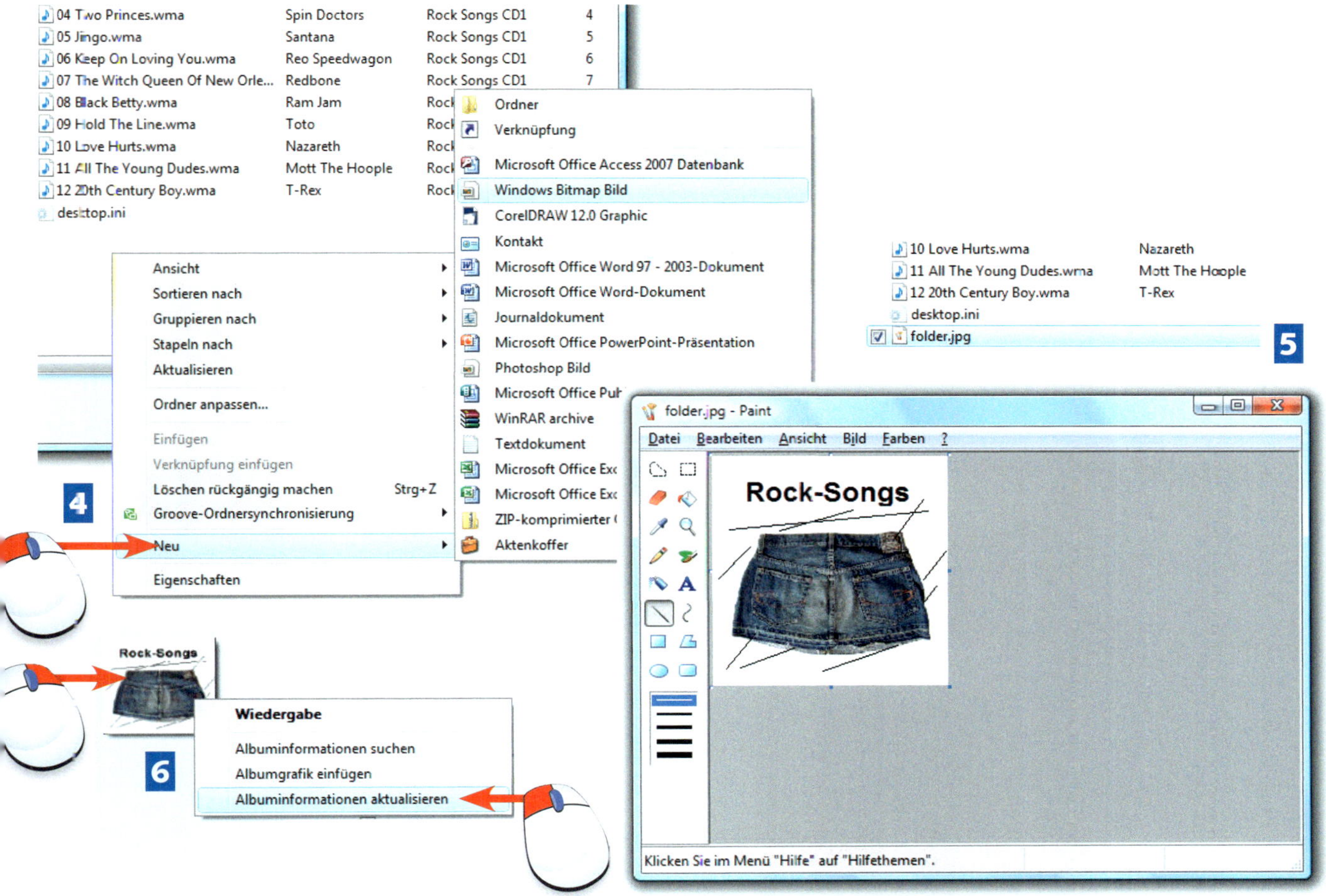

4 Mit Klick auf *Neu* im Kontextmenü des Ordners erstellen Sie ein neues Bild im Bitmap- oder JPG-Format. Nennen Sie die Datei *folder.jpg*.

5 Verwenden Sie ein Grafik- oder Zeichenprogramm (hier MS Paint) und gestalten Sie das CD-Cover.

6 Ein Klick mit der rechten Maustaste auf das Vorschaubild öffnet das Kontextmenü. Wählen Sie *Albuminformationen aktualisieren*.

Ende

Die Grafik in der Datei folder. jpg ist 200 x 177 Pixel groß. Am besten kopieren Sie eine folder.jpg aus einem anderen Ordner und ändern sie ab.

HINWEIS

Start

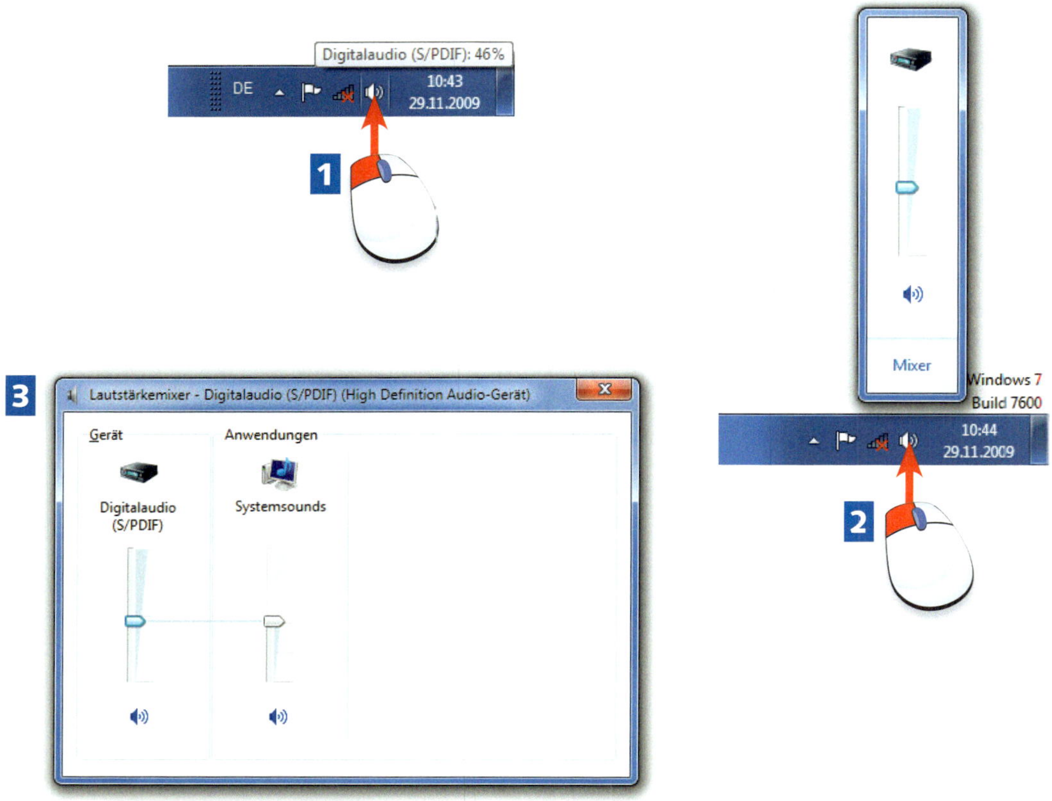

1. Die Lautstärke wird angezeigt, wenn Sie mit dem Mauszeiger auf das Lautsprechersymbol im Systembereich der Taskleiste zeigen.
2. Klicken Sie auf das Lautsprechersymbol, erscheint eine Skala, auf der Sie die Lautstärke einstellen können.
3. Ein Klick auf *Mixer* präsentiert den Lautstärkemixer, der für jedes Gerät, das Sounds benutzt, eine eigene Lautstärkeregelung anbietet.

Das Windows 7-Soundsystem stellt für jedes Gerät und jede Software, die Sounds benutzt, einen eigenen Lautstärkeregler bereit. Überprüfen Sie Ihr Soundsystem über die Systemsteuerung und den Geräte-Manager.

WISSEN

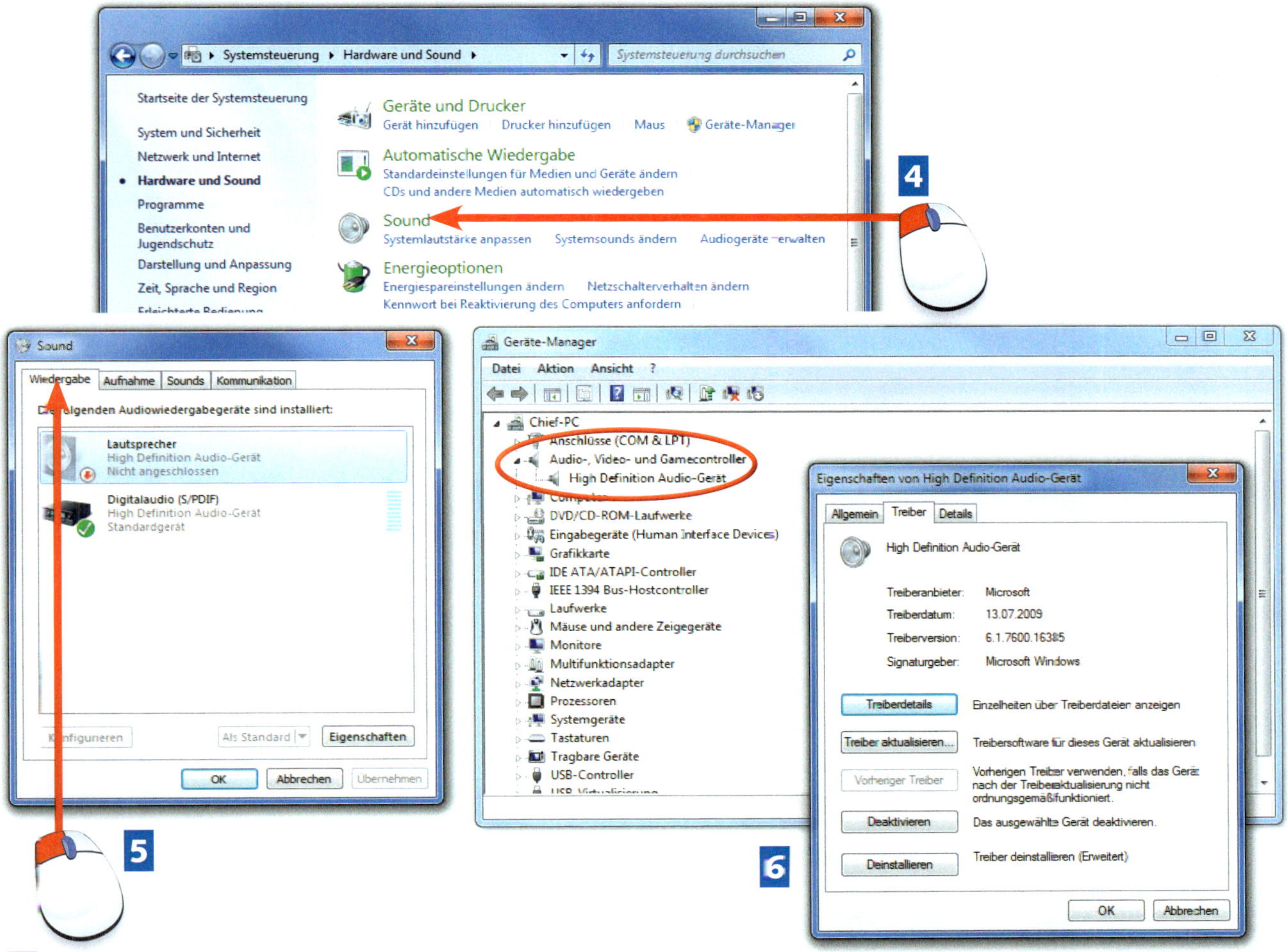

4 Die technischen Einstellungen für die Soundgeräte finden Sie in der Systemsteuerung unter *Hardware und Sound*.

5 Klicken Sie unter *Wiedergabe* auf das aktive Lautsprechersystem und konfigurieren Sie es.

6 Technische Probleme bereinigen Sie im Geräte-Manager. Starten Sie diesen über die *Eigenschaften* von *Computer* und suchen Sie den Sound-Adapter.

Ende

TIPP

Wenn kein Sound zu hören ist, deaktivieren Sie am besten das Gerät im Geräte-Manager und lassen es beim nächsten Start von Windows 7 installieren.

HINWEIS

Die angezeigte Lautsprecherkonfiguration ist vom installierten Gerät abhängig. Die meisten neuen Soundsysteme besitzen eigene Steuersoftware, die bei der Installation ein entsprechendes Symbol im Systembereich der Taskleiste einfügt.

Start

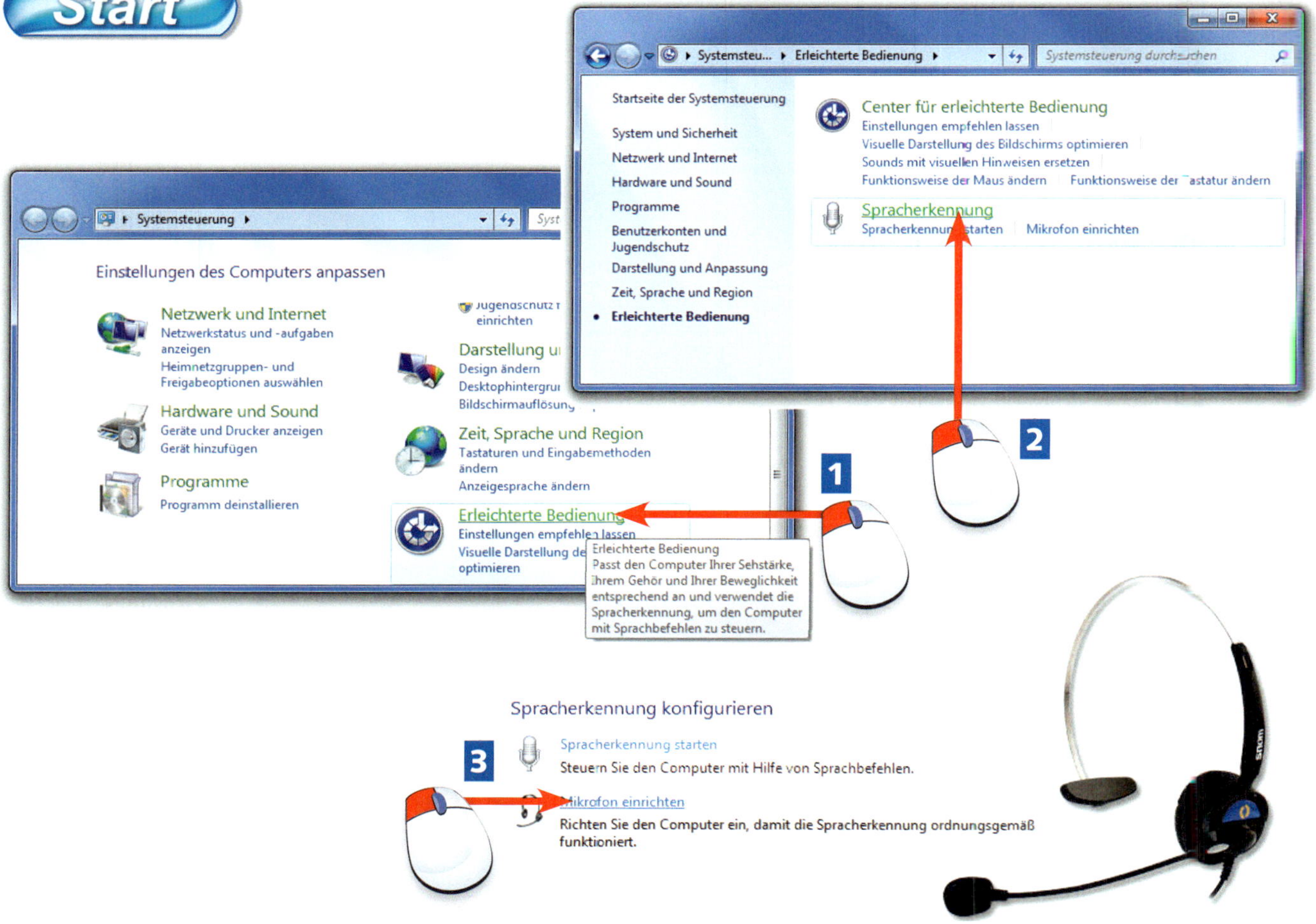

1 Starten Sie die Systemsteuerung aus dem Startmenü und klicken Sie auf *Erleichterte Bedienung*.

2 Klicken Sie auf *Spracherkennung*.

3 Schließen Sie Ihr Mikrofon an und stellen Sie das Gerät ein. Klicken Sie auf *Mikrofon einrichten*.

Windows 7 mit gesprochenen Befehlen steuern, geht das? Mit der Spracherkennung ist es kein Problem. Alles, was Sie brauchen, ist ein Mikrofon und die Sprachsteuerung aus der Systemsteuerung. Ein bisschen Training wird Ihr Computer allerdings benötigen, damit er Sie versteht …

WISSEN

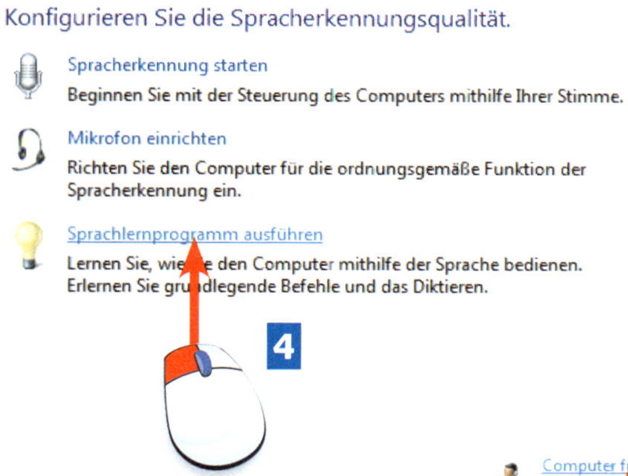

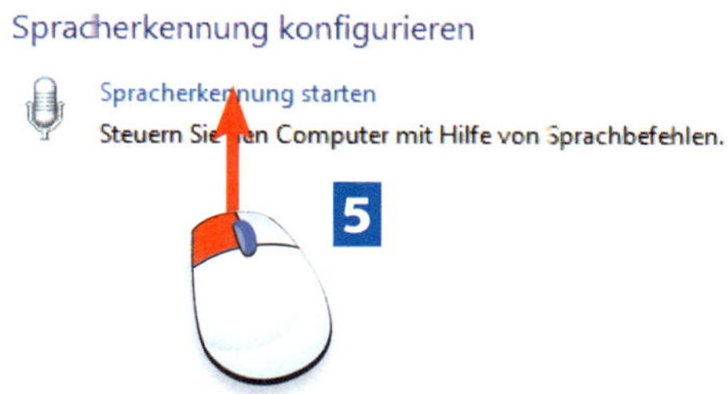

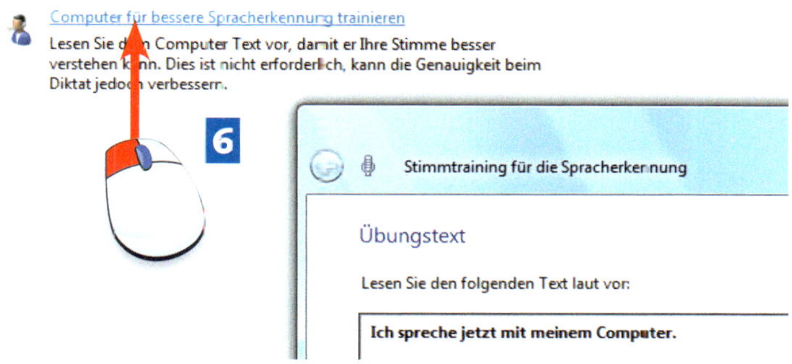

4 Bevor Sie die Spracherkennung starten, sollten Sie das Sprachlernprogramm ausführen, damit Ihr Computer Sie versteht.

5 Anschließend können Sie die Spracherkennung starten.

6 Für eine regelmäßige Verbesserung der Spracherkennung klicken Sie auf *Computer für bessere Spracherkennung trainieren*.

Ende

Auf der Sprachreferenzkarte finden Sie die häufigsten Befehle für die Spracherkennung.

TIPP

Die Spracherkennung ist Teil von *Erleichterte Bedienung*, einer Sammlung von Hilfsprogrammen für behinderte Menschen.

HINWEIS

8

Tipps und Tricks rund ums Netzwerk

Start

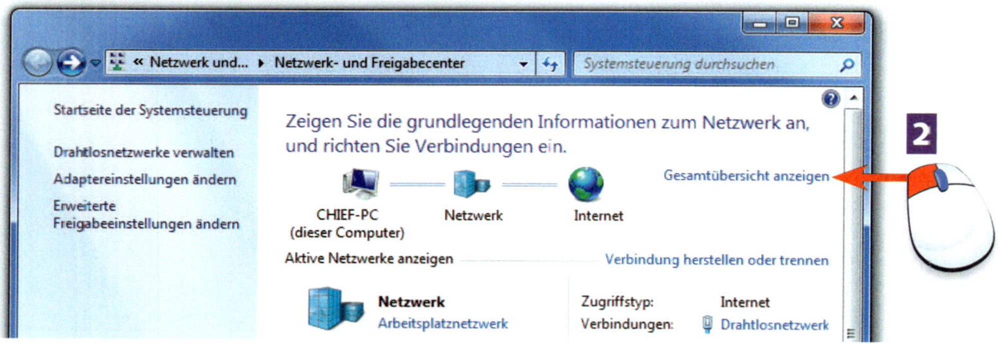

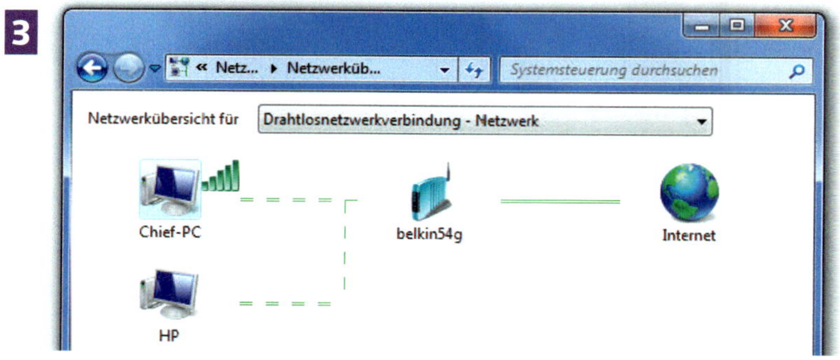

1 Für Netzwerkeinstellungen öffnen Sie das *Netzwerk- und Freigabecenter* über das Symbol im Systembereich.

2 Die Netzwerkverbindung wird angezeigt, klicken Sie auf *Gesamtübersicht anzeigen*.

3 Die Übersicht zeigt alle Computer im Netzwerk sowie die Verbindungen über Router und Hubs.

Ein Netzwerk ist unter Windows 7 schnell eingerichtet, aber die Einstellungen müssen passen, damit sich die Computer gegenseitig sehen und verstehen. Im Netzwerk- und Freigabecenter finden Sie alles, was Sie dafür brauchen.

WISSEN

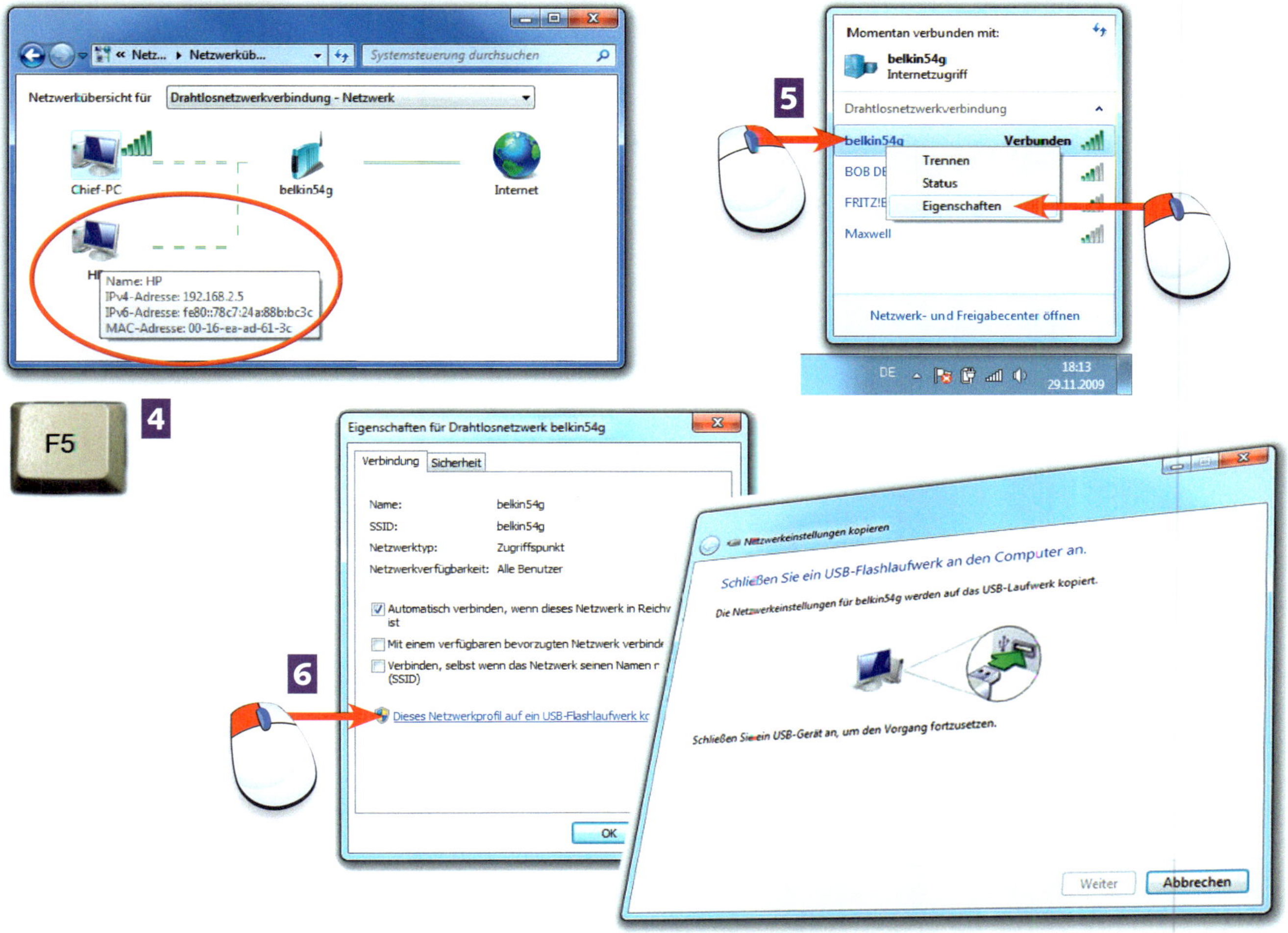

4 IP- und MAC-Adressen erfahren Sie, wenn Sie mit der Maus auf ein Computersymbol zeigen. Drücken Sie F5, um die Liste zu aktualisieren.

5 Aktivieren Sie die Eigenschaften der aktiven Verbindung …

6 … und speichern Sie die Einstellungen auf einem USB-Laufwerk, um sie bei Bedarf auf andere Computer zu kopieren.

Ende

TIPP

So zeigen Sie alle Freigaben an: Start/Ausführen: c:\windows\system32\fsmgmt.msc

HINWEIS

Mit der Speicherung der Verbindungseinstellungen wird das Programm *setupSNK.exe* auf das USB-Laufwerk kopiert.

HINWEIS

Stellen Sie sicher, dass sich alle Computer in der gleichen Arbeitsgruppe befinden. So wird die Übersicht über das Netzwerk schneller geladen.

Start

1

2

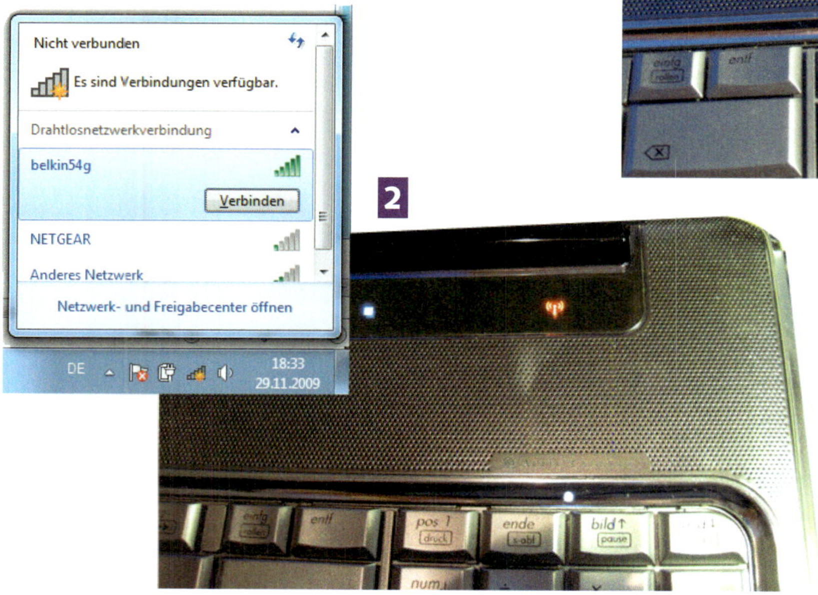

3

1 Notebooks haben in der Regel einen Netzwerkschalter, über den das Netzwerk manuell aktiviert oder deaktiviert werden kann.

2 Die meisten Notebooks schalten das Netzwerk ab, wenn das Gerät längere Zeit nicht benutzt wird.

3 Aktivieren Sie den Geräte-Manager über die Eingabe *devmgmt.msc* im Ausführen-Feld des Startmenüs.

Wenn Ihr Notebook das WLAN oder die Netzwerkverbindung automatisch abschaltet, aktivieren Sie den Geräte-Manager und schalten diese Automatik aus.

WISSEN

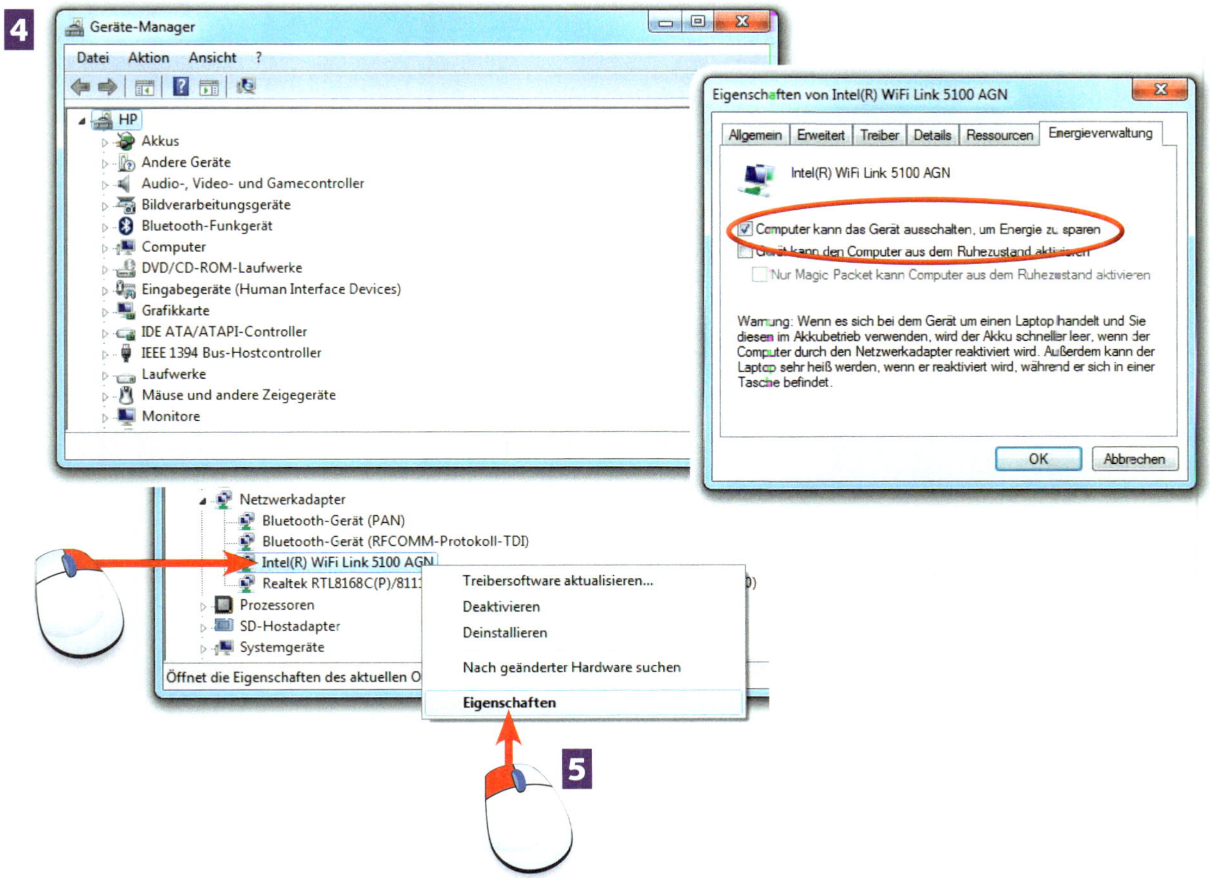

4 Suchen Sie in der Liste der Geräte den Netzwerkadapter …

5 … und aktivieren Sie die Eigenschaften im Kontextmenü.

6 Auf der Registerkarte *Energieverwaltung* können Sie das automatische Ausschalten deaktivieren.

Ende

HINWEIS

Eine automatische Aktivierung aus dem Ruhezustand ist nicht zu empfehlen, was auch die Beschreibung zur Option deutlich macht.

Start

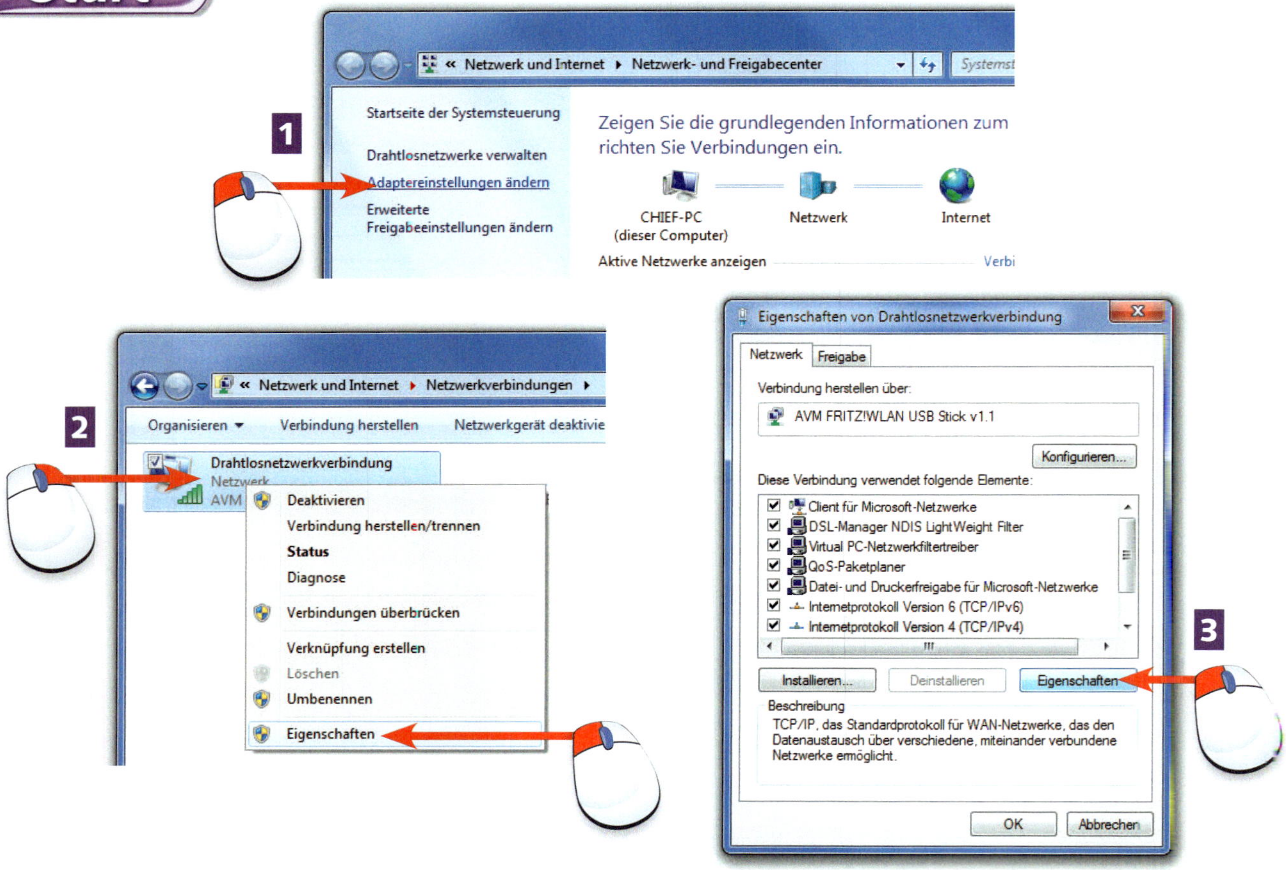

1 Aktivieren Sie das Netzwerk- und Freigabecenter in der Systemsteuerung und klicken Sie auf *Adaptereinstellungen ändern*.

2 Öffnen Sie die *Eigenschaften* aus dem Kontextmenü der drahtlosen Verbindung.

3 Markieren Sie *Internet Protokoll Version 4* und klicken Sie auf *Eigenschaften*.

Sie können im WLAN dem Router die Aufgabe überlassen, IP-Adressen zuzuweisen. Wenn Sie gleichzeitig ein Heimnetz betreiben wollen, brauchen Sie feste IP-Adressen für alle Computer und einen entsprechenden Adressraum im Router.

WISSEN

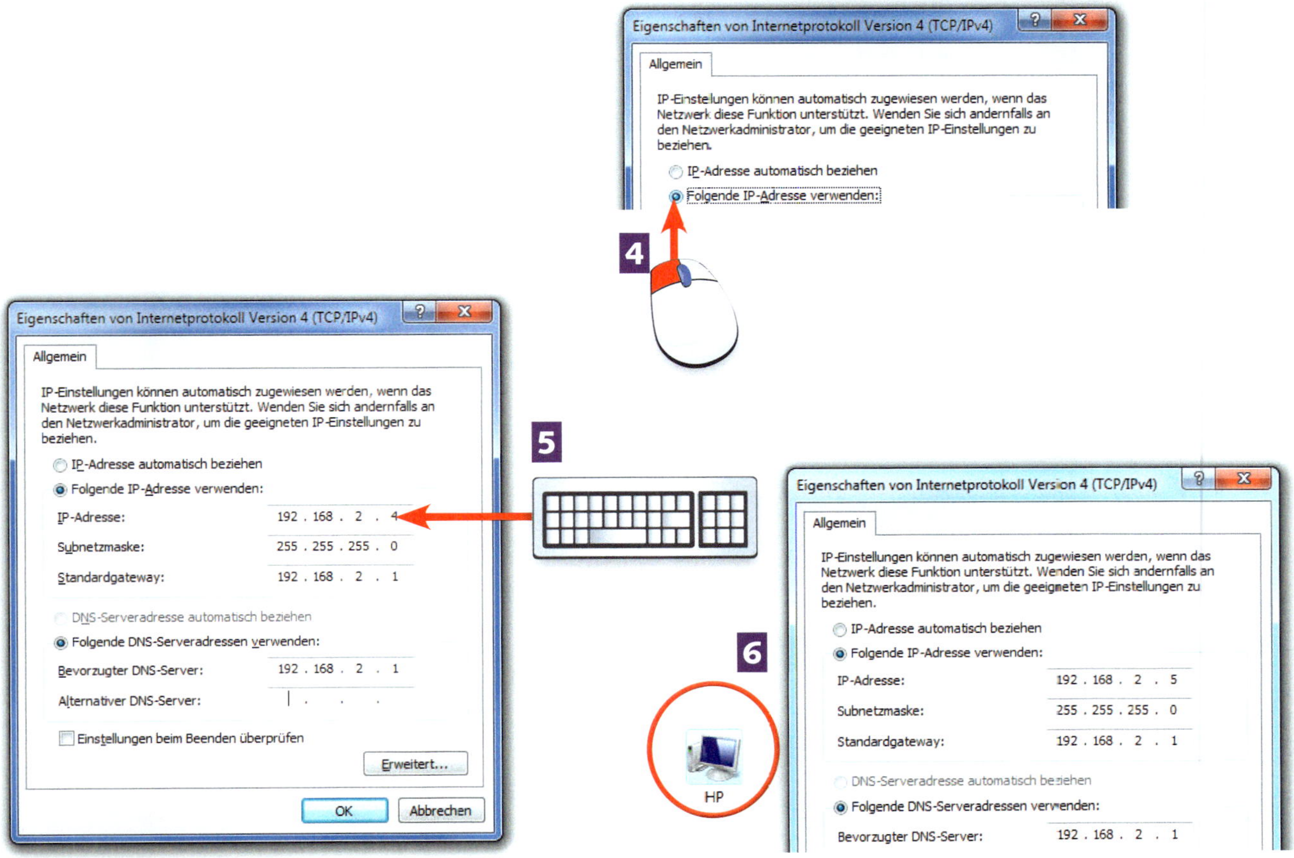

4 Hier wird in der Regel die IP-Adresse automatisch bezogen. Ändern Sie dies durch Klicken auf *Folgende IP-Adresse verwenden*.

5 Geben Sie eine IP-Adresse ein, tragen Sie die Subnetmaske ein und geben Sie die Adresse des Gateway (Routers) ein, den Sie auch als DNS-Server bestimmen können.

6 Wiederholen Sie diese Schritte für alle Computer im Netz, weisen Sie jedem eine eigene IP-Adresse mit variablen Nummern im letzten Block zu.

Achten Sie darauf, dass jeder Computer seine eigene, unverwechselbare IP hat, sonst kommt es zu Konflikten im lokalen Netz.

TIPP

Die Subnetmaske entscheidet, welche Adressen vorkommen können. Sie wird automatisch erstellt, nachdem die IP-Adresse eingegeben wurde.

HINWEIS

Die Adressräume im lokalen Netzwerk:
Class A: 10.0.0.0 bis 10.255.255.255
Class B: 172.16.0.0 bis 172.31.255.255
Class C: 192.168.0.0 bis 192.168.255.255

HINWEIS

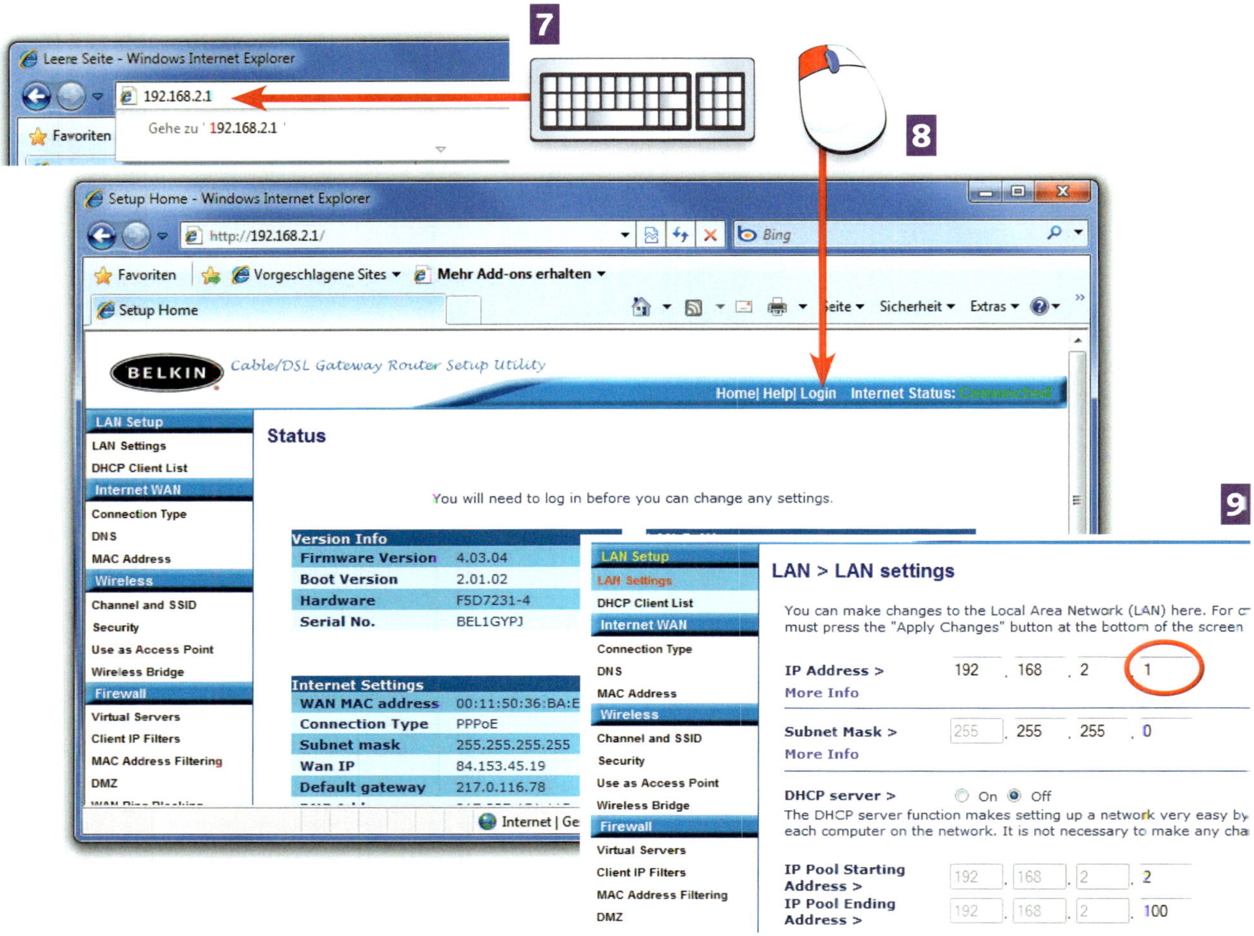

7 Starten Sie den Internet Explorer und geben Sie die IP-Adresse des Routers ein.

8 Das Konfigurationsprogramm wird gestartet, melden Sie sich an.

9 Jetzt können Sie den Adressraum (letzter Block der IP) bestimmen.

ansteuern und konfigurieren. Stellen Sie den Adressraum ein, den Sie in Ihrem lokalen Netz benutzen, und schalten Sie die externe Firewall ein.

WISSEN

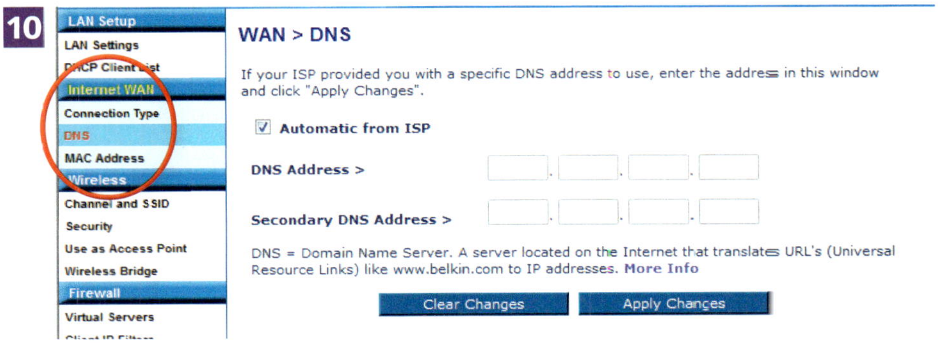

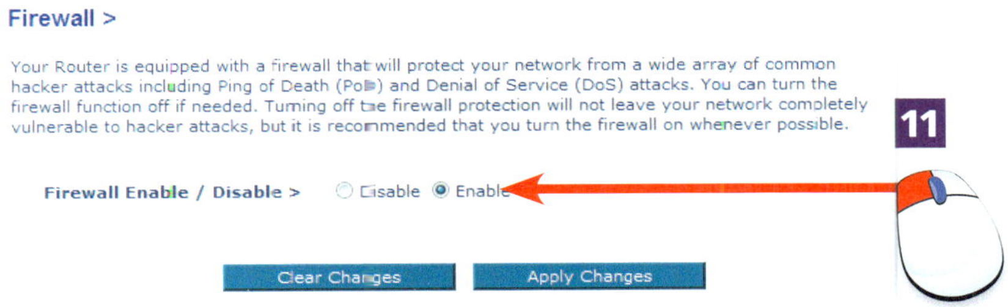

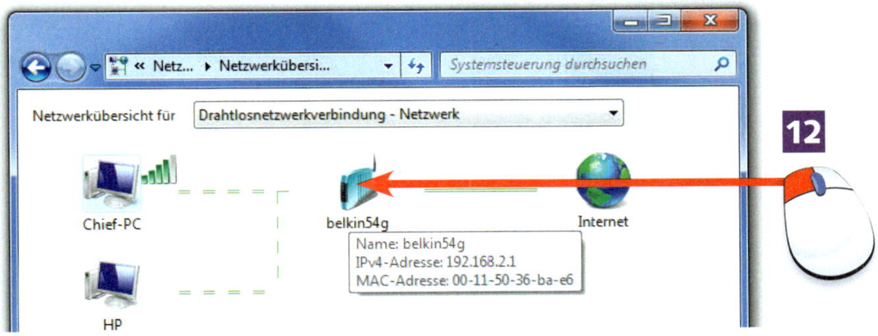

10 Nutzen Sie den DNS-Server nur, falls Ihr Provider keine Zuweisung vornimmt.

11 Die Firewall des Routers sollte ebenfalls aktiviert werden, sie schützt vor unerwünschten Zugriffen aus dem Internet.

12 Mit der Gesamtübersicht im Netzwerk- und Freigabecenter können Sie das Netzwerk überprüfen. Zeigen Sie auf ein Gerät, meldet eine Quick-Info die IP-Adresse.

Ende

HINWEIS

Fritz!Box-Router haben diese Adresse: 178.168.179.1. Bei *tracert* ist die erste Adresse die Router-Adresse.

FACHWORT

Router: Netzwerkkomponente, die den Datenverkehr zwischen Computern und Internet regelt. In der Praxis meist im DSL-Modem integriert, auch als einzelnes Gerät erhältlich.

TIPP

In Kapitel 6 finden Sie ein Online-Diagnose-Tool, mit dem Sie Ihren Router überprüfen können.

Start

1

3

2

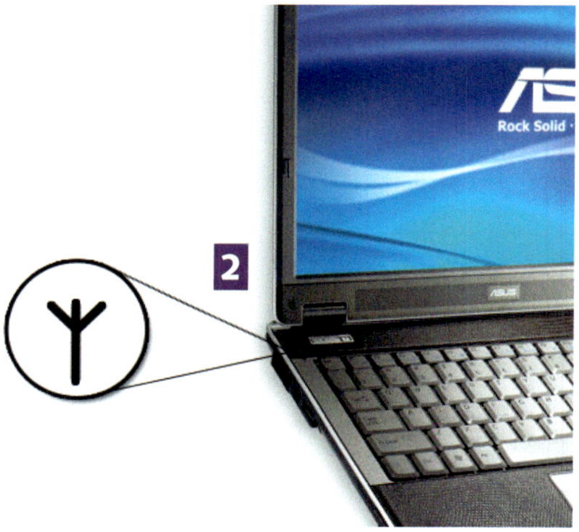

1 Ob ein HotSpot verfügbar ist, sehen Sie meist an einem entsprechenden Symbol.

2 Stellen Sie sicher, dass Ihre WLAN-Verbindung am Notebook aktiviert ist. Drücken Sie die entsprechenden Tasten (z.B. Fn + F5) und achten Sie auf das Symbol.

3 Im Systembereich der Taskleiste werden alle verfügbaren Verbindungen angezeigt. Klicken Sie auf den HotSpot und wählen Sie *Verbinden*.

HotSpots gibt es mittlerweile in jedem Hotel und in vielen öffentlichen Gebäuden. Wenn Ihr Notebook mit einer WLAN-Karte ausgestattet ist, können Sie sich problemlos mit dem Internet verbinden, vorausgesetzt, die Einstellungen stimmen.

WISSEN

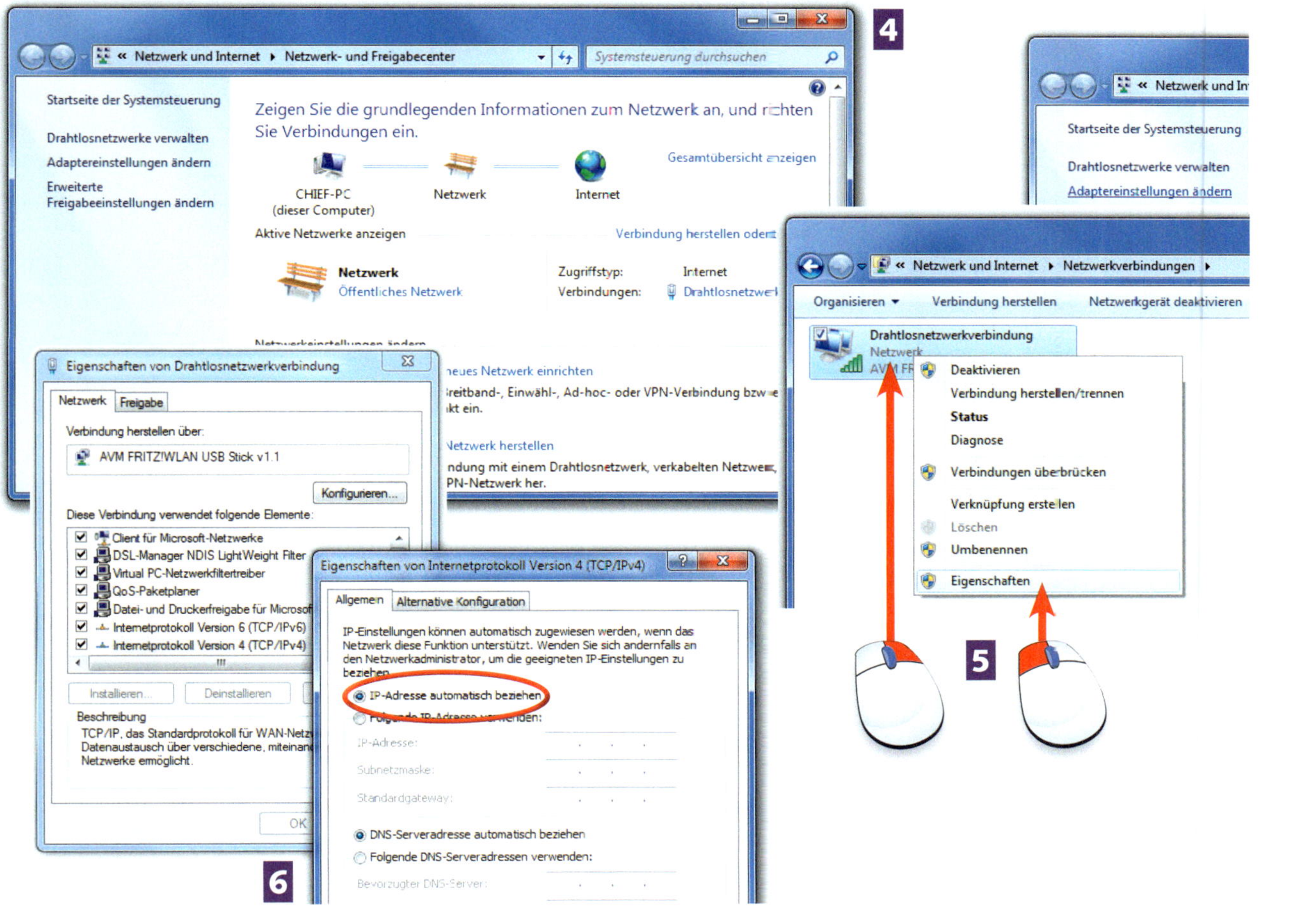

4 Im Netzwerk- und Freigabecenter sehen Sie die neue Verbindung, Windows 7 schaltet automatisch auf *Öffentliches Netzwerk* um.

5 Ändern Sie die Adaptereigenschaften des WLAN, …

6 … schalten Sie alle IP-Adressen und die DNS-Serveradressen aus.

Ende

Achten Sie auf die Signalstärke der Verbindung, bei kostenpflichtigen HotSpots sollte diese optimal sein.

TIPP

Aktivieren Sie nach Herstellung der Verbindung zum HotSpot Ihren Browser, er sollte sich automatisch mit der Einwählseite des Anbieters verbinden.

HINWEIS

Start

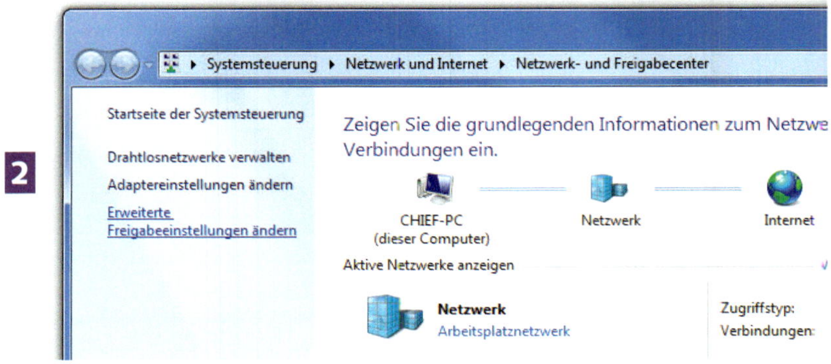

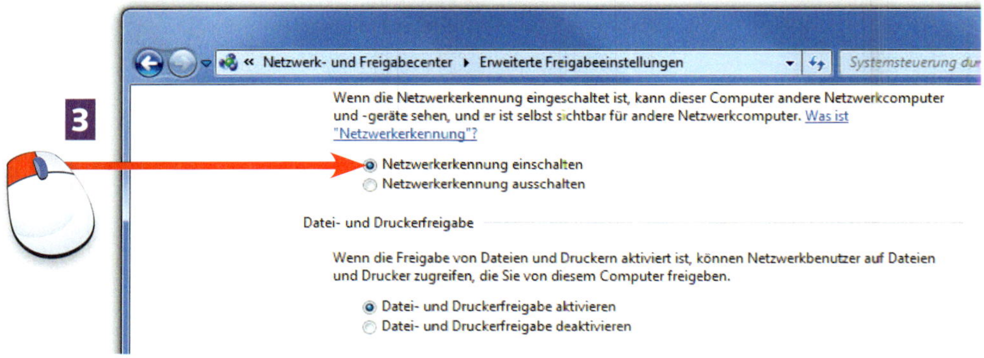

1. Aktivieren Sie das *Netzwerk- und Freigabecenter* über das Verbindungssymbol im Systembereich der Taskleiste.
2. Wählen Sie *Erweiterte Freigabeeinstellungen ändern*.
3. Aktivieren Sie die Datei- und Druckerfreigabe und schalten Sie den Kennwortschutz für Freigaben aus.

Damit andere User im Netz auf Ihre Daten zugreifen können, müssen Sie diese freigeben. Mit einem kleinen Trick legen Sie geheime Freigabenamen an, die in der Netzwerkstruktur nicht zu sehen sind.

WISSEN

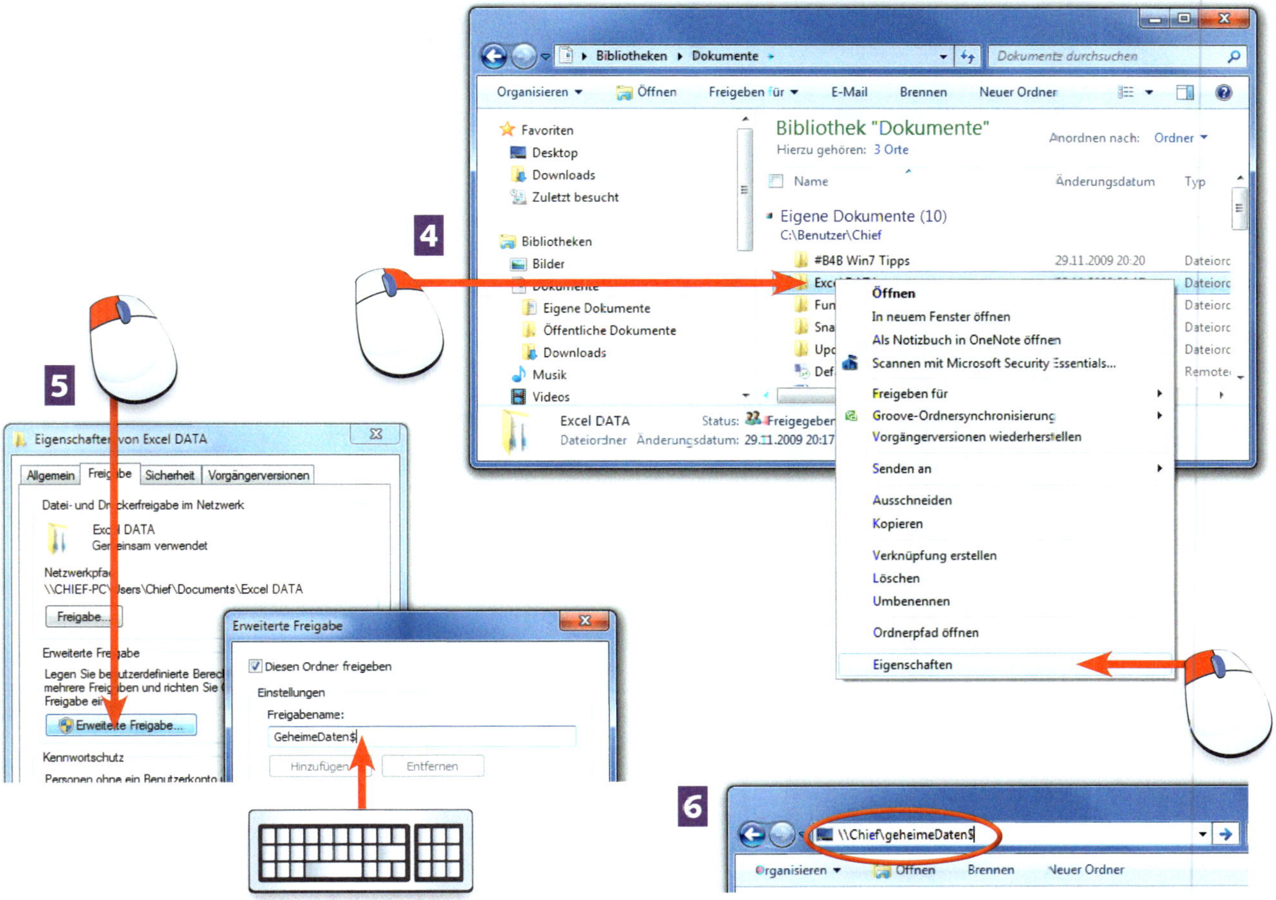

4 Markieren Sie einen Ordner im Windows-Explorer-Fenster und wählen Sie im Kontextmenü *Eigenschaften*.

5 Klicken Sie auf *Erweitere Freigabe* und geben Sie den Freigabenamen zusammen mit einem $-Zeichen ein.

6 Geheime Ordner (und Laufwerke) können Sie ansteuern, indem Sie den Namen direkt in die Adresszeile des Windows-Explorers eingeben.

Ende

HINWEIS

Die geheimen Freigabenamen sind nur in der eigenen Ordnerstruktur, nicht in der Netzwerkliste anderer Computer zu sehen.

HINWEIS

Freigeben können Sie Ordner, Drucker und Laufwerke, Letztere sind nicht zu empfehlen. Suchen Sie lieber gezielt einzelne Ordner aus, die Sie im Netz verfügbar machen.

HINWEIS

Es gibt bereits viele solcher geheimen Freigaben, zum Beispiel auf alle Laufwerksbuchstaben: C$, D$ …

Start

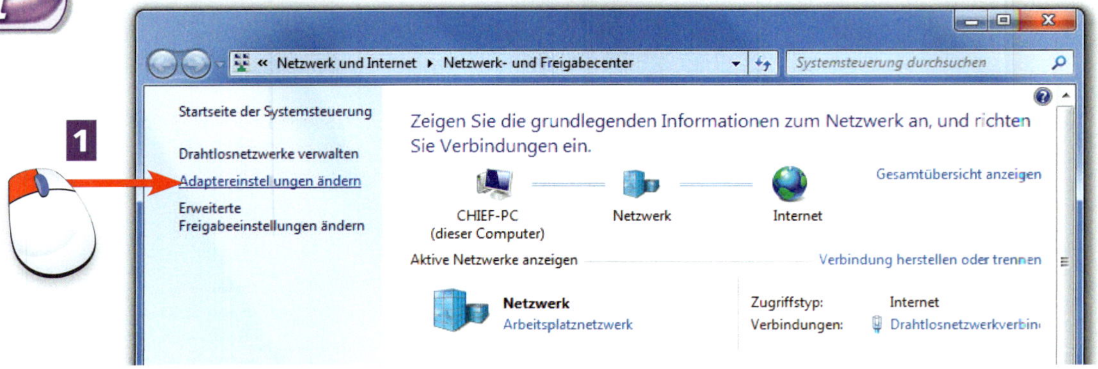

1 Für die Einrichtung des VPN-Servers brauchen Sie Administratorrechte. Aktivieren Sie die Adaptereinstellungen im Netzwerk- und Freigabecenter.

2 Drücken Sie die Alt-Taste und wählen Sie *Datei/Neue eingehende Verbindung*.

3 Legen Sie die Benutzerkonten an, die sich mit dem Server verbinden dürfen, und weisen Sie ihnen Kennwörter zu.

Die VPN-Verbindung ist eine kostengünstige Alternative zu Fernverbindungen und Standleitungen ins Formennetz. Richten Sie ein VPN (virtual private network) für die Benutzer über das Internet oder das lokale Netzwerk ein.

WISSEN

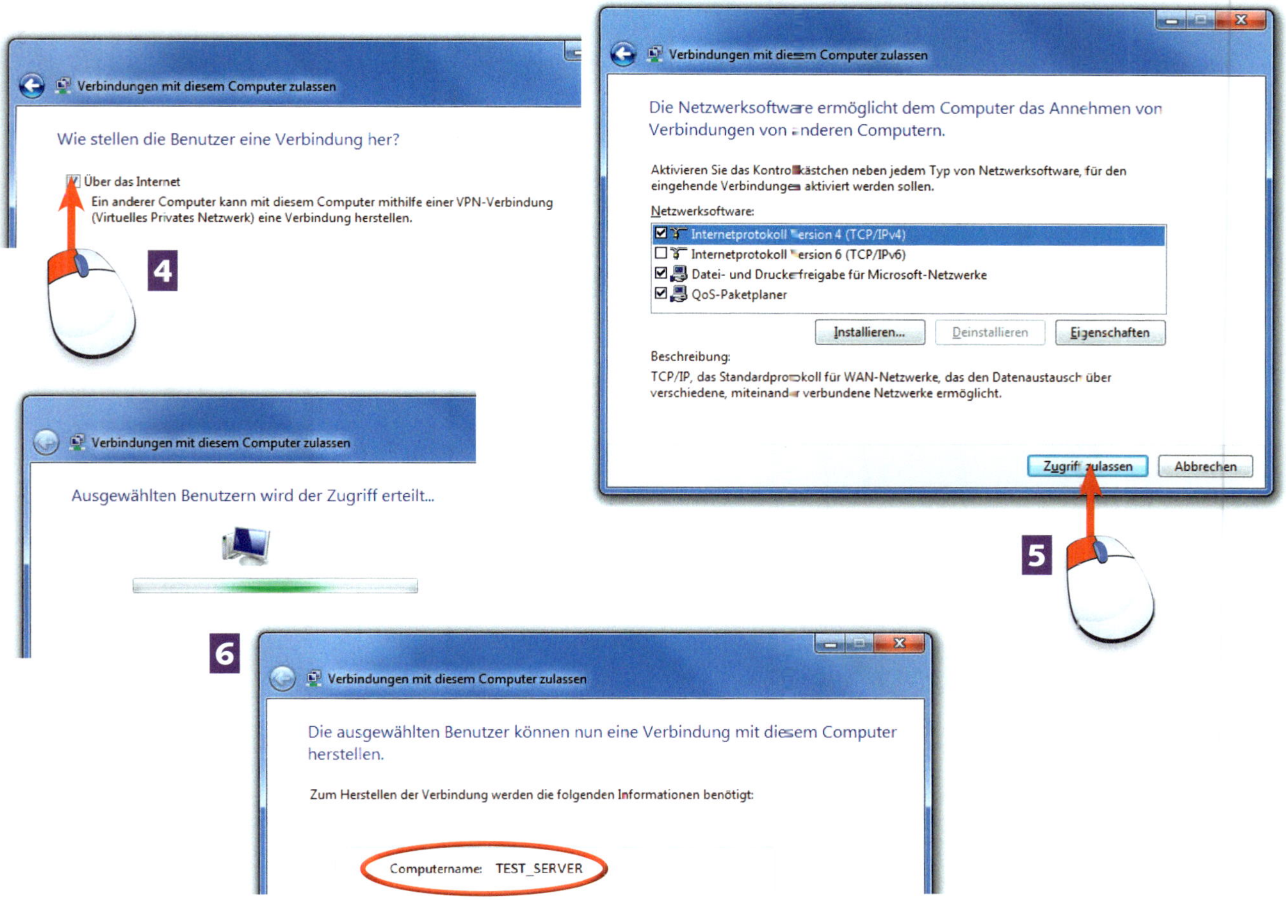

4 Kreuzen Sie die Option *Über das Internet* an, wenn der Benutzer diese Verbindungart bekommt, oder wählen Sie eine andere Verbindung.

5 Weisen Sie der Verbindung eine IP-Adresse zu und bestätigen Sie mit *Zugriff zulassen.*

6 Jetzt wird die VPN-Verbindung angelegt, anschließend wird der Computername für den Benutzer angezeigt.

HINWEIS

Für das VPN sollten Sie aus Sicherheitsgründen neue Benutzerkonten erstellen und nicht die bereits im lokalen Netz angelegten Konten verwenden.

HINWEIS

Die IP-Adresse teilen Sie zu, um Probleme mit dem DHC-Server zu vermeiden. VPN-Server und VPN-Clients befinden sich im gleichen IP-Subnetz.

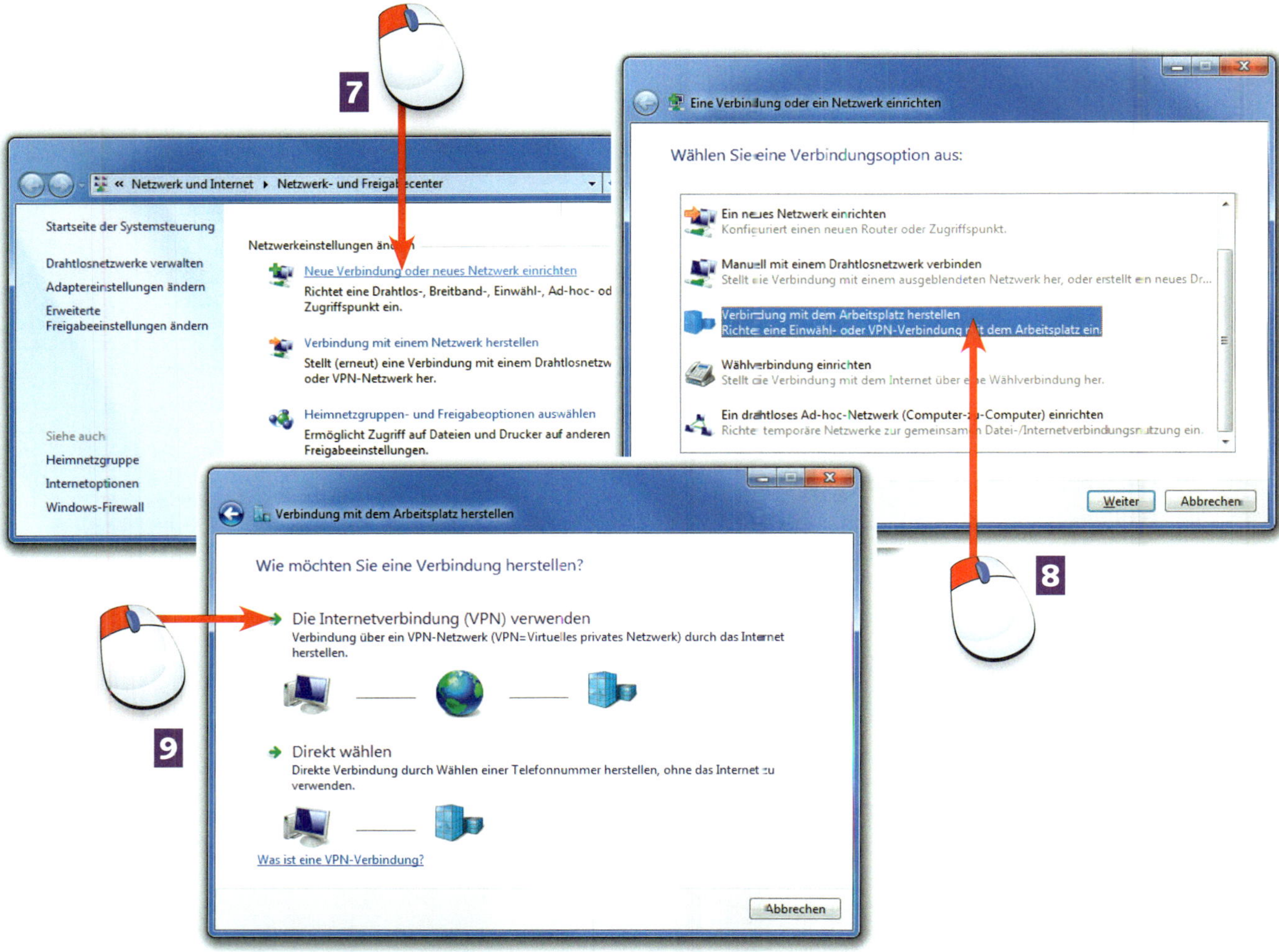

7 Starten Sie auf dem Client das Netzwerk- und Freigabecenter und wählen Sie *Neue Verbindung oder neues Netzwerk einrichten*.

8 Klicken Sie auf *Verbindung mit dem Arbeitsplatz einstellen*.

9 Wählen Sie *Die Internet-Verbindung (VPN) verwenden* für eine verfügbare VPN-Verbindung.

Wenn das VPN eingerichtet ist, installiert sich jeder Client eine neue Netzwerkverbindung dazu. Mit wenigen Klicks sind Sie dann zum Beispiel mit dem Arbeitsplatzrechner in der Firma verbunden.

WISSEN

10

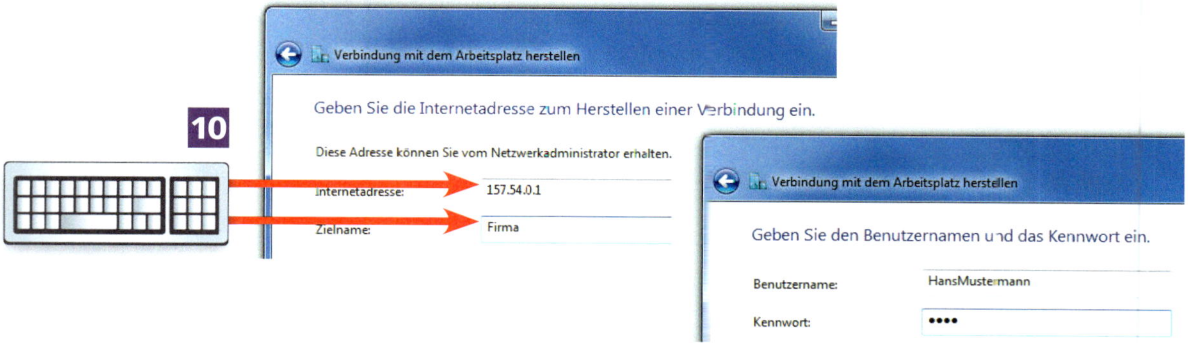

11

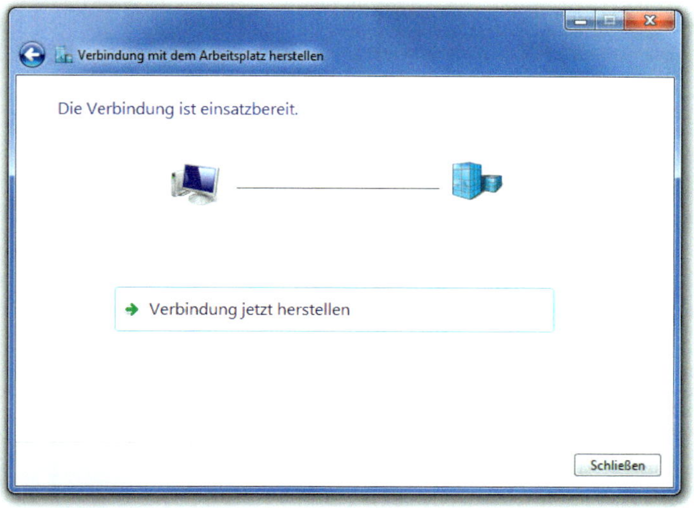

12

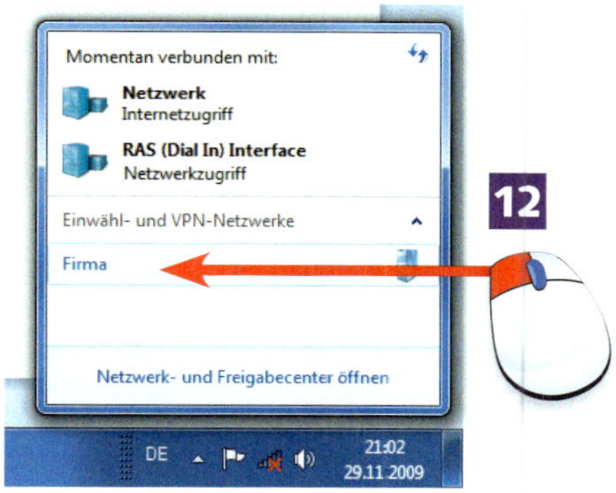

10 Geben Sie die Internetadresse oder die IP-Adresse und die Benutzerkennung mit Kennwort ein.

11 Die VPN-Verbindung wird aufgebaut und in die Netzwerkverbindungen integriert.

12 Das Netzwerksymbol im Systembereich der Taskleiste zeigt die neue Verbindung, klicken Sie sie an, um sich mit dem VPN zu verbinden.

Ende

Vergessen Sie nicht, Ordner oder Laufwerke auf dem VPN-Server freizugeben, damit die Clients darauf zugreifen können.

HINWEIS

Start

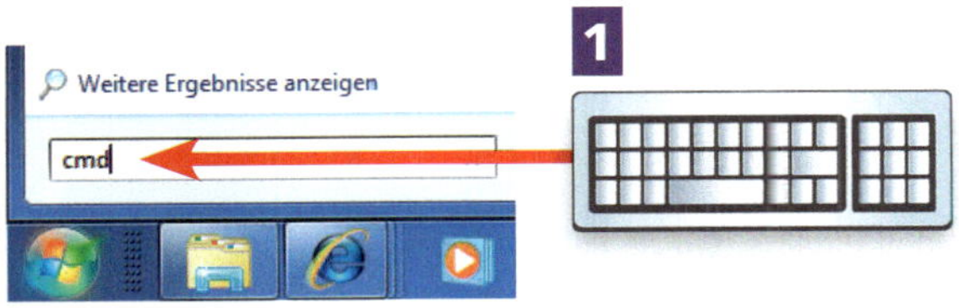

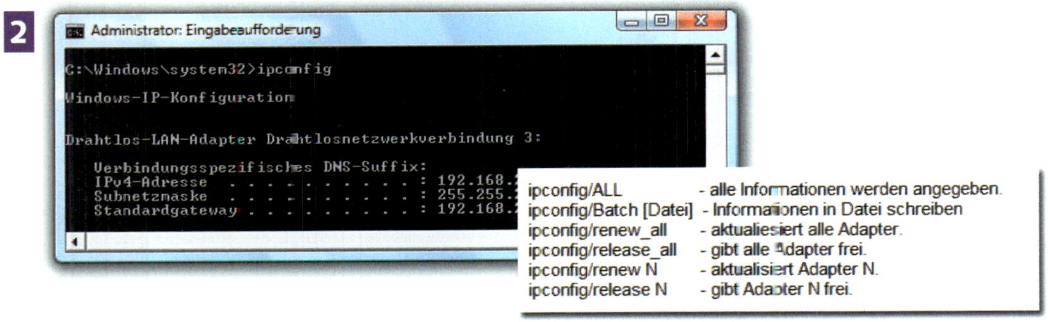

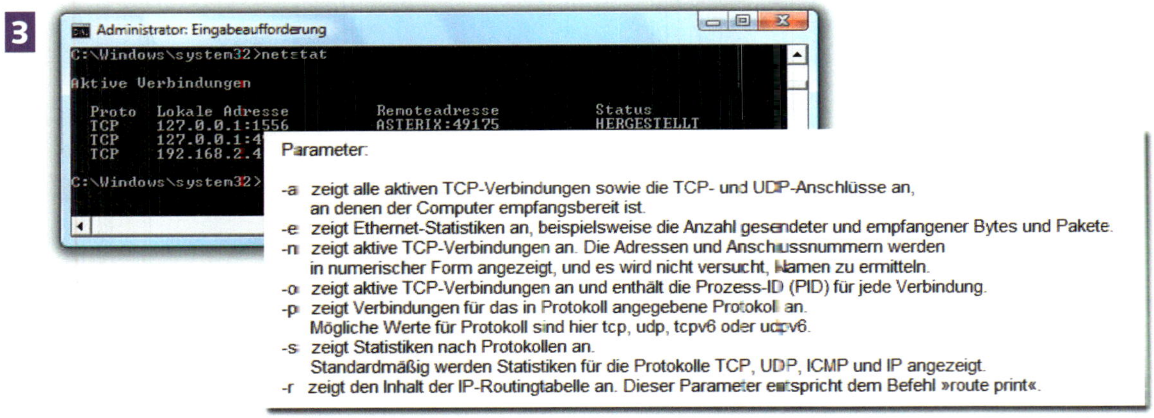

1 Starten Sie die Eingabeaufforderung über das Ausführen-Feld, drücken Sie [Strg] + [⇧] + [↵] für Administratorenrechte.

2 *ipconfig* zeigt die Konfigurationswerte des TCP/IP-Netzwerks an und aktualisiert DHCP- (Dynamic Host Configuration Protocol) und DNS-Einstellungen.

3 *netstat* zeigt aktive TCP-Verbindungen, empfangsbereite Anschlüsse, Ethernet-Statistiken, die IP-Routing-Tabelle und IPv4/IPv6-Statistiken.

Für die Netzwerkanalyse stellt Windows eine Reihe von Tools bereit, die im Kommandozeileninterpreter aktiviert werden. Testen Sie damit, ob Ihre Verbindungen schnell genug funktionieren.

WISSEN

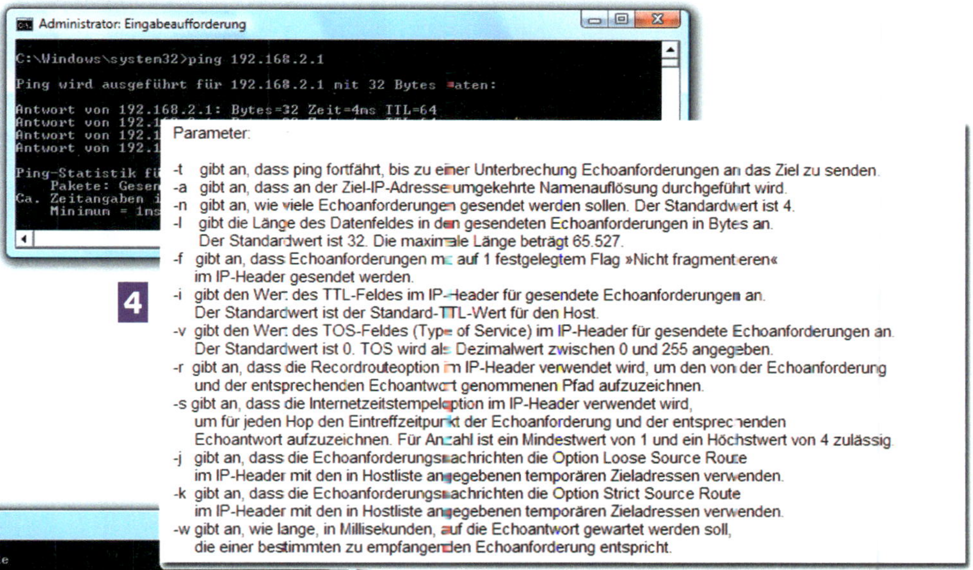

4

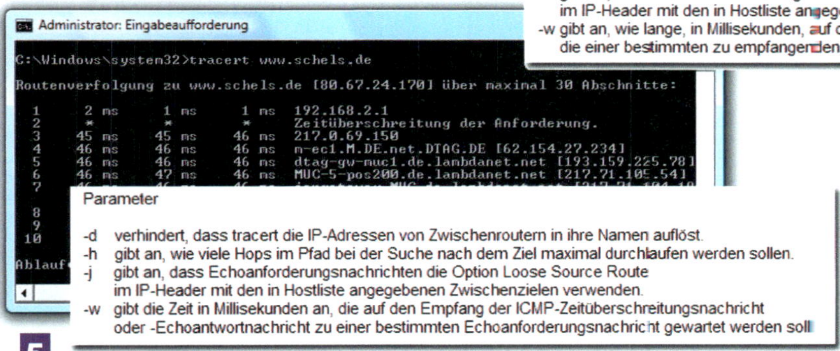

5

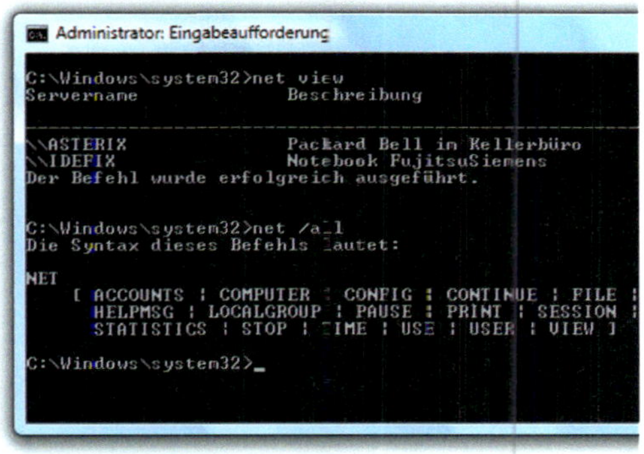

6

4 *ping* überprüft die Verbindung zu einem anderen TCP/IP-Computer auf IP-Ebene durch Senden von ICMP-Echoanforderungen (Internet Control Message Protocol).

5 *tracert* legt den Pfad zu einem Ziel fest, indem ICMP-Echoanforderungsnachrichten (Internet Control Message Protocol) an das Ziel gesendet werden.

6 *net view* zeigt eine Liste der zurzeit im Netz erkannten Rechner an. Mit *net view* *Rechnername* listen Sie die Freigaben auf einem Rechner auf.

Ende

TIPP

Mit dem Befehl *ping* können Sie sowohl IP-Adressen als auch direkte Verbindungen zum Internet prüfen: *ping www.schels.de* (siehe nächste Seite).

HINWEIS

Der Befehl *nbstat* zeigt NetBIOS über TCP/IP-Protokollstatistiken (NetBT), NetBIOS-Namenstabellen sowohl für den lokalen Computer als auch für den Remotecomputer und den NetBIOS-Namenzwischenspeicher an.

Start

1

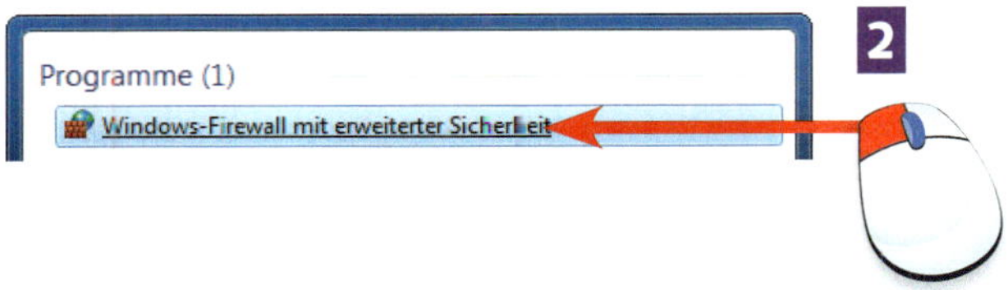

2

3

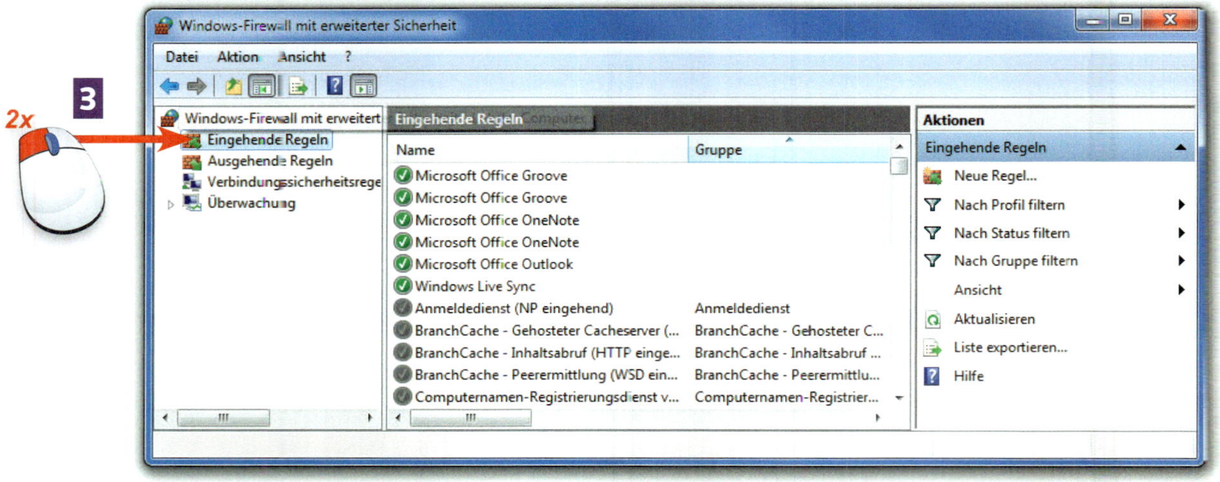

1 Geben Sie in das Ausführen-Feld des Startmenüs ein: *firewall*.

2 Klicken Sie auf den angebotenen Link *Windows Firewall mit erweiterter Sicherheit*.

3 Die Firewall-Einstellungen werden angezeigt, aktivieren Sie die Liste mit den eingehenden Regeln.

Die Firewall von Windows 7 ist der Meinung, ein Ping sei ein feindlicher Angriff, und antwortet deshalb nicht darauf. Schalten Sie diese Einschränkung aus, damit die ICMP-Pakete ankommen, die mit Ping ausgelöst werden.

WISSEN

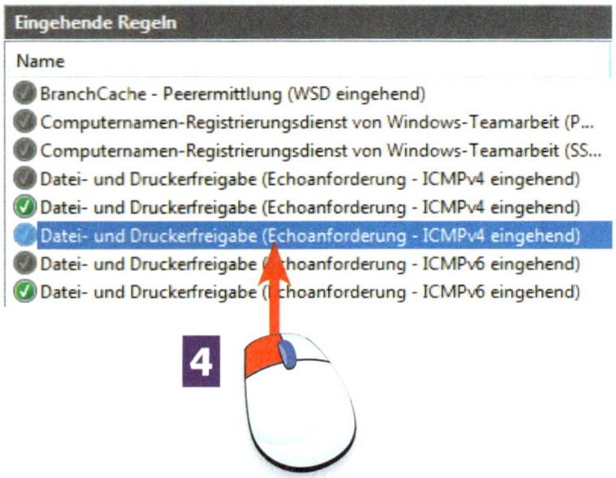

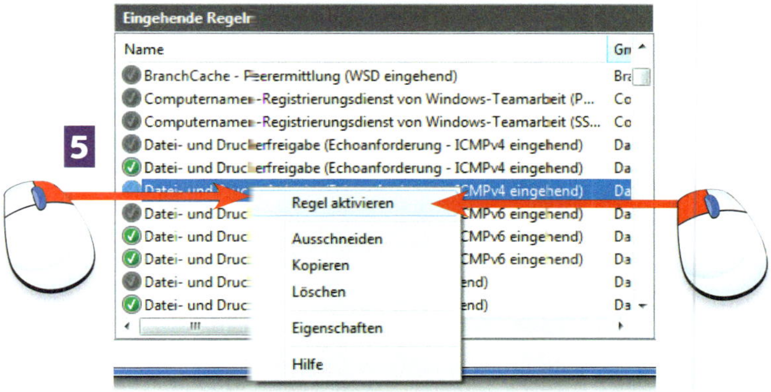

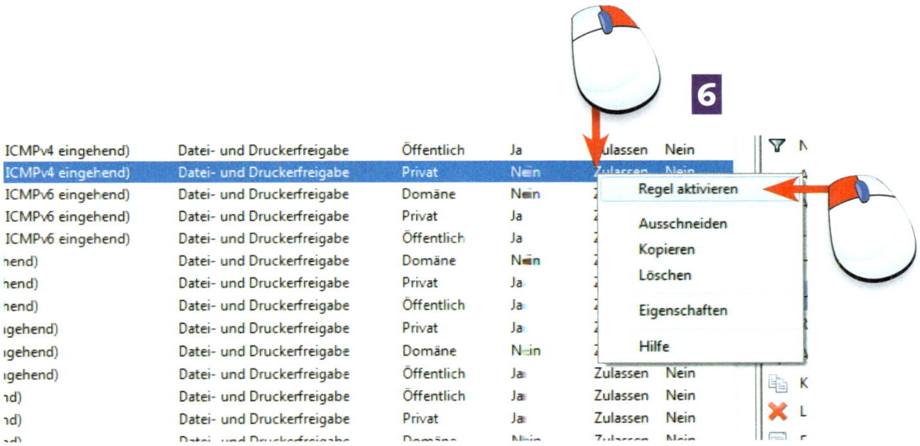

4 Suchen Sie die Regel für eingehende Echoanforderungen. Das Symbol zeigt den aktuellen Status an.

5 Wählen Sie *Regel aktivieren* im Kontextmenü.

6 Aktivieren Sie die Regel für private und öffentliche Profile.

Ende

Für die Bearbeitung der Firewall müssen Sie Administratorrechte besitzen.

HINWEIS

In der Systemsteuerung finden Sie die Firewall-Einstellungen unter *System und Sicherheit*.

HINWEIS

9

Troubleshooting

Start

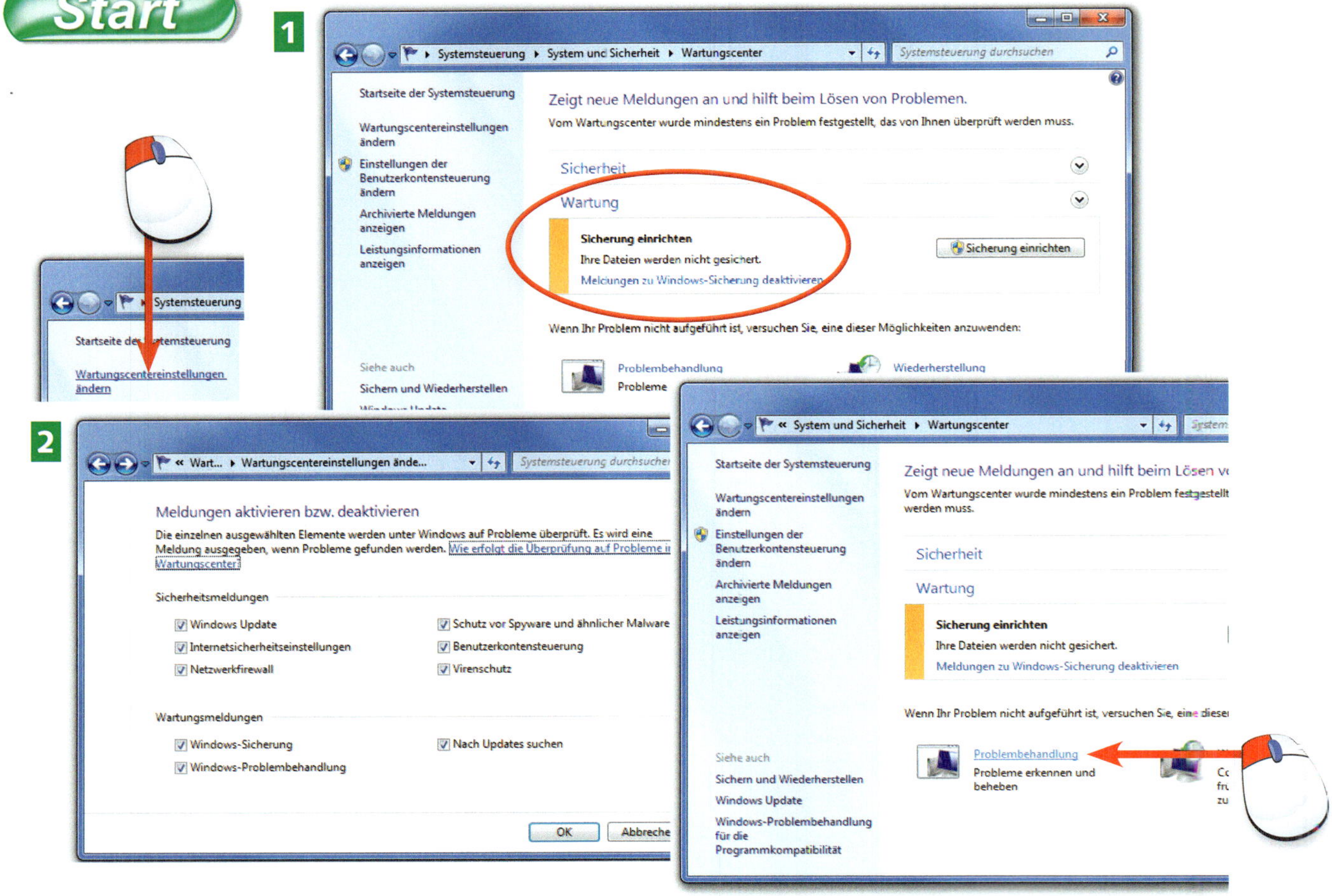

1 Das Wartungscenter finden Sie in der Systemsteuerung unter *System und Sicherheit* oder in der Taskleiste.

2 In den Wartungscentereinstellungen sind alle Komponenten markiert, die automatisch überwacht werden.

3 Starten Sie *Problembehandlung* manuell, wenn ein Problem nicht aufgeführt bzw. erkannt wurde.

Das Wartungscenter ist ein unentbehrlicher Helfer im täglichen Systembetrieb. Es überwacht im Hintergrund die wichtigsten Komponenten und bietet bei Problemen sofort Lösungen an.

WISSEN

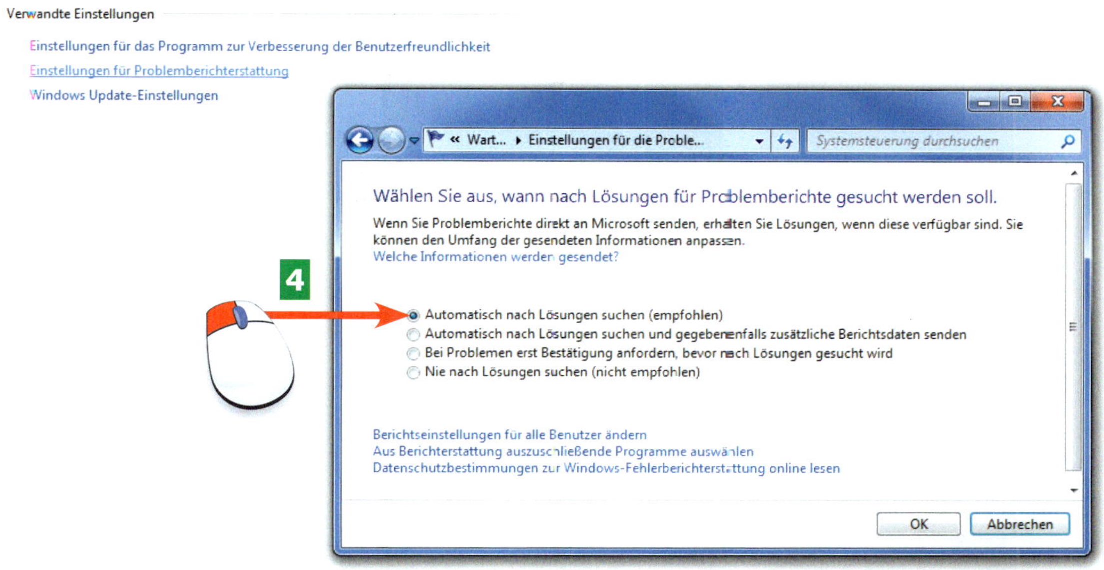

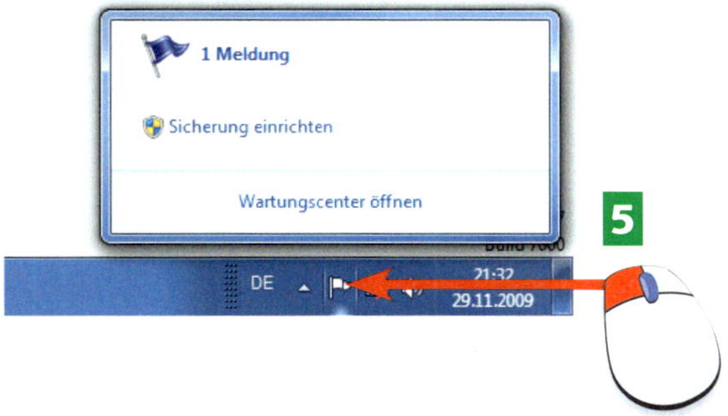

4 In den Einstellungen für die Problemberichterstattung definieren Sie, wann die Problemberichte an Microsoft gesendet werden.

5 Klicken Sie auf das Symbol im Systembereich der Taskleiste, um anstehende Probleme sofort zu lösen.

6 Das Wartungscenter wird aktiv und richtet die Problemlösung ein, falls vorhanden.

Ende

Fehlerberichte werden mit Datum protokolliert, lesen Sie in den Einstellungen des Wartungscenters die archivierten Meldungen.

TIPP

Nicht immer lässt sich ein erkanntes Problem beheben, schalten Sie die Meldung in diesem Fall im Wartungscenter aus.

HINWEIS

Start

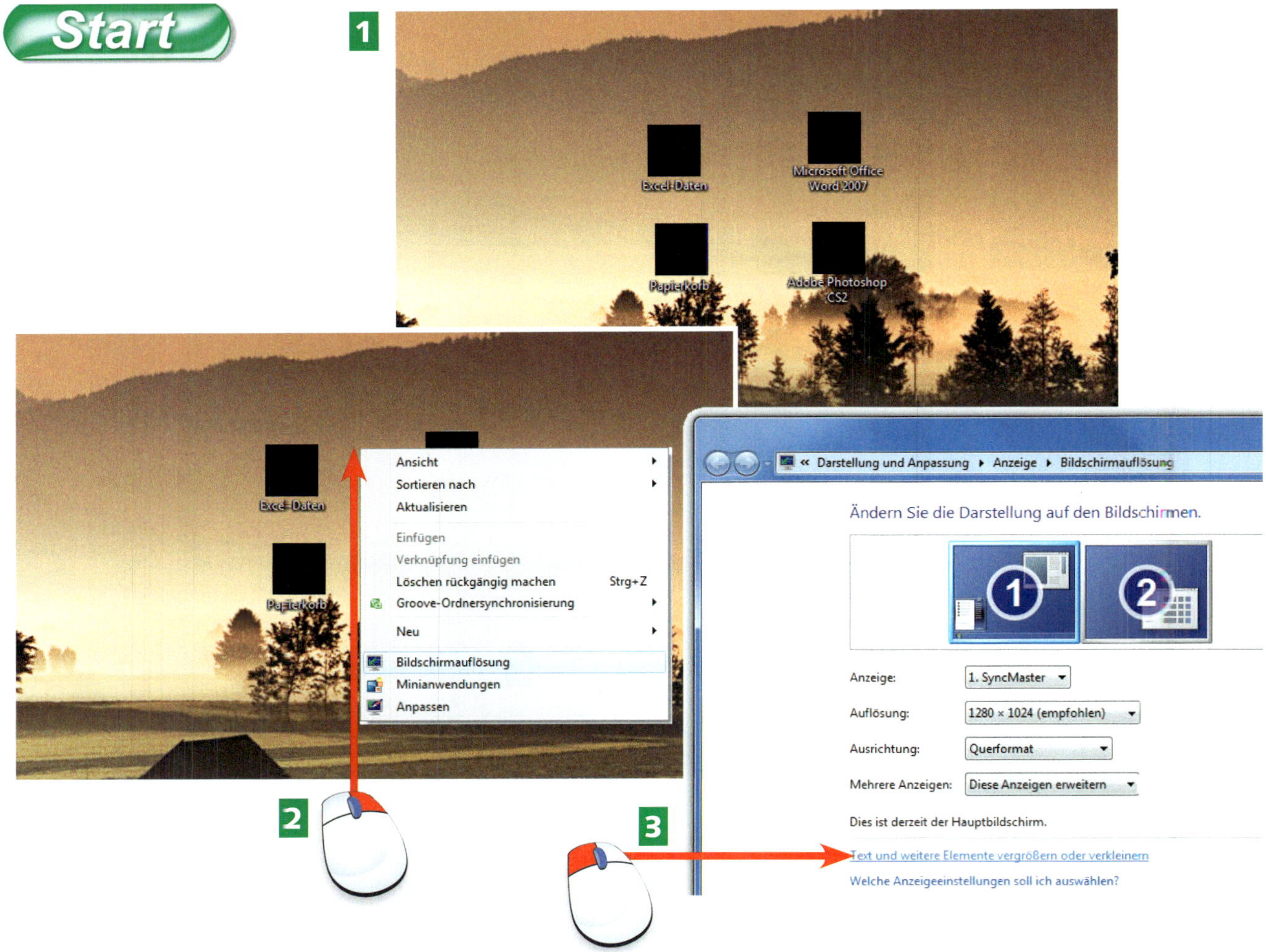

1 In manchen Fällen werden die Desktop-Symbole nach Programmende (meist bei Spielen) schwarz eingefärbt.

2 Aktivieren Sie mit der rechten Maustaste auf dem Desktop das Kontextmenü und wählen Sie *Bildschirmauflösung*.

3 Klicken Sie auf *Text und weitere Elemente vergrößern oder verkleinern*.

Wenn die Desktop-Symbole nach dem Abschluss eines Programms schwarz eingefärbt sind, liegt ein Fehler in der Schriftgrößenberechnung vor. Dieser lässt sich aber über die Desktopanpassung einfach beheben.

WISSEN

4

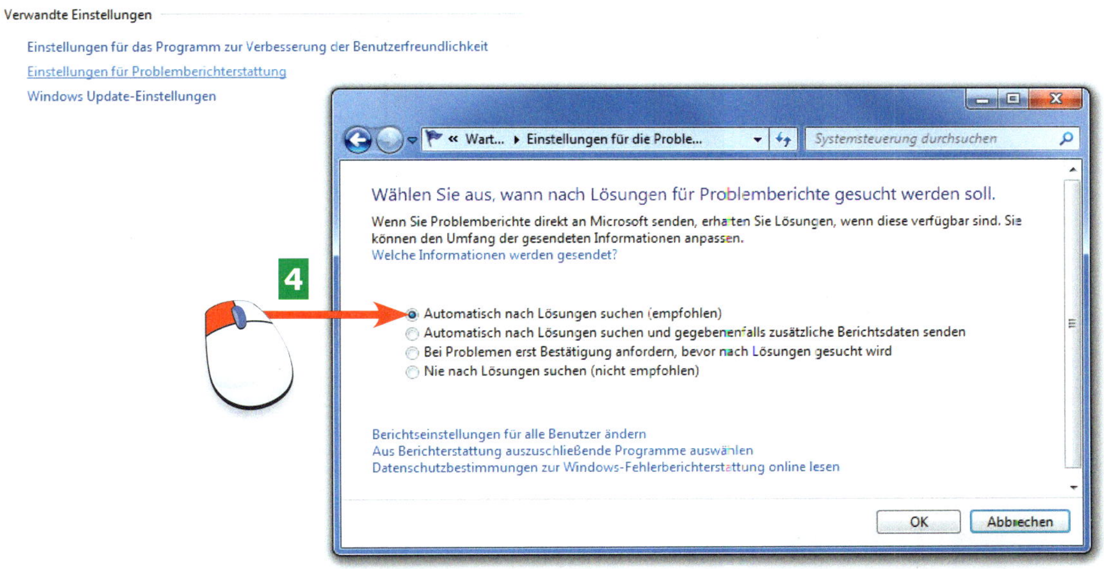

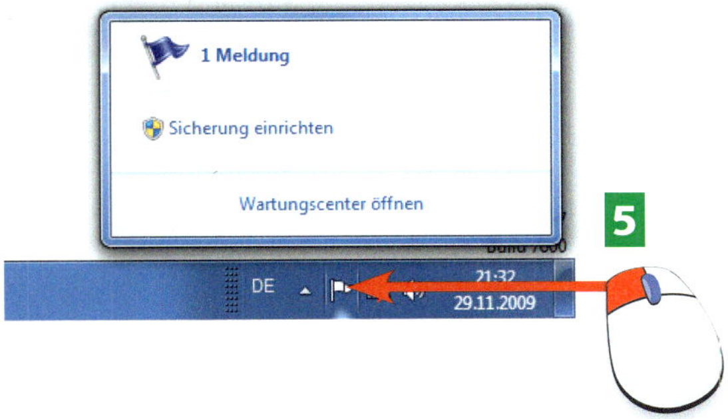

5

6

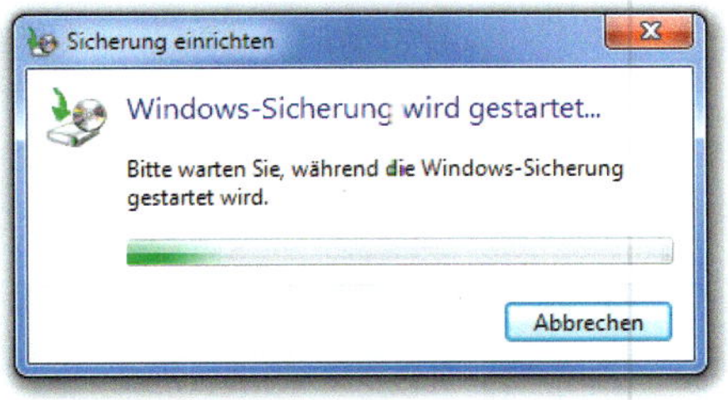

4 In den Einstellungen für die Problemberichterstattung definieren Sie, wann die Problemberichte an Microsoft gesendet werden.

5 Klicken Sie auf das Symbol im Systembereich der Taskleiste, um anstehende Probleme sofort zu lösen.

6 Das Wartungscenter wird aktiv und richtet die Problemlösung ein, falls vorhanden.

Ende

Fehlerberichte werden mit Datum protokolliert, lesen Sie in den Einstellungen des Wartungscenters die archivierten Meldungen.

TIPP

Nicht immer lässt sich ein erkanntes Problem beheben, schalten Sie die Meldung in diesem Fall im Wartungscenter aus.

HINWEIS

Start

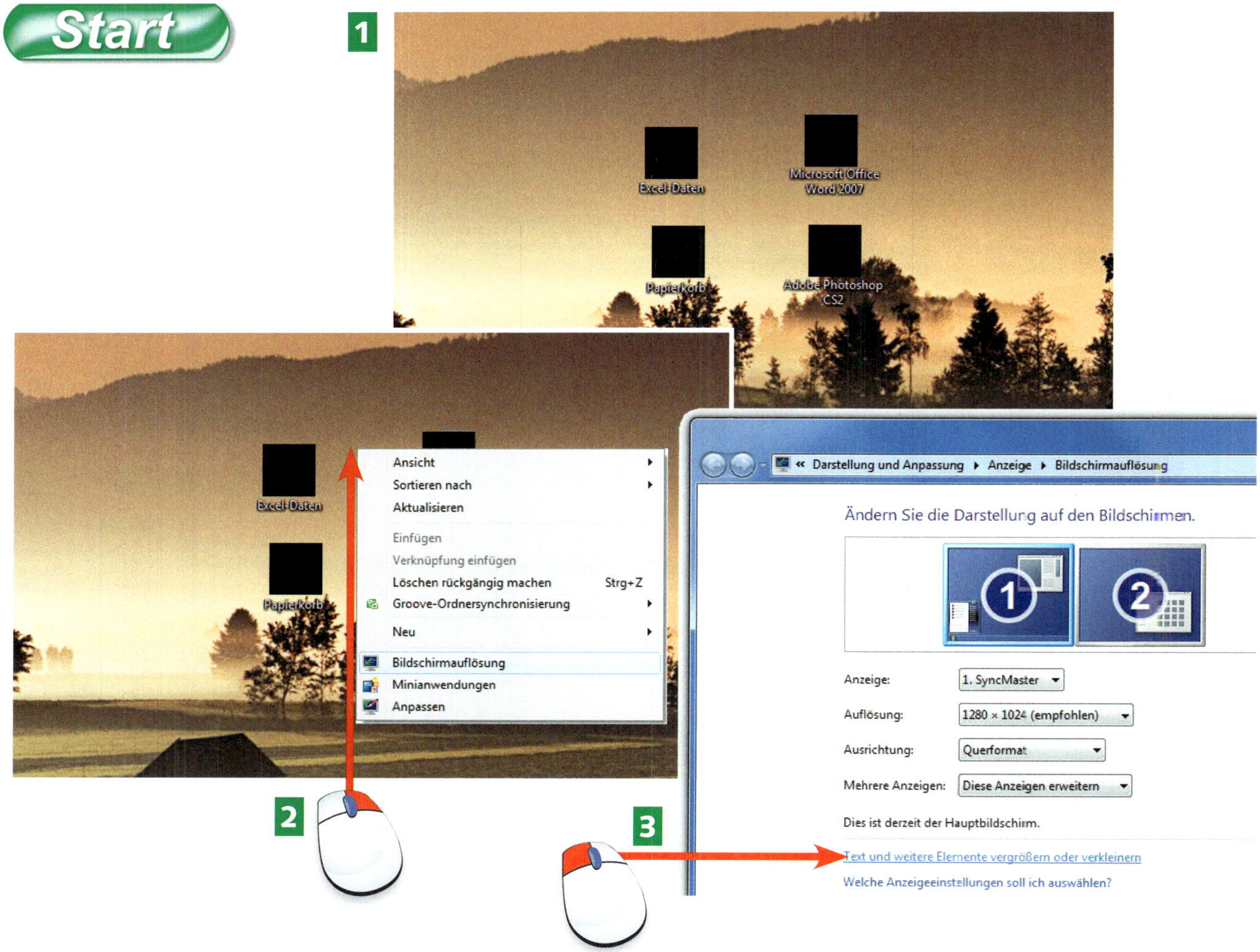

1 In manchen Fällen werden die Desktop-Symbole nach Programmende (meist bei Spielen) schwarz eingefärbt.

2 Aktivieren Sie mit der rechten Maustaste auf dem Desktop das Kontextmenü und wählen Sie *Bildschirmauflösung*.

3 Klicken Sie auf *Text und weitere Elemente vergrößern oder verkleinern*.

Wenn die Desktop-Symbole nach dem Abschluss eines Programms schwarz eingefärbt sind, liegt ein Fehler in der Schriftgrößen-berechnung vor. Dieser lässt sich aber über die Desktopanpassung einfach beheben.

WISSEN

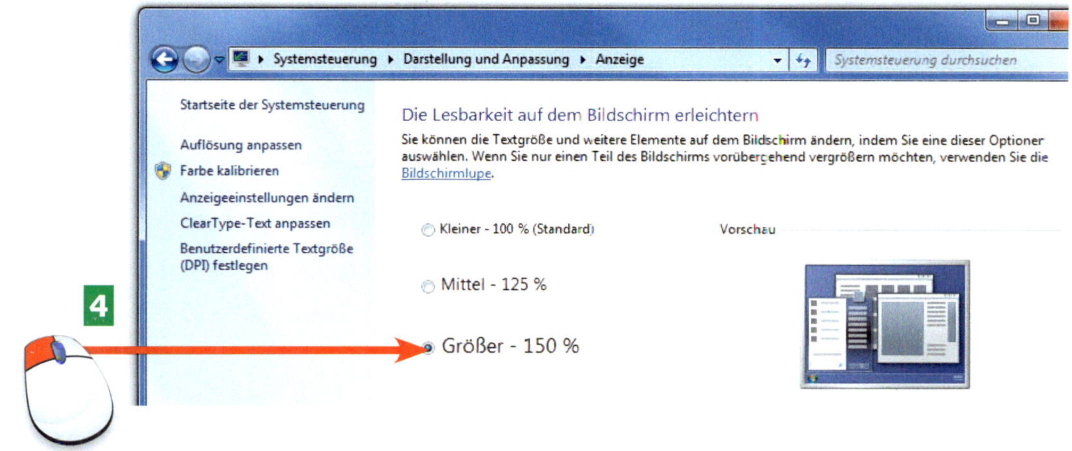

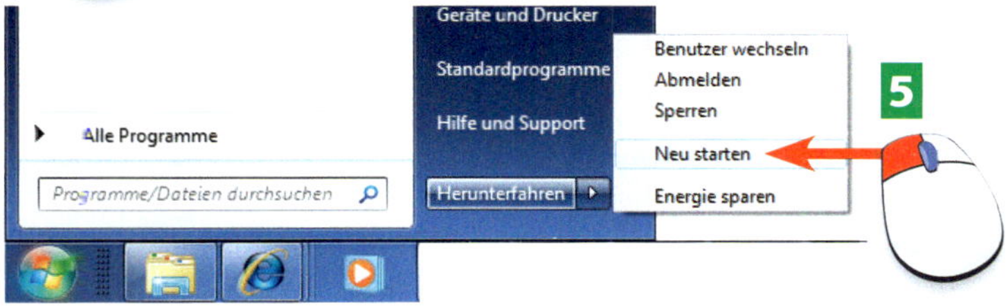

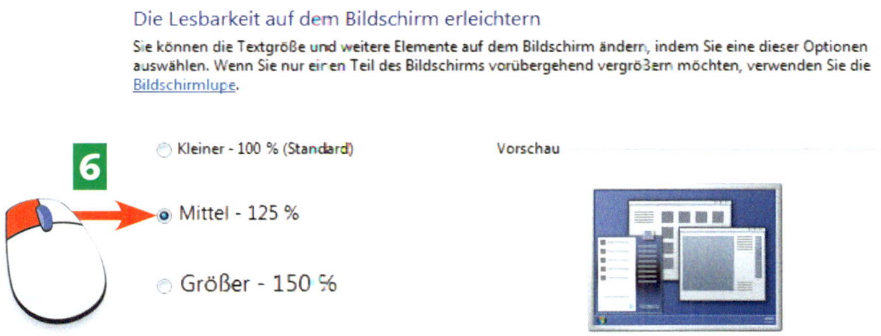

4 Setzen Sie die Schrift auf den größeren angebotenen Wert und übernehmen Sie die Änderungen.

5 Starten Sie das Betriebssystem neu.

6 Wählen Sie wieder *Bildschirmauflösung* und setzen Sie den Schriftgrößenwert wieder auf die Standardgröße zurück.

Ende

In der Einstellung der Schriftgröße können Sie auch eine benutzerdefinierte Größe nach dpi einrichten.

HINWEIS

DPI: Dots per Inch (Zeichen pro Zoll)

FACHWORT

Start

1

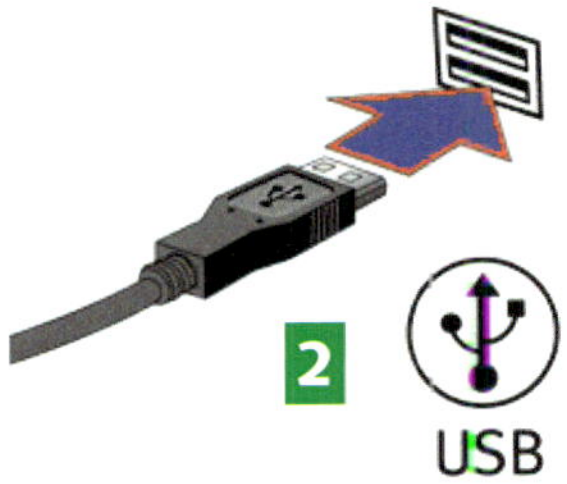

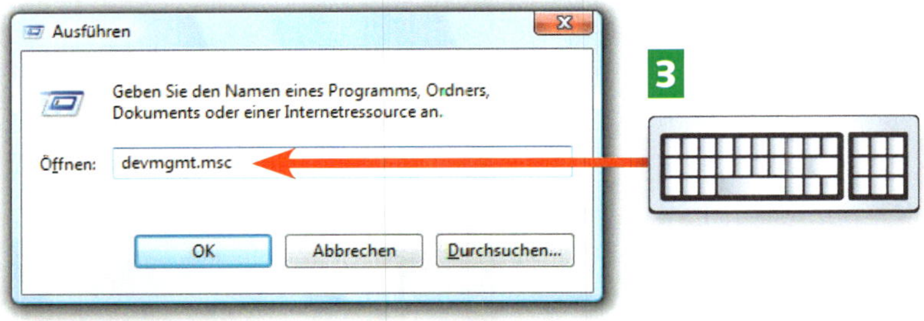

1 Prüfen Sie, ob die externe Festplatte, der USB-Stick oder ein anderes USB-Gerät noch aktiv ist.

2 Überprüfen Sie den Anschluss, stecken Sie das Gerät aus und wieder ein, falls damit keine Daten verloren gehen.

3 Aktivieren Sie mit [Windows-Taste] + [r] den Ausführen-Dialog und geben Sie *devmgmt.msc* ein, um den Geräte-Manager zu starten.

Ihre externe Festplatte oder ein Gigabyte-USB-Stick kann nach einer gewissen Zeit der Inaktivität »einschlafen« und nicht mehr aufwachen. Da schlägt die Energieverwaltung des Hubs zu, die Sie im Geräte-Manager ausschalten können.

WISSEN

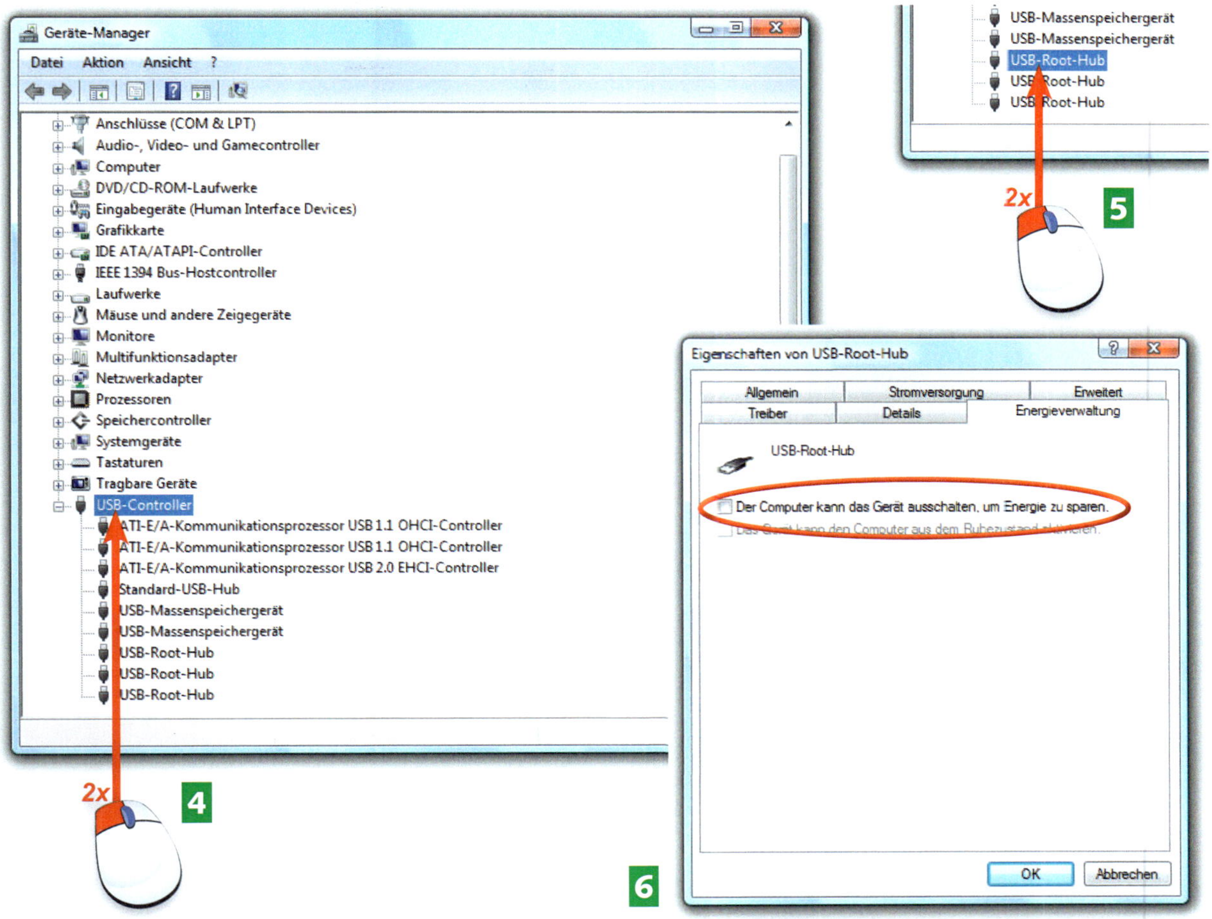

4 Öffnen Sie per Doppelklick den Pfad mit den USB-Controllern …

5 … und aktivieren Sie einzeln alle USB-Hubs, ebenfalls per Doppelklick.

6 Stellen Sie sicher, dass in der Energieverwaltung folgende Option deaktiviert ist: *Der Computer kann das Gerät ausschalten, um Energie zu sparen.*

Ende

Den Geräte-Manager können Sie natürlich auch über die *Eigenschaften* des Computers starten (rechte Maustaste auf *Computer*).

HINWEIS

Bei USB-Geräten, die eine eigene Stromversorgung haben, sollten Sie grundsätzlich *Hardware entfernen* verwenden, um Datenverluste zu vermeiden.

TIPP

Media Player spielt keine DVDs

Start

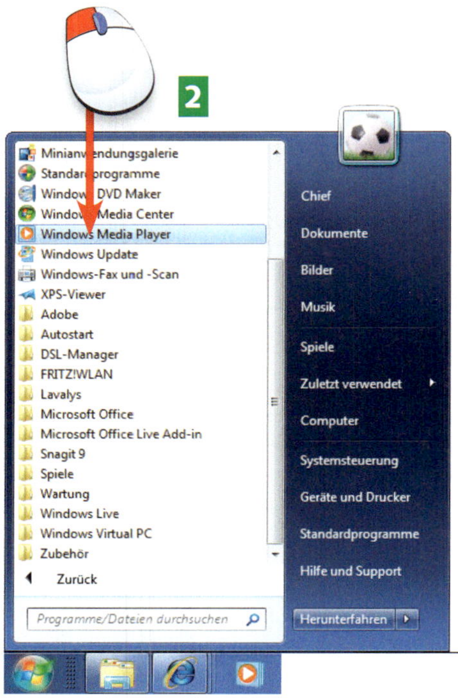

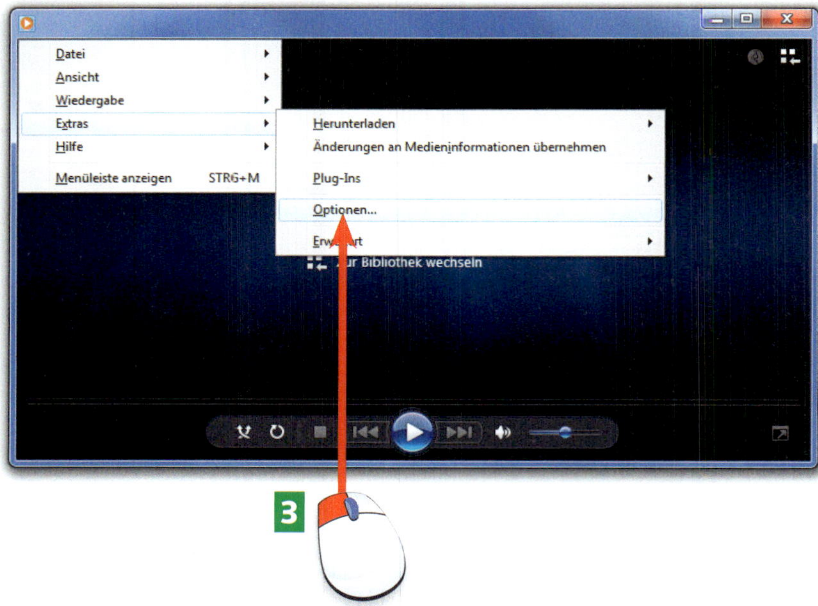

1 Legen Sie die DVD in das Laufwerk ein. Wenn alles richtig installiert ist, sollte der Inhalt automatisch wiedergegeben werden.

2 Starten Sie den Windows Media Player aus dem Startmenü oder über das Symbol in der Taskleiste.

3 Drücken Sie die Alt-Taste und wählen Sie *Extras/Optionen*.

Ab der Version 10.0 sollte der Windows Media Player auch DVDs abspielen können. Falls nicht, könnte eine Wiedergabebeschränkung vorliegen oder ein falscher Registrierungseintrag.

WISSEN

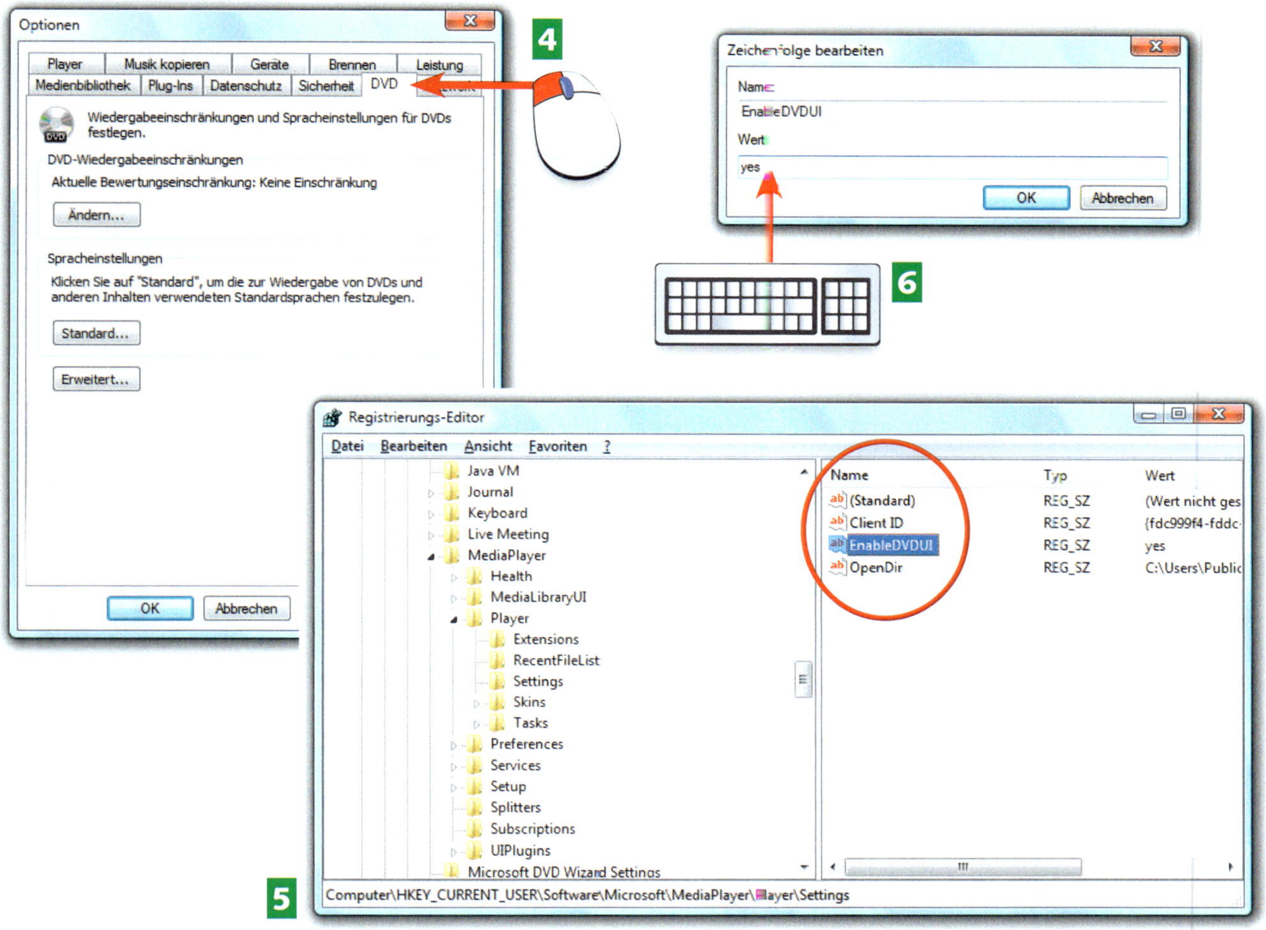

4 Auf der Registerkarte *DVD* können Sie Wiedergabebeschränkungen aufheben.

5 Überprüfen Sie im Registrierungseditor, ob der Wiedergabeschlüssel richtig gesetzt ist.

6 Setzen Sie den Wert für *EnableDVDUI* auf *yes*.

Ende

Für das Anpassen der Registrierung klicken Sie in das Ausführen-Feld im Startmenü und geben *regedit* ein. Suchen Sie diesen Schlüssel: *HKEY_CURRENT_USER\Software\Microsoft\Media Player\Settings*.

HINWEIS

Start

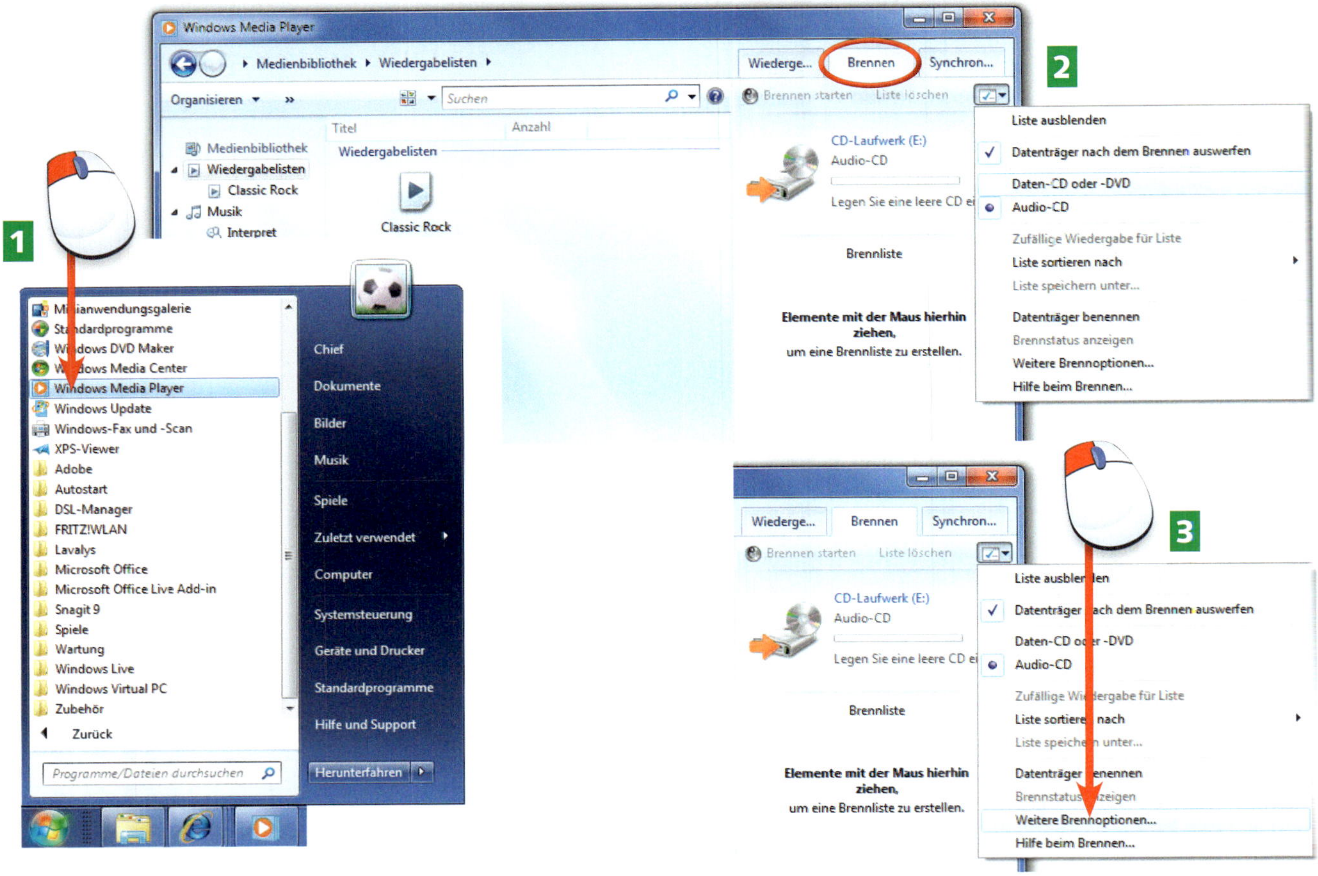

1 Starten Sie den Windows Media Player aus dem Startmenü oder über das Symbol in der Schnellstartleiste.

2 Klicken Sie auf *Brennen* und bestimmen Sie das Ausgabemedium für die Daten der Wiedergabeliste.

3 Ein Klick auf *Weitere Optionen* öffnet den Dialog mit zusätzlichen Brennoptionen.

Wenn der Media Player ständig nach einer unformatierten CD fragt, obwohl eine solche im Laufwerk steckt, oder wenn der Brennvorgang ständig abbricht, überprüfen Sie die Optionen. Häufig ist ein fremdes Plug-in die Ursache des Übels.

WISSEN

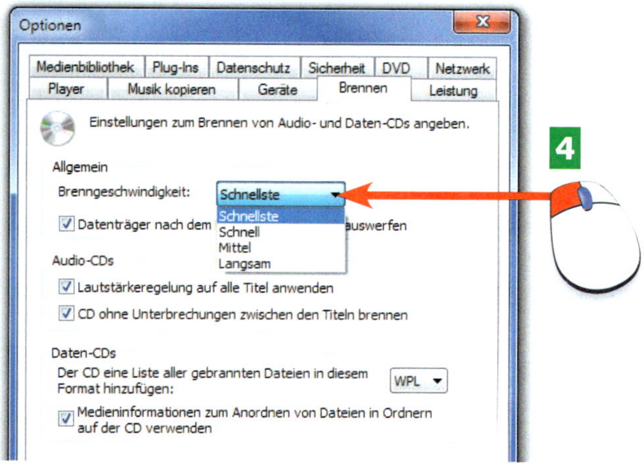

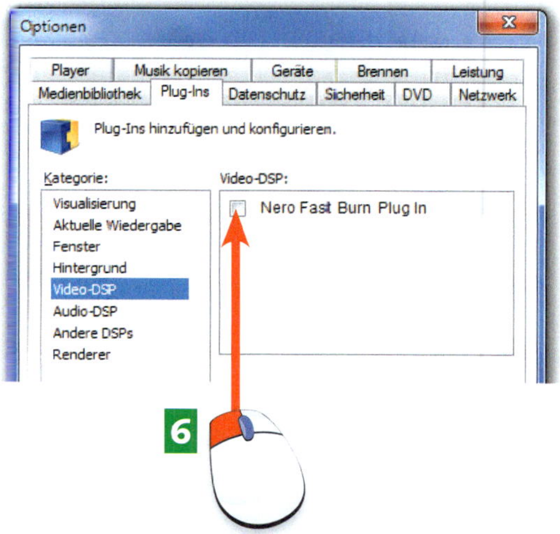

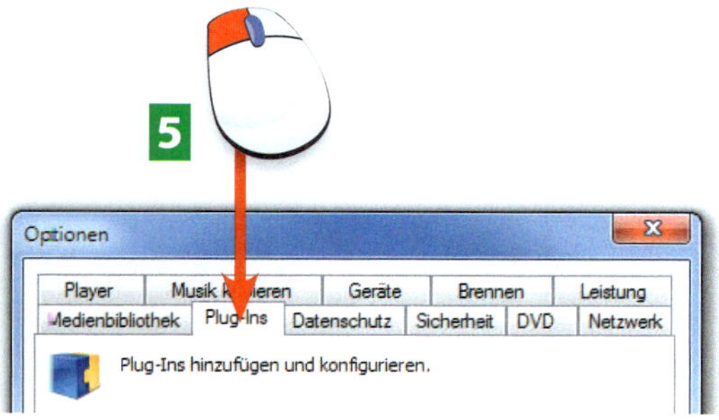

4 Ändern Sie die Brenngeschwindigkeit, wenn der Brennvorgang abbricht.

5 Wechseln Sie auf die Registerkarte *Plug-Ins*.

6 Schalten Sie fremde Plug-ins, wie hier das Plug-in von Nero, kurzzeitig aus und starten Sie den Brennvorgang erneut.

Ende

Das Nero Fast Burn Plug-in wird automatisch zusammen mit dem Multimedia-Programm Nero installiert und bleibt häufig auch aktiv, wenn das Programm deinstalliert wurde.

HINWEIS

Start

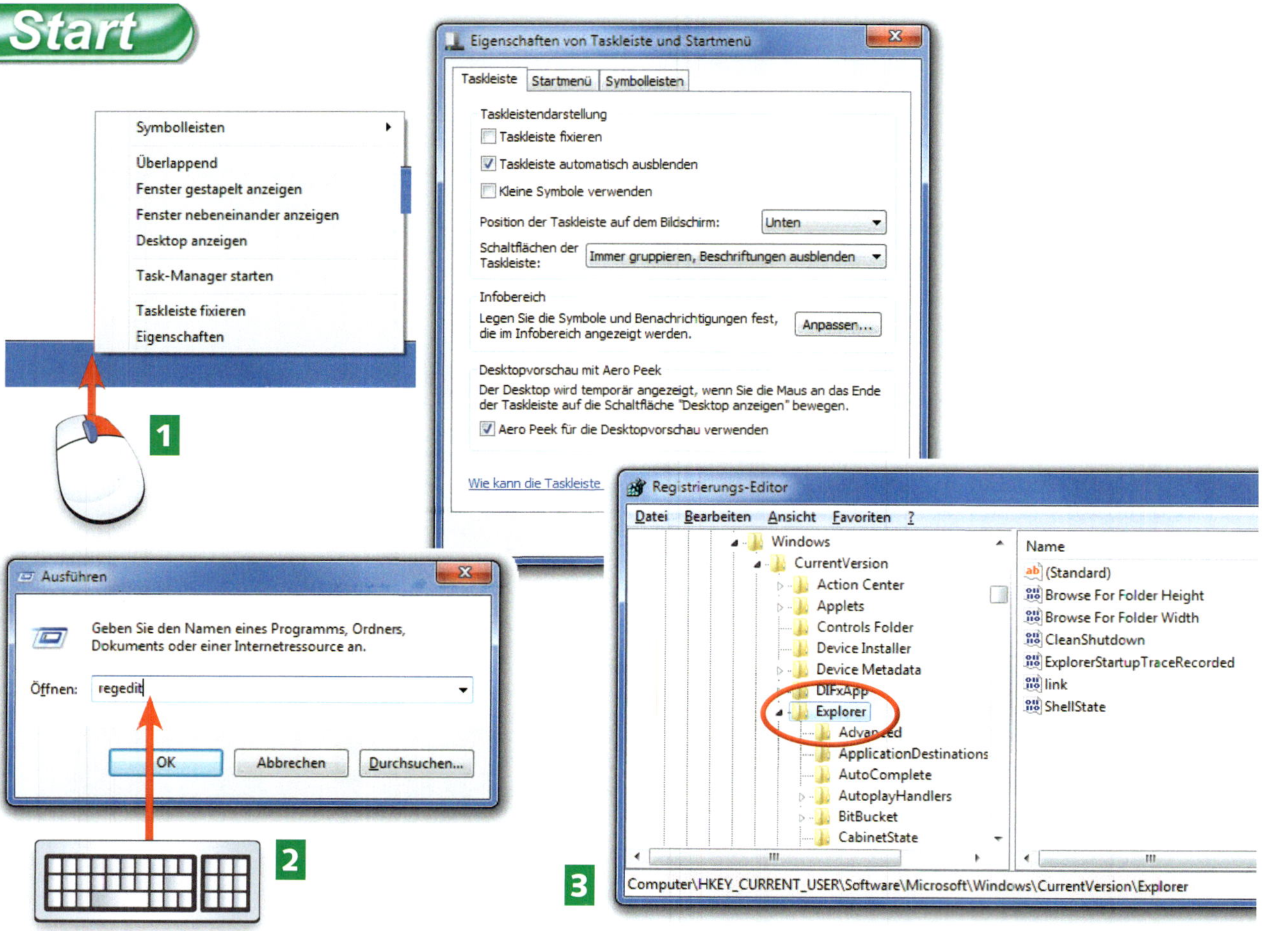

1 Wenn die Taskleiste nur automatisch ausgeblendet wird, kann sie mit dem Mauszeiger am Rand wieder eingeblendet werden.

2 Falls die Taskleiste nicht mehr sichtbar ist, drücken Sie [⊞] + [r] und geben *regedit* [Strg] + [⇧] + [↵] ein.

3 Suchen Sie den Schlüssel *HKEY_CURRENT_USER\Software\ Microsoft\Windows\ Current Version\Explorer*.

Die Taskleiste lässt sich mit der Maus in alle Winkel des Desktops schieben und bei Bedarf auch ausblenden. Manchmal kommt es vor, dass sie nicht mehr aufzufinden ist. Dann hilft nur noch ein Registry-Hack.

WISSEN

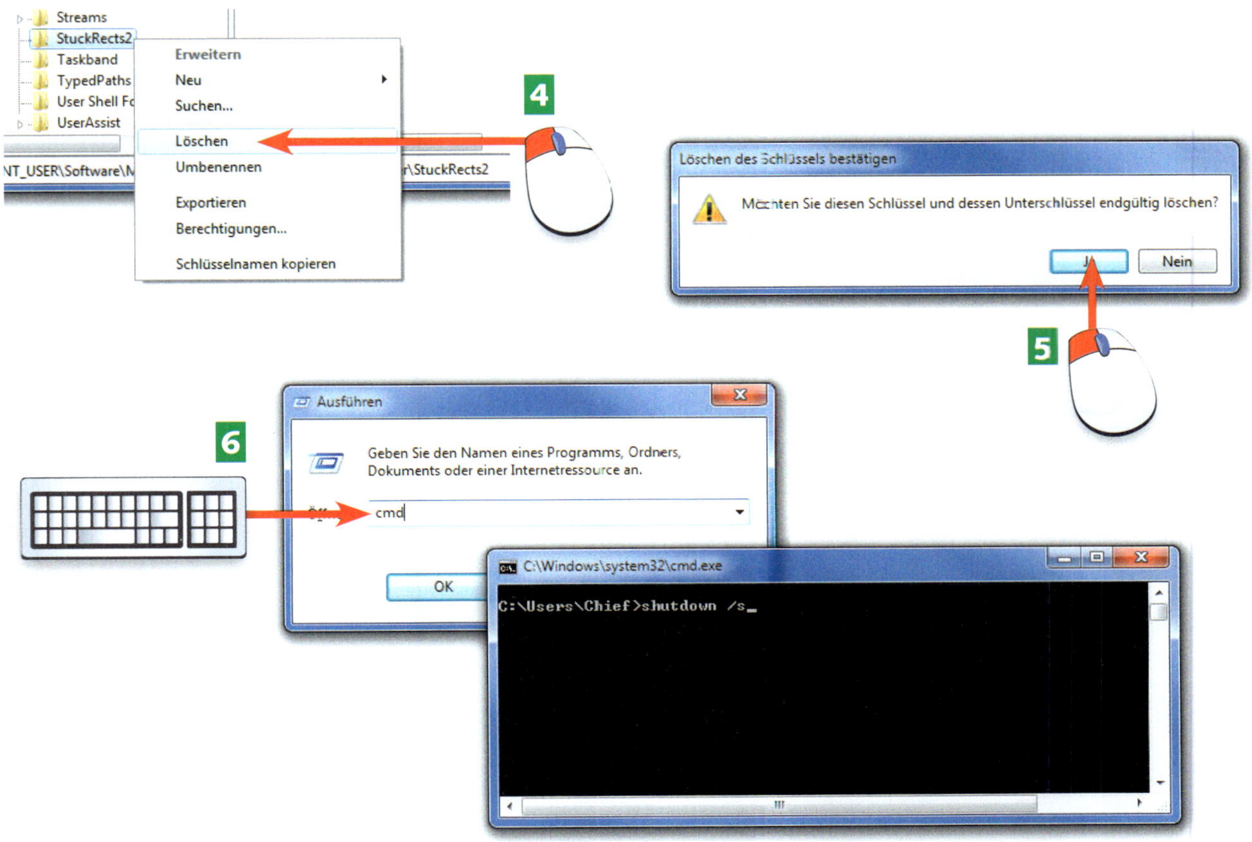

4 Markieren Sie den Unterschlüssel *Stuckrects2* und löschen Sie ihn über das Kontextmenü.

5 Bestätigen Sie die Sicherheitsmeldung mit Klick auf *Ja*.

6 Aktivieren Sie den Befehlszeilen-Editor im Ausführen-Fenster und fahren Sie das System herunter. Nach dem Neustart ist die Taskleiste wieder sichtbar.

Ende

Mit [Strg] und [⇧] aktivieren Sie den Registry-Editor im Administrator-Modus. Drücken Sie die Tastenkombination auch für den Befehlszeilen-Editor *cmd*.

TIPP

Start

1

2

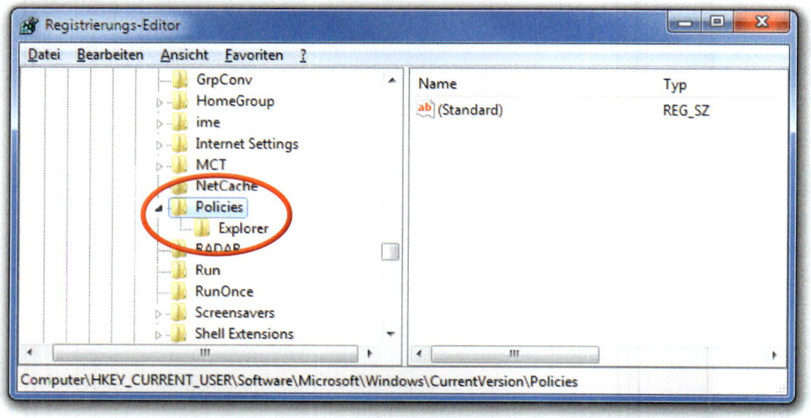

3

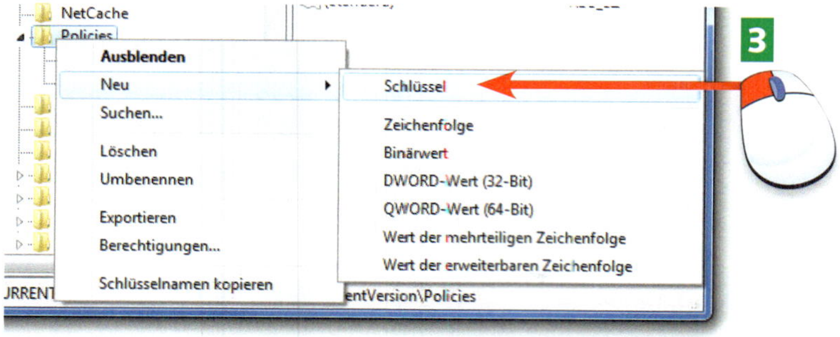

1 Starten Sie den Registry-Editor mit *regedit* im Ausführen-Feld.

2 Suchen Sie den Schlüssel *HKEY_CURRENT_USER\Software\Microsoft\Windows\CurrentVersion\Policies\System*.

3 Falls der Unterschlüssel *System* nicht vorhanden ist, legen Sie einen neuen Schlüssel an.

Der Task-Manager wird über das Kontextmenü der Taskleiste oder mit [Strg] + [⇧] + [↵] aktiviert. In manchen Fällen, speziell nach Virenattacken, wird er gesperrt, aber mit einem Registry-Eingriff machen Sie ihn wieder flott.

WISSEN

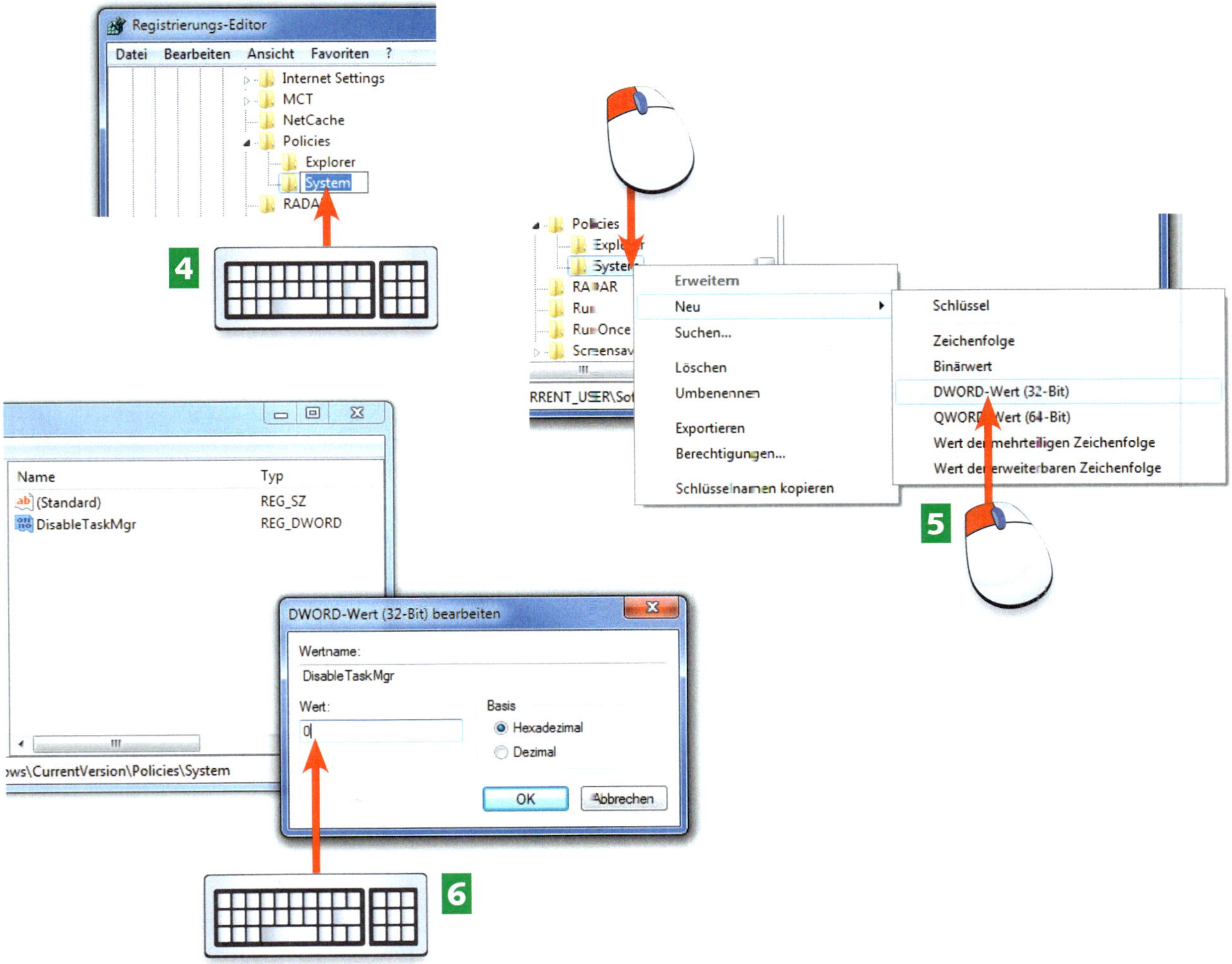

4 Geben Sie ihm die Bezeichnung *System*.

5 Legen Sie einen neuen DWORD-Wert mit der Bezeichnung *DisableTaskMgr* an.

6 Öffnen Sie den Schlüssel per Doppelklick und tragen Sie 0 ein, um den Task-Manager zu aktivieren.

Ende

Drücken Sie für den Start des Registry-Editors [Strg] + [⇧] + [↵], um im Admin-Modus zu arbeiten.

HINWEIS

Starten Sie Windows 7 nach dem Eingriff in die Registry neu.

HINWEIS

Start

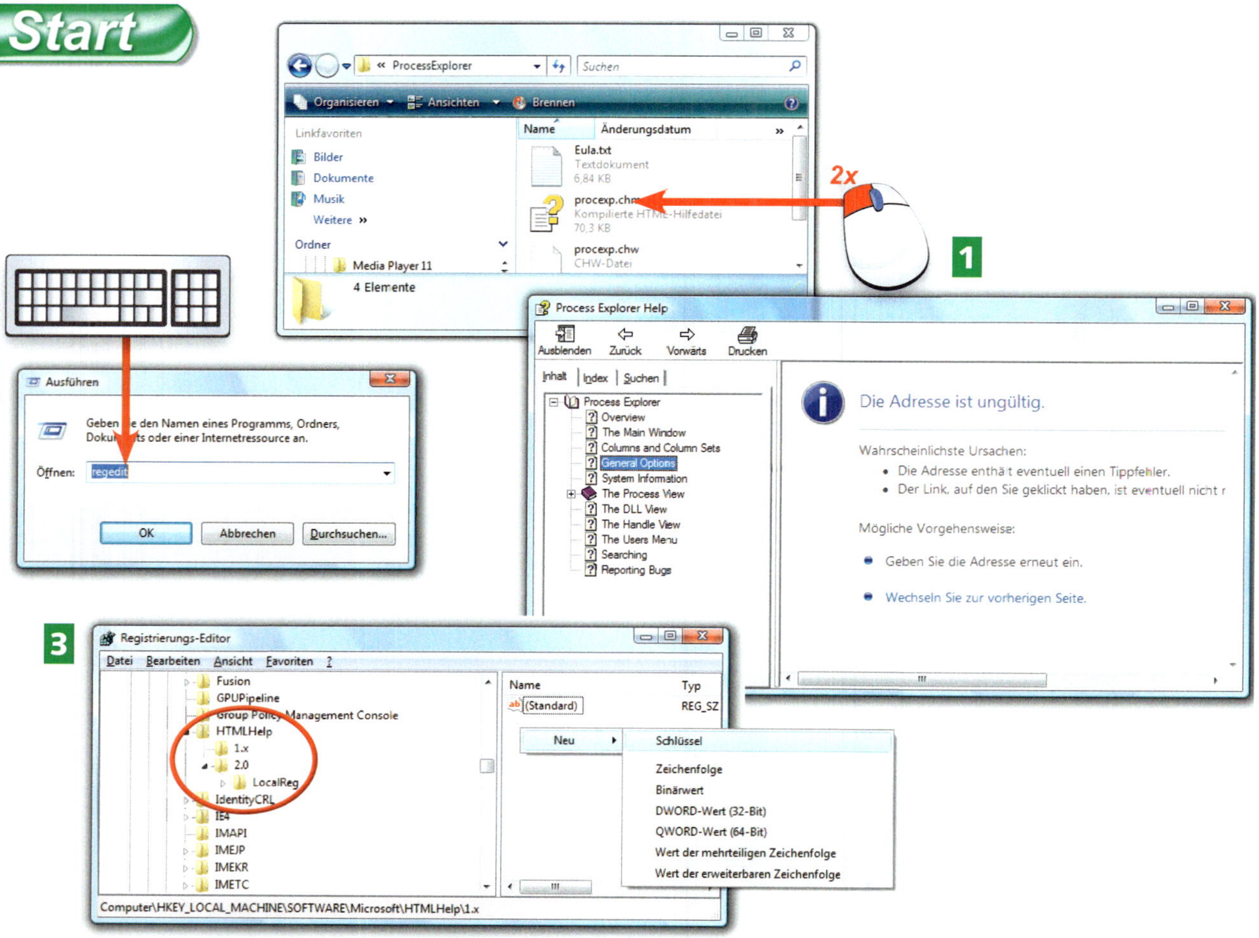

1 Doppelklicken Sie eine CHM-Datei, zeigt diese zwar ihre Struktur an, im Hilfefenster selbst erscheint aber eine Fehlermeldung.

2 Starten Sie den Ausführen-Dialog mit [Windows-Taste] + [r] und geben Sie *regedit* ein, um den Registrierungseditor zu aktivieren.

3 Suchen Sie den Schlüssel *HKEY_LOCAL_MACHINE\SOFTWARE\Microsoft\HTMLHelp\1.x*. Erstellen Sie einen neuen Unterschlüssel.

Viele Programme werden zusammen mit Hilfetexten in CHM-Dateien geliefert, die nicht funktionieren. Mit einem Registrierungs-Hack bringen Sie diese HTML-Dateien zum Laufen und aktivieren die Hilfetexte.

WISSEN

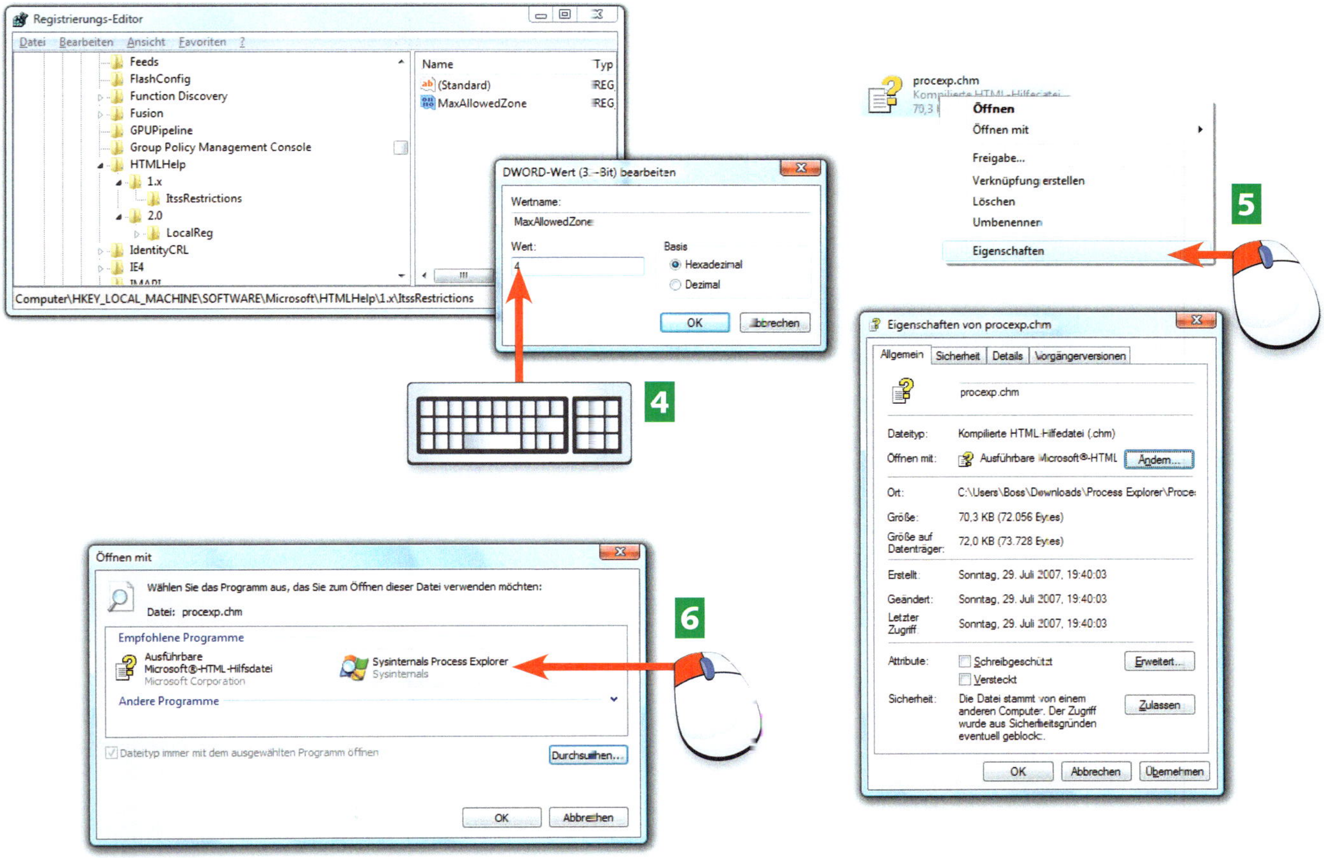

4 Nennen Sie den Schlüssel *ItssRestrictions* und legen Sie den DWORD-Wert (32-Bit) *MaxAllowedZone* mit Wert 4 an.

5 In den *Eigenschaften* der CHM-Datei können Sie das zugehörige Programm bestimmen. Klicken Sie unter *Allgemein* auf *Ändern*.

6 Suchen Sie das ausführende Programm und weisen Sie es der CHM-Datei zu.

Ende

Der CHM-Fehler resultiert aus den Sicherheitseinstellungen des Internet Explorers. Der Wert des DWORD-Werts (0 – 4) repräsentiert die Sicherheitszonen.

HINWEIS

Start

1

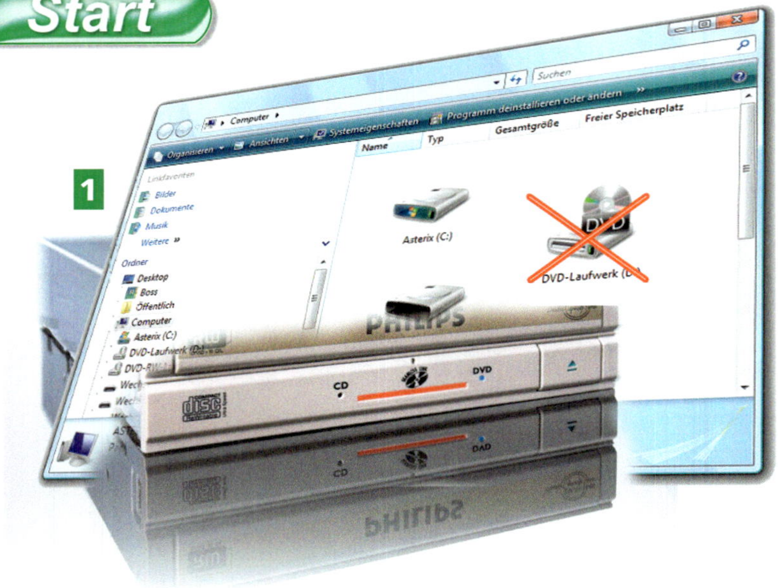

3

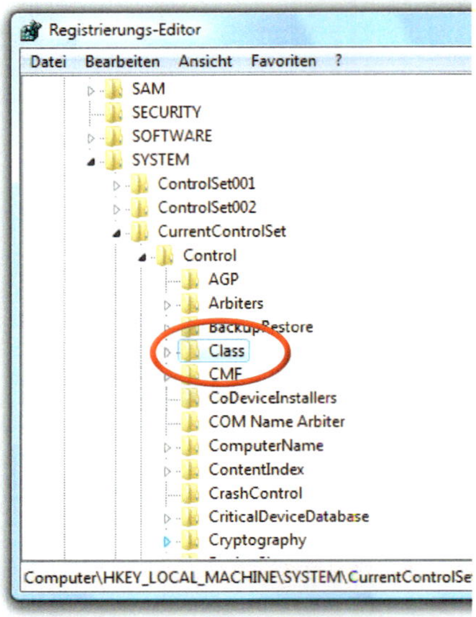

2

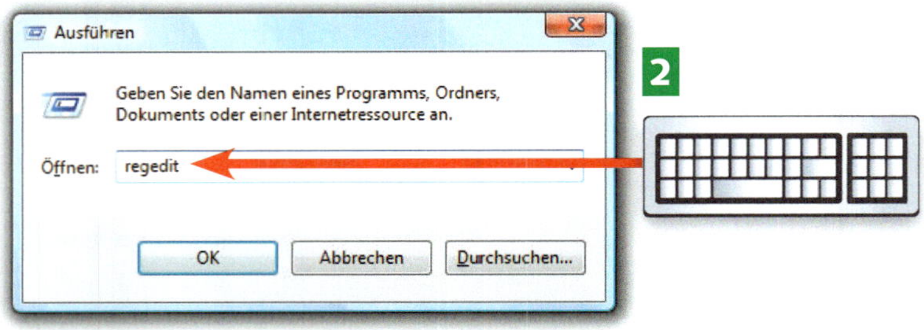

1 Überprüfen Sie, ob das CD/DVD-Laufwerk richtig angeschlossen ist. Unter *Start/ Computer* sollte das Gerät angezeigt werden.

2 Starten Sie mit [⊞] + [r] den Ausführen-Dialog und geben Sie *regedit* für den Registrierungseditor ein.

3 Suchen Sie den Schlüssel *HKEY_LOCAL_MACHINE\SYSTEM\CurrentControlSet\ Control\Class.*

Wenn Windows 7ein angeschlossenes CD/DVD-Laufwerk nicht erkennt, kann das an den Filtereinstellungen in der Registrierung liegen.

WISSEN

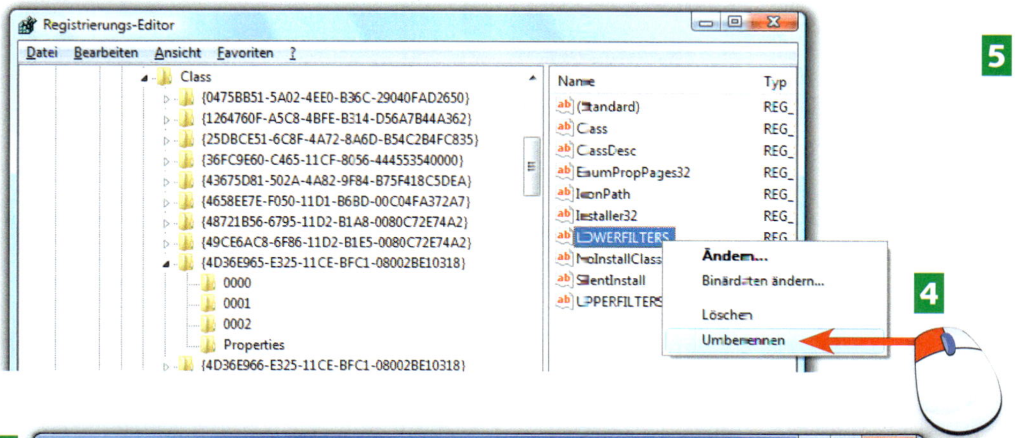

4

5

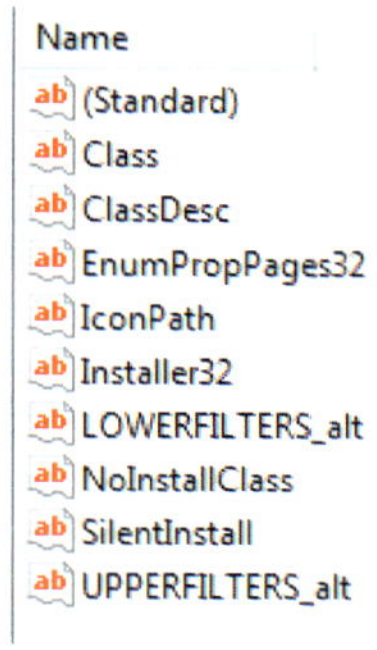

6

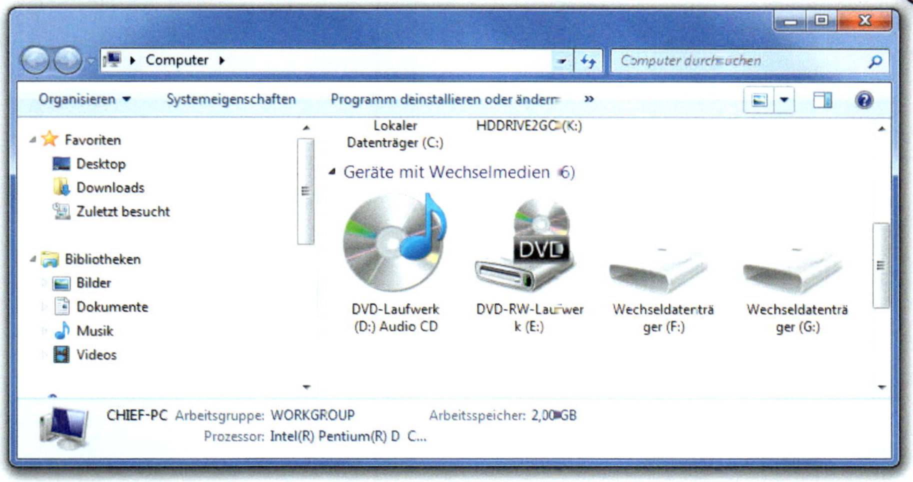

4 Markieren Sie den Unterschlüssel *4D36E965-E325-11CE-BFC1-08002BE10318* …

5 … und benennen Sie die Werte LOWERFILTERS und UPPERFILTERS um. Drücken Sie F5, um die Änderungen anzuwenden.

6 Jetzt sollte das CD/DVD-Laufwerk in der Übersicht der Hardwareobjekte im Computerfenster auftauchen und funktionieren.

Ende

TIPP

Die Microsoft Knowledge Base gibt Tipps bei Problemen mit CD/DVD-Laufwerken: *http://support.microsoft.com/kb/314060/de*.

HINWEIS

Windows verwendet diese Registrierungseinträge für Filtertreiber zur Unterstützung von PnP-Geräten. Wird eine Brennsoftware (Nero) deinstalliert, kann dieser Treiber das Laufwerk blockieren.

TIPP

Die Registrierungswerte sollten Sie nur umbenennen. So bleiben sie erhalten, wenn das Problem nicht hier zu lösen ist.

CD-/DVD-Brenner funktioniert nicht richtig

Start

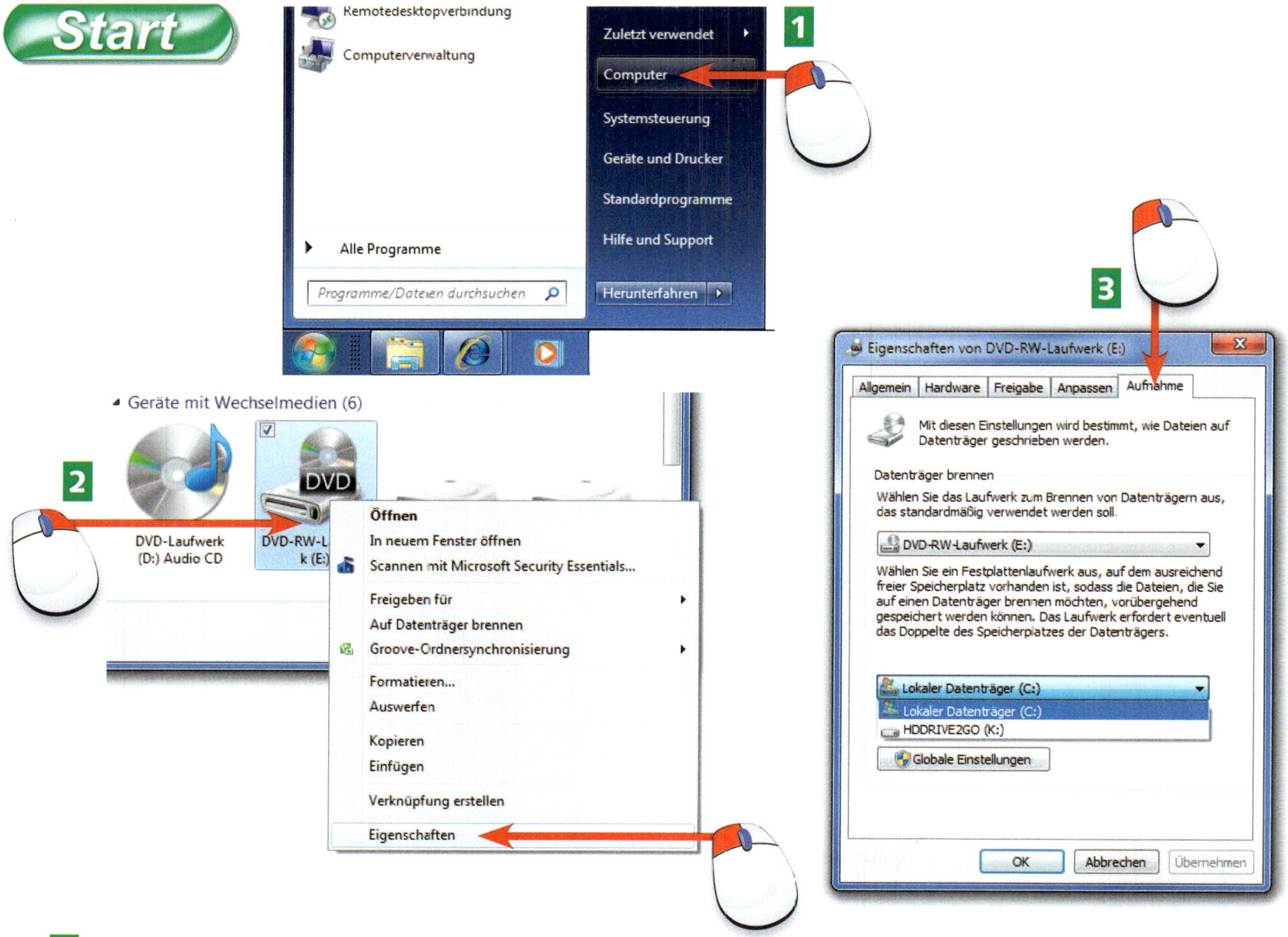

1 Starten Sie das Dienstprogramm *Computer* aus dem Startmenü.

2 Klicken Sie mit der rechten Maustaste auf das Symbol des CD-/DVD-/RW-Laufwerks und wählen Sie *Eigenschaften*.

3 Auf der Registerkarte *Aufnahme* bestimmen Sie, welches Laufwerk die temporären Daten während des Brennvorgangs aufnimmt.

Wenn der CD-/DVD-Brenner streikt, prüfen Sie, ob genügend Platz für die temporären Daten verfügbar ist. In der Registry finden Sie einen Schlüssel, der das Brennen verhindern kann.

WISSEN

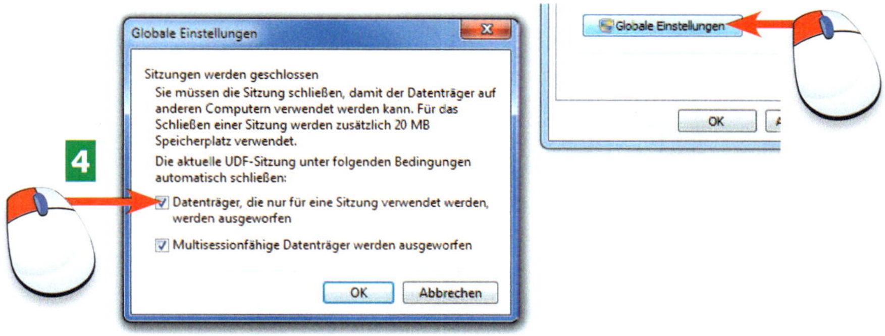

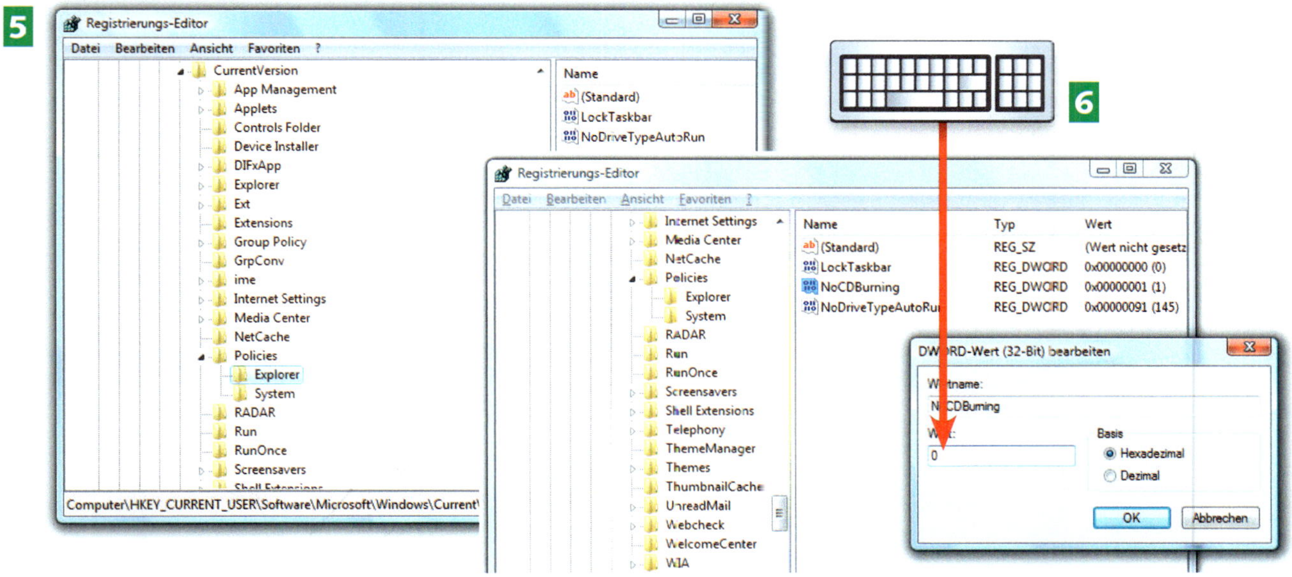

4 In *Globale Einstellungen* bestimmen Sie, dass die Sitzung geschlossen wird, wenn die CD/DVD ausgeworfen wird.

5 Öffnen Sie die Registrierung mit *regedit*. Suchen Sie den Eintrag, der das Brennen auf CD/DVD ermöglichen bzw. verhindern kann.

6 Stellen Sie den DWORD-Wert *NoCDBurning* auf 0 (1 = kein Brennen möglich).

Ende

Der Registrierungsschlüssel für *NoCdBurning* ist bei einem neuen System noch nicht vorhanden, legen Sie ihn selbst an (mit Administratorrechten): *HKEY_CURRENT_USER\Software\Microsoft\Windows\CurrentVersion\Policies\Explorer.*

TIPP

Stellen Sie sicher, dass die CD/DVD beim Auswerfen abgeschlossen wird, sonst lässt sie sich nicht verwenden.

HINWEIS

Start

1
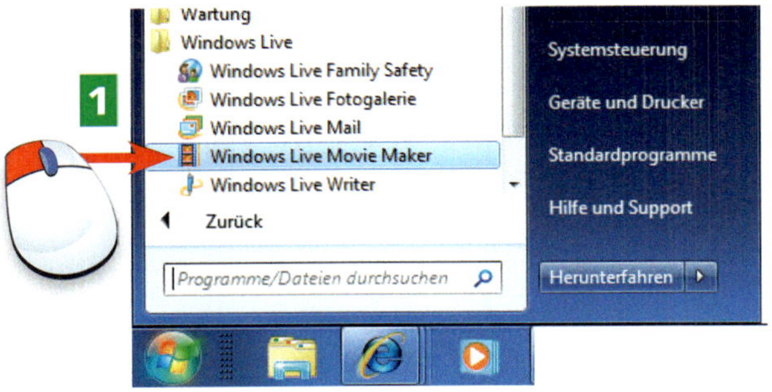

2
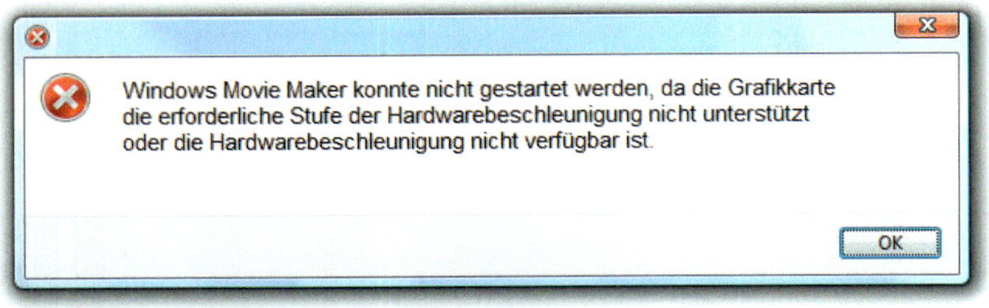

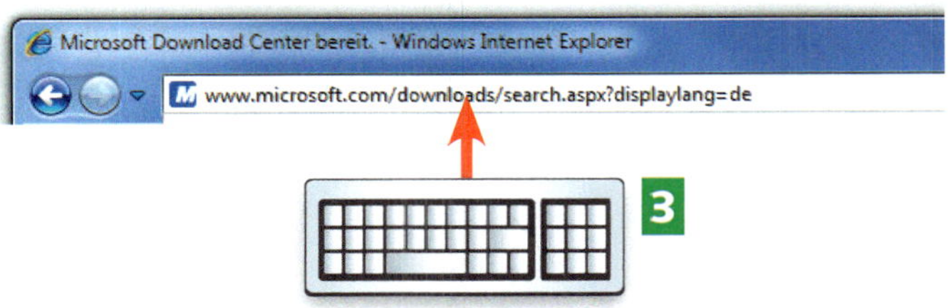

3

1 Das Videoschnittprogramm Windows Movie Maker finden Sie in der Liste unter *Alle Programme* im Startmenü.

2 Diese Fehlermeldung weist darauf hin, dass die Grafikkarte nicht optimal für das Programm geeignet ist.

3 Starten Sie Ihren Internet-Browser und gehen Sie zur Download-Seite von Microsoft.

Videos schneiden und neue Filme erstellen mit dem Windows Live Movie Maker ist eine feine Sache, vorausgesetzt, das Programm läuft. Diese Windows-Software nutzt die Grafikressourcen intensiv, ältere Grafikadapter steigen hier aus. Laden Sie die Version 2.6 von Microsoft herunter, die sollte noch funktionieren.

WISSEN

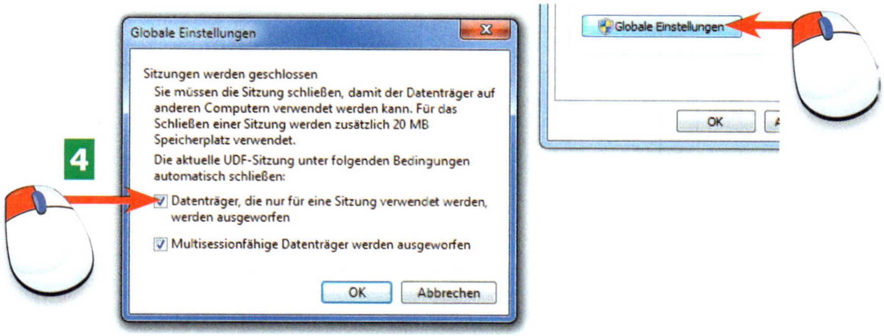

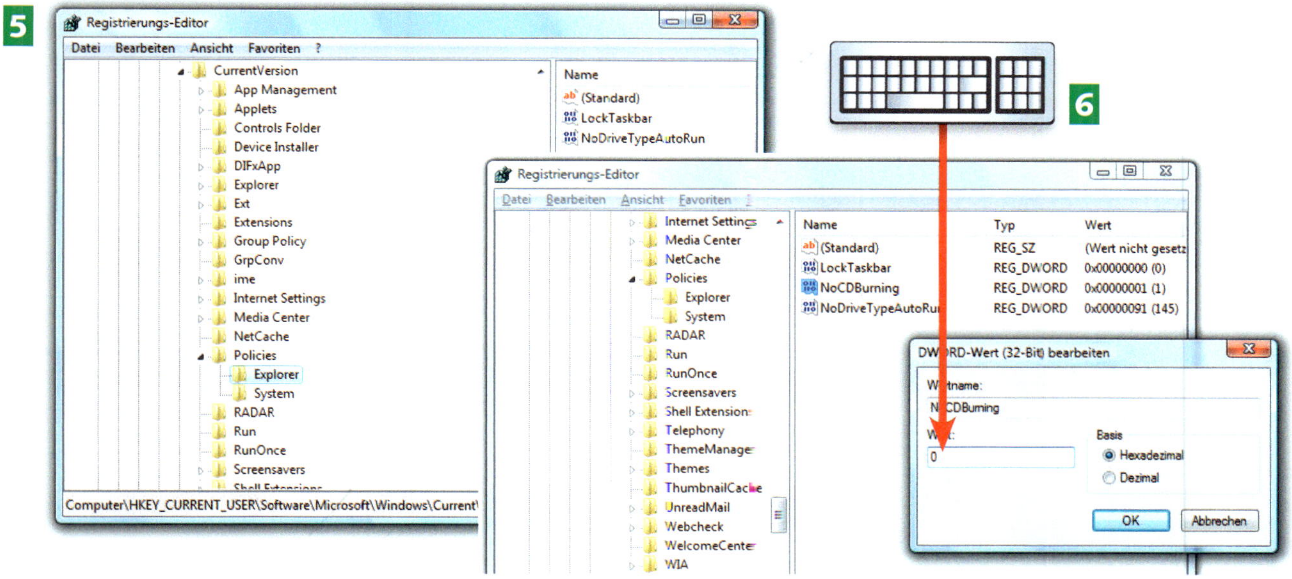

4 In *Globale Einstellungen* bestimmen Sie, dass die Sitzung geschlossen wird, wenn die CD/DVD ausgeworfen wird.

5 Öffnen Sie die Registrierung mit *regedit*. Suchen Sie den Eintrag, der das Brennen auf CD/DVD ermöglichen bzw. verhindern kann.

6 Stellen Sie den DWORD-Wert *NoCDBurning* auf 0 (1 = kein Brennen möglich).

Ende

Der Registrierungsschlüssel für *NoCdBurning* ist bei einem neuen System noch nicht vorhanden, legen Sie ihn selbst an (mit Administratorrechten): *HKEY_CURRENT_USER\Software\Microsoft\Windows\CurrentVersion\Policies\Explorer.*

TIPP

Stellen Sie sicher, dass die CD/DVD beim Auswerfen abgeschlossen wird, sonst lässt sie sich nicht verwenden.

HINWEIS

Start

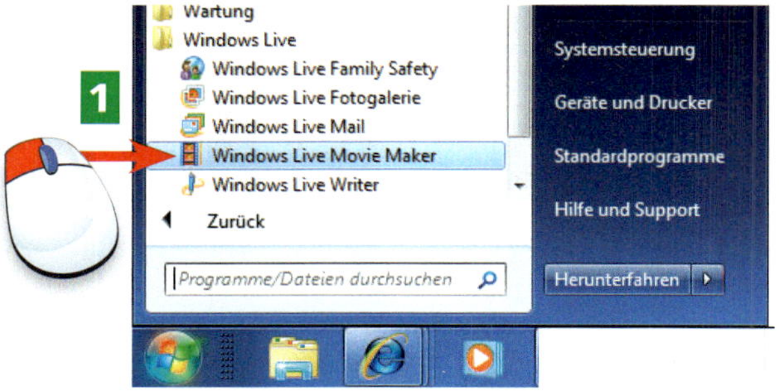

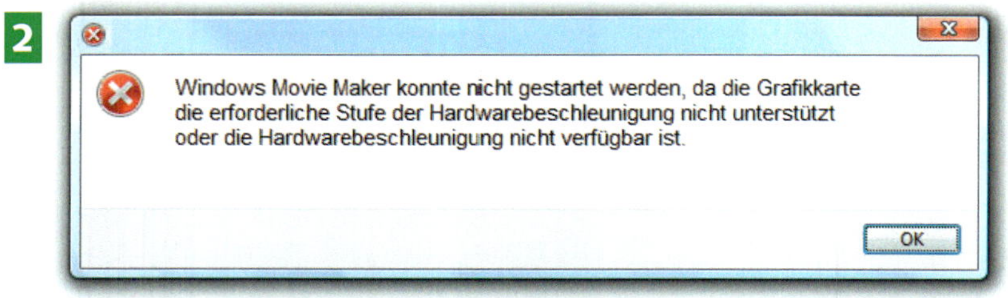

1 Das Videoschnittprogramm Windows Movie Maker finden Sie in der Liste unter *Alle Programme* im Startmenü.

2 Diese Fehlermeldung weist darauf hin, dass die Grafikkarte nicht optimal für das Programm geeignet ist.

3 Starten Sie Ihren Internet-Browser und gehen Sie zur Download-Seite von Microsoft.

Videos schneiden und neue Filme erstellen mit dem Windows Live Movie Maker ist eine feine Sache, vorausgesetzt, das Programm läuft. Diese Windows-Software nutzt die Grafikressourcen intensiv, ältere Grafikadapter steigen hier aus. Laden Sie die Version 2.6 von Microsoft herunter, die sollte noch funktionieren.

WISSEN

4

6

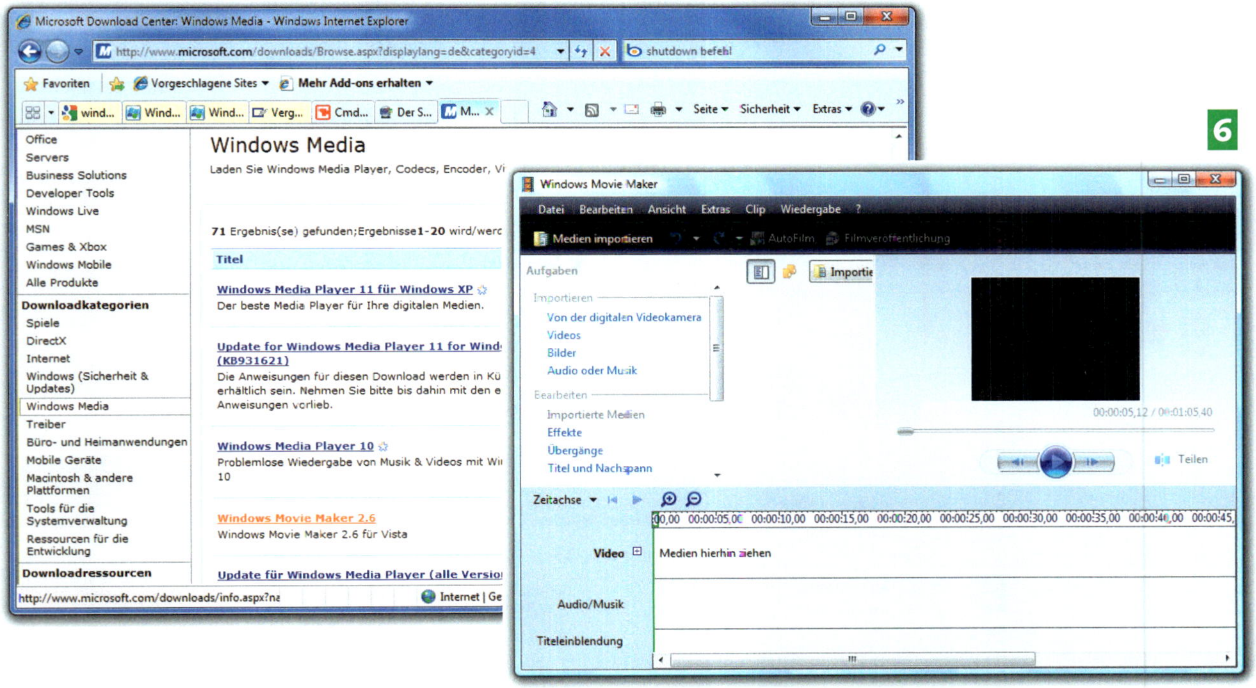

5

4 Suchen Sie nach Movie Maker, Version 2.6. Diese Version eignet sich auch für ältere, nicht Windows 7-kompatible Grafikadapter.

5 Laden Sie die deutsche Version per Klick auf *Download* herunter und installieren Sie das Programm nach Anweisung.

6 Jetzt können Sie Ihr neues Videoschnittprogramm aus dem Startmenü aktivieren.

Ende

Movie Maker 2.6 ist kompatibel mit Rechnern, die nicht für Windows 7 oder Windows Vista geeignet sind.

HINWEIS

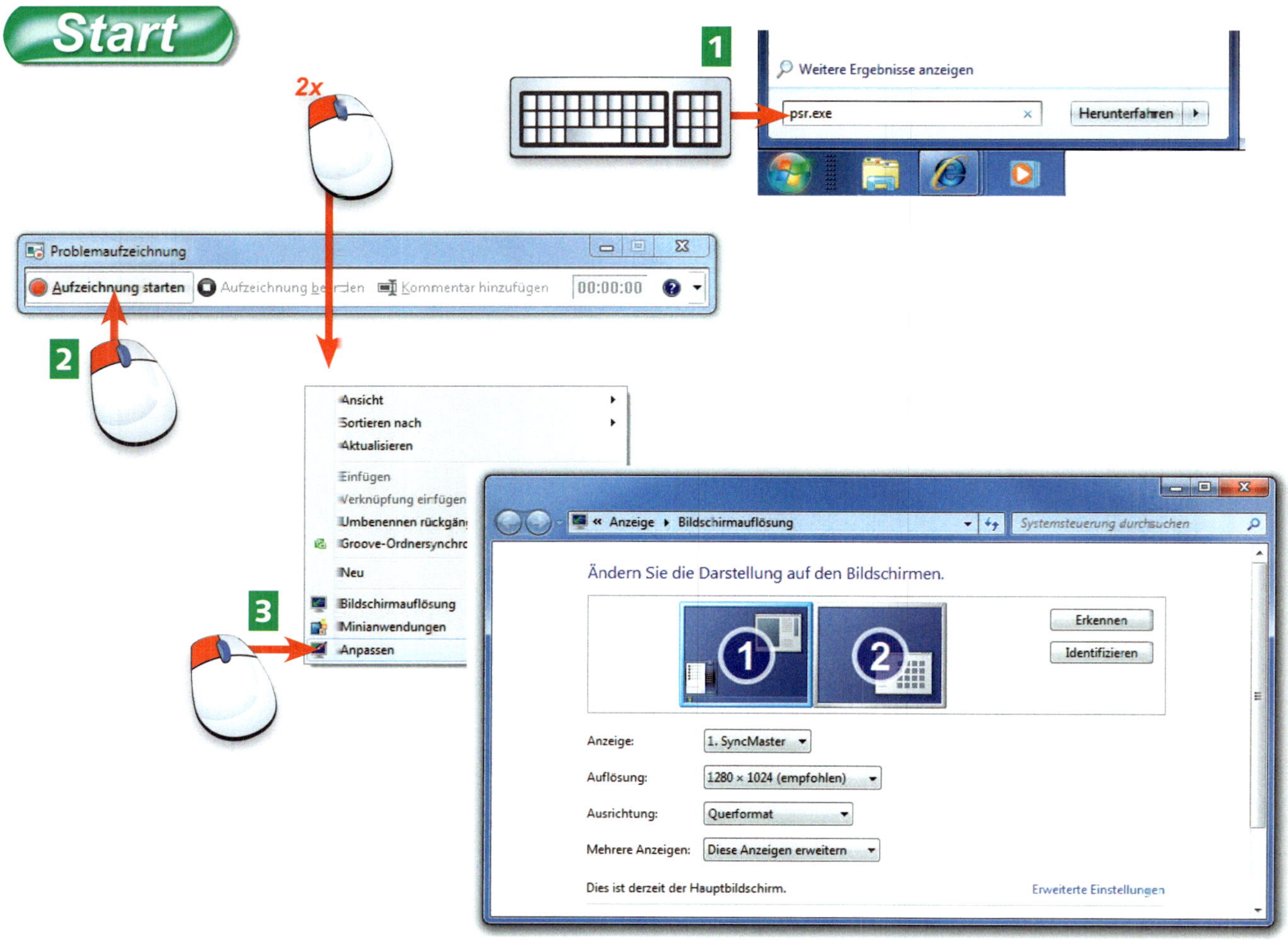

1 Geben Sie *psr.exe* in das Ausführen-Feld des Startmenüs ein.

2 Klicken Sie auf *Aufzeichnung starten*, um die Problemaufzeichnung zu aktivieren.

3 Führen Sie alle Schritte durch, zum Beispiel die Anpassung der Bildschirmauflösung.

Ein Problem ist so lange nicht gelöst, solange Sie es nicht definieren und beschreiben. Lassen Sie die Problemaufzeichnung für sich arbeiten, zeichnen Sie alle Schritte auf und geben Sie das Ergebnis an den oder die Problemlöser weiter.

WISSEN

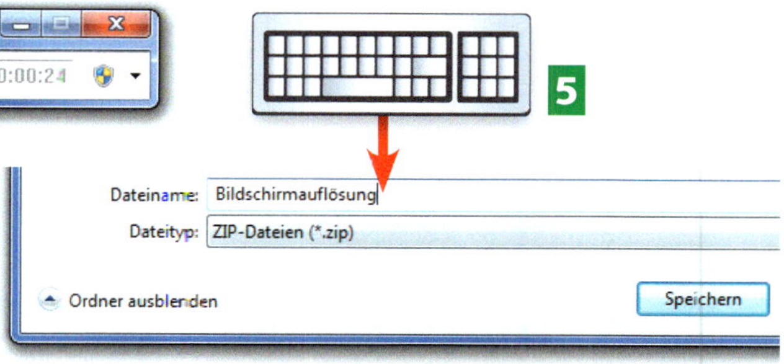

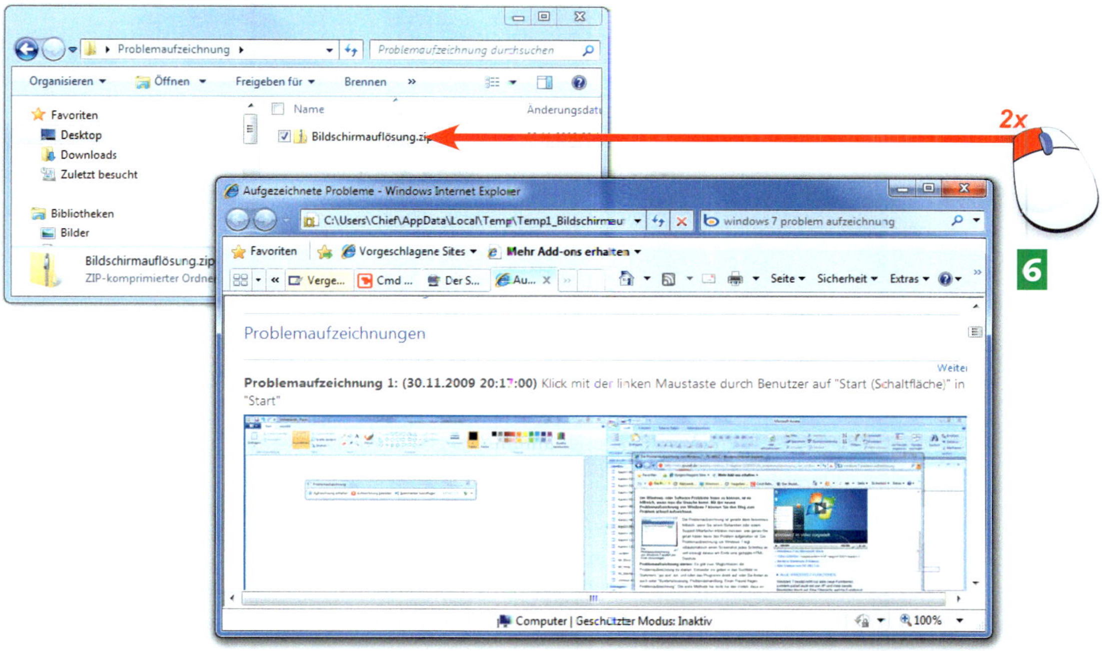

4 Beenden Sie die Aufzeichnung mit Klick auf *Aufzeichnung beenden*.

5 Speichern Sie die aufgezeichnete Datei als ZIP-Archiv ab.

6 Öffnen Sie das ZIP-Archiv und klicken Sie doppelt auf die Datei mit der Endung mht, um die Problemaufzeichnung im Browser zu betrachten.

Ende

Mit einem Klick auf *Kommentare* unterbrechen Sie die Aufzeichnung, geben Sie einen Kommentartext ein und starten Sie wieder.

HINWEIS

Die aufgezeichnete Datei ist vom Typ MHTM (HTML-Datei mit eingebundener Grafiken). Internet Explorer und Opera und einige Mobiltelefone kennen das Format, für Mozilla Firefox gibt es ein Addon (unMHT).

HINWEIS

10

Tief im System

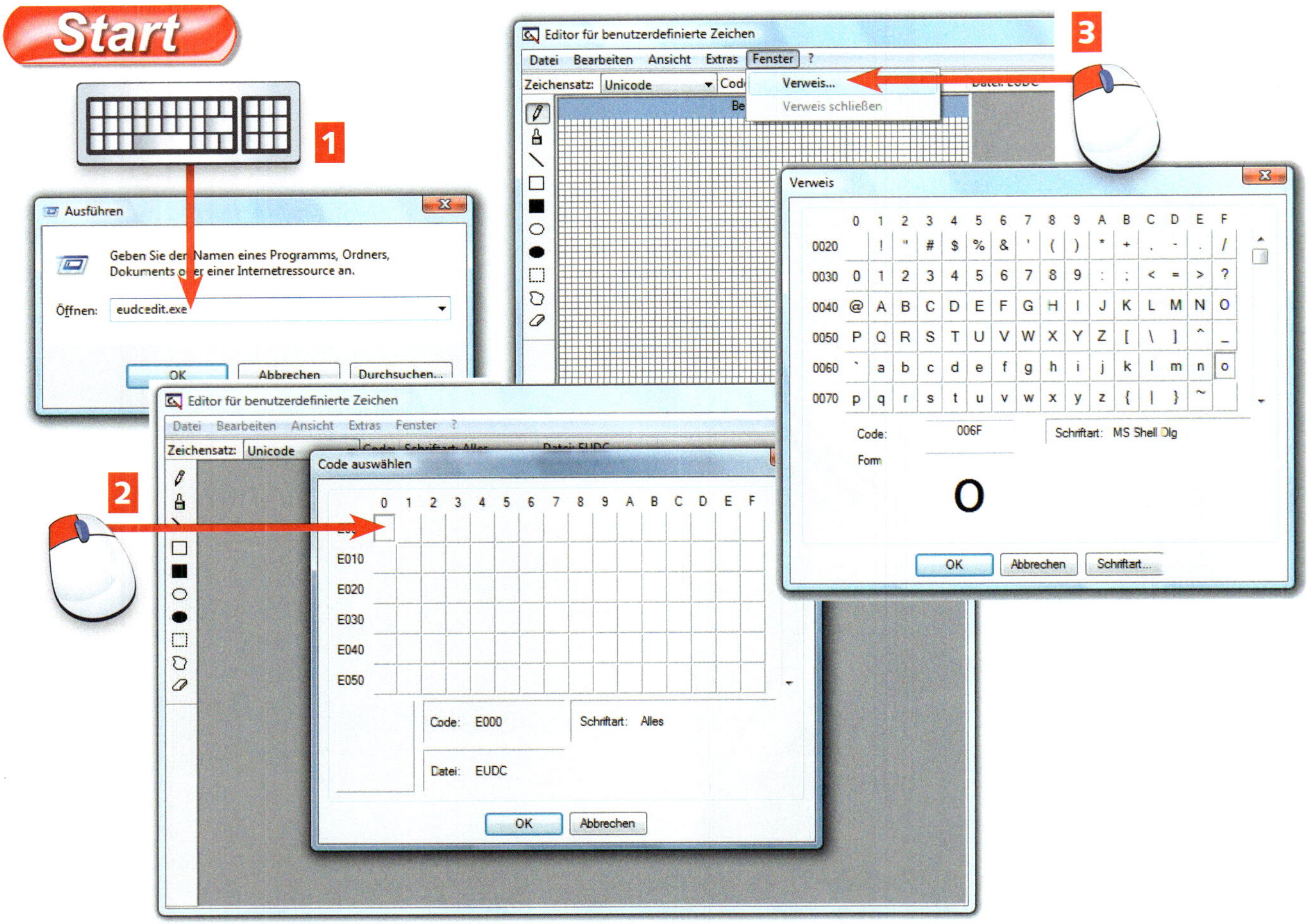

1 Starten Sie mit [Windows-Taste] + [r] den Ausführen-Dialog und geben Sie *eudcedit.exe* ein, um das Zeichengestaltungsprogramm zu starten.

2 Der Editor wird aktiviert. Geben Sie den Code an, den Sie ändern wollen.

3 Wählen Sie *Fenster/Verweis* und suchen Sie im Verweis-Fenster eine Schriftart und ein Zeichen, das Sie als Referenz verwenden wollen.

Windows 7 bietet mit Unicode zwar Schriftarten und Zeichen aus jeder Sprache der Welt an, trotzdem kann es vorkommen, dass ein bestimmtes Zeichen fehlt. Nutzen Sie den Zeicheneditor und gestalten Sie sich Ihre Zeichen einfach selbst.

WISSEN

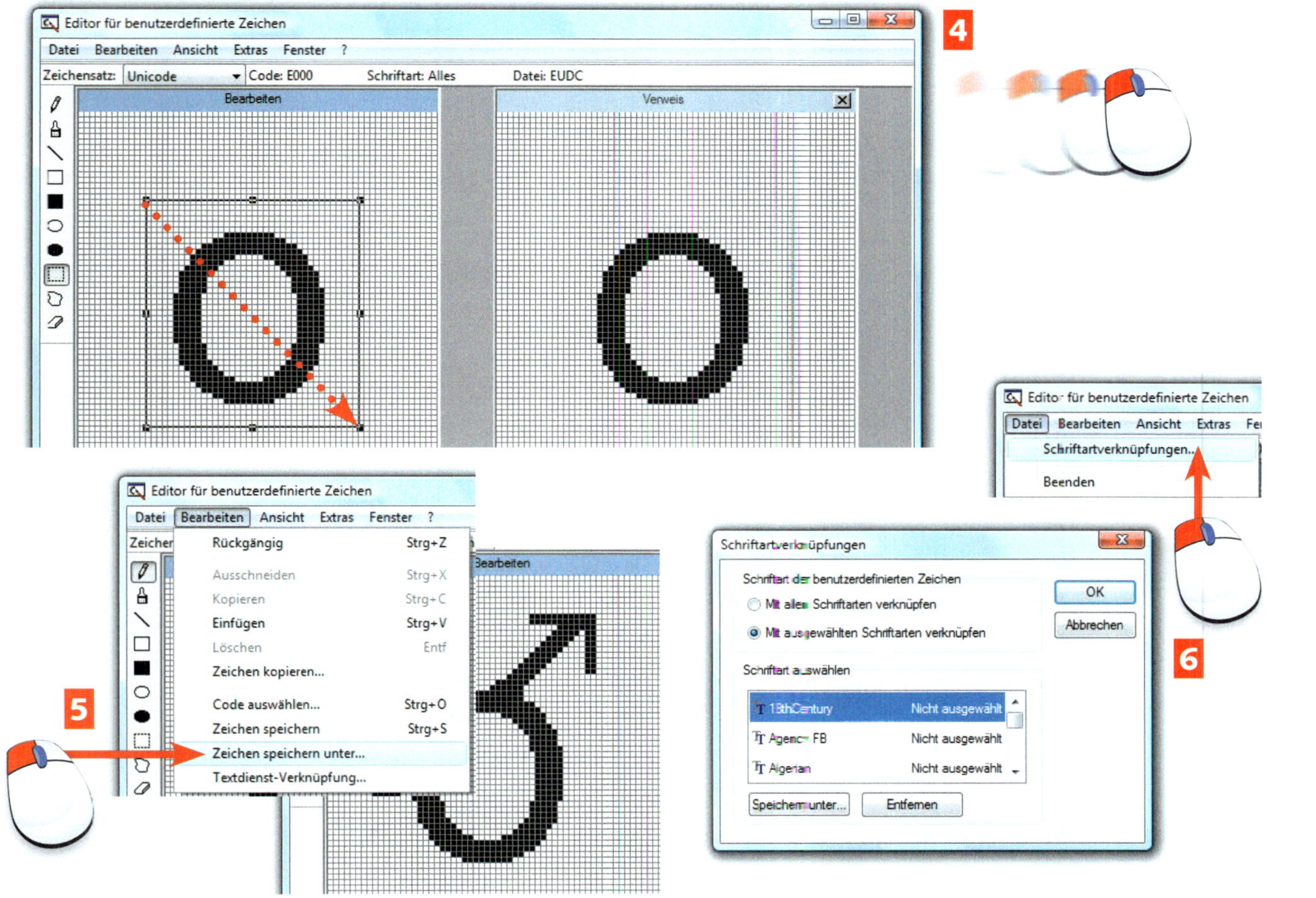

4 Mit dem Auswahlwerkzeug können Sie das Zeichen aus dem Verweisfenster kopieren, verwenden Sie die übrigen Werkzeuge, um das Zeichen zu gestalten.

5 Wählen Sie *Bearbeiten/Zeichen speichern* oder *Bearbeiten/Zeichen speichern unter ...* und wechseln Sie zum nächsten Code.

6 Mit *Datei/Schriftartverknüpfungen* binden Sie das neue Zeichen an eine bestimmte Schriftart oder an alle Schriftarten an.

Ende

Die benutzerdefinierten Zeichen werden in den Dateien *Eudc.euf* und *Eudc.tff* im Schriftartenordner abgespeichert. Auf Rechnern, auf denen diese Zeichen nicht gespeichert sind, erscheint anstelle des Zeichens ein schwarzes Kästchen.

HINWEIS

In der Zeichentabelle finden Sie die Codes für alle Zeichen aus dem Unicode. Wählen Sie *Start/Alle Programme/Zubehör/Systemprogramme/Zeichentabelle*.

HINWEIS

Start

1
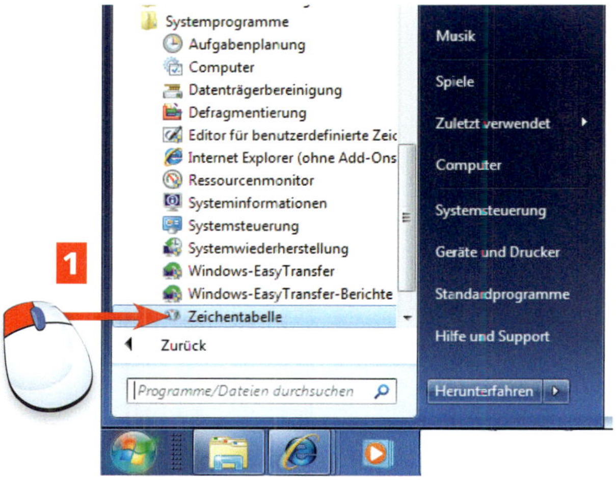

2
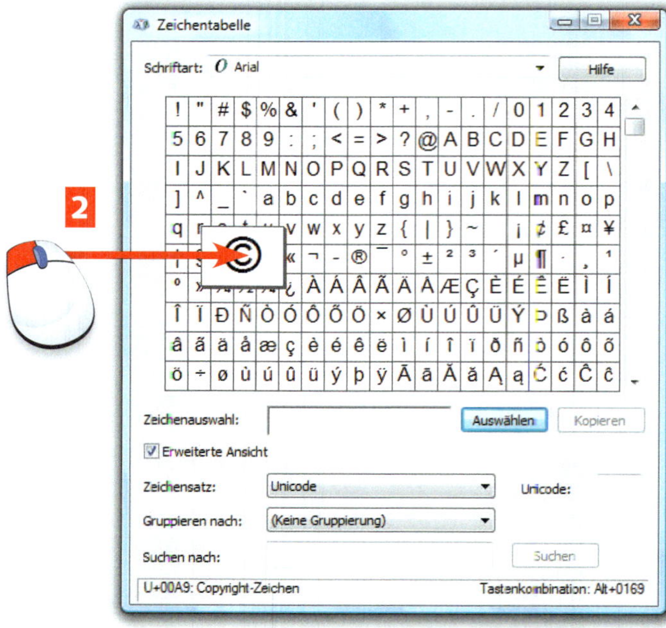

3

1 Starten Sie die Zeichentabelle über *Start/Alle Programme/Zubehör/Systemprogramme*.

2 Klicken Sie auf das Zeichen oder Sonderzeichen, das Sie in einem Text benutzen wollen.

3 Wählen Sie *Auswählen* und *Kopieren*, um das Zeichen in die Zwischenablage zu kopieren.

Die Windows 7-Schriftarten und Zeichensätze enthalten viele Sonderzeichen, die nicht auf der Tastatur erzeugbar sind (oder zumindest nicht direkt, denn mit dem ANSI-Code-Trick geht's). Sehen Sie in der Zeichentabelle nach.

WISSEN

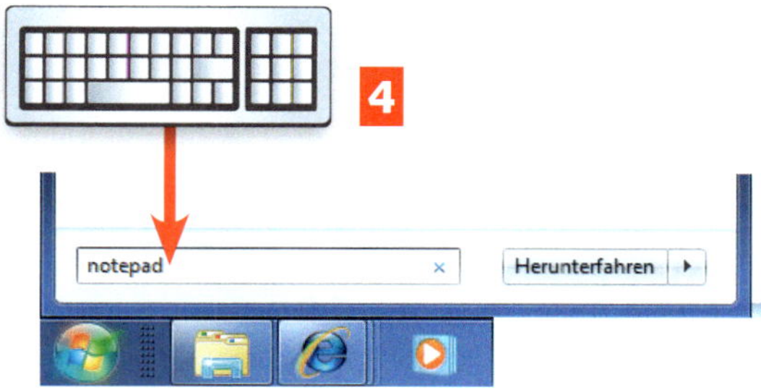

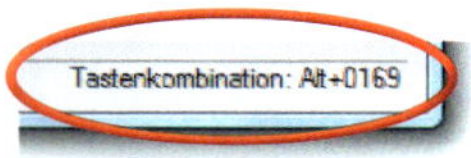

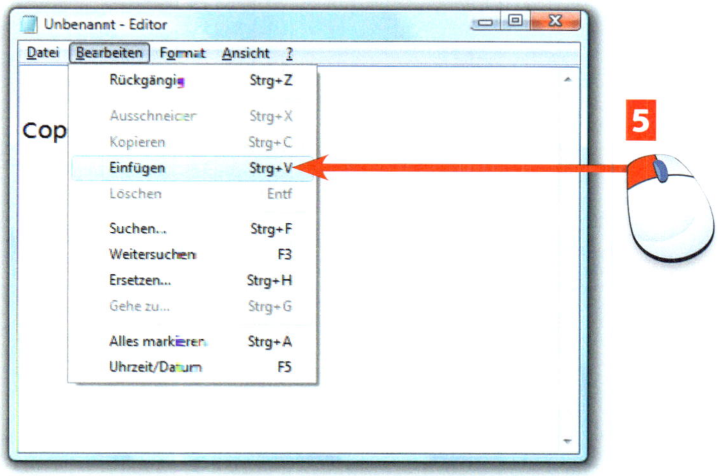

4 Aktivieren Sie ein Textprogramm wie zum Beispiel den Notizblockeditor Notepad, hier per Eingabe des Programmnamens in das Ausführen-Feld.

5 Holen Sie das kopierte Zeichen mit *Bearbeiten/Einfügen* oder mit [Strg] + [V] in den Text.

6 Achten Sie auf den ANSI-Code des Zeichens rechts unten in der Zeichentabelle. Diesen können Sie mit der [Alt]-Taste und den Ziffern der Zehnertastatur erzeugen.

Ende

Wenn Sie den Code direkt in den Text schreiben, drücken und halten Sie die [Alt]-Taste, schreiben den vierstelligen Code auf der Zehnertastatur und lassen die [Alt]-Taste wieder los.

TIPP

Für den Aufruf der Zeichentabelle können Sie auch *charmap* in das Ausführen-Feld des Startmenüs eingeben.

TIPP

Start

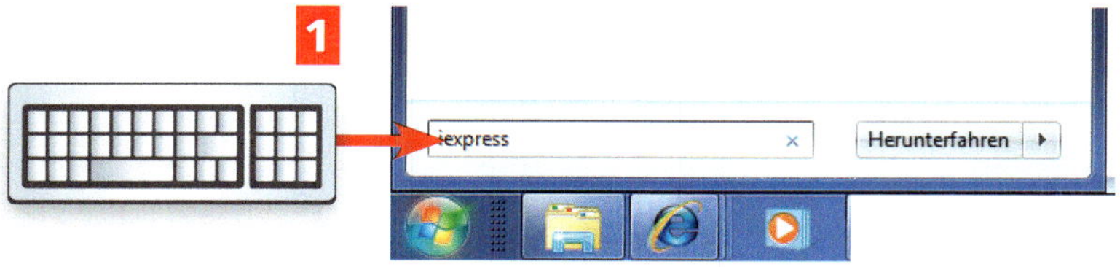

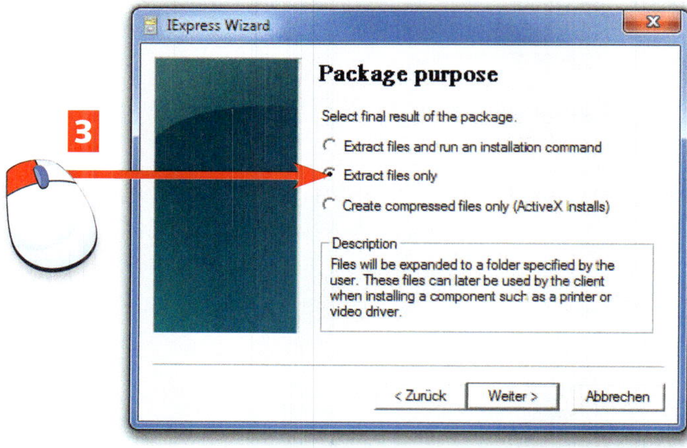

1 Starten Sie den Ausführen-Dialog mit [⊞] + [r] und geben Sie *iexpress* ein.

2 Ein Assistent führt Sie durch die Erstellung des Archivs. Erstellen Sie eine neue Datei.

3 Entscheiden Sie, ob Sie ein selbst entpackendes Archiv anlegen wollen.

Mit dem ZIP-Archivordner bietet Windows 7 zwar ein offizielles Dateiarchivierungsprogramm, das geheime Programm IExpress kann aber noch viel mehr. Es macht auf Wunsch ausführbare Archive aus den Datenpaketen.

WISSEN

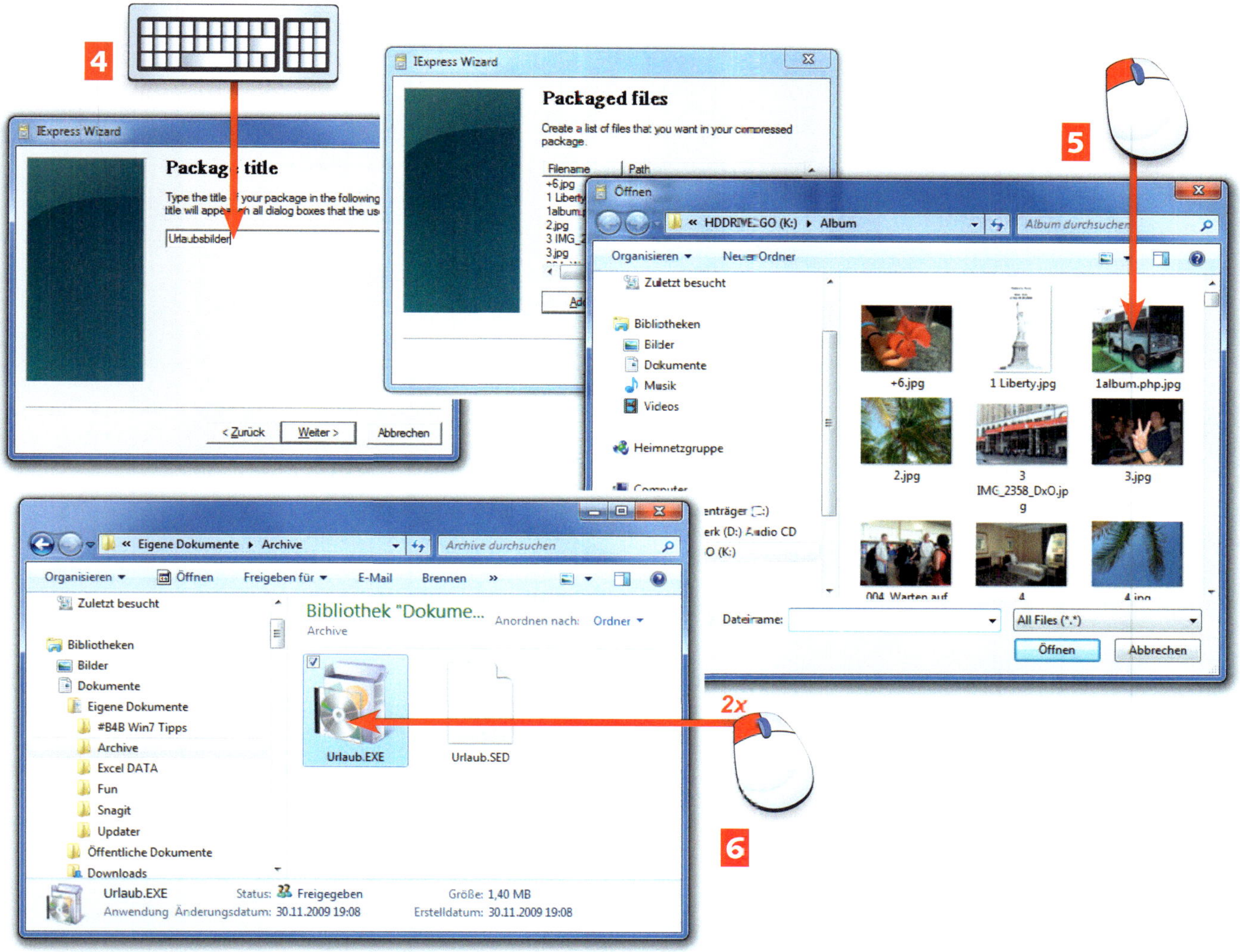

4 Geben Sie die Informationen zum Archiv ein, die der Assistent anfordert.

5 Fügen Sie alle Dateien in die Liste ein, die Sie in diesem Paket mitliefern wollen.

6 Das fertige Installationspaket wird in der angegebenen Datei gespeichert. Per Doppelklick wird die EXE-Datei entpackt.

Ende

Als Installationsprogramm können Sie eine EXE-Datei oder eine INF-Datei angeben. Weitere Infos zu diesem Spezialprogramm liefert das Internet Explorer Ressource Kit von Microsoft.

HINWEIS

Start

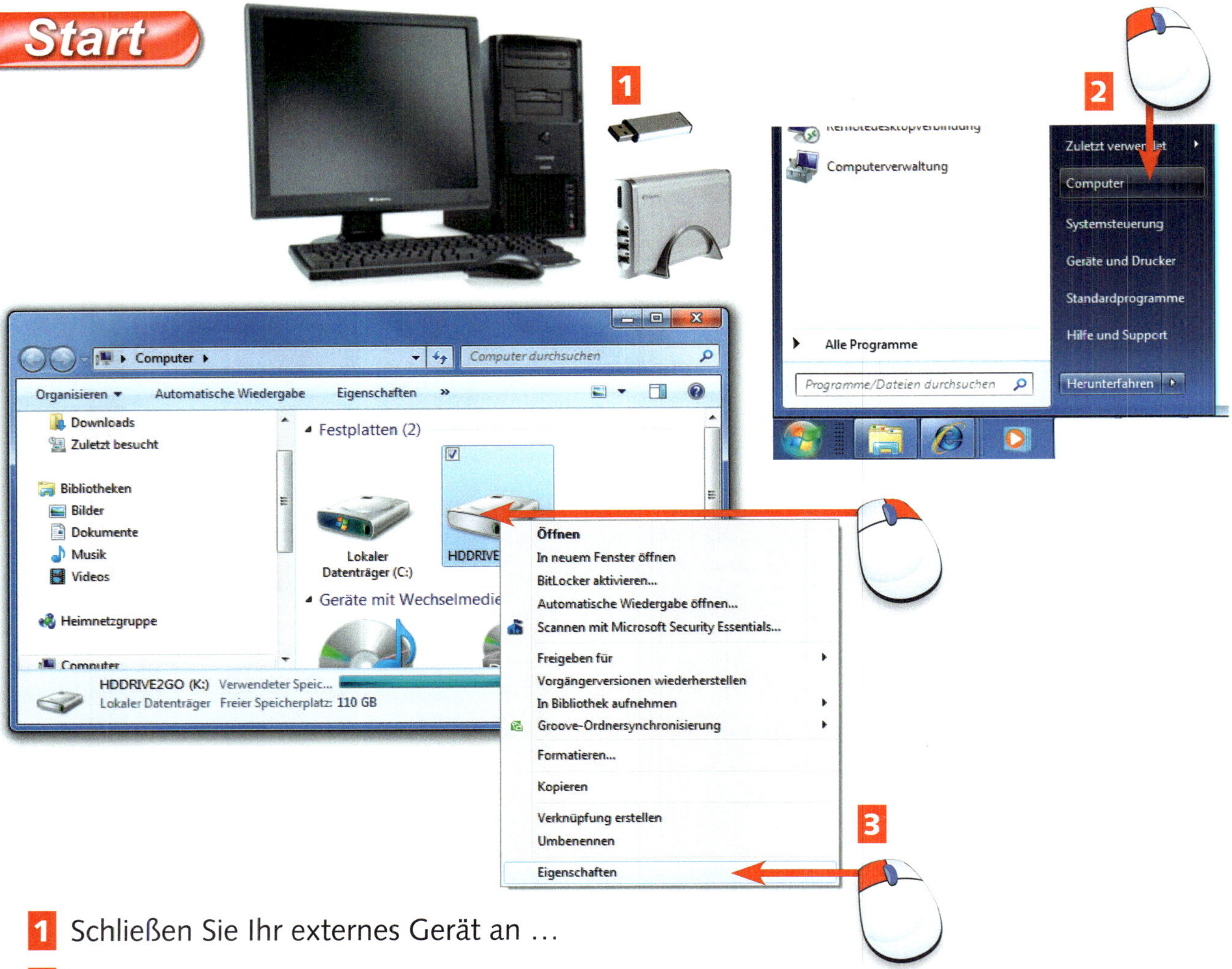

1 Schließen Sie Ihr externes Gerät an …

2 … und starten Sie das Dienstprogramm *Computer* aus dem Startmenü.

3 Aktivieren Sie im Kontextmenü des Gerätesymbols *Eigenschaften*.

Nutzen Sie die Cache-Technik ReadyBoost, wenn eine Festplatte zu langsam ist. Mit ReadyBoost verwenden Sie ein schnelles USB-Medium (USB-Stick, externe Festplatte, Flash-Card) zur Auslagerung von Daten.

WISSEN

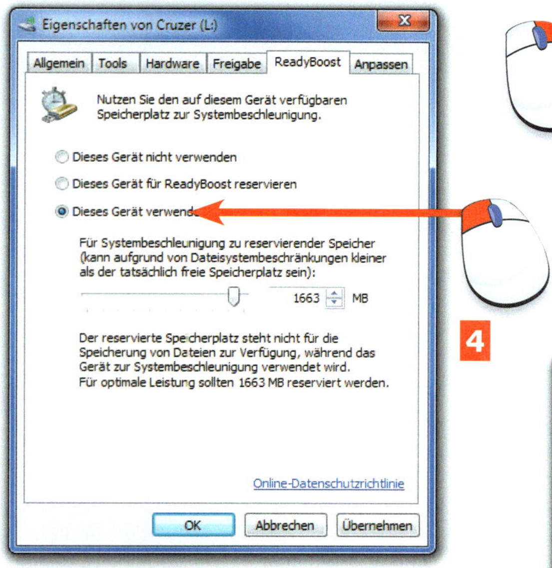

4

5

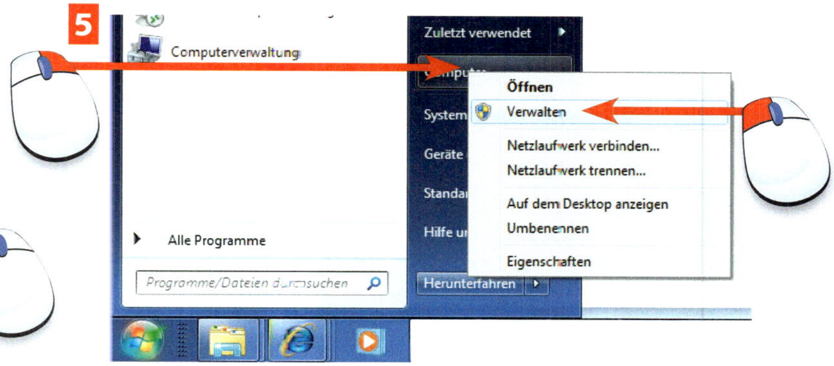

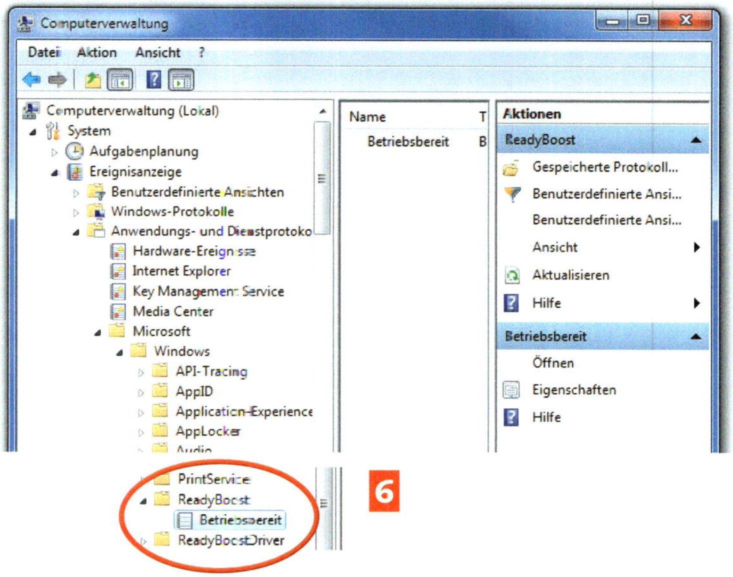

6

4 Auf der Registerkarte *ReadyBoost* klicken Sie auf *Dieses Gerät verwenden* und reservieren Speicherplatz.

5 Die Verwaltungskonsole liefert Ereignismeldungen zu ReadyBoost, aktivieren Sie sie aus dem Kontextmenü des Computersymbols.

6 Sie finden die Meldungen zu ReadyBoost in der Ereignisanzeige unter *Anwendungs- und Dienstprotokolle*.

Ende

ReadyBoost nutzt schnelle Flash-Speicher zur Auslagerung häufig benutzter Seiten.

HINWEIS

Das USB-Gerät muss über mindestens 256 MB Kapazität verfügen, USB 2.0 unterstützen und eine Lesegeschwindigkeit von mindestens 2,5 MB/s für 4-kB-Blöcke und 1,75 MB/s für 512-kB-Blöcke aufweisen. Außerdem müssen mindestens 230 MB Speicher frei sein.

HINWEIS

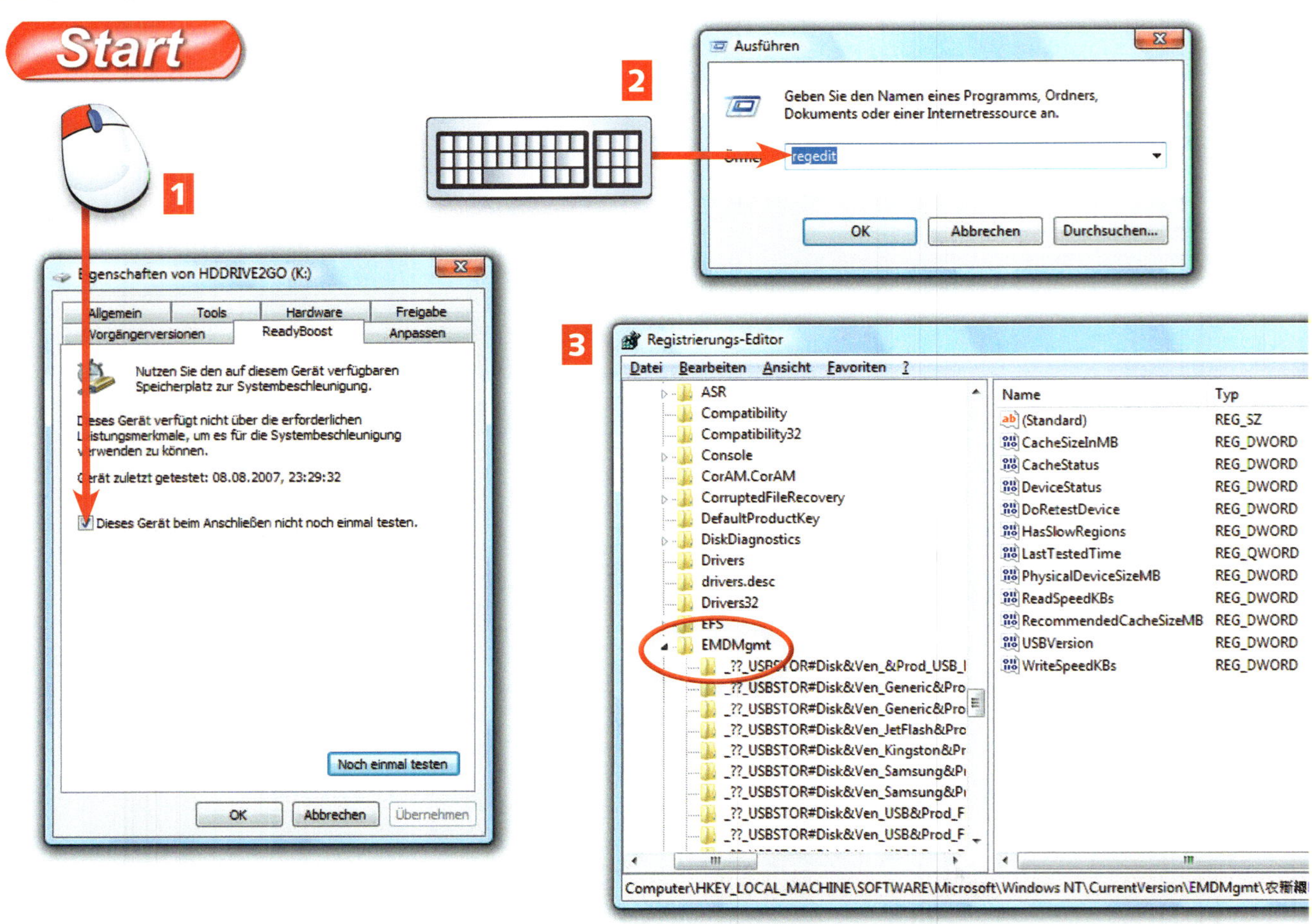

1 Wenn die *Eigenschaften* des Geräts zeigen, dass dieses nicht geeignet ist, aktivieren Sie die Option *Dieses Gerät … nicht noch einmal testen*.

2 Starten Sie den Ausführen-Dialog mit [Windows-Taste] + [r] und geben Sie *regedit* ein, um den Registrierungseditor zu starten.

3 Suchen Sie den Schlüssel *HKEY_LOCAL_MACHINE\Software\Microsoft\Windows NT\CurrentVersion\EMDgmt* und darunter das Gerät.

Mit einem kleinen Registrierungs-Hack können Sie die schnelle Speichertechnik ReadyBoost praktisch für jedes Gerät erzwingen, das sich dafür eignet. Testen Sie das Ergebnis mit WinSat, dem Benchmarking-Programm von Windows 7.

WISSEN

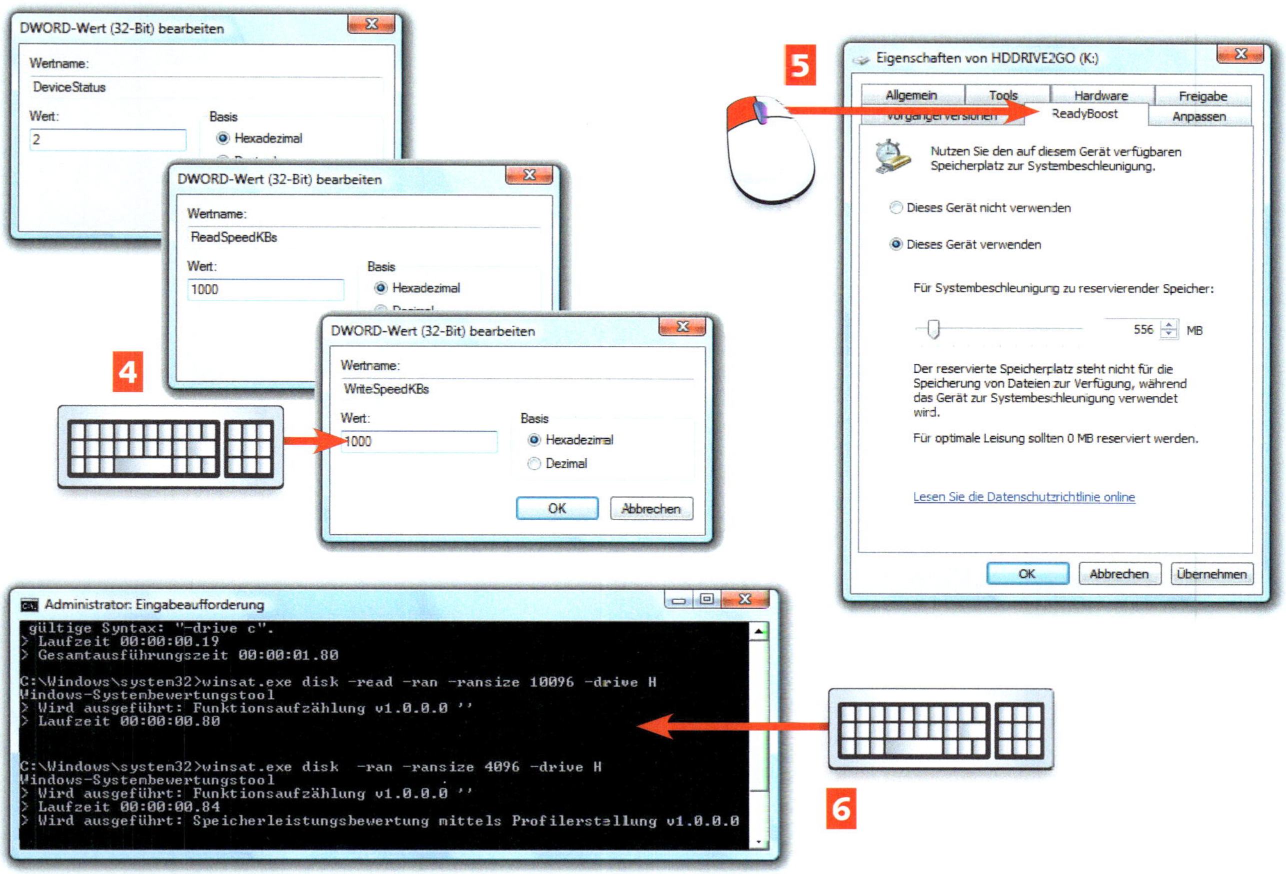

4 Ändern Sie die DWORD-Werte für *DeviceStatus (2), ReadSpeedKB (1000) und WriteSpeedKB (1000)*.

5 Öffnen Sie die *Eigenschaften* des Geräts und reservieren Sie Speicherplatz für ReadyBoost.

6 Mit *winsat.exe* testen Sie ReadyBoost. Geben Sie die Anweisung in ein Eingabeaufforderungsfenster ein, das mit Administratorrechten gestartet wurde.

Ende

Wenn Sie die Eingabeaufforderung mit Administratorrechten starten, können Sie mit Winsat.exe die Performance des Geräts testen. Geben Sie ein (z.B. für Laufwerk H):
winsat.exe disk –read –ran –ransize 4096 –drive H
winsat disk –write –ran –ransize 4096 –drive H

TIPP

Winsat.exe ist nichts anderes als die Leistungsbewertung, die in der Systemsteuerung unter *Leistungsinformationen und -tools* verwendet wird.

HINWEIS

Start

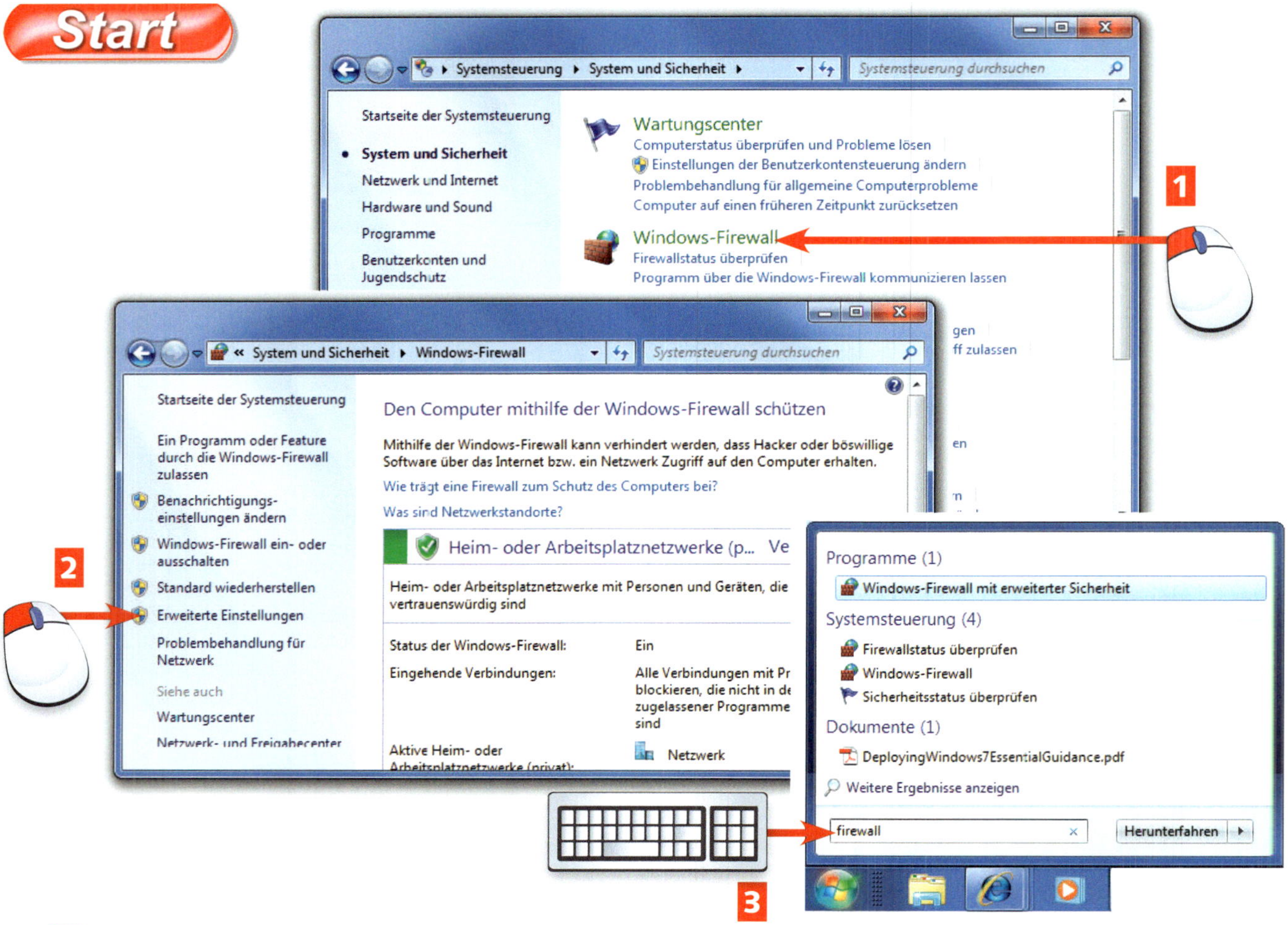

1 Die Firewall-Einstellungen finden Sie in der Systemsteuerung unter *System und Sicherheit*.

2 Hier können Sie die Firewall ein- und ausschalten oder *Erweiterte Einstellungen* aktivieren.

3 Geben Sie in das Ausführen-Feld des Startmenüs *Firewall* ein, erhalten Sie sofort den Link auf die erweiterten Einstellungen.

Die Firewall ist die »Brandschutzmauer« von Windows 7, sie schützt das System vor unerwünschten Zugriffen von außen. Sehen Sie sich auch die erweiterten Einstellungen an, sie bieten noch viel mehr Möglichkeiten.

WISSEN

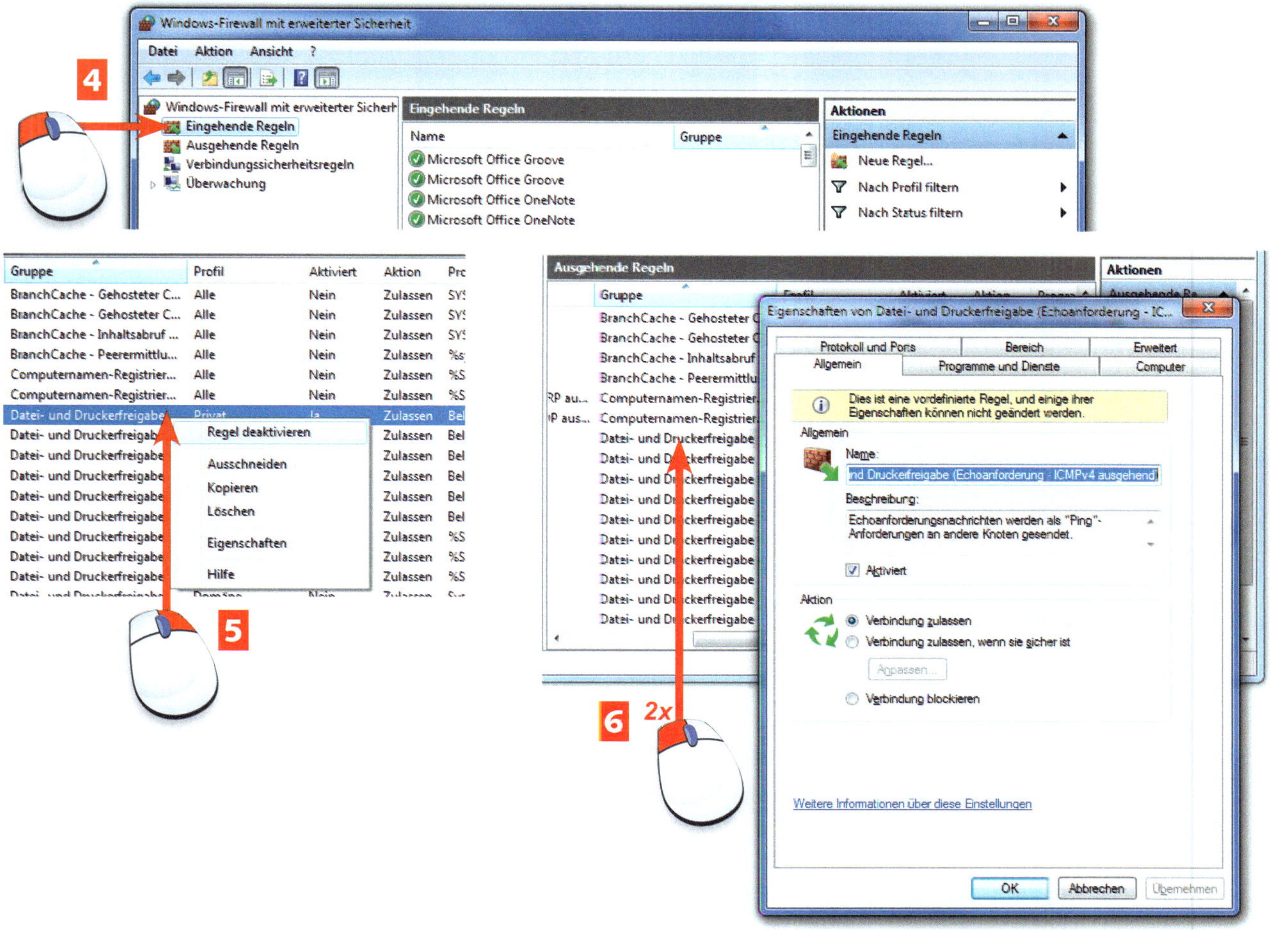

4 Unter *Eingehende Regeln* und *Ausgehende Regeln* finden Sie alle Firewall-Einstellungen.

5 Klicken Sie mit der rechten Maustaste in eine Regel, um sie zu aktivieren oder zu deaktivieren.

6 Ein Doppelklick auf eine Regel öffnet den Eigenschaftendialog mit allen Einstellungen.

Ende

Für die Änderungen an der Firewall müssen Sie Administratorrechte besitzen.

HINWEIS

Sie können auch *wf.msc* eingeben, das ist der Name der Firewall-Konsole. Sie steht nicht in den Basisversionen von Windows 7 zur Verfügung.

HINWEIS

Start

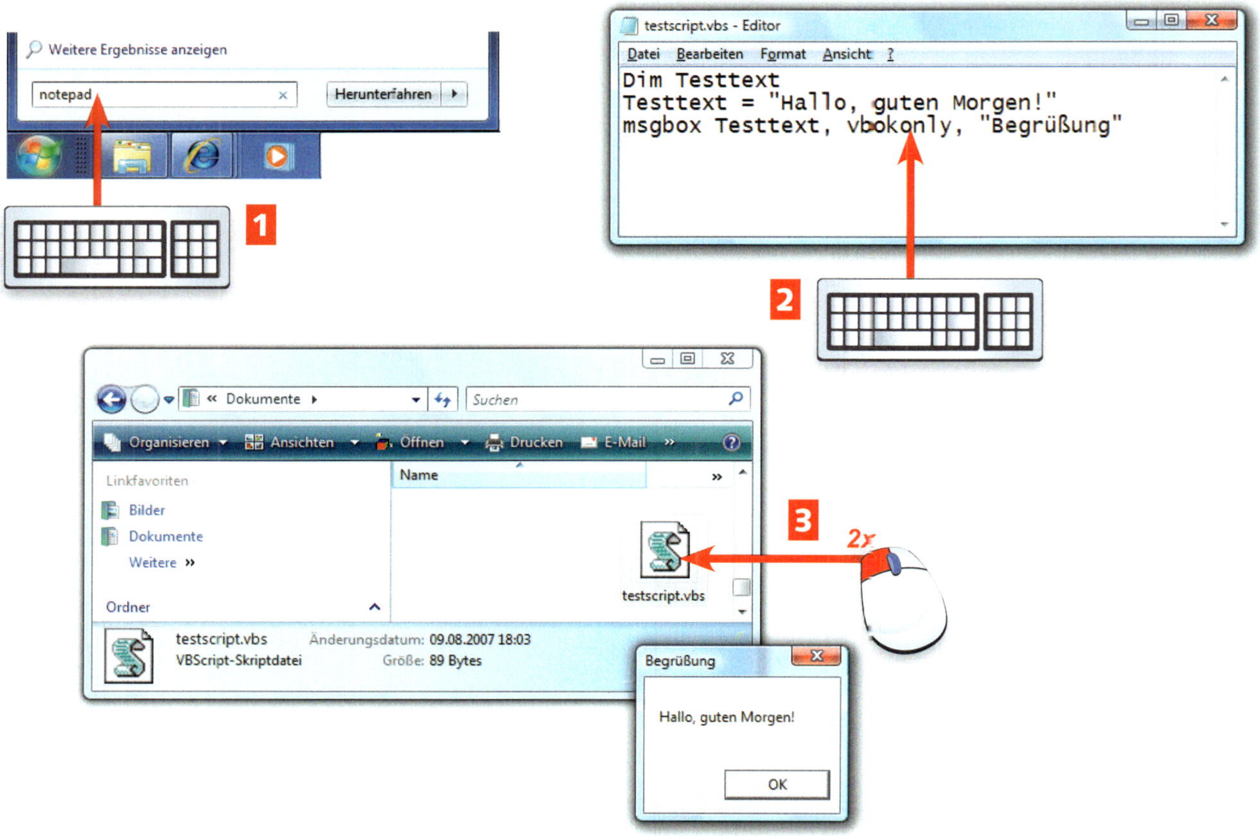

1 Starten Sie den Texteditor Notepad per Eingabe in das Suchfeld des Startmenüs.

2 Schreiben Sie ein kleines Skript, das den Benutzer begrüßt. Speichern Sie dieses als Datei *testscript.vbs* ab.

3 Ein Doppelklick auf die Datei im Explorer-Fenster startet das Skript, testen Sie, ob es korrekt funktioniert.

Die Betriebssystemsteuerung mit Skripts gehört zu den Profiwerkzeugen der besonderen Art. Skripts sind relativ einfach zu erstellen und können sehr viel Arbeit ersparen. Probieren Sie, ein erstes Skript zu erstellen, vielleicht kommen Sie auf den Geschmack.

WISSEN

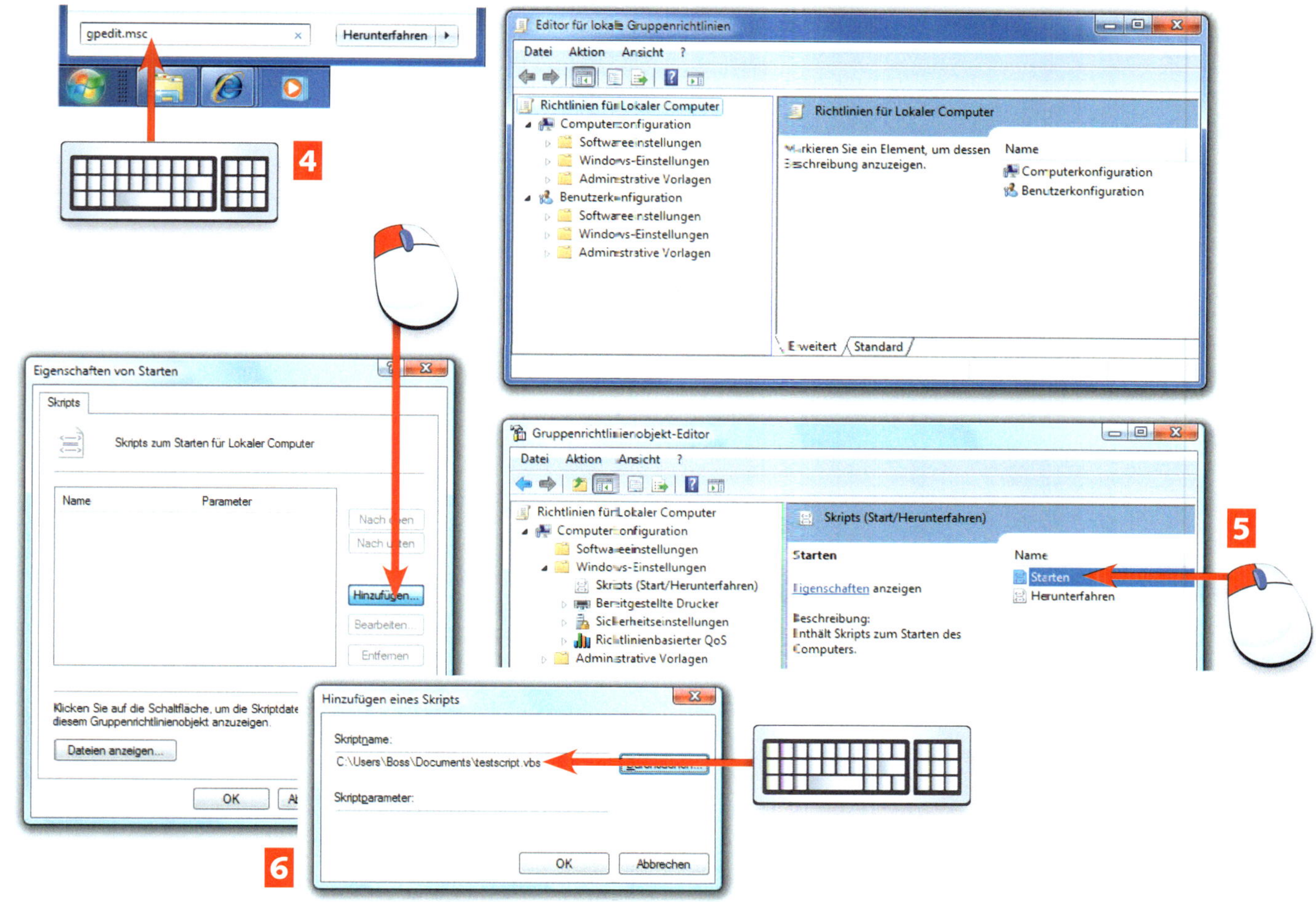

4 Geben Sie *gpedit.msc* in das Suchfeld ein, um den Gruppenrichtlinienobjekt-Editor zu starten.

5 Unter *Computerkonfiguration* finden Sie *Windows-Einstellungen* und darunter *Skripts (Start/Herunterfahren)*.

6 Klicken Sie auf *Hinzufügen* und tragen Sie das Testskript ein. Damit wird es automatisch beim Start von Vista ausgeführt.

Ende

Skripts können auch als HTML-Dateien oder mit JScript als Dateien mit der Endung .js geschrieben werden.

HINWEIS

Die Behandlung von Skripts ist Aufgabe des Windows Scripting Host (WSH). Auch die Minianwendungen in der Sidebar sind auf Basis von Skripts erstellt.

HINWEIS

Hier werden die Skriptdateien abgelegt: *C:\Windows\System32\GroupPolicy\Machine\Scripts*.

HINWEIS

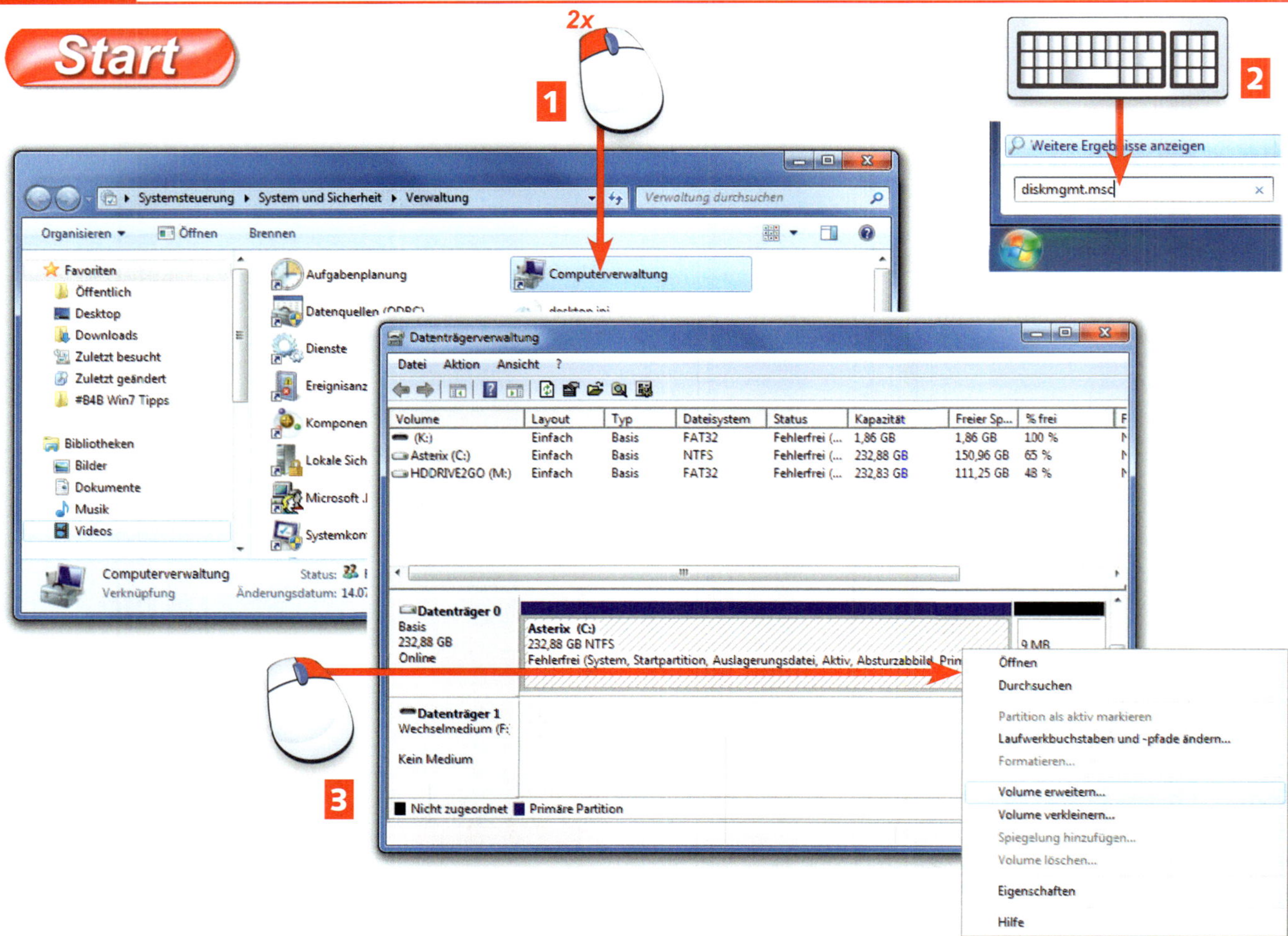

1 Die Datenträgerverwaltung wird in der Systemsteuerung unter *Verwaltung* aktiviert.

2 Schneller geht´s mit dem Kommandoeditor. Geben Sie unter *Start/Ausführen cmd* ein und tippen Sie: diskmgmt.msc.

3 Überprüfen Sie Ihre Datenträger, formatieren oder ändern Sie Partitionen und weisen Sie Laufwerksbuchstaben zu.

Die Datenträgerverwaltung ist ein nützliches Dienstprogramm der Systemsteuerung, sie formatiert und partitioniert Festplatten. Profis nutzen aber das Befehlszeilenprogramm Diskpart, das keine Einschränkungen hat.

WISSEN

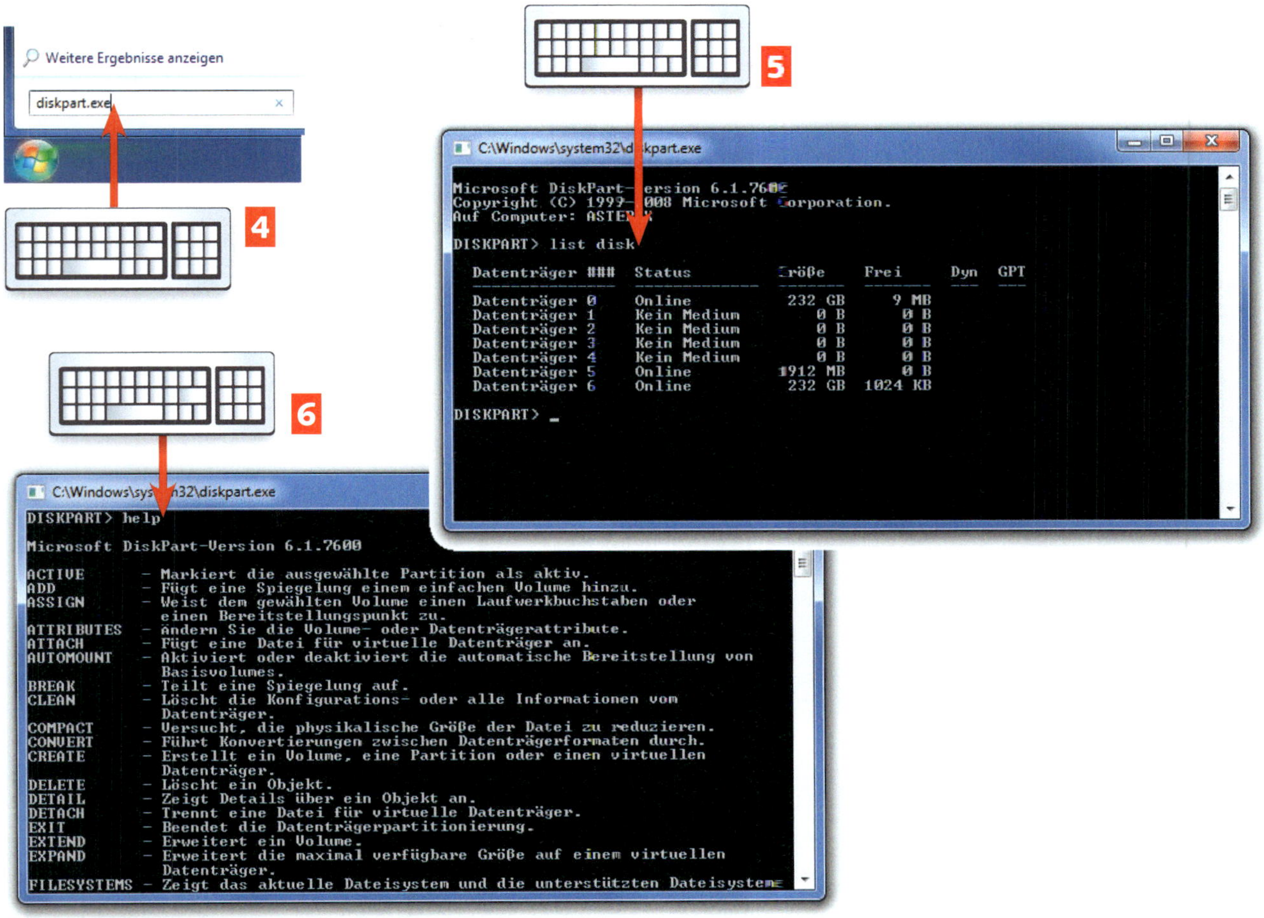

4 Das Dienstprogramm *Diskpart* bietet mehr Möglichkeiten als die Datenträgerverwaltung. Aktivieren Sie es über *Start/Ausführen*.

5 Geben Sie die Befehle zur Konfiguration der Speichermedien direkt in die Befehlszeile ein.

6 Eine Übersicht über alle Diskpart-Befehle erhalten Sie, wenn Sie *help* eingeben.

Ende

TIPP

In der MS Knowledge Base finden Sie eine Beschreibung zu Diskpart: *http://support.microsoft.com/kb/300415/de*.

ACHTUNG

Im Unterschied zur Datenträgerverwaltung verhindert Diskpart keine unbeabsichtigten Benutzeraktionen, die Datenverlust zur Folge haben können.

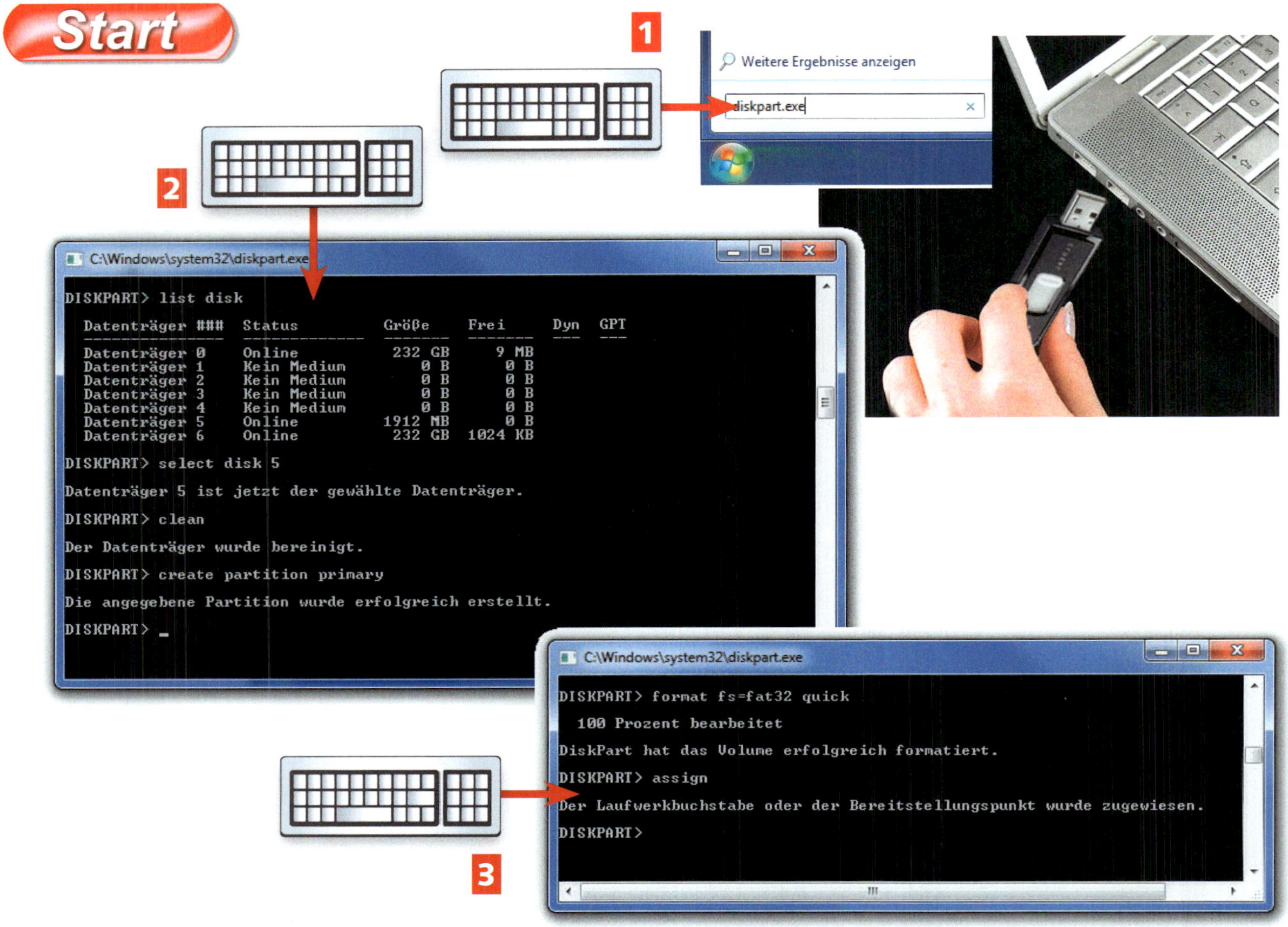

1 Schließen Sie den USB-Stick an eine USB-Schnittstelle an und starten Sie Diskpart über das *Ausführen*-Feld im Startmenü.

2 Suchen Sie den Datenträger und legen Sie eine primäre Partition an.

3 Formatieren Sie die Partition und weisen Sie ihr auf dem USB-Stick einen Laufwerksbuchstaben zu.

USB-Medien sind in der Praxis nicht bootfähig, sie können nicht als Startdatenträger verwendet werden. Wenn Sie Windows 7 von einem USB-Stick installieren wollen, kopieren Sie mit einem Dienstprogramm den Bootsektor auf den Stick.

WISSEN

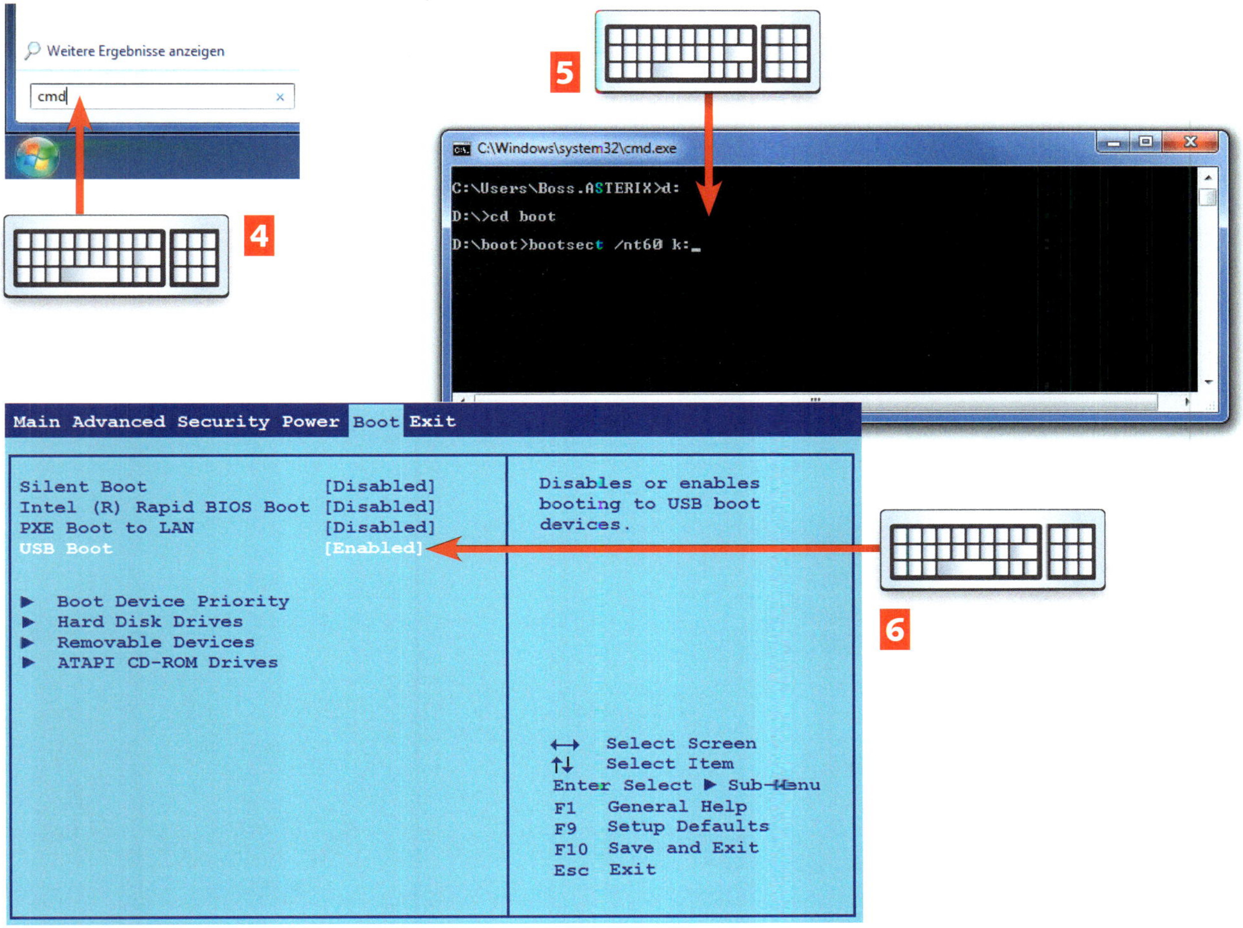

4 Legen Sie die Original-DVD von Windows 7 ein und aktivieren Sie den Kommandozeileneditor im Startmenü.

5 Wechseln Sie in den Ordner *boot* und geben Sie ein: *bootsect /nt60 laufwerksbuchstabe:*

6 Überprüfen Sie nach dem Neustart, ob das BIOS Ihres Computers das Booten von USB-Medien zulässt.

Ende

Das Programm MKBT überträgt den Bootsektor auf externe Medien, hier kann es bezogen werden: *http://www.nu2.nu/mkbt*

HINWEIS

11

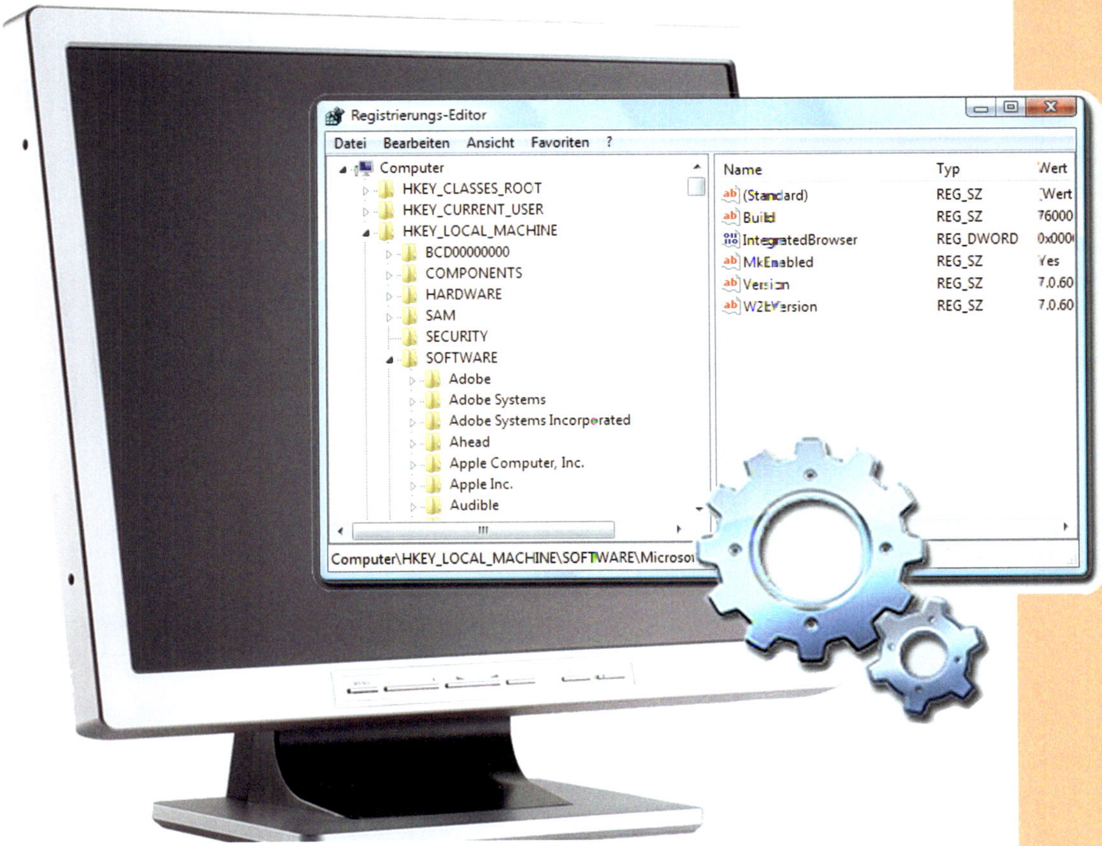

Die Windows 7-Datenbank Registry

Start

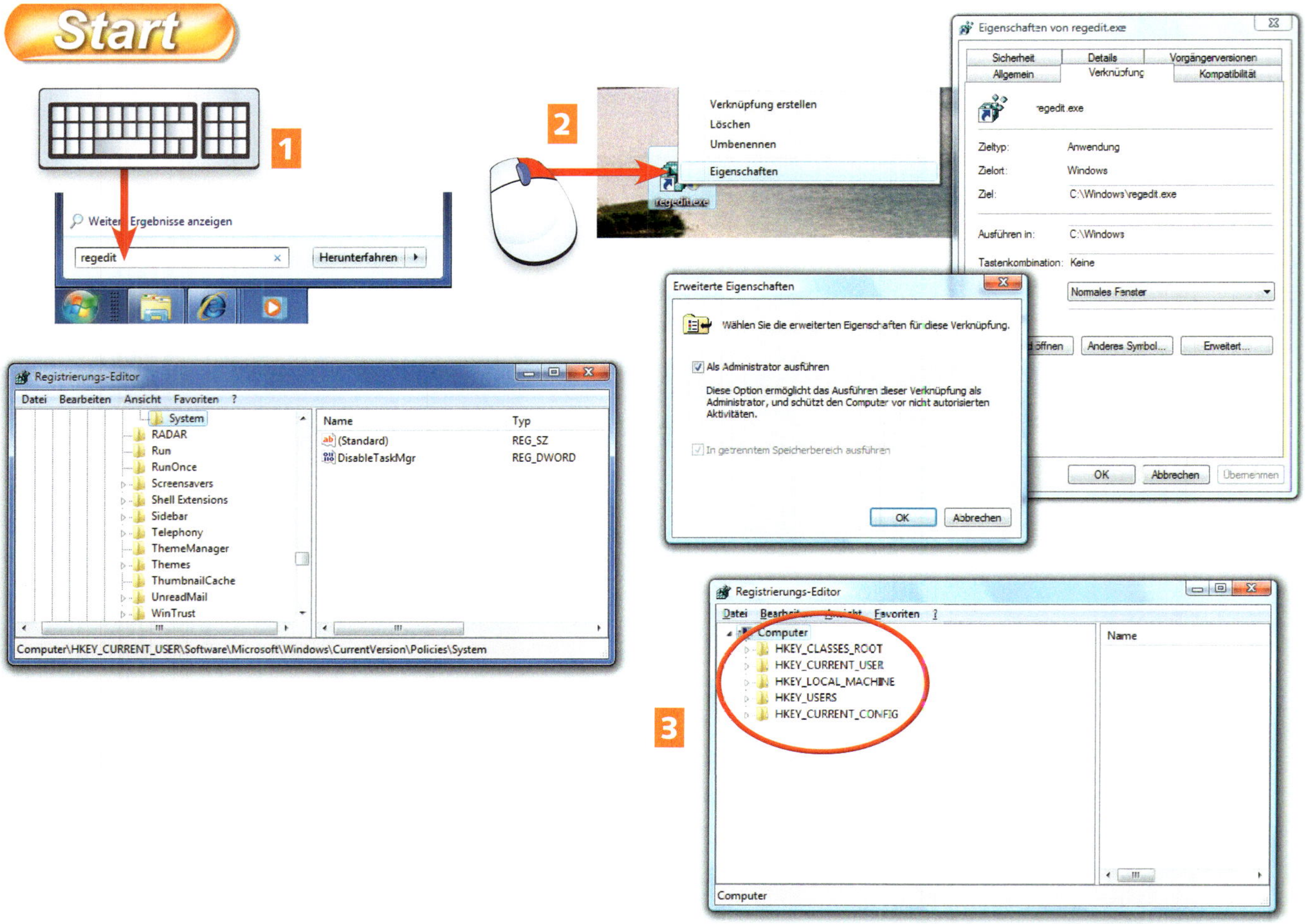

1. Starten Sie den Registrierungseditor mit *regedit* und Strg + ⇧ + ↵ im Ausführen-Feld des Startmenüs.
2. Um alle Änderungen durchführen zu können, legen Sie eine Verknüpfung auf dem Desktop an und weisen dieser über das Kontextmenü Administratorrechte zu.
3. Nach dem Start präsentiert regedit die Registrierungsschlüssel in einer Ordnerstruktur.

Der Registrierungseditor regedit ist das Werkzeug zum Editieren der Registry (Registrierung), der Windows-Datenbank mit Registrierungsschlüsseln.

WISSEN

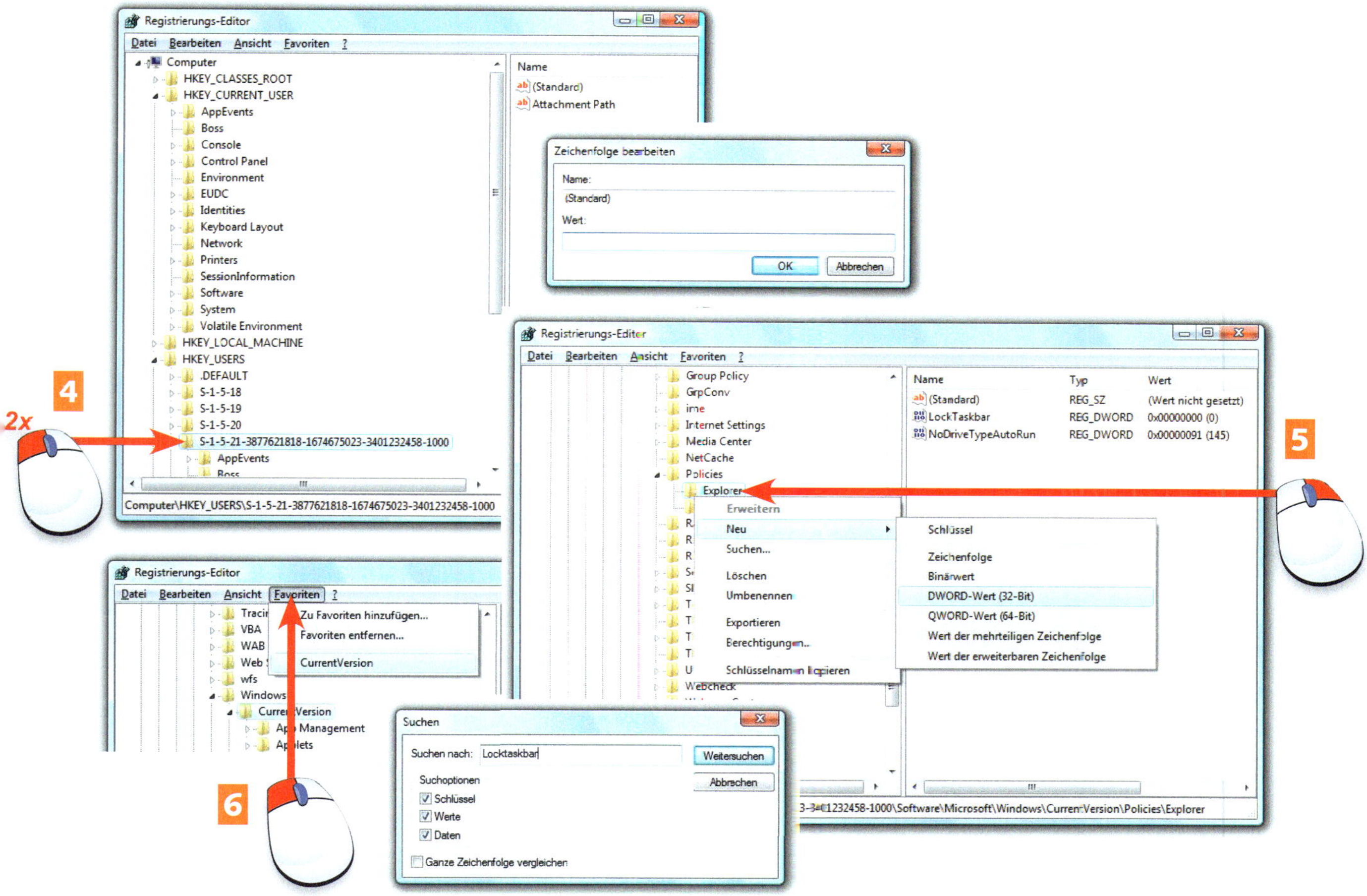

4 Klicken Sie doppelt auf einen Schlüssel oder Unterschlüssel, um ihn zu öffnen. Um einen Wert zu ändern, öffnen Sie ihn ebenfalls per Doppelklick.

5 Über *Bearbeiten* oder das Kontextmenü können Sie neue Schlüssel, Zeichenfolgen oder Werte anlegen.

6 Speichern Sie einzelne Schlüssel als Favoriten ab und suchen Sie über das Suchfenster mit Strg + F3 (Suche starten) bzw. F2 (Weitersuchen).

Ende

Regedit32 hieß eine frühere Version des Editors, die es nicht mehr gibt.

HINWEIS

Registry (Registrierung): Windows-Registrierungsdatenbank. Ausführliche Infos finden Sie hier *de.wikipedia.org/wiki/Windows-Registrierungsdatenbank*

FACHWORT

Achten Sie darauf, dass Änderungen in der Registrierung Systemeingriffe sind, die im schlimmsten Fall Ihr Betriebssystem unbrauchbar machen.

HINWEIS

Start

1

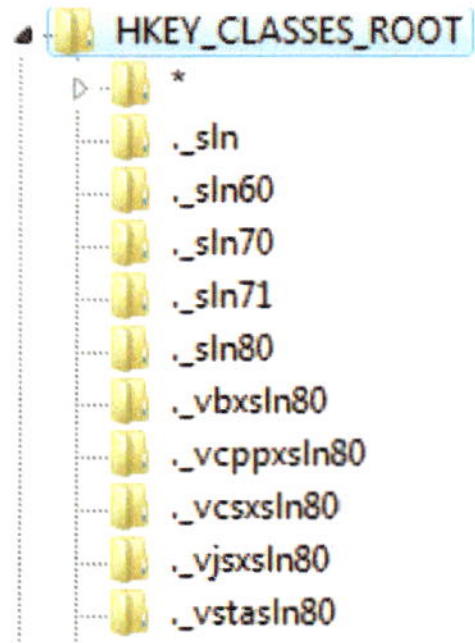

2

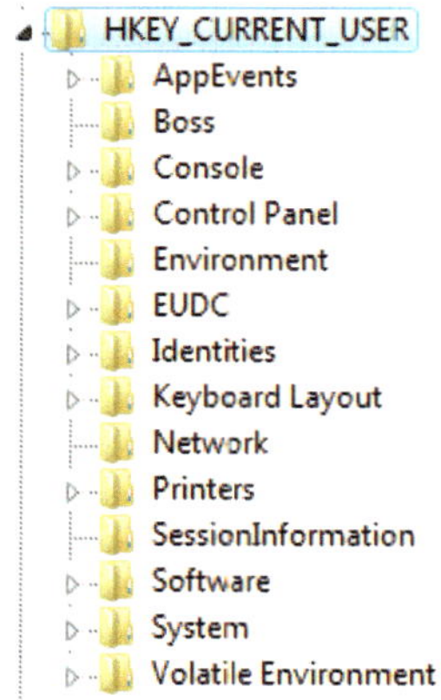

3

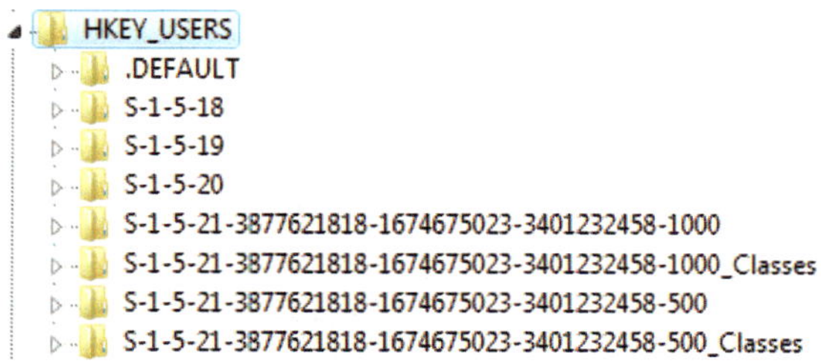

1 HKEY_CLASSES_ROOT: Hier verwaltet Windows 7 die registrierten Dateitypen und die Systemkomponenten (ActiveX, COM-Module, OLE-Handler etc.).

2 HKEY_CURRENT_USER: Dieser Schlüssel wird aus HKEY_USERS produziert, wenn ein neues Benutzerkonto angelegt wird.

3 HKEY_USERS: In diesem Schlüssel liegen alle benutzerspezifischen Einträge, u.a. für die Oberfläche.

Mit den Hauptschlüsseln bringt die Registrierung Ordnung in die zahlreichen Einträge der Windows 7-Datenbank. Sehen Sie sich die wichtigsten Zweige an.

WISSEN

4

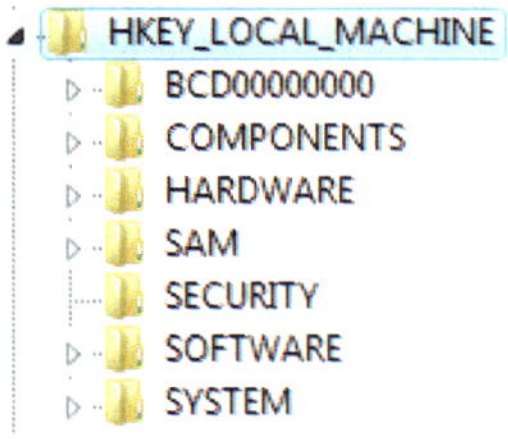

5

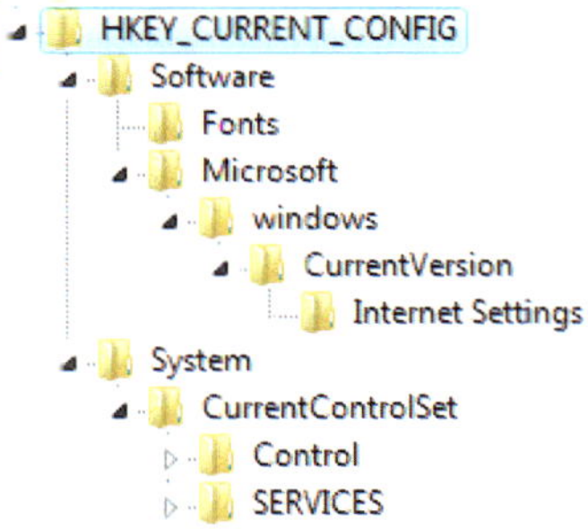

6

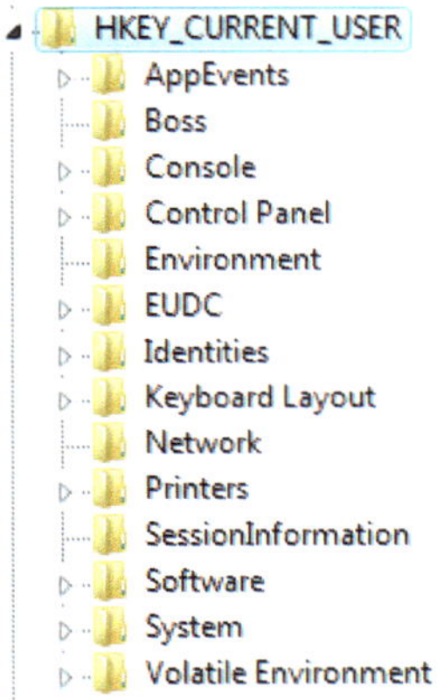

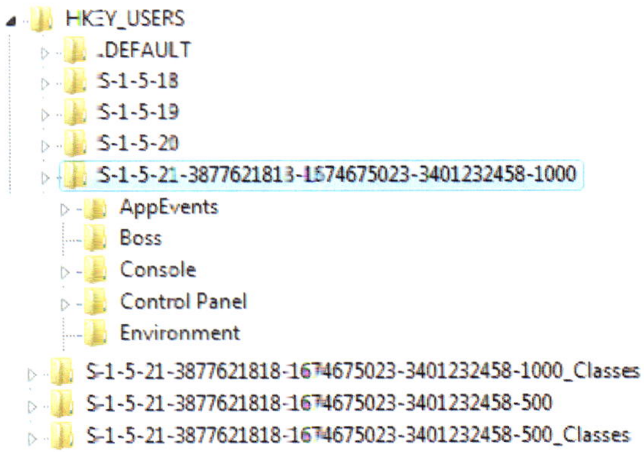

4 HKEY_LOCAL_MACHINE: In diesem Schlüssel verwaltet Windows 7alles, was sich auf den Computer bezieht (Hardware, Treiber, installierte Programme u.a.).

5 HKEY_CURRENT_CONFIG: Dieser Schlüssel enthält Einträge zur aktuellen Konfiguration des Computers.

6 Der angemeldete Benutzer taucht unter HKEY_USERS verschlüsselt auf.

Ende

Häufig sieht man für die Hauptschlüssel die Abkürzungen HKCR, HKCU und HKLM.

HINWEIS

Der Zweig HKEY-CURRENT_USER bezieht sich auf das Administratorenkonto und kann nur mit entsprechenden Rechten bearbeitet werden.

HINWEIS

Wenn Sie wissen wollen, welcher User in HKEY_USERS der angemeldete ist, legen Sie unter HKEY_CURRENT_USER einen leeren Schlüssel mit dem Benutzernamen an. Dieser erscheint dann unter dem verschlüsselten User in HKEY_USERS.

TIPP

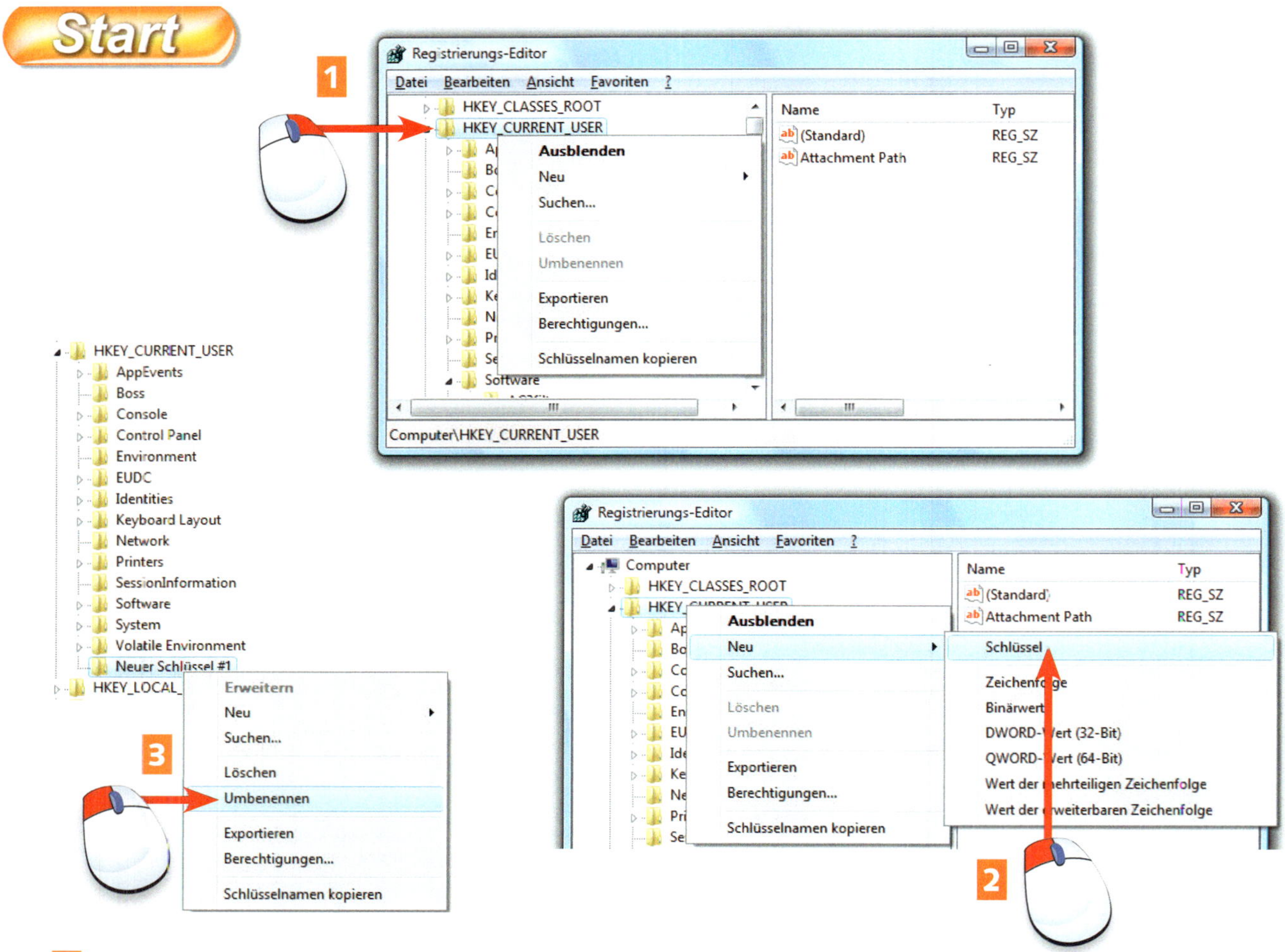

1 Markieren Sie den Hauptschlüssel, unter dem Sie einen neuen Eintrag anlegen wollen, mit der rechten Maustaste …

2 … und wählen Sie *Neu/Schlüssel* für einen neuen Schlüssel.

3 Den neuen Schlüssel können Sie über das Kontextmenü oder mit der Funktionstaste F2 öffnen und umbenennen.

Legen Sie neue Schlüssel, Zeichenfolgen und Werte an oder ändern Sie bestehende, wenn eine Aufgabenstellung dies erfordert.

WISSEN

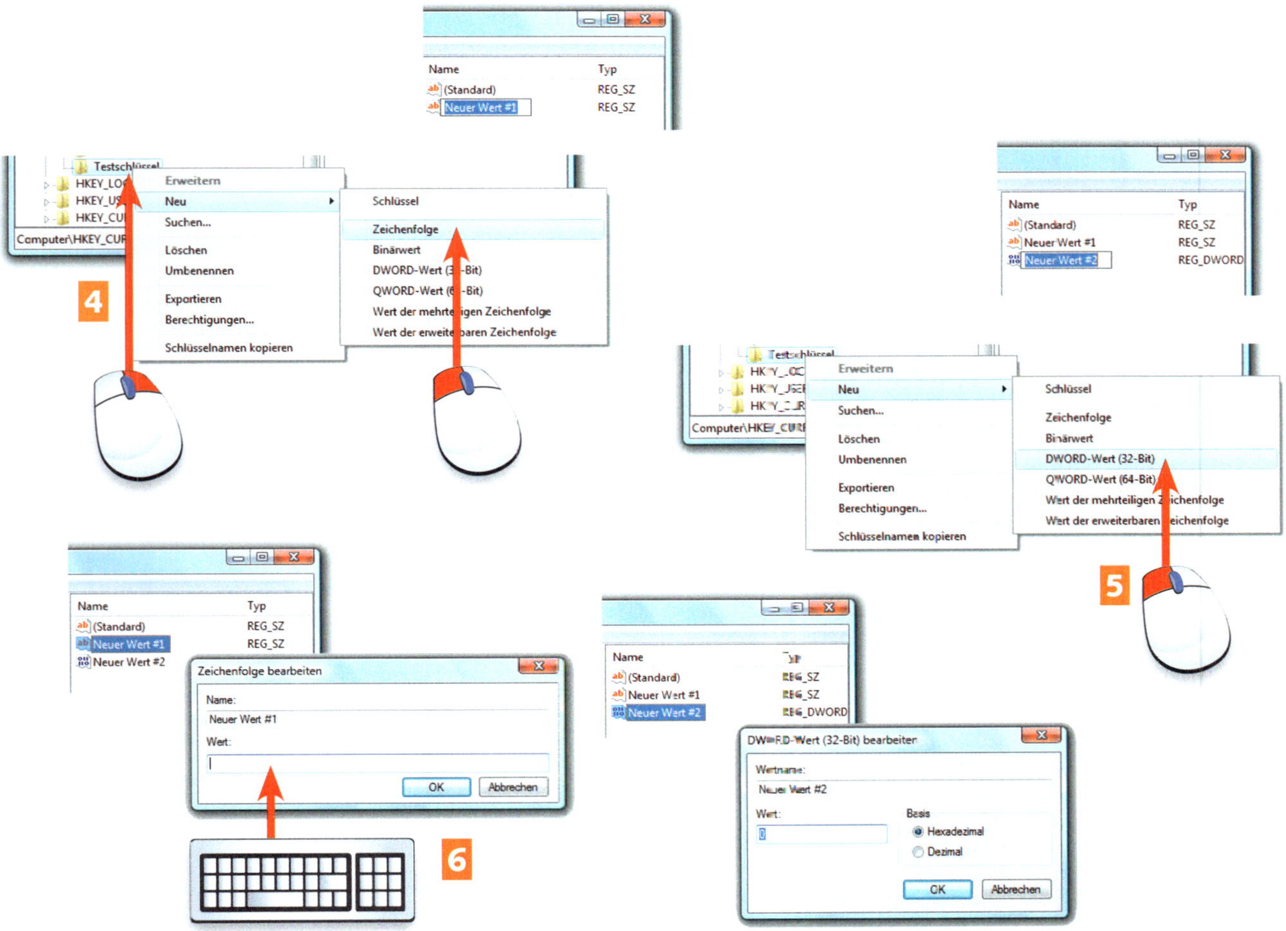

4 Für eine neue Zeichenfolge holen Sie den Befehl aus dem Kontextmenü des Schlüssels. Geben Sie auch dieser gleich einen Namen.

5 DWORD-Werte werden ebenfalls über *Neu* im Kontextmenü angelegt und mit F2 umbenannt.

6 Klicken Sie doppelt auf eine Zeichenfolge oder einen Wert, können Sie deren Inhalt in einem Dialog ändern.

Ende

In Zeichenfolgen werden sogenannte Umgebungsvariablen verwendet, zum Beispiel *%WinDir%* für den aktuellen Windows 7-Systemordner.

HINWEIS

Um einen Schlüssel, eine Zeichenfolge oder einen Wert zu löschen, wählen Sie *Löschen* aus dem Kontextmenü oder drücken Sie einfach die Entf-Taste.

HINWEIS

DWORD-Werte können hexadezimal oder dezimal eingegeben werden, schalten Sie auf die entsprechende Option um.

TIPP

Start

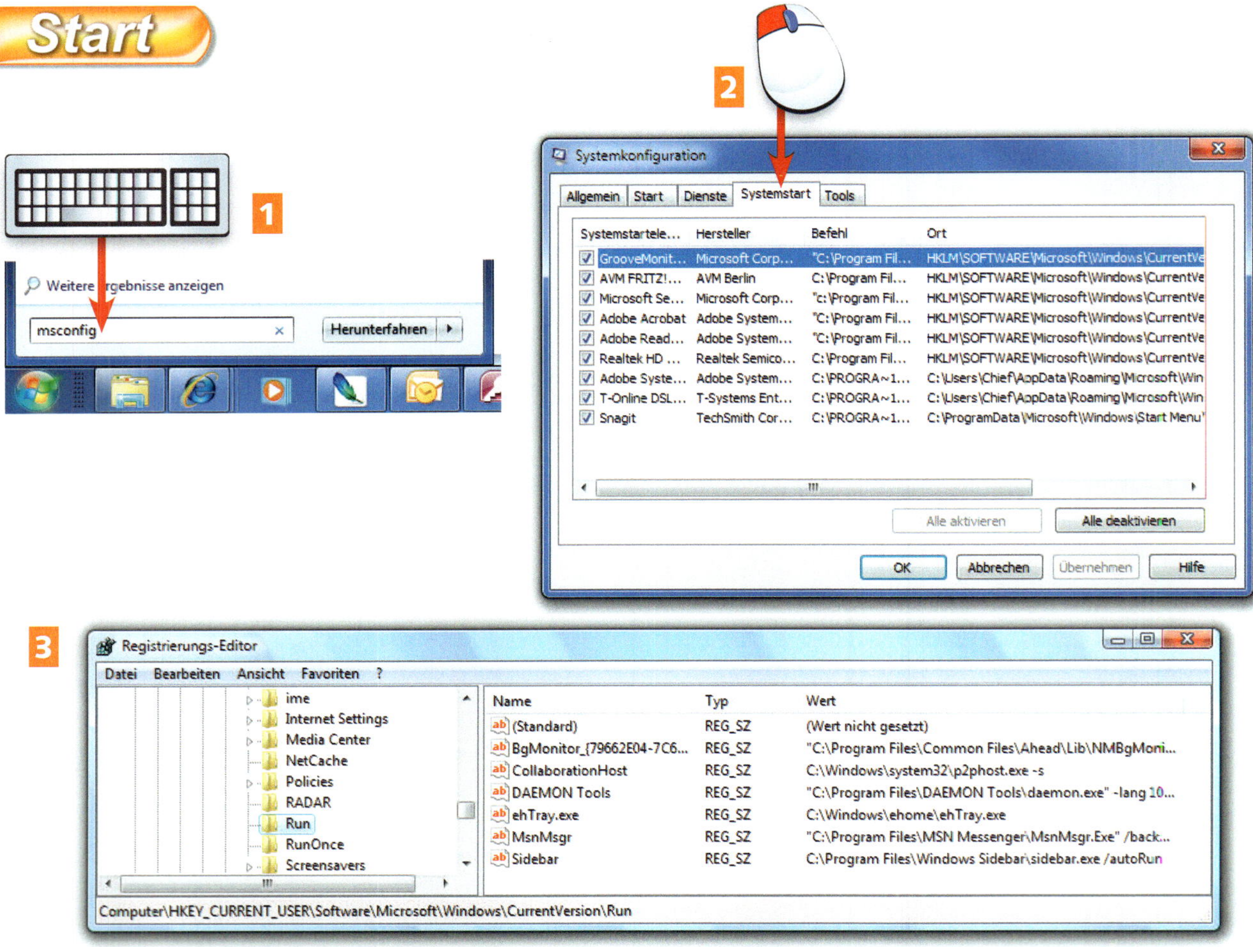

1 Alle Programme, die mit dem Start von Windows 7 ausgeführt werden, finden Sie in der Übersicht von *msconfig*.

2 Im Register *Systemstart* finden Sie die Startprogramme und deren Registry-Einträge.

3 Hier finden Sie alles, was sich im Systembereich der Taskleiste festgesetzt hat: *HKEY_CURRENT_USER\Software\Microsoft\Windows\CurrentVersion\Run*.

Damit ein Programm beim Start von Windows 7 mit gestartet wird, legt es bei der Installation einen Schlüssel im Startbereich der Registrierung ab. Sehen Sie sich die unterschiedlichen Schlüssel an und »putzen« Sie, was Sie nicht mehr brauchen.

WISSEN

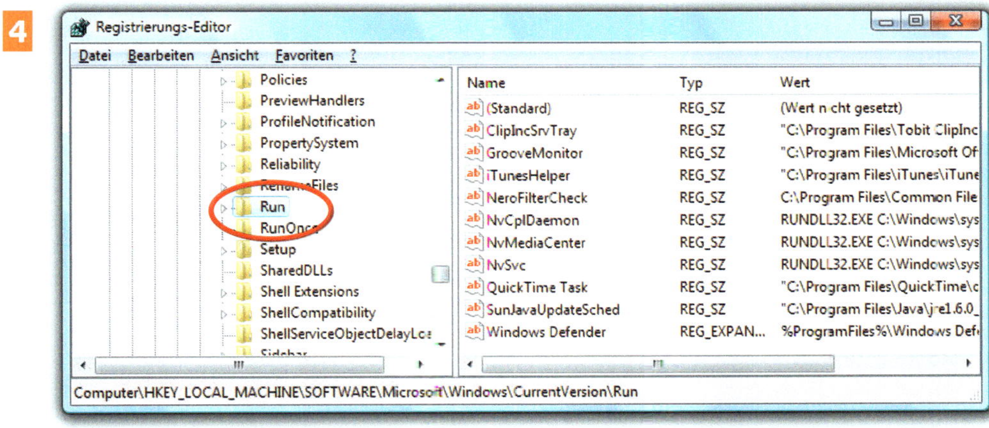

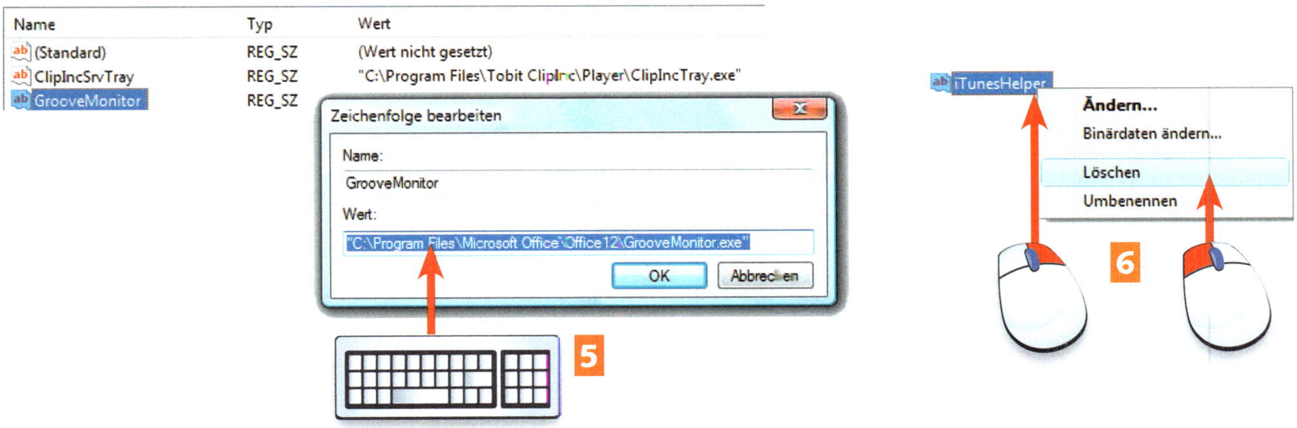

4 Die lokalen Windows-Startprogramme nisten sich unter diesem Schlüssel ein: *HKEY_LOCAL_MACHINE\SOFTWARE\Microsoft\Windows\CurrentVersion\Run*.

5 Um einen Programmpfad zu ändern, klicken Sie den Wert doppelt an und ändern den Eintrag.

6 Nicht benötigte Startprogramme löschen Sie einfach über das Kontextmenü oder mit der Entf-Taste.

Ende

Das Anti-Spyware-Programm Defender gibt es nicht in den Home-Versionen von Windows 7.

HINWEIS

Viele Programme hinterlassen hartnäckige Symbole im Systembereich (Messenger). Entfernen Sie diese einfach aus dem Startbereich der Registrierung.

HINWEIS

Start

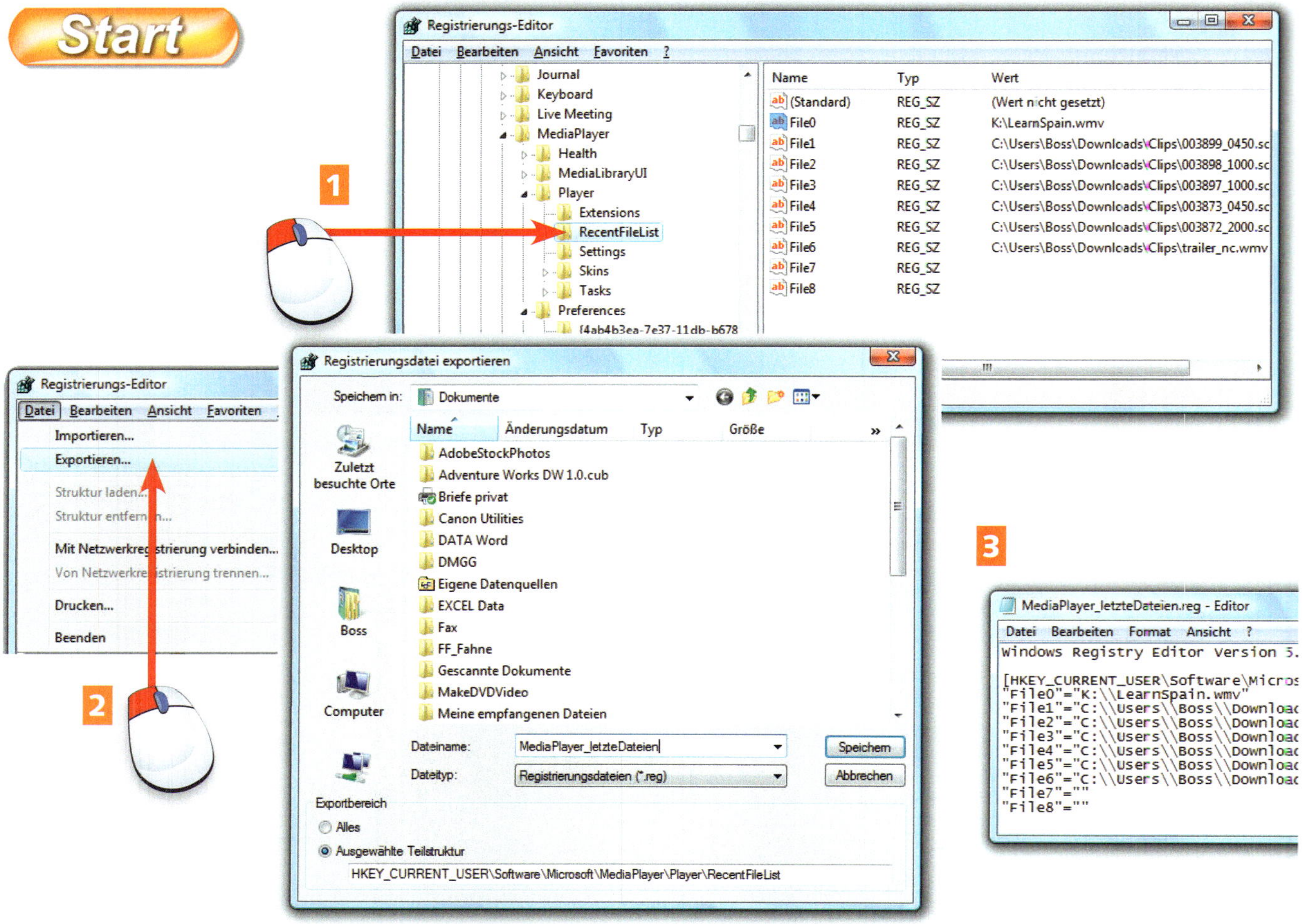

1 Suchen und markieren Sie den Registrierungseintrag, den Sie exportieren wollen, z.B. die Liste der zuletzt gespielten Dateien im Windows Media Player.

2 Wählen Sie *Datei/Exportieren* und schreiben Sie den Eintrag als Textdatei mit der Dateiendung *.reg* auf einen Datenträger.

3 Diese Textdatei können Sie mit jedem Texteditor, hier zum Beispiel mit Notepad aus der Zubehörgruppe, bearbeiten.

Registrierungseinträge können Sie importieren und exportieren. Damit bietet sich die Möglichkeit, die Registrierungsdatenbank »von außen« zu bearbeiten, Administratorenrechte immer vorausgesetzt.

WISSEN

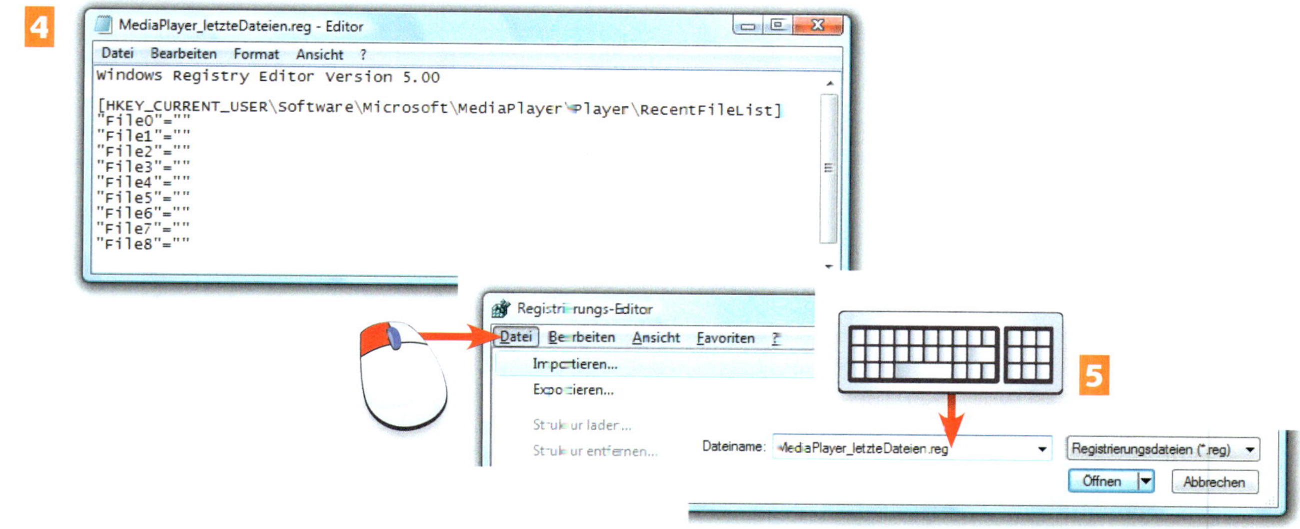

4 Löschen Sie die Zuweisungen, die in der Registrierung in einzelnen Zeichenfolgen stehen, und speichern Sie die Datei wieder ab.

5 Im Registrierungseditor wählen Sie *Datei/Importieren* und importieren die REG-Datei wieder. Die Zeichenfolgen sind anschließend leer.

6 Wenn Sie doppelt auf die REG-Datei (hier eine Verknüpfung auf dem Desktop) klicken, wird die Registrierung sofort ausgeführt.

Ende

Legen Sie sich für Schlüssel, die Sie häufig ein- und ausschalten müssen, je eine REG-Datei an und starten Sie diese bei Bedarf einfach per Doppelklick. Damit sparen Sie sich viel Arbeit mit dem Registrierungseditor.

TIPP

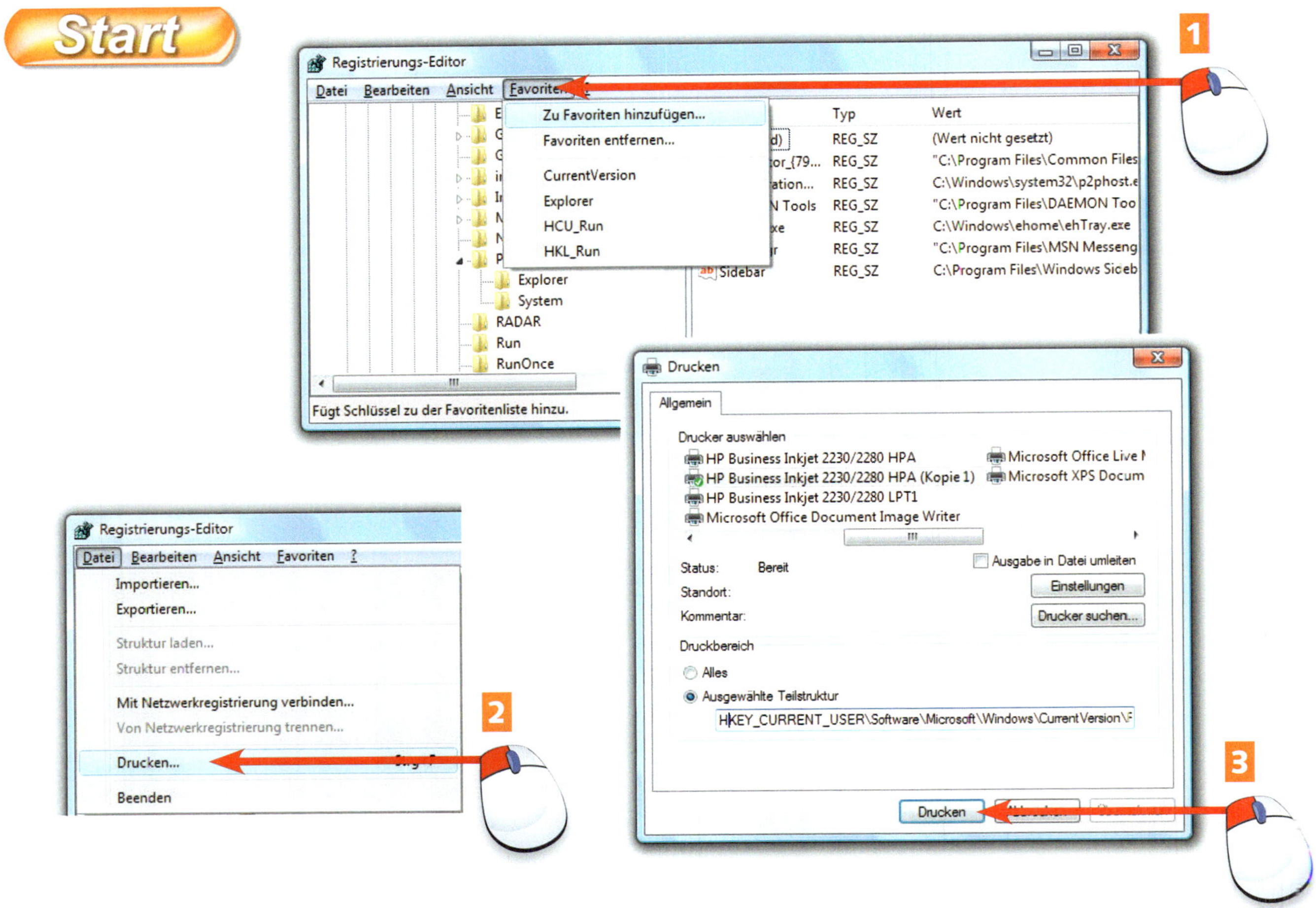

1 Nutzen Sie die Favoriten, um wichtige und häufig benötigte Schlüssel zu speichern und schnell anzusteuern.

2 Die Registrierungseinträge können Sie auch ganz oder teilweise ausdrucken. Wählen Sie *Datei/Drucken*.

3 Drucken Sie nur eine ausgewählte Teilstruktur (die gesamte Registrierung umfasst ca. 16 Seiten).

Sie machen sich das Leben leichter, wenn Sie mit Favoriten arbeiten. Drucken Sie Schlüssel, die Sie bearbeiten wollen, aus und verhindern Sie als Administrator, dass unbefugte oder unbedarfte User an der Registrierung herumbasteln.

WISSEN

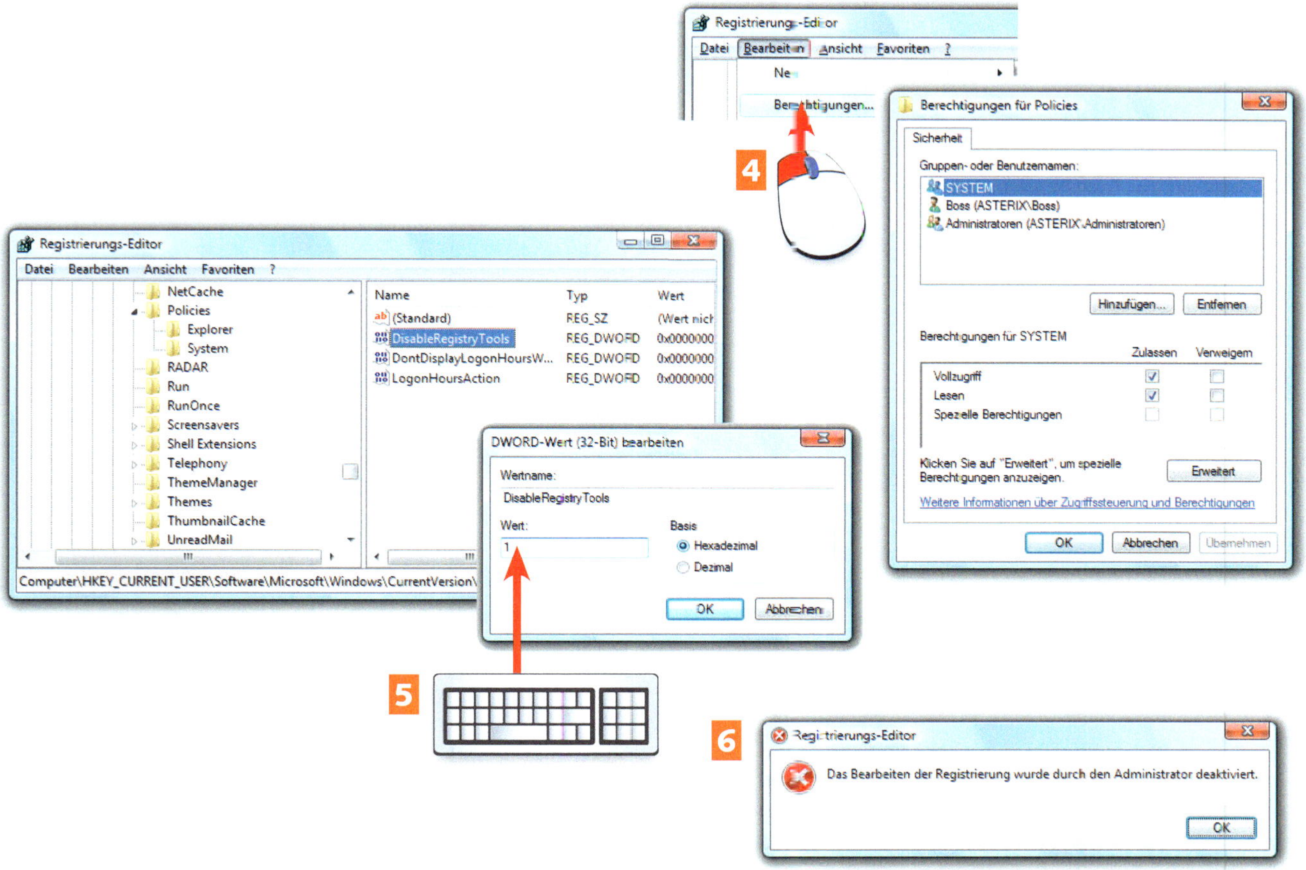

4 Der Administrator kann über *Bearbeiten/Berechtigungen* einzelnen Usern das Recht zur Bearbeitung der Registrierung zuweisen oder entziehen.

5 Setzen Sie diesen DWORD-Wert auf 1, um *regedit* ganz zu verhindern: *HKEY_CURRENT_USER\Software\Microsoft\Windows\CurrentVersion\Policies\System*.

6 Jetzt erscheint nach dem Versuch, *regedit* zu starten, nur ein Hinweis.

Ende

Den DWORD-Wert *DisplayRegistry-Tools* müssen Sie selbst generieren. Aber Vorsicht! Ändern Sie nicht Ihren eigenen HKEY_CURRENT_USER, sonst bleibt Ihnen die Registrierung in Zukunft verschlossen.

ACHTUNG

Hier finden Sie einen alternativen Registrierungseditor: *http://regcool.softonic.de*

TIPP

12

Nützliche Links, Tools und Utilities

Start

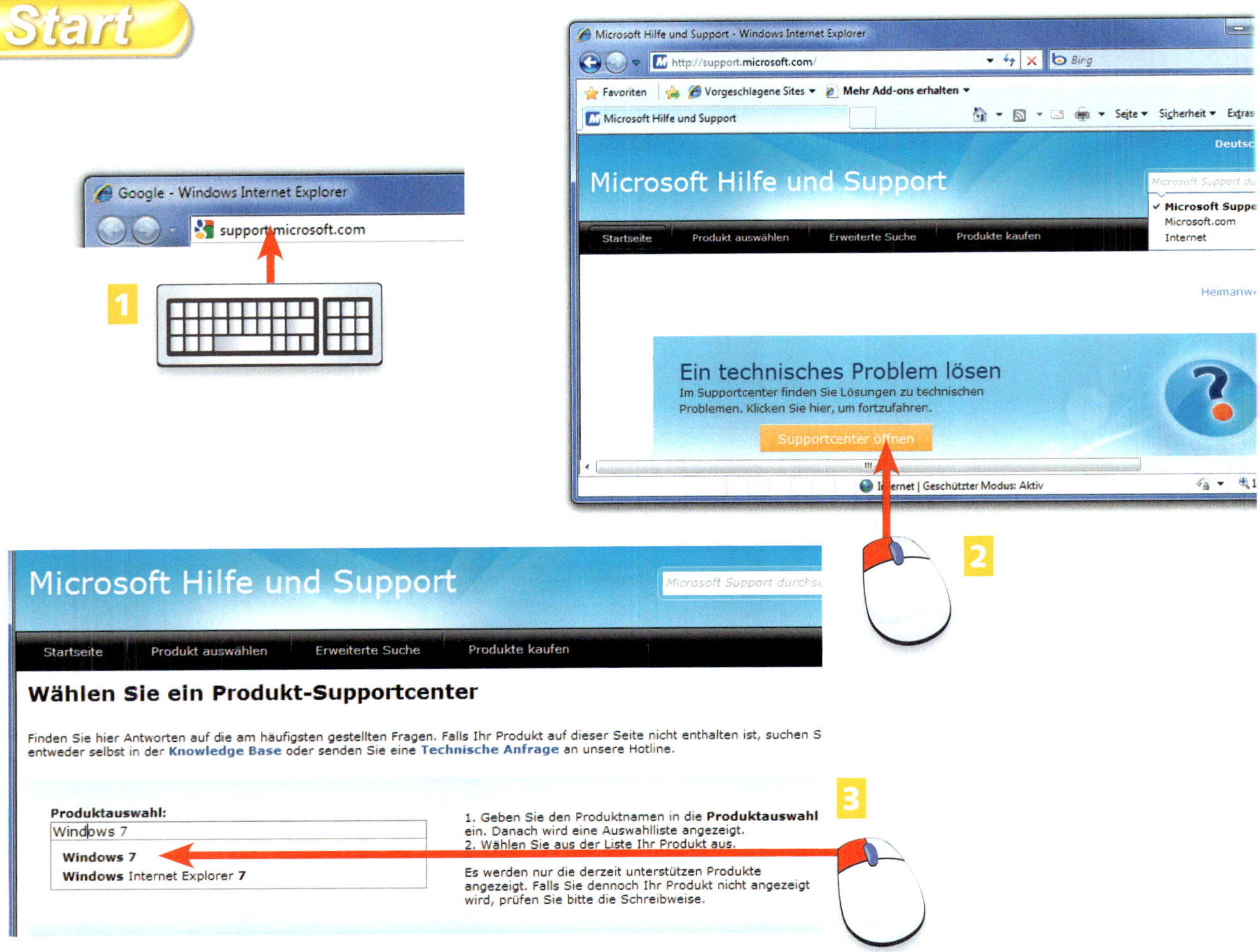

1 Starten Sie die Microsoft-Support-Seite über die Adresszeile Ihres Browsers.

2 Hier finden Sie Hilfe und Support zu allen Softwareprodukten von Microsoft. Öffnen Sie das Supportcenter.

3 Geben Sie das Produkt ein, zu dem Sie Hilfe und Support suchen.

Wo finden Sie Ratschläge, Hilfe und tatkräftige Unterstützung? Bevor Sie in die Tiefen des Internets eintauchen, sehen Sie an der Quelle nach, beim Hersteller Microsoft.

WISSEN

4

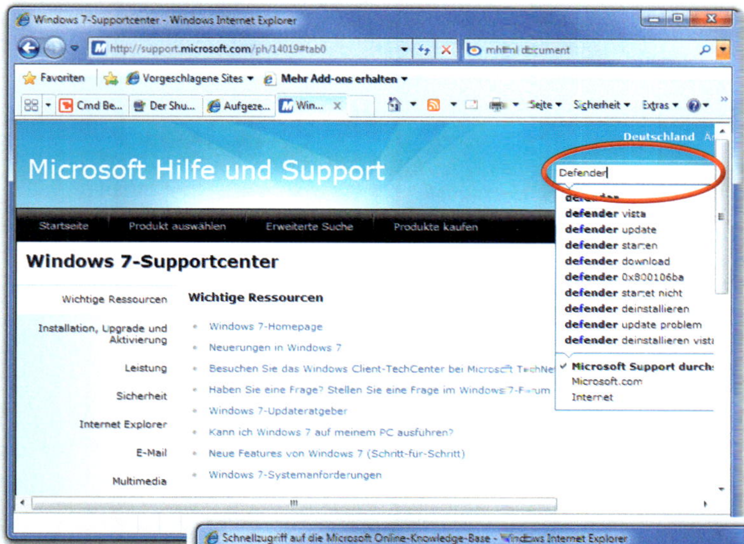

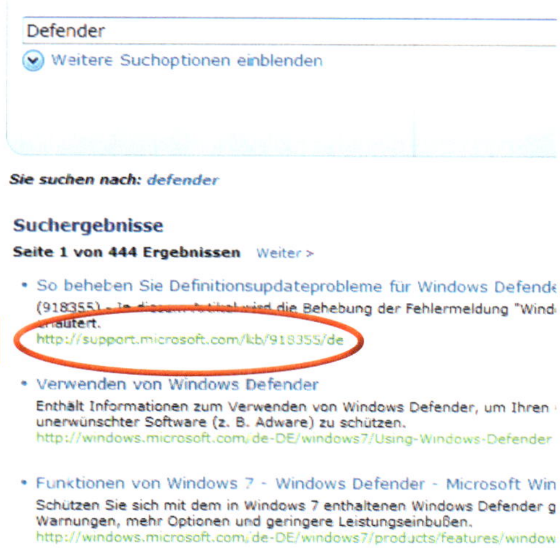

5

6

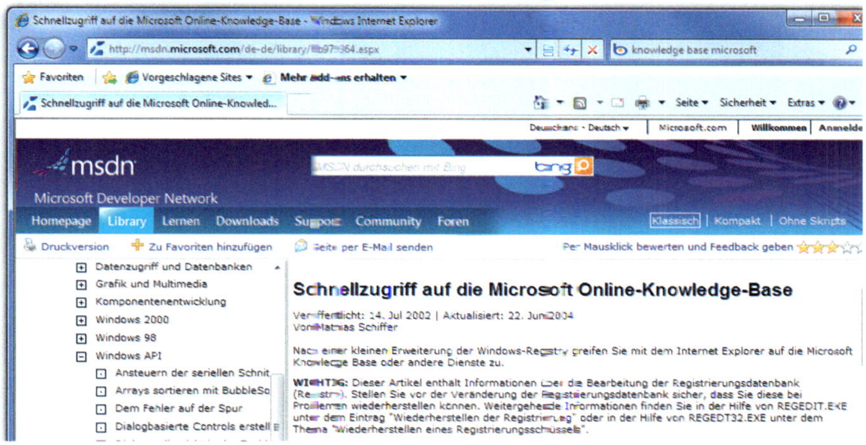

4 Tragen Sie den Suchbegriff ein, beachten Sie die angebotene Begriffsliste.

5 Die Suchergebnisse enthalten Links zu den gewünschten Informationen, häufig zur Knowledge-Base von Microsoft.

6 Hier finden Sie eine Beschreibung, wie Sie schnelle Zugriffe auf die Knowledge-Base in der Registry verankern können.

Ende

Die KB-Artikel sind mit Nummern versehen, so dass sie leicht zu verlinken und einfach zu suchen sind. Geben Sie in das Suchfenster des Browsers einfach *Knowledge Base + nummer* ein.

TIPP

Die Microsoft Knowledge Base enthält mehr als 250.000 Artikel, die von den MS-Supporttechnikern verfasst wurden. Sie wird ständig aktualisiert und erweitert.

HINWEIS

Start

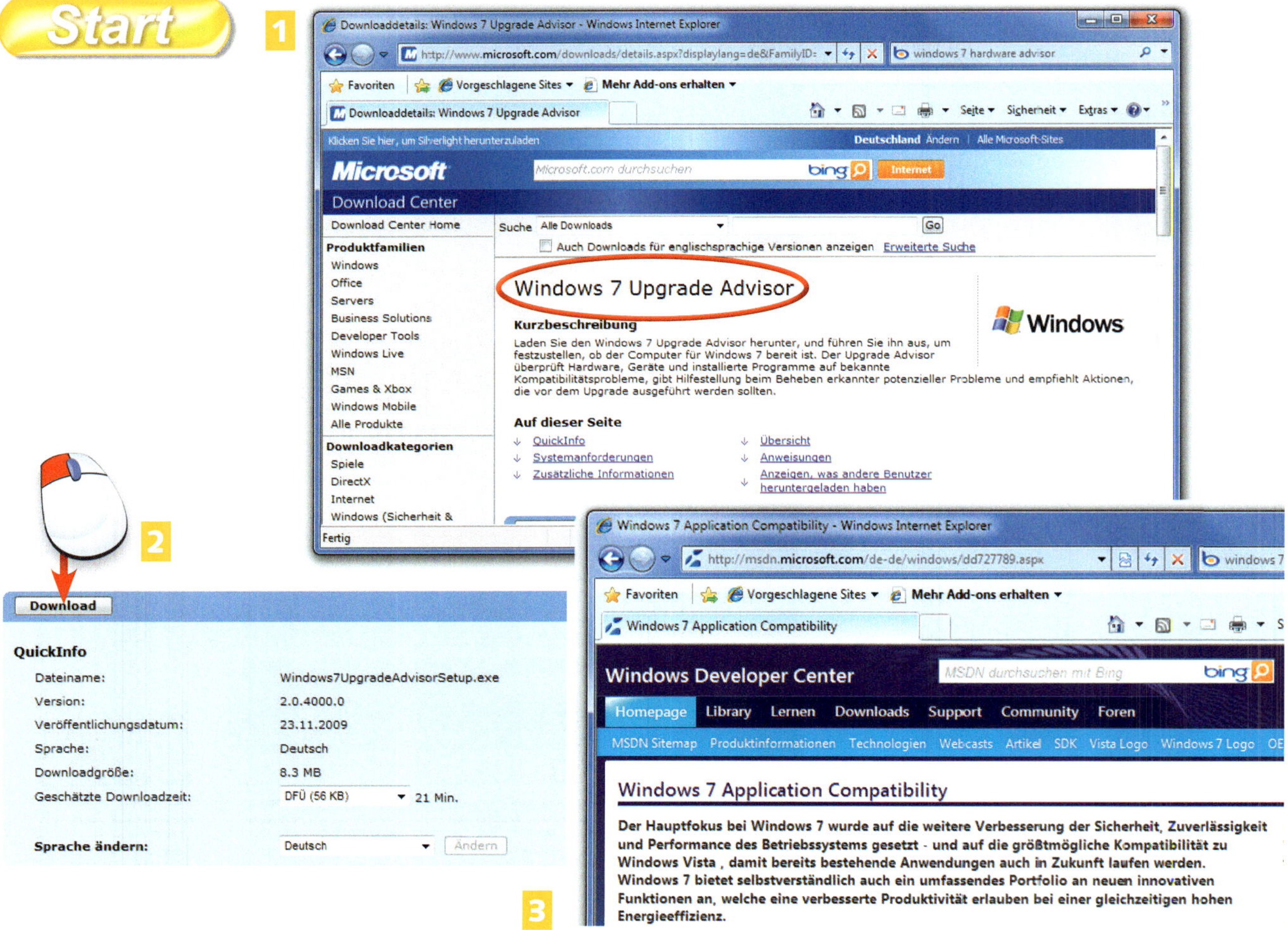

1 Der Windows 7 Upgrade Advisor prüft, ob Ihr Rechner für Windows 7 geeignet ist, und gibt gegebenenfalls Hinweise zur Aufrüstung.

2 Laden Sie das Installationsprogramm herunter und starten Sie es nach dem Download.

3 Im Windows Developer Center testen Softwareentwickler, ob ihre Produkte für aktuelle und zukünftige Versionen von Windows 7 geeignet sind.

Wer tiefer ins System einsteigen will oder muss, braucht auch mehr Informationen und spezielle Werkzeuge. Microsoft unterstützt Entwickler und Systemprofis tatkräftig mit gut gepflegten Internetangeboten.

WISSEN

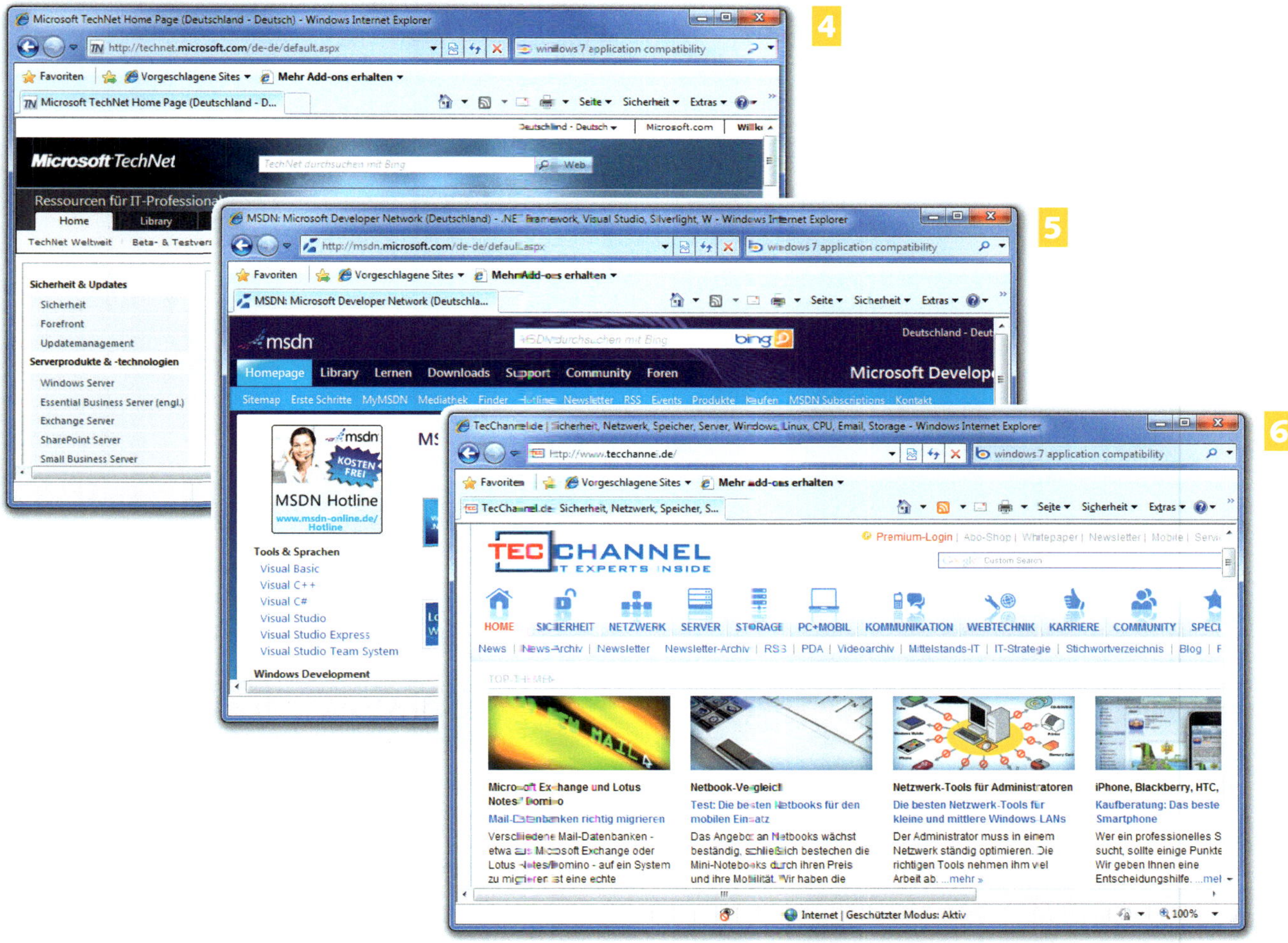

4 Im TechNet finden Systemspezialisten Ressourcen, Informationen und Tools: *http://technet.microsoft.com.*

5 Das Microsoft Developer Network (MSDN) ist die erste Adresse für Entwickler.

6 Im Internet sind viele Seiten zu finden, die sich mit der technischen Seite der IT-Produkte befassen, wie beispielsweise *www.tecchannel.de*.

MSDN: *www.msdn.com*
TechNet: *http://technet.microsoft.com/de-de/default.aspx*
TecChannel: *www.tecchannel.de*

HINWEIS

Start

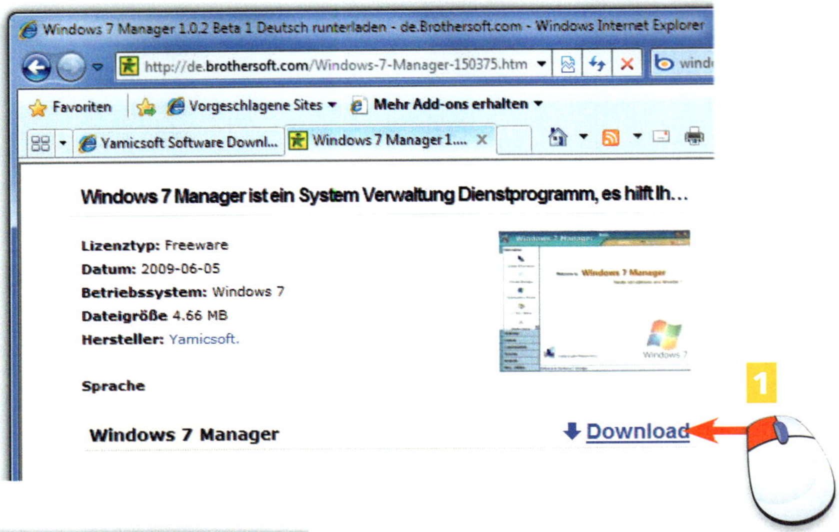

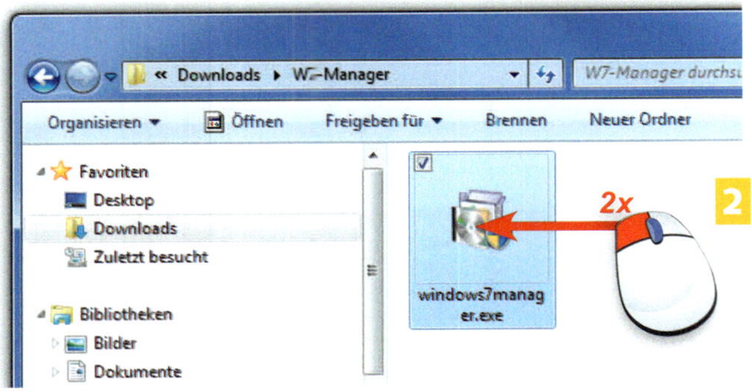

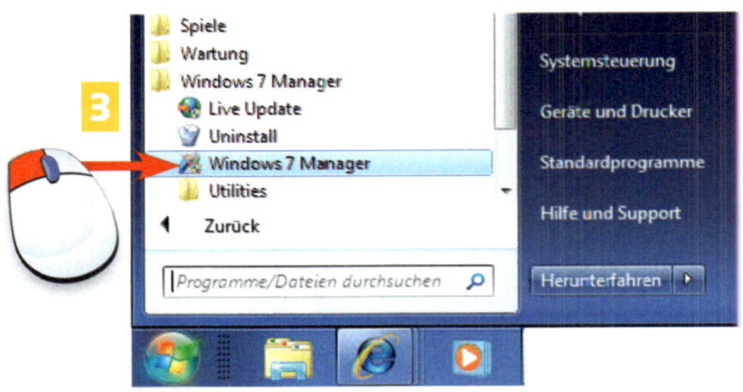

1 Laden Sie die Testversion des Windows 7 Manager von der Herstellerseite.

2 Installieren Sie das Programm aus der geladenen Datei (ca. 5 MB).

3 Der Windows 7 Manager steht anschließend im Startmenü zur Verfügung, klicken Sie auf den Eintrag, um ihn zu starten.

Mit dem Windows 7 Manager besitzen Sie ein kleines, nützliches Tool, das nicht nur alle Informationen über das System kompakt serviert, sondern Optimierungen ermöglicht, für die Sie sonst tief in das System und in die Registrierung eingreifen müssten.

WISSEN

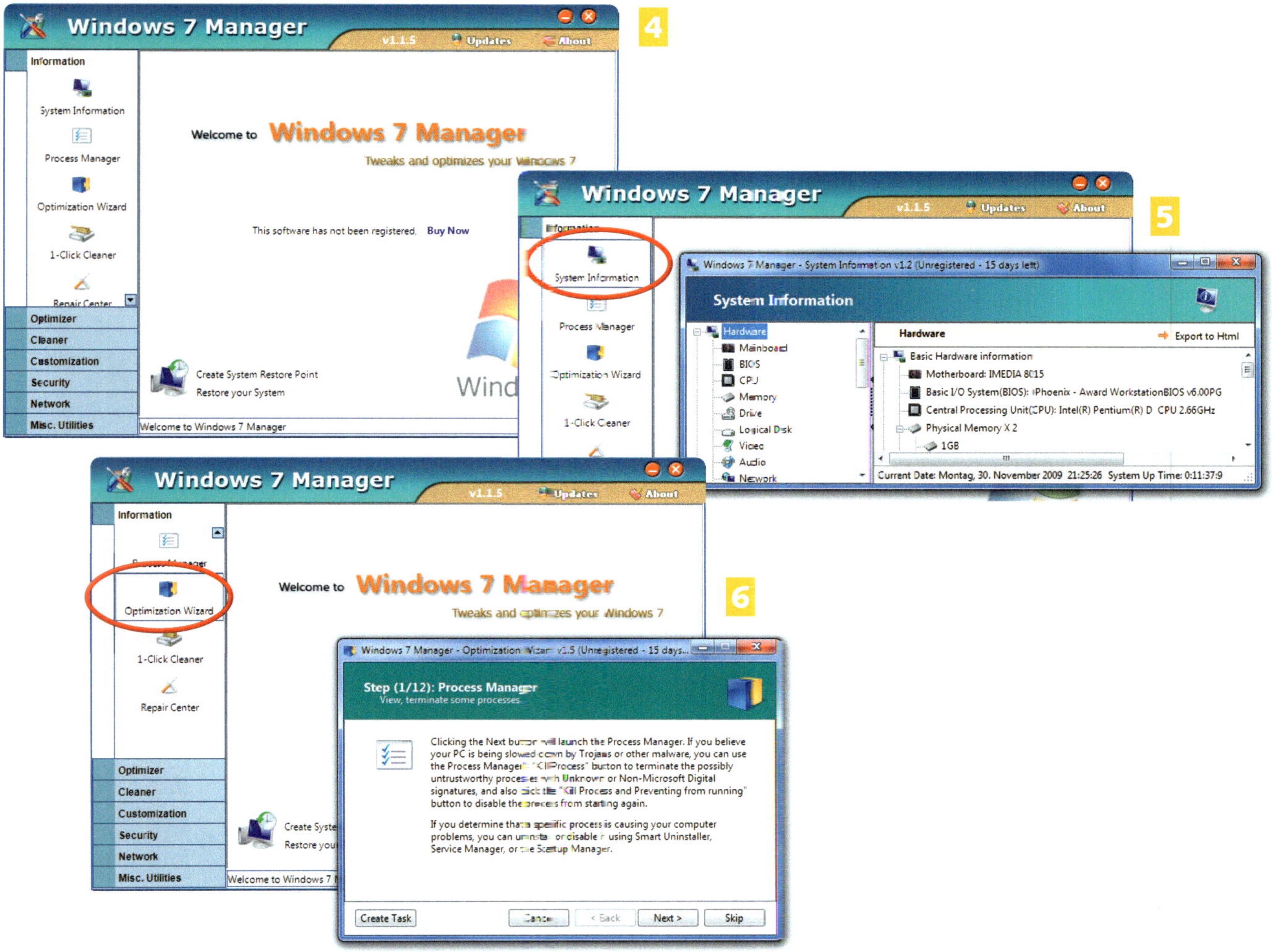

4 Nach dem Start präsentiert das Programm eine Menüleiste am linken Rand.

5 Holen Sie hier Systeminformationen ab und optimieren Sie Ihr System.

6 Der Optimization Wizard optimiert und beschleunigt das System und entfernt unsignierte Anwendungen.

Ende

Das Programm ist Shareware, nach der 15-Tage-Testzeit ist eine Gebühr von ca. 40 US-$ fällig. Dafür gibt es 2 Jahre lang kostenlose Updates.

TIPP

Links:
www.yamicsoft.com
http://de.brothersoft.com

HINWEIS

Start

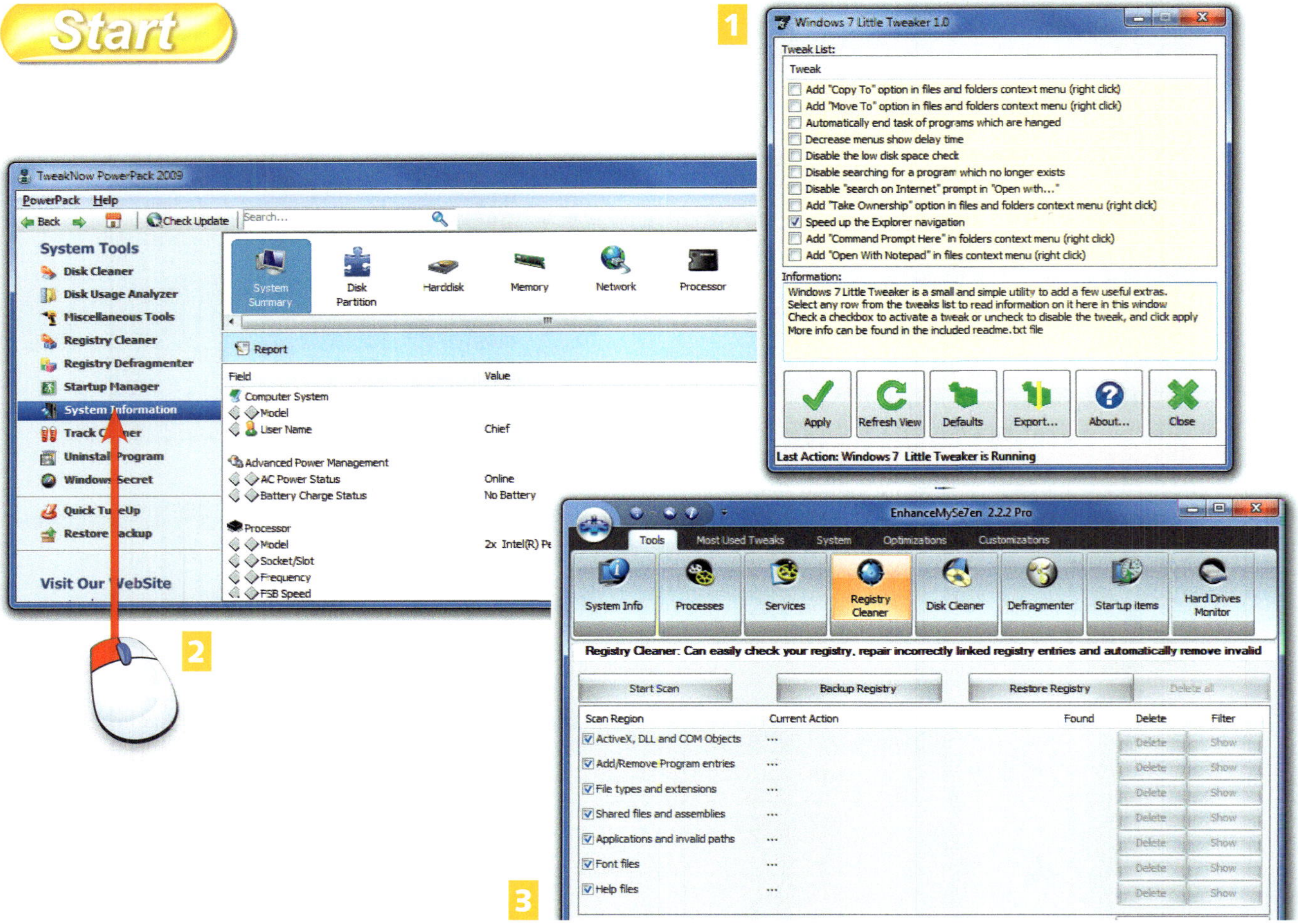

1 Mit *Little Tweaker* können Sie viele, teils versteckte Optionen nach Ihren Wünschen anpassen.

2 Das *TweakNow PowerPack 2009* liefert Systeminfos und zahlreiche Optimierungstools.

3 *EnhanceMySe7en* liefert neben zahlreichen hilfreichen Tools einen Registry-Cleaner, der überflüssige Registry-Einträge entfernt.

To tweak bedeutet »justieren« oder »frisieren« und genau das machen Tweaks. Diese Toolpacks vereinfachen viele Systemanpassungen und Optimierungen, die Windows 7 sonst ziemlich gut versteckt.

WISSEN

4 Mit dem Ultimate Windows Tweaker lassen sich überflüssige Dienste schnell deaktivieren.

5 Tweak-7 war bereits in der Vorgängerversion unter der Bezeichnung TweakVI bekannt und erfolgreich.

6 Ebenfalls ein Klassiker: Tune Up Utilities – Leistungssteigerung, Optimierung und Systemwartung für Windows 7.

Ende

Bei diesen Programmen sollten Sie noch vorsichtiger sein als bei allen übrigen System- oder Registrierungsänderungen, denn die vereinfachte Oberfläche verführt zu schnellen Fehlern. Sichern Sie Ihr System immer mit Wiederherstellungspunkten ab, bevor Sie ein Tweak-Programm benutzen!

HINWEIS

Start

1

2

3

1 Die offizielle Windows-Seite von Microsoft bietet schon viele Tools und Informationen: *www.windows.de*.

2 Dr. Windows hilft bei Schmerzen rund um Windows und hat für alles ein passendes Rezept.

3 Das Angebot an Webseiten für Windows-Anwender ist groß.

Informationen über Windows 7 im Internet zu finden, ist nicht das Problem, gute und aktuelle herauszufiltern schon eher. Nehmen Sie sich die Zeit und prüfen Sie die vielen Online-Magazine und Communities.

WISSEN

4

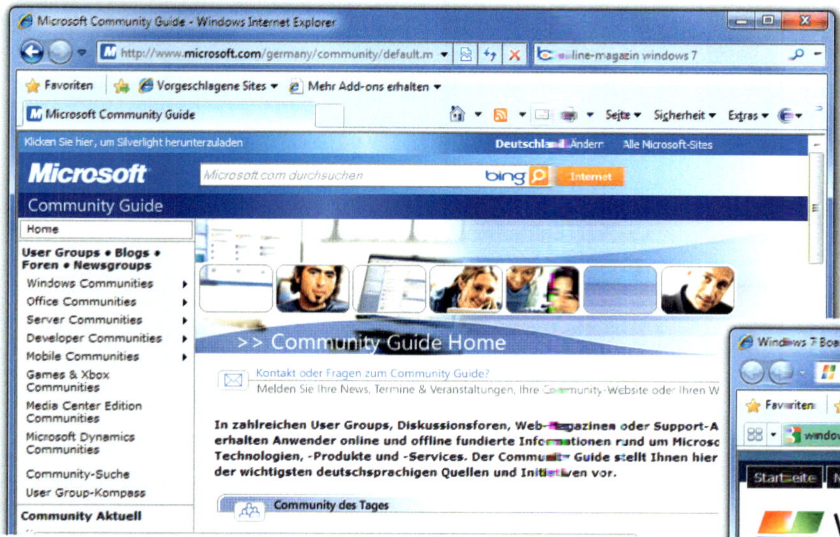

6

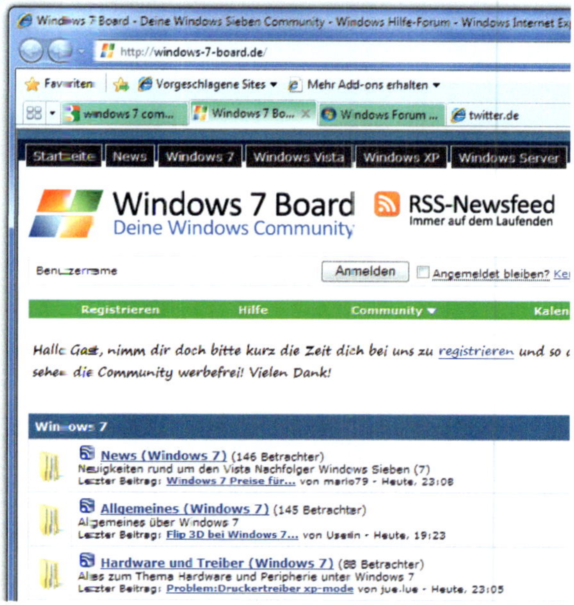

5

4 Die Microsoft-Windows-Community liefert fundierte Informationen und Serviceangebote direkt vom Hersteller.

5 Sehen Sie sich die Liste der Portale & Online-Magazine an.

6 Eine der größten Windows-Communities mit zahlreichen Foren ist das Windows 7 Board. Hier finden Sie Fragen und Antworten.

Ende

Die großen Computerzeitschriften sind natürlich auch alle vertreten und bieten immer wieder gute Tipps und Ratschläge zu Windows 7: *www.zdnet.de*, *www.chip.de*, *www.pc-praxis.de*, *www.pc-professionell.de* u.a.

HINWEIS

Lexikon

ActiveX

Eine Software von Microsoft zur Produktion aktiver Anwendungen auf Webseiten, im System oder in anderen Programmen

Administrator

Der Hauptanwender im Betriebssystem, dem automatisch alle Rechte zugewiesen sind

Aero

Abk. für Authentic, Energetic, Reflective and Open. Die grafische Benutzeroberfläche von Windows 7 mit den Spezialeffekten AeroPeek und AeroSnap.

AeroPeek

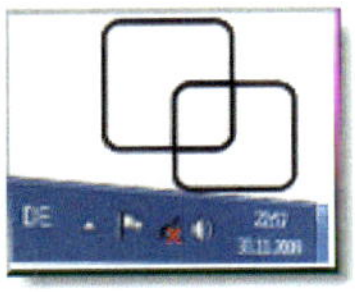

Aero-Technik für den Desktop: Der Mauszeiger blendet alle Fenster aus, wenn er auf das Symbol rechts unten in der Taskleiste zeigt.

AeroSnap

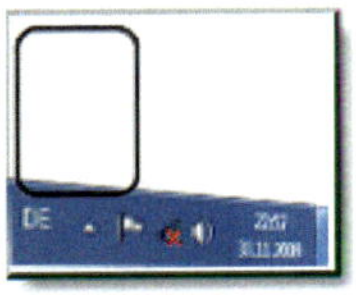

Aero-Technik: Fenster werden mit dem Mauszeiger jeweils zur Hälfte am rechten oder linken Rand positioniert.

Auslagerungsdatei

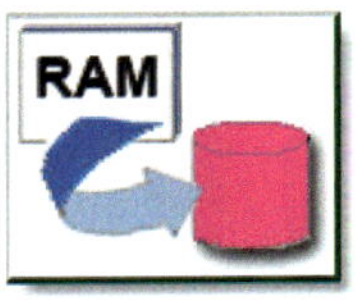

Die Datei pagefile.sys, die Windows 7 benutzt, um nicht benötigte Daten kurzfristig aus dem Arbeitsspeicher auszulagern.

Benutzerkontensteuerung

Die Vergabe von Benutzerkonten für die Anmeldung am Betriebssystem. Wenn die Steuerung ausgeschaltet ist, startet Windows 7ohne Abfrage von Benutzername und Kennwort.

Benutzerkonto

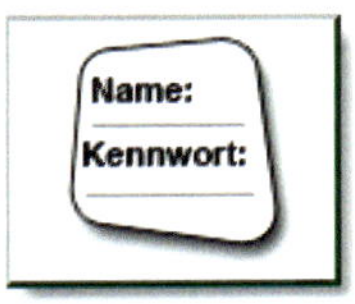

Sammlung mit Informationen zur Anmeldung und Datenverwaltung für einen einzelnen Benutzer

BIOS

Abk. für Basic Input Output System. Die im Computer eingebaute Software, die beim Hochfahren das Betriebssystem in den Speicher lädt.

Cookies

Kleine Textdateien, die von Internetseiten auf der Festplatte des Anwenders gespeichert und gelesen werden und Systeminformationen enthalten

Datenträger-bereinigung

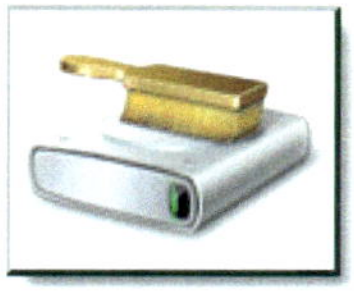

Dienstprogramm zur Entfernung überflüssiger Dateien von Datenträgern

Defender

Programm aus der Systemsteuerung zur Überwachung und Überprüfung des Systems auf schädliche Spionagesoftware (Spyware)

Defragmen-tierung

Dienstprogramm, das verstreute Dateiblöcke auf Datenträgern zusammenfasst und durch die Optimierung der Zugriffe das System schneller macht

DivX

Codec für Videodateien auf Basis von MPEG 4, kann besonders große Videos komprimieren

DPI

Abk. für Dots per Inch engl. Punkte pro Zoll. Das Maß für die Anzahl Bildpunkte auf einem Monitor (Auflösung) oder für die Schriftbreite.

DSL

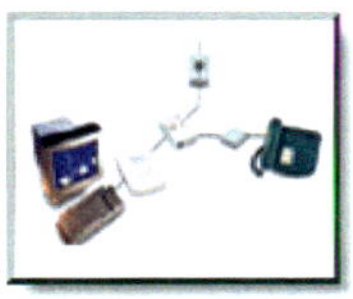

Abk. für Digital Subscriber Line, Breitband-Internetverbindung mit Übertragungsraten bis zu 100 Mbit/s

Eingabeaufforderung

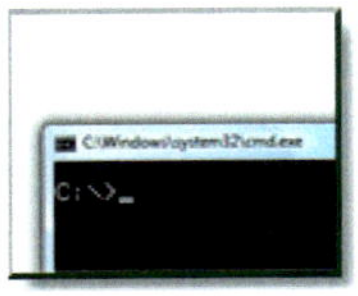

Programm aus dem Zubehör des Startmenüs, aktiviert einen im früheren, nichtgrafischen Betriebssystem DOS üblichen Kommandozeilen-Interpreter.

Firefox

Browser der Mozilla-Foundation, Konkurrent des Internet Explorer

Firewall

Engl. Brandschutzmauer. Dienstprogramm aus der Systemsteuerung, das Windows 7 vor unerwünschten Zugriffen über Ports schützt.

FTP

Abk. für File Transfer Protocol, Netzwerkprotokoll zur Dateiübertragung

Gadget

Engl. Ausdruck für Minianwendung, kleines Programm in der Sidebar am Desktop

GUI

Abk. für Graphical User Interface, die Benutzeroberfläche

HotSpot

Drahtloser Internetzugangspunkt in öffentlichen Gebäuden oder in Hotels etc., je nach Anbieter kostenlos oder kostenpflichtig

IP-Adresse

Eindeutige Kennzeichnung eines Computers im Netzwerk, lokal oder im Internet

JAVA

Programmiersprache und Softwaretechnologie, entwickelt von der Firma Sun Microsystems

Junk-Mail

Engl. Abfall-Post, Bezeichnung für unerwünschte, unnütze und oft auch gefährliche Werbe-Mails aus dem Internet

Link

Auch Hyperlink, Verweis auf eine Internetadresse in Textform

Log-in

Der Begriff für das Anmelden am Computer mit Eingabe von Benutzerkennung und Kennwort

Metadaten

Informationen, die das System zusätzlich in Dateien mitführt, zum Beispiel der Name des Erstellers oder das Erstelldatum

MP3, MP4

MP3: Multimedia-Dateiformat zur Kompression von Audiodaten, entwickelt am Fraunhofer-Institut. MP4: Dateiformat auf Basis von Apple QuickTime

Netzwerkverbindung

Informationen, mit denen der Computer eine Verbindung mit dem Internet, einem Netzwerk oder einem anderen Computer herstellen kann

ReadyBoost

Cache-Technik von Windows 7, bei der Flash-Speicher für die schnelle Auslagerung von Daten genutzt wird

Registry

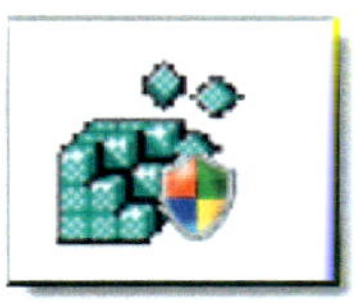

Der zentrale Datenspeicher, in dem Windows 7 Konfigurationsdaten ablegt. Wird mit dem Editor regedit bearbeitet.

Scripting

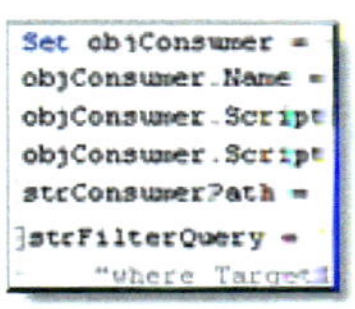

Windows-Programmierung mit Skriptsprachen, z.B. Visual Basic oder JScript

SPAM

Eigentlich Dosenfleisch, Synonym für Massen-Werbemüll, entstanden, als in einem Sketch von Monty Python das Wort Hunderte Male fiel.

Systembereich

Der Bereich rechts außen in der Taskleiste. Er enthält Systemprogramme, Treiber und Systemtools.

Task-Manager

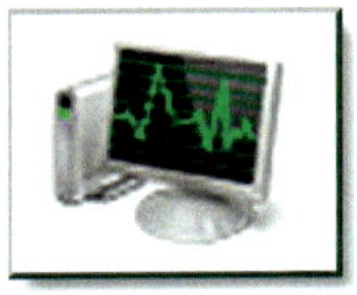

Programm zur Verwaltung der aktiven Prozesse und Programme (Tasks)

TCP-IP

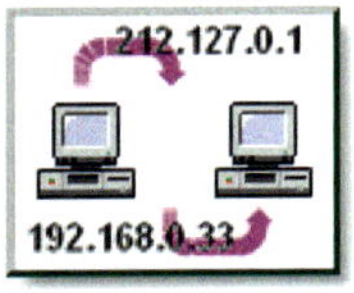

Abk. für Transmission Control Protocol-Internet Protocol, das Standardprotokoll für die Datenübertragung im Internet

UAC

User Account Control, Benutzerkontensteuerung zur Erhöhung der Sicherheit

USB

Abk. für Universal Serial Bus. Die Schnittstelle für alle externen Geräte wie Drucker, Scanner, externe Festplatten u.a.

Wiederherstellungspunkt

Gespeicherte Information über den Gesamtzustand des Systems, die im Schadensfall abgerufen werden kann

Windows Live

Das Portal von Microsoft mit zusätzlichen Windows 7-Programmen, Fotogalerie, Kontakten und Community

A

B

C

D

E

F

G

H

I

J

K

L

M

N

O

Z

video2brain

Markt+Technik

Sie sind auch der visuelle Lerntyp?

Dann greifen Sie zu den Video-Trainings von video2brain. Getreu dem Motto »Sehen, hören, mitmachen!« lernen Sie spielend am eigenen Bildschirm. Die besten Fachleute der Branche entwickeln Video-Trainings, die sich durch eine optimale didaktische Struktur und jede Menge Expertentipps auszeichnen.

Neben den Box-Produkten bietet video2brain ein sehr umfangreiches Angebot an **Online Video-Trainings** zu allen Themen rund um Grafik, Fotografie und IT-Themen, die Sie über die Online-Trainingsplattform erwerben und sofort nutzen können.

Stöbern Sie rein - 7 Tage die Woche, 24 Stunden am Tag
https://partner.video2brain.com/mut/

Und für alle, die intensiv Video-Trainings nutzen, gibt's das **video2brain-Trainingsabonnement**, das Ihnen ein Jahr lang unbeschränkten Zugriff zu allen Originaltrainings in komplettem Umfang und mit vollständiger Funktionalität ermöglicht.

Einfach mehr können.
Die video2brain Trainingsabonnements.
Mehr dazu auf www.video2brain.com.

video2brain ist der führende Hersteller qualitativ hochwertiger Online- und DVD Video-Trainings für u.a. Software, Fotografie und Programmiersprachen. Die Video-Trainings auf DVD werden in Zusammenarbeit mit dem renommierten Fachverlag **Addison-Wesley** veröffentlicht.

ALWAYS LEARNING

PEARSON